T5-COB-410

Über dieses Buch Ursprünglich schrieben die Menschen Krankheiten göttlicher Einwirkung zu und erwarteten alle Hilfe von Priestern. Im Laufe der Zeit entdeckten sie die Heilkraft der Pflanzen und lernten, Arzneien aus ihnen zu gewinnen. Nervösen, seelischen Erkrankungen aber stand man selbst noch im 18. Jahrhundert, in der Aufklärung, hilflos gegenüber, weil man ihre Ursachen nicht zu sehen vermochte. Im letzten Viertel des Jahrhunderts gewann der Arzt Franz Anton Mesmer durch seine Versuche mit dem Magnetstein, später durch die Anwendung von Suggestionskraft die erste Ahnung von einer möglichen Psychotherapie: Er setzte auf den Gesundheitswillen im Menschen – ein Weg zur Heilung durch den Geist war gefunden. Einen anderen beschritt hundert Jahre später die Begründerin der ›Christian Science‹, die Amerikanerin Mary Baker-Eddy. Ihre Einsicht resultierte aus ihrer Glaubenslehre: der Mensch kann die Furcht vor Krankheit verlieren, wenn er sie richtig begreift. Erst der Nervenarzt Sigmund Freud erkannte um die Jahrhundertwende die Möglichkeit, die Seele des Patienten zu analysieren, um das Unbewußte in ihm als möglichen Kern einer Krankheit aufzudecken.

Der Autor Stefan Zweig wurde am 28. November 1881 in Wien geboren, lebte von 1919 bis 1935 in Salzburg, emigrierte von dort nach England und 1940 nach Brasilien. Früh als Übersetzer Verlaines, Baudelaires und vor allem Verhaerens hervorgetreten, veröffentlichte er 1901 seine ersten Gedichte unter dem Titel ›Silberne Saiten‹. Sein episches Werk machte ihn ebenso berühmt wie seine historischen Miniaturen und die biographischen Arbeiten. 1944 erschienen seine Erinnerungen, das von einer vergangenen Zeit erzählende Werk ›Die Welt von Gestern‹. Im Februar 1942 schied er in Petrópolis, Brasilien, freiwillig aus dem Leben.
Ein vollständiges Verzeichnis aller im Fischer Taschenbuch Verlag lieferbaren Titel von Stefan Zweig findet sich am Schluß des Bandes.

Stefan Zweig

Die Heilung durch den Geist

Mesmer · Mary Baker-Eddy · Freud

Fischer Taschenbuch Verlag

Herausgegeben und mit
Nachbemerkungen versehen
von Knut Beck

21.–22. Tausend: Juni 1989

Veröffentlicht im Fischer Taschenbuch Verlag GmbH,
Frankfurt am Main, April 1983

Umschlagentwurf: Jan Buchholz/Reni Hinsch
Lizenzausgabe der S. Fischer Verlags GmbH, Frankfurt am Main
Copyright für diese Ausgabe
© 1982 S. Fischer Verlag GmbH, Frankfurt am Main
Druck und Bindung: Clausen & Bosse, Leck
Printed in Germany
ISBN 3-596-22300-8

Inhalt

Einleitung ... 9

Franz Anton Mesmer

Der Vorausgänger und seine Zeit ... 29
Bildnis ... 35
Der zündende Funke ... 39
Die ersten Versuche ... 46
Ahnungen und Erkenntnisse ... 53
Der Roman des Fräuleins Paradies ... 59
Paris ... 69
Mesmeromanie ... 78
Die Akademie greift ein ... 84
Der Kampf um die Berichte ... 91
Der Mesmerismus ohne Mesmer ... 96
Heimkehr in Vergessenheit ... 107
Die Nachfolge ... 119

Mary Baker-Eddy

Das Leben und die Lehre ... 127
Vierzig verlorene Jahre ... 133
Quimby ... 143
Psychologie des Wunders ... 152
Paulus unter den Heiden ... 158
Bildnis ... 168
Die erste Stufe ... 172
Mary Baker-Eddys Lehre ... 186
Verwandlung in Offenbarung ... 208

Die letzte Krise	216
Christus und der Dollar	228
Rückzug in die Wolke	241
Kreuzigung	253
Die Nachfolge	268

Sigmund Freud

Situation der Jahrhundertwende	275
Charakterbildnis	290
Der Ausgang	300
Die Welt des Unbewußten	310
Traumdeutung	316
Die Technik der Psychoanalyse	332
Die Welt des Sexus	345
Abendlicher Blick ins Weite	363
Geltung in die Zeit	376
Nachbemerkungen des Herausgebers	381
Bibliographischer Nachweis	397

*Albert Einstein
verehrungsvoll*

Einleitung

> Jede Bedrängnis der Natur ist eine
> Erinnerung höherer Heimat.
> *Novalis*

Gesundheit ist für den Menschen das Natürliche, Krankheit das Unnatürliche. Gesundheit, sie nimmt der Körper als Selbstverständliches hin wie seine Lunge die Luft, wie sein Auge das Licht; stumm lebt und wächst sie mit im allgemeinen Gefühle des Lebens. Krankheit aber, sie drängt plötzlich als Fremdes herein, von ungefähr stürzt sie über die erschrockene Seele und rüttelt in ihr eine Fülle von Fragen wach. Denn da er von anderswo kommt, der schlimme Feind, wer hat ihn gesendet? Wird er bleiben, wird er weichen? Kann man ihn beschwören, erbitten oder bemeistern? Mit harten Krallen preßt die Krankheit dem Herzen die gegensätzlichsten Gefühle ab: Furcht, Glauben, Hoffnung, Verzagen, Fluch, Demut und Verzweiflung. Sie lehrt den Kranken fragen, denken und beten, seinen verschreckten Blick ins Leere aufheben und ein Wesen erfinden, dem er seine Angst entgegenträgt. Erst das Leiden hat der Menschheit das Gefühl der Religion, den Gedanken eines Gottes erschaffen.

Weil Gesundheit dem Menschen naturhaft zugehört, erklärt sie sich nicht und will nicht erklärt sein. Seinem Leiden aber sucht jeder Gequälte jedesmal einen Sinn. Denn daß die Krankheit sinnlos über sie falle, daß unverschuldet, ohne Ziel und Zweck plötzlich der Leib im Fieber brenne und bis in die Eingeweide hinab glühende

Schmerzmesser wühlen – diesen ungeheuren Gedanken einer völligen Sinnlosigkeit des Leidens, der allein schon die moralische Weltordnung vernichtete, hat die Menschheit niemals zu Ende zu denken gewagt. Krankheit erscheint ihr allemal von jemandem gesendet, und der Unfaßbare, der sie schickt, muß ihrer Meinung nach einen Grund haben, sie gerade in diesen einen irdischen Leib zu jagen. Irgend jemand muß dem Menschen böse sein, ihm zürnen, ihn hassen. Irgend jemand will ihn strafen für irgendeine Schuld, für einen Frevel, für ein übertretenes Gebot. Und das kann nur derselbe sein, der alles kann, derselbe, der die Blitze vom Himmel wirft, der Frost und Hitze über die Felder gießt und die Sterne entzündet oder verhüllt, ER, der alle Macht hat, der Allmächtige: Gott. Vom ersten Ursprung an ist darum das Geschehnis der Krankheit unlösbar dem Gefühl des Religiösen verbunden.

Die Götter senden die Krankheit, die Götter allein können sie wieder nehmen: dieser Gedanke steht unverrückbar am Eingang aller Heilkunde. Seines eigenen Wissens noch völlig unbewußt, hilflos, arm, einsam und schwach steht der Mensch der Urzeit im Feuerbrand seines Gebrests und weiß keine Hilfe, als seine Seele im Schrei zu dem Zaubergott zu erheben, daß er von ihm ablasse. Nur den Schrei, das Gebet, die Opfertat weiß der primitive Mensch als Heilmittel. Man kann sich nicht wehren gegen Ihn, den Übergewaltigen, den Unbekämpfbaren im Dunkel: also muß man sich demütigen, seine Verzeihung erlangen, ihn anflehen, ihn erbitten, daß er den Schmerzensbrand wieder aus dem Fleische nehme. Aber wie ihn erreichen, den Unsichtbaren? Wie zu ihm sprechen, dessen Hausung man nicht kennt? Wie ihm Zeichen geben der Reue, der Unterwürfigkeit, des Gelobens und der Opferwilligkeit, Zeichen, die ihm verständlich sind? Das weiß es nicht, das arme, unbelehrte dumpfe

Herz der Menschheitsfrühe. Ihm, dem Unwissenden tut sich Gott nicht auf, in sein niederes Tagwerk beugt er sich nicht hinab, ihn würdigt er nicht seiner Antwort, ihm leiht er nicht sein Ohr. So muß in seiner Not der ratlose, machtlose Mensch sich einen andern Menschen als Mittler zu Gott suchen, einen weisen und erfahrenen, der Spruch und Zauber kennt, um die dunklen Mächte zu versöhnen, die zürnenden zu begütigen. Und dieser Mittler ist in der Zeit der primitiven Kulturen einzig der Priester.

Kampf um die Gesundheit bedeutet also in der Urzeit der Menschheit nicht Kämpfen gegen die einzelne Krankheit, sondern ein Ringen um Gott. Alle Medizin der Erde beginnt als Theologie, als Kult, Ritual und Magie, als seelische Gegenspannung des Menschen gegen die von Gott gesandte Prüfung. Dem körperlichen Leiden wird nicht eine technische Handreichung, sondern ein religiöser Akt dawidergesetzt. Man untersucht die Krankheit nicht, sondern man sucht Gott. Man behandelt nicht ihre Schmerzerscheinungen, sondern sucht sie wegzubeten, wegzusühnen, sie dem Gott mit Gelöbnissen, Opfern und Zeremonieen abzukaufen, denn nur auf übersinnlichem Wege, wie sie gekommen, kann sie wieder weichen. So tritt noch eine volle Einheit des Gefühls der Einheit der Erscheinung entgegen. Es gibt nur eine Gesundheit und eine Krankheit und für diese wiederum nur eine Ursache und eine Heilung: Gott. Und zwischen Gott und dem Leiden gibt es nur ein und denselben Mittler: den Priester, diesen Behüter zugleich des Leibes und der Seele. Die Welt ist noch nicht zersplittert, noch nicht zweigeteilt, Glaube und Wissen bilden in der heiligen Stätte des Tempels noch eine einzige Instanz: Erlösung vom Leiden kann nicht vollbracht werden ohne gleichzeitigen Einsatz der seelischen Kräfte, ohne Ritus, Beschwörung und Gebet. Darum üben, kundig des geheimnisvollen Ganges der Sterne, Belauscher und Deuter der Träume, Meister der Dämonen, die Priester ihre ärztliche Kunst nicht als praktische Wissenschaft, sondern ausschließlich als Geheimnis. Unerlernbar, nur dem Geweihten überlieferbar, vererbt sie sich bei ihnen von Geschlecht zu Geschlecht, und obwohl sie medizinisch viel aus Erfahrung wissen, erteilen die Priester niemals einen bloß sachlichen Rat; immer fordern sie Heilgeschehen als Wunder und darum geweihte Stätte, Erhobenheit des Herzens und die Gegenwart der Götter. Nur gereinigt und geweiht an Leib und Seele darf der Kranke den Heilspruch empfangen: die Pilger, die zum Tempel in Epidaurus ziehen, weiten mühseligen Weg, müssen den Vorabend im Gebet verbringen, den Leib baden, jeder ein Opfertier schlachten, im Vorhof auf dem Fell des geopferten Widders schlafen und die Träume dieser Nacht zur Deutung dem Priester berichten: dann erst erteilt er ihnen gleichzeitig priesterliche Weihe und ärztliche Heilhilfe. Immer aber wird als erstes, unumgängliches Unterpfand alles Heilens die gläubige Annäherung der Seele an Gott gesetzt; wer das Wunder der Genesung will, muß sich dem Wunderbaren bereiten. Heillehre bleibt in ihrem Ursprung unlösbar von Gotteslehre, Medizin und Theologie sind anfangs ein Leib und eine Seele.

Diese Einheit des Anfangs wird bald gebrochen. Denn um selbständig zu werden und zwischen der Krankheit und dem Kranken praktischen Mittlerdienst zu übernehmen, muß die Wissenschaft die Krankheit ihres göttlichen Ursprungs entkleiden und die religiöse Einstellung – Opfer, Kult, Gebet – als völlig überflüssig ausschalten. Der Arzt stellt sich neben den Priester und bald gegen ihn – die Tragödie des Empedokles –, und indem er das Leiden aus dem Übersinnlichen in das allgemeine Naturgeschehen zurückführt, sucht er auch mit diesseitigen Mitteln, mit den Elementen der äußern Natur, ihren

Kräutern, Säften und Erzen die Störung der inneren zu beheben. Der Priester beschränkt sich auf den Gottesdienst und läßt von der Krankenheilung, der Arzt verzichtet auf jede seelische Einwirkung, auf Kult und Magie: gesondert fließen fortab diese beiden Ströme jeder seinen eigenen Weg. Mit diesem großen Bruch der einstmaligen Einheit erhalten alle Elemente der Heilkunde sofort einen völlig neuen und umfärbenden Sinn. Vor allem zerfällt das seelische Gesamtphänomen »Krankheit« in unzählige einzelne genau katalogisierte Krankheiten. Und damit löst sich ihr Dasein gewissermaßen von der seelischen Persönlichkeit des Menschen los. Krankheit bedeutet jetzt nicht mehr etwas, was dem ganzen Menschen, sondern was einem seiner Organe zustößt. – (Virchow auf dem Kongreß zu Rom: »Es gibt keine Allgemeinkrankheiten, sondern nur mehr Organ- und Zellenkrankheiten.«) – Und so verändert sich naturgemäß die anfängliche Mission des Arztes, bezwingend der Krankheit als einer Ganzheit entgegenzutreten, zu der eigentlich geringeren Aufgabe, jedes Leiden ursächlich zu lokalisieren und einer systematisch längst gegliederten und beschriebenen Krankheitsgruppe zuzuweisen. Sobald der Arzt das Leiden diagnostisch richtig erkennt und beim Namen nennt, hat er das Eigentliche seiner Leistung schon meist zu Ende getan, und die Behandlung erledigt sich dann von selbst durch die für diesen »Fall« vorausbefohlene Therapie. Vollkommen abgelöst vom Religiösen, vom Magischen, ein erstudiertes Erkenntniswissen, arbeitet die moderne Medizin statt mit individuellen Ahnungen mit sachlichen Sicherheiten, und wenn sie sich auch noch gern poetisch als »ärztliche Kunst« bezeichnet, so darf dies hohe Wort nur noch im gemengten Sinn von Kunsthandwerk gelten. Denn längst fordert die Heilkunde von ihren Jüngern kein priesterliches Auserwähltsein mehr wie einst, keine geheimnisvoll visionären Kräfte, keinen übergewöhnlichen

Einklang mit den universalen Mächten der Natur: Berufung ist Beruf geworden, Magie zum System, das Heilgeheimnis zu Arzneikunde und Organwissenschaft. Nicht mehr als seelischer Akt, als jedesmal wunderbares Ereignis vollzieht sich eine Heilung, sondern als reine und beinahe rechnerische Vernunfthandlung von seiten des Arztes; das Erlernte ersetzt das Spontane, das Schulbuch den Logos, den geheimnisvoll schöpferischen Priesterspruch. Wo das alte magische Heilverfahren höchste Seelenspannung forderte, erheischt die neue, die klinisch-diagnostische Methode vom Arzte das Gegenteil, nämlich nervenlose Helligkeit des Geistes bei vollkommenster sachlichster Seelenruhe.

Diese unvermeidliche Versachlichung und Verfachlichung des Heilprozesses mußte im neunzehnten Jahrhundert zu noch übertriebenerer Steigerung gelangen: denn zwischen den behandelten und behandelnden Menschen schiebt sich ein drittes, ein vollkommen seelenloses Wesen ein: der Apparat. Immer entbehrlicher wird der durchschauende und die Symptome schöpferisch zusammenfassende Blick des geborenen Arztes für die Diagnose: das Mikroskop entdeckt für ihn den bakteriologischen Keim, das Meßinstrument überprüft statt seiner den Schlag und Rhythmus des Bluts, das Röntgenbild erspart ihm die intuitive Schau. Mehr und mehr nimmt das Laboratorium dem Arzt in der Diagnostik ab, was an seinem Berufe noch Persönlichkeitserkenntnis war, und für die Behandlung wieder stellt ihm die chemische Fabrik schon fertig, dosiert und verschachtelt die Arznei bereit, die der Medikus des Mittelalters von Fall zu Fall sich eigenhändig mischen, bemessen und errechnen mußte. Die Übermacht der Technik, die in die Medizin zwar später als überallhin, aber schließlich doch sieghaft eindringt, versachlicht den Heilprozeß zu einem – großartig nuancierten und tabellierten – Schema: allmählich wird

Krankheit, einstmals Einbruch des Außerordentlichen in die Persönlichkeitswelt, gerade das Gegenteil dessen, was sie in ihrem Urbeginn der Menschheit gewesen, sie wird meist ein »gewöhnlicher«, ein »typischer« Fall mit vorausberechneter Dauer und mechanisiertem Ablauf, ein vernunftmäßig errechenbares Exempel. Zu dieser Rationalisierung von innen heraus tritt als mächtige Ergänzung die äußere durch Organisation; in den Kliniken, diesen Riesenwarenhäusern des menschlichen Elends, werden die Krankheiten genau wie in jenen geschäftlichen Betrieben nach Spezialabteilungen mit eigenen Betriebsleitern gesondert und ebenso die Ärzte aufgeteilt, laufende Bänder, die, von Bett zu Bett sausend, die einzelnen »Fälle«, immer nur das kranke Organ untersuchen, meist ohne Zeit, dabei einen Blick in das Antlitz des Menschen zu tun, aus dem das Leiden wächst. Die Mammutorganisationen der Krankenkassen, der Ambulatorien tragen ihr weiteres Teil zu dieser Entseelung und Entpersönlichung bei: ein überheizter Massenbetrieb entsteht, wo nicht ein einziger Funke innerlichen Kontakts zwischen Arzt und Patienten Zeit hat, zu zünden, wo auch nur ein Aufzucken jener magnetischen Geheimniskraft zwischen Seele und Seele bei bestem Willen immer unmöglicher wird. Als fossiles, vorweltliches Wesen stirbt dagegen der Hausarzt aus, dieser einzige, der noch den Menschen im Kranken kannte, nicht nur seinen körperlichen Zustand, seine Anlage und ihre Veränderungen, sondern auch seine Familie und damit manche seiner biologischen Bedingtheiten – er, der letzte, in dem noch etwas von der alten Dualität des Priesters mit dem Heilhelfer war. Aber die Zeit stößt ihn vom rollenden Band. Er widerspricht dem Gesetz der Spezialisierung, der Systematisierung wie die Pferdedroschke dem Automobil. Er paßt, als zu menschlich, nicht mehr in die fortgeschrittene Mechanik der Medizin.

Gegen diese Entpersönlichung und vollkommene Entseelung der Heilkunde hat sich die breite, zwar unwissende, aber doch ahnungsvolle Masse des eigentlichen Volkes seit je gewehrt. Genau wie vor Tausenden von Jahren blickt heute der primitive, der noch nicht genug »gebildete« Mensch die Krankheit als etwas Übernatürliches ehrfürchtig an, noch immer setzt er ihr den seelischen Akt des Hoffens, Fürchtens, des Betens und Gelobens entgegen, noch immer ist sein erster verbindender Gedanke nicht Infektion oder Arterienverkalkung, sondern Gott. Kein Lesebuch und kein Schullehrer wird ihn jemals überreden können, daß Krankheit auf »natürlichem« Wege, also völlig sinnlos und unverschuldet entstehe; und darum mißtraut er von vornherein jeder Praxis, die auf nüchternem, technischem, auf kaltem – das ist: seelenlosem – Wege Krankheit zu beseitigen verspricht. Die Ablehnung des gelernten Hochschularztes durch das Volk entspringt zutiefst dem Verlangen – einem Erbmasseninstinkt – nach dem universal verbundenen, Tier und Pflanzen verschwisterten, geheimniskundigen »Naturarzt«, der aus seiner Natur heraus, nicht durch Staatsexamina Arzt und Autorität geworden ist; das Volk will noch immer statt des Fachmannes, der ein Wissen von den Krankheiten, den »medizinischen Menschen«, der »Macht« hat über die Krankheit. Mag auch längst der Hexen- und Teufelswahn sich im elektrischen Licht verflüchtigt haben, der Glaube an diesen wunderhältigen, zaubermächtigen Menschen ist viel weiter, als man sich öffentlich zugibt, lebendig geblieben. Und dieselbe erschütterte Ehrfurcht, die wir dem Genie, dem unbegreiflich schaffenden Menschen in einem Beethoven, einem Balzac, einem Van Gogh entgegenbringen, sie konzentriert noch heute das Volk auf jeden, in dem es höhere Heilkräfte als die normalen zu fühlen vermeint – noch immer begehrt es statt des kalten Mittels den warmblütigen lebenden Menschen, von dem »Macht ausgeht«, als Mittler. Kräuterfrau, Schäfer, Besprecher und Magnetiseur, eben weil sie nicht als Wissenschaft, sondern als Kunst und überdies als verbotene Schwarzkunst ihr Heilamt ausüben, reizen stärker sein Vertrauen als der pensionsberechtigte wohlstudierte Gemeindearzt im Dorfe. Im gleichen Grade wie die Medizin technischer, vernunfthafter, lokalisierender wird, wehrt sich um so heftiger gegen sie der Instinkt der breiten Masse: dunkel und unterirdisch geht in den Tiefen des Volks seit Jahrhunderten diese Strömung gegen die akademische Medizin trotz aller Volksschulbildung weiter und weiter.

Diesen Widerstand spürt die Wissenschaft seit langem und bekämpft ihn, aber vergeblich. Es hat nichts geholfen, daß sie sich sogar der Staatsmacht verbündete und ein Gesetz gegen Kurpfuscher und Naturheiler erzwang: Bewegungen, die im untersten Grunde religiös sind, lassen sich niemals durch Paragraphen gänzlich ersticken. Im Schatten des Gesetzes wirken heute wie in mittelalterlichen Zeiten unzählige ungraduierte, im staatlichen Sinne also unrechtmäßige Heilhelfer weiter, unablässig plänkelt der Guerillakrieg zwischen Naturheilverfahren, religiösen Heilungen und der wissenschaftlichen Therapie. Ihre eigentlich gefährlichen Gegner aber sind der akademischen Wissenschaft nicht aus den Bauernstuben und Zigeunerlagern erwachsen, sondern aus ihren eigenen Reihen; wie die Französische Revolution und jede andere ihre Führer nicht aus dem Volke nahm, sondern die Herrschaft des Adels eigentlich erschüttert wurde durch die Adeligen, die gegen ihn Partei nahmen, so sind auch in der großen Revolte gegen den übersteigerten Spezialismus der Schulmedizin immer einzelne unabhängige Ärzte die entscheidenden Wortführer gewesen. Der erste, der gegen die Entseelung, gegen die Entschleierung des Heilwunders kämpft, ist Paracelsus. Mit dem Morgenstern seiner bäurischen Grobheit geht er gegen die »Doctores« los und schuldigt ihr papierenes Buchwissen an, den Mikrokosmos im Menschen wie eine künstliche Uhr zerlegen und wieder zusammenstückeln zu wollen. Er bekämpft den Hochmut, das dogmatisch Autoritative einer Wissenschaft, die jeden Zusammenhang mit der hohen Magie der natura naturans verloren habe, die Elementarkräfte weder ahne noch achte und das Strömende nicht spüre, das von der Einzelseele wie von der Weltseele ausgehe. Und so dubios auch seine eigenen Rezepturen heute anmuten, der geistige Einfluß dieses Mannes wächst gleichsam unter der Haut der Zeit weiter und bricht dann zu Anfang des neunzehnten Jahrhunderts in der sogenannten »romantischen« Medizin vor, die, eine Seitengruppe der philosophisch-dichterischen Bewegung, wieder einer höheren Vereinheitlichung des Körperlich-Seelischen zustrebt. In ihrem unbedingten Glauben an das Universal-Beseelte der Natur verficht sie die Überzeugung, die Natur selbst sei die weiseste Heilerin und benötige den Menschen höchstens als Beihelfer. Wie das Blut gegen jedes Gift, von keinem Chemikus belehrt, sich Antitoxine schaffe, so wisse der sich selbst erhaltende und sich selbst umgestaltende Organismus meist völlig allein mit seiner Krankheit fertig zu werden. Hauptsinn aller Menschenmedizin müsse darum werden, den Gang der Natur nicht eigenwillig zu überkreuzen, sondern nur den innen allezeit bereitliegenden Gesundheitswillen im Krankheitsfalle zu verstärken. Dieser Impuls könne aber auf seelischem, auf geistigem, auf religiösem Wege oftmals ebenso eindringlich bewirkt werden wie durch grobe Apparatur und das chemische Mittel; die eigentliche Leistung geschehe in Wahrheit doch immer nur von innen, nie von außen. Die Natur selbst sei der »innere Arzt«, den jeder seit seiner Geburt in sich trage und der darum mehr von den Krankheiten wisse als der Spezialist, der nur von außen den Symptomen nachtastet – zum erstenmal ist Krankheit, der Organismus und das Heilproblem durch die romantische Medizin wieder als Einheit gesehen. Eine ganze Reihe von Systemen entwächst im neunzehnten Jahrhundert dieser Uridee vom Selbstwiderstand des Organismus gegen die Krankheit. Mesmer gründet seine magnetische Lehre auf den »Gesundheitswillen« im Menschen, die Christian Science auf die produktive Glaubenskraft der Selbsterkenntnis, und wie diese Heilmeister die innere, so verwenden andere die äußere Kraft der Natur: die Homöopathen die unvermengten Stoffe, Kneipp und die andern Naturheillehrer die erneuernden Elemente Wasser, Sonne, Licht; alle aber verzichten sie einhelligermaßen auf jede chemische Medikamentierung, auf alle Apparatur und damit auf die entscheidenden neuzeitlichen Errungenschaften der Wissenschaft. Der gemeinsame Gegensatz aller dieser Naturheilungen, Wunderkuren und »Heilungen durch den Geist« gegen die schulmäßige Lokalpathologie, läßt sich in eine einzige knappe Formel fassen. Die wissenschaftliche Medizin betrachtet den Kranken und seine Krankheit als *Objekt* und weist ihm beinahe verächtlich die Rolle absoluter *Passivität* zu; er hat nichts zu fragen und nichts zu sagen, nichts zu tun als den Anordnungen des Arztes gehorsam und sogar gedankenlos zu folgen und sich selbst möglichst aus der Behandlung auszuschalten. In diesem Wort »Behandlung« liegt der Schlüssel. Denn während in der wissenschaftlichen Medizin der Kranke als Objekt »*behandelt*« wird, verlangt die seelische Heilkur vom Kranken vor allem, daß er selbst seelisch *handle,* daß er als *Subjekt,* als Träger und Hauptvollbringer der Kur, die höchste ihm mögliche *Aktivität* gegen die Krankheit entfalte. In diesem Aufruf an den Kranken, sich selbst seelisch aufzuraffen, sich zur Willenseinheit zusammenzufassen und diese Ganzheit seines Wesens der Ganzheit der Krankheit entgegenzuwerfen, besteht das eigentliche und einzige Medikament aller psychischen Kuren, und meist beschränkt sich der Hilfsakt ihrer Meister auf nichts anderes als auf das gesprochene Wort. Wer aber weiß, welche Wunder der Logos, das schöpferische Wort, zu wirken vermag, diese zauberische Schwingung der Lippe ins Leere, die doch unzählige Welten erbaut und unzählige Welten zerstört hat, den wird es nicht erstaunen, daß auch in der Heilkunst wie in allen andern Sphären einzig durch das Wort zahllose Male wahrhafte Wunder geschehen sind, daß bloß durch Zuspruch und Blick, diese Sendezeichen von Persönlichkeit zu Persönlichkeit, manchmal in völlig niedergebrochenen Organen Gesundheit noch einmal nur durch den Geist auferbaut werden konnte. Durchaus wunderbar, sind solche Heilungen weder Wunder noch Einmaligkeiten, sondern sie spiegeln nur undeutlich ein uns noch geheimes Gesetz höherer Zusammenhänge zwischen Körper und Seele, die vielleicht kommende Zeiten deutlicher ergründen werden; genug schon dies für unsere Zeit, daß sie die Möglichkeit der Kuren auf rein seelischem Wege nicht länger leugnet und eine gewisse befangene Ehrfurcht Erscheinungen zollt, die rein wissenschaftlich nicht zu deuten sind.

Diese eigenwilligen Absonderungen einzelner Heilmeister von der akademischen Medizin gehören für mein Empfinden zu den interessantesten Episoden der Kulturgeschichte. Denn nichts innerhalb der Geschichte, der tatsachenhistorischen wie jener des Geistes, läßt sich an dramatischer Kraft der seelischen Leistung vergleichen, wenn ein einzelner, schwacher, isolierter Mensch sich allein gegen eine riesige, die ganze Welt umspannende Organisation auflehnt. Ob Spartakus, der geprügelte Sklave, gegen die Legionen und Kohorten des Römerreichs oder Pugatschew, der arme Kosak, gegen das gigantische Rußland oder Luther, der breitstirnige Augustinermönch, gegen die allmächtige fides catholica – immer wenn ein Mensch nichts als seine eigene innere Glaubenskraft gegen alle verbündeten Mächte der Welt einzusetzen hat und sich in einen Kampf wirft, der unsinnig scheint in seiner völligen Aussichtslosigkeit, gerade dann teilt sich seine Seelenspannung schöpferisch den Menschen mit und schafft aus dem Nichts unermeßliche Kräfte. Jeder unserer großen Fanatiker für die »Heilung durch den Geist« hat Hunderttausende um sich geschart, jeder mit seinen Taten und Heilungen das Bewußtsein der Zeit erregt und erschüttert, von jedem sind mächtige Strömungen in die Wissenschaft übergegangen. Phantastisch, sich die Situation auszudenken: in einem Zeitalter, da die Medizin dank einer märchenhaften Ausgestaltung ihrer Technik tatsächliche Wunder vollbringt, da sie die winzigsten Atome und Moleküle lebendiger Substanz zu zerteilen, beobachten, photographieren, messen, beeinflussen und zu verändern gelernt hat, da ihr alle andern exakten Naturwissenschaften hilfreich Gefolgschaft leisten und nichts Organisches mehr Geheimnis scheint – gerade in diesem Augenblick zeigt eine Reihe unabhängiger Forscher die Überflüssigkeit dieser ganzen Apparatur in vielen Fällen. Sie tun öffentlich und unwiderlegbar dar, daß auch heute mit nackten Händen nur auf seelischem Wege Heilungen genau so wie einst erzielt werden können, sogar in solchen Fällen, wo vor ihnen die großartige Präzisionsmaschinerie der Universitätsmedizin vergebens gearbeitet hatte. Von außen gesehen, ist ihr System unbegreiflich, beinahe lächerlich in seiner Unscheinbarkeit; Arzt und Patient sitzen friedlich beisammen und scheinen bloß zu plaudern. Keine Röntgenplatten, keine Meßinstrumente, keine elektrischen Ströme, keine Quarzlampen, nicht einmal ein Thermometer, nichts ist vorhanden von dem ganzen technischen

Arsenal, das den berechtigten Stolz unseres Zeitalters bildet, und doch wirkt ihre uralte Methode oft mächtiger als die fortgeschrittene Therapie. Daß Eisenbahnzüge fahren, hat an der seelischen Konstitution der Menschheit nichts geändert – bringen sie nicht alljährlich zur Grotte von Lourdes Hunderttausende von Pilgern, die dort einzig durch das Wunder genesen wollen? Und daß Hochfrequenzströme erfunden sind, ändert ebensowenig die Seeleneinstellung zum Geheimnis, denn sie zaubern, in den magischen Stab einer seelenfängerischen Persönlichkeit versteckt, 1930 in Gallspach eine ganze Stadt mit Hotels, Sanatorien und Vergnügungsstätten aus dem Nichts um einen einzigen Menschen herum. Keine Tatsache hat so sichtlich wie der tausendfältige Erfolg der Suggestionskuren und sogenannten Wunderheilungen bewiesen, welche ungeheuren Glaubensenergieen noch im zwanzigsten Jahrhundert bereitliegen und wie viel an praktischer Heilungsmöglichkeit von der bakteriologisch und zellular orientierten Medizin durch lange Jahre bewußt vernachlässigt worden ist, weil sie hartnäckig jede Möglichkeit des Irrationalen leugnete und die seelische Selbsthilfe eigenwillig aus ihren exakten Berechnungen ausschloß.

Selbstverständlich hat kein einziges dieser neu-alten Gesundheitssysteme die herrliche, die in ihrer Durchdachtheit und Allfältigkeit unübertreffliche Organisation der modernen Medizin nur einen Augenblick ins Wanken gebracht; der Triumph einzelner seelischer Kuren und Systeme beweist durchaus nicht, daß die wissenschaftliche Medizin an sich unrecht hatte, sondern bloß jener Dogmatismus, der sich immer ausschließlich auf die letztgefundene als die allgültige und einzig mögliche Heilmethode versteifte und jede andere frech als unmodern, unrichtig und unmöglich verhöhnte. Dieser Autoritätsdünkel allein hat einen harten Stoß erlitten. Nicht zuletzt durch die nicht mehr abzuleugnenden Einzelerfolge der hier darzustellenden psychischen Heilmethoden ist eine sehr heilsame Nachdenklichkeit gerade bei den geistigen Führern der Medizin eingetreten. Ein leises, aber selbst für uns Laien schon vernehmbares Zweifeln hat in ihren Reihen begonnen, ob (wie ein Mann vom Range Sauerbruchs öffentlich zugibt) »die rein bakteriologische und serologische Auffassung der Krankheiten nicht die Medizin in eine Sackgasse geführt habe«, ob nicht tatsächlich durch den Spezialismus einerseits und anderseits durch die Vorherrschaft der quantitativen Berechnung statt der Persönlichkeitsdiagnose die Heilkunst sich aus dem Dienst am Menschen langsam in etwas Selbstzweckhaftes und Menschenfremdes umzuwandeln beginne, ob nicht schon – um eine ausgezeichnete Formel zu wiederholen – »der Arzt zu sehr Mediziner geworden sei«. Was man heute als »Gewissenskrise der Medizin« bezeichnet, bedeutet aber durchaus keine enge Fachangelegenheit; sie ist eingebettet in das Gesamtphänomen der europäischen Unsicherheit, in den allgemeinen Relativismus, der, nach Jahrzehnten diktatorischen Behauptens und unbedingten Verwerfens in allen Kategorien der Wissenschaft, die Fachmenschen sich endlich wieder einmal zurückwenden und fragen lehrt. Eine gewisse Weitherzigkeit, sonst den Akademischen bedauerlich fremd, hebt an, sich erfreulich abzuzeichnen: so bringt das ausgezeichnete Buch von Aschner über die »Krise in der Medizin« eine ganze Fülle überraschender Beispiele, wie Kuren, die gestern und vorgestern als mittelalterlich verlacht und angeprangert wurden (etwa der Aderlaß und das Brennen), heute wieder die neuesten und alleraktuellsten geworden sind. Gerechter und endlich neugierig auf ihre Gesetzmäßigkeiten blickt die Medizin auf das Phänomen der »Heilungen durch den Geist«, die noch im neunzehnten Jahrhundert verächtlich von den Graduierten als Schwindel, Lüge und Humbug abgefertigt und verlacht wurden, und ernste Bemühungen sind im Gange, ihre außenseitigen, weil rein psychischen Errungenschaften den exakt klinischen langsam anzupassen. Unverkennbar fühlt man bei den klügsten und menschlichsten unter den Ärzten ein gewisses Heimweh nach dem alten Universalismus, eine Sehnsucht, von der ausschließlichen Lokalpathologie zu einer Konstitutionstherapie zurückzufinden, zum Wissen nicht nur von den Einzelkrankheiten, die den Menschen befallen, sondern von der Persönlichkeit, die dieser Mensch darstellt. Nachdem die schöpferische Wißbegier den Körper und die Zelle als allgemeine Substanz beinahe bis zum Molekül herab erforscht hat, wendet sie endlich wieder den Blick zur Ganzheit des jedesmal andern Krankheitswesens und sucht hinter den lokalen noch höhere Bedingtheiten. Neue Wissenschaften – die Typenlehre, die Physiognomik, die Erbmassenlehre, die Psychoanalyse, die Individualpsychologie – bemühen sich, gerade das Nichtgattungsmäßige jedes Menschen, die einmalige Einheit jeder Persönlichkeit wieder in den Vordergrund der Betrachtung zu drängen, und die Errungenschaften der außerakademischen Seelenkunde, die Phänomene der Suggestion, der Autosuggestion, die Erkenntnisse Freuds, Adlers, beschäftigen immer stärker die Aufmerksamkeit jedes nachdenkenden Arztes.

Seit Jahrhunderten getrennt, beginnen die Ströme der organischen und der seelischen Heilkunde sich einander wieder zu nähern, denn zwangsmäßig kehrt – Goethes Bild der Spirale! – alle Entwicklung auf immer höherer Ebene zum Punkte ihres Ausgangs zurück. Alle Mechanik fragt am Ende nach dem letzten Gesetz ihrer Bewegung, alle Vereinzelung strebt wieder zurück in die Einheit, alles Rationale mündet immer wieder ins Irrationale; und nachdem Jahrhunderte einseitig strenger Wissenschaft Stoff und Form des menschlichen Leibes bis hinab zu den Fundamenten ergründet haben, beginnt wieder die Frage nach »dem Geist, der sich den Körper baut«.

Dieses Buch will keineswegs eine systematische Geschichte sämtlicher seelischen Heilmethoden sein. Mir ist es nur gegeben, Ideen in Gestalten darzustellen. Wie ein Gedanke in einem Menschen Wachstum gewinnt und dann über diesen Menschen hinaus in die Welt, dieses geistig-seelische Geschehnis scheint mir immer eine Idee sinnlicher zu veranschaulichen als jedes historisch-kritische Referieren. Darum habe ich mich begnügt, nur drei Menschen zu wählen, die, jeder auf anderem und sogar gegensätzlichem Wege, das gleiche Prinzip der Heilung durch den Geist an Hunderttausenden verwirklichten: Mesmer durch suggestive Verstärkung des Gesundheitswillens, Mary Baker-Eddy durch die chloroformierende Ekstatik der Glaubenskraft, Freud durch Selbsterkennung und damit Selbstbeseitigung der unbewußt lastenden Seelenkonflikte. Persönlich habe ich keine dieser Heilmethoden weder als Arzt erproben können, noch ist sie an mir als Patienten erprobt worden; an keine bindet mich Fanatismus der Überzeugung oder private Dankbarkeit. So hoffe ich, indem ich ausschließlich aus psychologischer Gestaltungsfreude diese Gestalten darstelle, unabhängig geblieben und im Bilde Mesmers nicht Mesmerist, in jenem Baker-Eddys nicht Christian-Scientist, in jenem Freuds nicht restloser Psychoanalytiker geworden zu sein. Ich bin mir voll bewußt, daß jede dieser Lehren nur wirksam werden konnte durch Übersteigerung ihres Prinzips, daß jede eine überspitzte Form in anderer Überspitzung darstellt, doch getreu Hans Sachsen »sag ich nicht, daß dies ein Fehler sei«. Wie zum Wesen der Welle, daß sie über sich selbst hinaus will, gehört es zur Entwicklungskraft jedes Gedankens, daß er seine äußerste Form sucht. Entscheidend für den Wert einer Idee ist nie, wie sie sich verwirklicht, sondern was sie an Wirklichkeit enthält. Nicht was sie ist, sondern was sie bewirkt. »Nur durch das Extreme« – wunderbares Wort Paul Valérys – »hat die Welt ihren Wert, nur durch das Durchschnittliche ihren Bestand.«

Salzburg 1930

Franz Anton Mesmer

Ihr sollt wissen, daß die Wirkung des Willens ein großer Punkt ist in der Arznei.
Paracelsus

Der Vorausgänger und seine Zeit

> Über nichts wird flüchtiger geurteilt als
> über den Charakter des Menschen, und
> doch sollte man in nichts behutsamer sein.
> Bei keiner Sache wartet man weniger das
> Ganze ab, das doch eigentlich den Charakter ausmacht, als hier. Ich habe immer
> gefunden, die sogenannten schlechten
> Leute gewinnen, und die guten verlieren.
> *Lichtenberg*

Ein Jahrhundert lang hat Franz Anton Mesmer, dieser Winkelried der modernen Seelenheilkunde, auf der Schandbank der Schwindler und Scharlatane gesessen neben Cagliostro, dem Grafen Saint-Germain, John Law und anderen Abenteurern jener Zeit. Vergebens protestiert schon der strenge Einsam unter den deutschen Denkern gegen dieses entehrende Verdikt der Universitäten, vergebens rühmt Schopenhauer den Mesmerismus als »die vom philosophischen Standpunkt aus inhaltsschwerste aller gemachten Entdeckungen, auch wenn sie einstweilen mehr Rätsel aufgibt, als sie löst«. Aber welches Urteil wäre schwerer umzustoßen als ein Vorurteil? Üble Rede spricht sich unbedenklich nach, und so gilt noch immer einer der redlichsten Forscher unter den Deutschen, gilt ein kühner Alleingänger, der, von Licht und Irrlicht geheimnisvoll geführt, einer neuen Wissenschaft die Spur gewiesen hat, als zweideutiger Phantast, als unlauterer Schwärmer, und all dies, ohne daß man sich rechte Mühe genommen, zu überprüfen, wie viele wichtige und weltverändernde Anregungen uns aus seinen Irrtümern und längst überwundenen Anfangsübertreiblichkeiten erwachsen sind.

Mesmers Tragik: er kam zu früh und kam zu spät. Die Epoche, in die er eintritt, ist eben, weil sie sich auf ihre Vernunft so hahnenstolz viel zugute tut, eine der Intuition völlig abholde, jene (abermals nach Schopenhauers Wort) »superkluge« Epoche der Aufklärung. Auf den Dunkelsinn des Mittelalters, den ehrfürchtig und verworren ahnenden, war gerade der Flachsinn der Enzyklopädisten gefolgt, der Alleswisser, wie man dies Wort wohl am sinnfälligsten übersetzt, jene grobmaterialistische Diktatur der Holbach, La Mettrie, Condillac, der das Weltall als interessanter, aber noch verbesserungsfähiger Mechanismus und der Mensch bloß als kurioser Denkautomat galt. Mächtig aufgeplustert, weil sie keine Hexen mehr verbrannten, die gute alte Bibel als einfältiges Kindermärchen dargetan und dem lieben Gott mit der Franklinschen Leitung den Blitz aus der Hand genommen hatten, erklärten diese Aufklärer (und ihre schwachbeinigen deutschen Nachtänzer) alles für absurden Wahn, was man nicht mit der Pinzette packen, nach der Regeldetri beweisen konnte, derart mit dem Aberglauben auch jedes Samenkorn Mystik aus ihrem glashellen, glasklaren (und ebenso zerbrechlichen) Weltall des Dictionnaire philosophique hinausfegend. Was nicht als Funktion mathematisch nachweisbar war, dekretierte ihr flinker Hochmut als Phantom, was man mit den Sinnen nicht fassen konnte, nicht etwa bloß als unfaßbar, sondern glattweg für nicht vorhanden.

In eine so unbescheidene, unfromme, einzig ihre eigene selbstgefällige Ratio vergötternde Zeit tritt nun unversehens ein Mann mit der Behauptung, unser Weltall sei keineswegs ein leerer, unbeseelter Raum, ein totes, teilnahmsloses Nichts ringsumher um den Menschen, sondern ständig durchdrungen von unsichtbaren, unfaßbaren und nur innerlich fühlbaren Wellen, von geheimnisvollen Störungen und Spannungen, die in dauernder Überleitung einander berührten und belebten, Seele zu Seele, Sinn zu Sinn. Unfaßbar und vorläufig unbenannt, vielleicht dieselbe Kraft, die von Stern zu Stern strahle und im Mondlicht Schlafsüchtige lenke, könne dies unbekannte Fluid, dieser Weltstoff, von Mensch zu Mensch weitergegeben, Wandlung bei seelischen und körperlichen Krankheiten bringen und derart jene höchste Harmonie wiederherstellen, die wir Gesundheit nennen. Wo der Sitz dieser Urkraft sei, wie ihr wahrer Name, ihr wirkliches Wesen, dies freilich vermöge er, Franz Anton Mesmer, nicht endgültig zu sagen; vorläufig nenne er diesen wirkenden Stoff ex analogia Magnetismus. Aber man prüfe doch selbst, bittet er die Akademieen, drängt er die Professoren, welchen erstaunlichen Effekt diese Behandlung durch bloßes Bestreichen mit den Fingerspitzen hervorbrächte; man untersuche doch endlich einmal mit unvoreingenommenem Blick alle die krankhaften Krisen, die rätselhaften Zustände, die geradezu zauberhaften Heilungen, die er bei Nervenverstörungen einzig durch magnetische (wir sagen heute: suggestive) Einwirkung erzeuge. Jedoch die professorale Aufgeklärtheit der Akademieen weigert sich hartnäckig, auf all diese von Mesmer vorgezeigten und hundertfach bezeugten Phänomene auch nur einen einzigen unbefangenen Blick zu tun. Jenes Fluid, jene sympathetische Übertragungskraft, deren Wesen man nicht deutlich erklären kann (schon verdächtig dies!), steht nicht im Kompendium aller Orakel, im Dictionnaire philosophique, folglich darf nichts Derartiges vorhanden sein. Die Phänomene, die Mesmer vorweist, erscheinen mit nackter Vernunft nicht erklärbar. Folglich existieren sie nicht.

Er kommt um ein Jahrhundert zu früh, Franz Anton

Mesmer, und er kommt um ein paar Jahrhunderte zu spät. Die Frühzeit der Medizin hätte seine abseitigen Versuche mit aufmerksamem Anteil begleitet, denn die weite Seele des Mittelalters hatte Raum für alles Unbegreifliche. Sie vermochte noch kindhaft rein zu staunen und der eigenen inneren Erschütterung mehr zu glauben als dem blanken Augenschein. Leichtgläubig, war diese Zeit doch zutiefst glaubenswillig, und nicht absurd wäre darum ihren Denkern, weder den frommtheologischen noch den profanen, Mesmers Dogma erschienen, daß zwischen Makrokosmos und Mikrokosmos, zwischen Weltseele und Einzelseele, zwischen Stern und Menschheit stofflich verwandte, transzendente Beziehung walte, ja ganz selbstverständlich sogar seine Anschauung, daß ein Mensch auf den andern zauberkräftig einwirken könne durch die Magie seines Willens und wissende Prozedur. Ohne Mißtrauen also, mit neugierig aufgetanem Herzen hätte jene faustisch universale Weltkunde Mesmers Versuchen zugeblickt, und ebenso beurteilt wieder die neuzeitliche Wissenschaft die meisten der psychotechnischen Wirkungen dieses ersten Magnetiseurs weder als Gaukeleien noch als wunderhaft. Gerade weil wir Tag für Tag, ja fast Stunde für Stunde überrascht werden von neuen Unglaublichkeiten und Wundern innerhalb der Physik und Biologie, zaudern wir sehr lange und gewissenhaft, ehe wir heute ein gestern noch Unwahrscheinliches unwahr nennen, und tatsächlich ordnen sich viele von Mesmers Erfindungen und Erfahrungen unserm jetzigen Weltbild ohne Schwierigkeit ein. Daß unsere Nerven, unsere Sinne geheimnisvollen Gebundenheiten unterliegen, daß wir »ein Spiel sind von jedem Druck der Luft«, suggestiv beeinflußbar von unzähligen äußeren und inneren Impulsen, wer denkt dies heute noch zu bestreiten? Lehrt uns, denen ein gesprochenes Wort noch in ebenderselben Sekunde über Ozeane herüberschwingt, nicht jeder neue

Tag wieder neu, daß unser Äther beseelt ist von unfaßbaren Vibrationen und Lebenswellen? Nein, wir erschrekken durchaus nicht mehr vor Mesmers bestrittenstem Gedanken, daß unserem individuellen Sein eine ganz einmalige und bestimmte Eigenkraft entströme, die weit über das Ende des Nervs hinaus in beinahe magischer Weise bestimmend auf fremden Willen und fremdes Wesen einwirken könne. Aber Verhängnis – Mesmer ist zu früh gekommen oder zu spät: gerade jenes Zeitalter, in das er das Unglück hat hineingeboren zu werden, besitzt für dunkel ehrfurchtsvolles Ahnen kein Organ. Nur kein Clair-obscur in seelischen Dingen: Ordnung vor allem und schattenloses Licht! Gerade dort also, wo das geheimnisvolle Zwielicht von Bewußt und Unbewußt sein schöpferisches Übergangsspiel beginnt, erweist sich das kalte Tagauge dieser Vernunftwissenschaft völlig blind. Und da sie die Seele nicht als gestaltende und individuelle Macht anerkennt, so kennt auch ihre Medizin in dem Uhrwerk Homo sapiens einzig Schädigungen der Organe, einen kranken Leib, niemals aber eine Erschütterung der Seele. Kein Wunder, daß sie darum für ihre Verstörungen nichts anderes weiß als die barbarische Baderweisheit: Purgieren, Aderlassen und kaltes Wasser. Geistesgestörte schnallt man auf das Drehrad, kurbelt sie so lange um, bis ihnen der Schaum vom Mund läuft oder prügelt sie bis zur Erschöpfung. Epileptikern pumpt man den Magen mit Quacksalbereien voll, alle nervösen Affekte erklärt man als einfach nicht existent, weil man ihnen nicht beizukommen weiß. Und als jetzt dieser unbequeme Außenseiter Mesmer durch seine magnetische und deshalb magisch erscheinende Einflußnahme solche Erkrankungen erstmalig lindert, da dreht die entrüstete Fakultät die Augen weg und behauptet, nichts gesehen zu haben als Gaukelei und Betrug.

In diesem verzweifelten Vorpostengefecht um eine

neue Psychotherapie steht Mesmer vollkommen allein. Seine Schüler, seine Helfer sind noch um ein halbes, ein ganzes Jahrhundert zurück. Und tragische Erschwerung dieses Alleinseins – nicht einmal ein vollgewichtiges Selbstvertrauen panzert diesem einsamen Kämpfer den Rücken. Denn nur die Richtung ahnt Mesmer, er weiß noch nicht den Weg. Er fühlt sich auf der rechten Spur, fühlt sich durch Zufall einem Geheimnis, einem großen und fruchtbaren Geheimnis brennend nah und weiß doch, er kann es nicht allein lösen und völlig entschleiern. Erschütternd darum, wie dieser Mann, den leichtfertige Nachrednerei ein Jahrhundert lang als Scharlatan verrufen, gerade bei den Ärzten, seinen Kameraden, um Beistand und Hilfe bittet; nicht anders als Kolumbus vor seiner Ausfahrt mit seinem Plan des Seeweges nach Indien von Hof zu Hof irrt, so wendet sich Mesmer von einer Akademie an die andere und bittet um Interesse und Mithilfe für seine Idee. Auch bei ihm wie bei seinem großen Entdeckerbruder steht ein Irrtum am Anfang seiner Bahn, denn noch ganz eingesponnen in den mittelalterlichen Wahn des Arkanums, meint Mesmer mit seiner magnetischen Theorie das Allheilmittel, das ewige Indien der alten Arzneikunde, gefunden zu haben. In Wahrheit hat er längst, sich selber unbewußt, unendlich mehr entdeckt als einen neuen Weg – er hat wie Kolumbus einen neuen Kontinent der Wissenschaft gefunden mit ungezählten Archipelen und noch lange nicht durchforschten Geländen: die Psychotherapie. Denn alle die heute erst aufgeschlossenen Domänen der neuen Seelenkunde, Hypnose und Suggestion, Christian Science und Psychoanalyse, sogar Spiritismus und Telepathie liegen in jenem Neuland, das dieser tragisch Einsame entdeckte, ohne selbst zu erkennen, daß er einen anderen Erdteil der Wissenschaft betreten hat als jenen der Medizin. Andere haben seine Reiche gepflügt und Saat gewonnen, wo er den Samen in die Brache gestreut, andere den Ruhm geerntet, indes sein Name von der Wissenschaft verächtlich auf dem Schindanger der Ketzer und Schwätzer verscharrt ward. Seine Mitwelt hat ihm den Prozeß gemacht und ihn verurteilt. Nun reift die Zeit, mit seinen Richtern zur rechten.

Bildnis

1773 berichtet Vater Leopold Mozart seiner Frau nach Salzburg: »Letzten Posttag habe ich nicht geschrieben, weil wir eine große Musik bei unserem Freunde Mesmer auf der Landstraße im Garten hatten. Mesmer spielt sehr gut die Harmonika der Miß Dewis, er ist der einzige in Wien, der es gelernt hat, und besitzt eine viel schönere gläserne Maschine, als Miß Dewis selbst hatte. Wolfgang hat auch schon darauf gespielt.« Man sieht, sie sind gute Freunde, der Wiener Arzt, der Salzburger Musiker und dessen berühmter Sohn. Schon einige Jahre vordem, als der berüchtigte Hofoperndirektor Afligio (der später auf der Galeere endete) die erste Oper des vierzehnjährigen Wolfgang Amadeus »La finta semplice« trotz kaiserlichen Befehls nicht zur Aufführung bringen wollte, springt, kühner als Kaiser und Hof, der musikalische Mäzen, Franz Anton Mesmer ein und stellt sein kleines Gartentheater für das deutsche Singspiel »Bastien und Bastienne« zur Verfügung, derart nebst seinem anderen Ruhm das unvergängliche Verdienst sich in der Geschichte sichernd, das erste Opernwerk Wolfgang Amadeus Mozarts aus der Taufe gehoben zu haben. Diese Freundestat vergißt der kleine Wolfgang nicht: in allen Briefen erzählt er von Mesmer, immer ist er am liebsten bei seinem »lieben Mesmer« zu Gast. Und als er im Jahre 1781 ständig Aufenthalt in Wien nimmt, fährt er im Postwagen geradeaus vom Schlagbaum in das vertraute Haus. »Ich schreibe dies im Garten Mesmers auf der Landstraße«, so beginnt sein erster Brief an den Vater vom 17. März 1781. Und in »Così fan tutte« hat er dem gelehrten Freund später das bekannte humoristische Denkmal gesetzt. Noch heute und wohl in Jahrhunderte hinein begleitet ein munteres Rezitativ die Verse über Franz Anton Mesmer:

> *»Hier der Magnetstein*
> *Solls euch beweisen.*
> *Ihn brauchte Mesmer einst,*
> *Der seinen Ursprung nahm*
> *Aus Deutschlands Gauen*
> *Und so berühmt ward*
> *In Francia.«*

Aber nicht nur ein gelehrter Herr, ein kunstfreudiger und menschenfreundlicher, ist dieser sonderbare Doktor Franz Anton Mesmer, er ist auch ein reicher Mann. Wenige im Wiener Bürgerstande besaßen damals ein so wunderschönes, heiter geselliges Haus wie jenes Landstraße 261, wahrhaftig ein Klein-Versailles am Donaustrand. In dem weiten, geräumigen, beinahe fürstlichen Garten entzücken die Gäste allerhand unterhaltsame Vergnüglichkeiten im Stile des Rokoko, kleine Boskette, schattige Baumgänge mit antiken Statuen, ein Vogelhaus, ein Taubenschlag, jenes kokette (leider längst verschollene) Naturtheater, in dem die Premiere von »Bastien und Bastienne« stattfand, ein rundes Marmorbassin, das später bei den magnetischen Kuren höchst merkwürdige Szenen sehen wird, und auf einer kleinen Anhöhe ein Belvedere, von dem man weit über die Donau in den Prater blicken kann. Kein Wunder, daß die plauderfrohe und genießerische Wiener Gesellschaft sich gern in diesem schönen Hause zusammenfindet, denn dieser Doktor Franz Anton Mesmer zählt zu den allerhochansehnlichsten Bürgern, seit er die mehr als dreißigtausend Gulden schwere Witwe des Hofkammerrates van Bosch geheiratet hat. Seine Tafel steht täglich (wie Mozart erzählt) allen seinen Freunden und Bekannten offen, man trinkt und ißt vortrefflich bei diesem hochgelehrten und jovialen Mann und entbehrt auch der geistigen Genüsse nicht. Hier hört man, lange vor dem Druck und meist eigenhändig vom Notenblatt gespielt, die neuesten Quartette, Arien und Sonaten von Haydn, Mozart und Gluck, den intimen Freunden des Hauses, aber auch das Neueste von Piccini und Righini. Wer dagegen vorzieht, von geistigen Dingen zu sprechen, statt Musik zu hören, der findet gleichfalls auf jedem Gebiet an dem Hausherrn einen universal gebildeten Partner. Denn dieser vorgebliche Schwindler Franz Anton Mesmer hat selbst unter Gelehrten Format; schon damals, als er – Sohn eines bischöflichen Jägers, am 23. Mai 1734 zu Iznang am Bodensee geboren – zu weiterer Ausbildung nach Wien übersiedelt, ist er bereits emeritierter Studiosus der Theologie in Ingolstadt und Doktor der Philosophie. Aber das genügt diesem unruhigen Geiste noch lange nicht. Wie weiland Dr. Faustus will er die Wissenschaft an allen Ecken fassen. So studiert er in Wien zunächst noch Jura, um sich zum Schlusse endgültig der vierten Fakultät, der Medizin, zuzuwenden. Am 27. Mai 1766 wird Franz Anton Mesmer, obwohl bereits zwiefacher Doktor »autoritate et consensu illustrissimorum, perillustrium, magnificorum, spectabilium, clarissimorum Professorum« auch zum Doctor Medicinae feierlich promoviert; eigenhändig unterschreibt das Lumen der theresianischen Wissenschaft, der hochberühmte Professor und Hofmedikus Van Swieten, sein Doktordiplom. Jedoch Mesmer, durch seine Heirat ein reicher Mann, will keineswegs aus seinem Heilpermiß gleich Dukaten münzen. Er hat keine Eile mit seiner ärztlichen Praxis und verfolgt lieber als gelehrter Dilettant die entlegensten Entdeckungen der Geologie, Physik, Chemie und Mathematik, die Fortschritte der abstrakten Philosophie und vor allem der Musik. Er spielt selbst sowohl Klavier wie Violoncello, führt als erster die Glasharmonika ein, für die dann Mozart ein eigenes Quintett komponiert. Bald zählen die musikalischen Abende bei Mesmer zu den beliebtesten des geistigen Wien, und neben der kleinen Musikstube des jungen Van Swieten am Tiefen Graben, wo jeden Sonntag Haydn, Mozart und später Beethoven erscheinen, gilt das Haus Landstraße 261 als das erlesenste Refugium für Kunst und Wissenschaft.

Nein, dieser vielverleumdete Mann, den man später so böswillig als medizinischen Außenseiter und ahnungslosen Quacksalber verunglimpfte, dieser Franz Anton Mesmer ist nicht der erste beste, das spürt jeder sofort, der ihm begegnet. Schon äußerlich fällt der wohlgebaute, breitstirnige Mann in jeder Gesellschaft durch seinen hohen Wuchs und sein imposantes Gehaben auf. Wenn er mit seinem Freunde Christoph Willibald Gluck in Paris in einem Salon erscheint, wenden sich alle Blicke neugierig diesen beiden deutschen Enakssöhnen zu, die um Haupteslänge das gewöhnliche Maß überragen. Leider zeichnen nur unzulänglich die wenigen erhaltenen Bilder den physiognomischen Eindruck; immerhin, man sieht, das Antlitz ist harmonisch und schön gestaltet, saftig die Lippe, voll und fleischig das Kinn, prächtig gewölbt die Stirn über den stahlhell klaren Augen; wohltuende Sicherheit strahlt von diesem mächtigen Manne aus, der in unverwüstlicher Gesundheit patriarchalisches Alter erreichen wird. Nichts irriger darum, als sich in dem großen Magnetiseur einen Zauberer, eine dämonische Erscheinung mit flackerndem Blick und diabolischen Blitzfeuern, einen Svengali oder Doktor Spallanzani vorzustellen – im Gegenteil, was alle Zeitgenossen einhellig als Kennzeichen hervorheben, ist seine gesättigte, unerschütterliche Geduld. Mehr schwerblütig als heißblütig, mehr zäh als sprunghaft wild, beobachtet der wackere Schwabe (»er forcht sich nit«) bedächtig die Phänomene, und so wie er durch ein Zimmer geht, breitbeinig, schwer und klobig, mit festem und gemessenem Schritt, so geht er langsam und entschlossen in seinen Forschungen von einer Beobachtung zur anderen weiter, langsam, aber unerschütterlich. Er denkt nicht in blendenden, blitzenden Einfällen, sondern in vorsichtigen, aber dann unumstößlichen Schlüssen, und kein Widerspruch, keine Erbitterung kann seine dickhäutige Ruhe erschüttern. Diese Ruhe, diese Zähigkeit, diese große, beharrliche Geduld bedeutet Mesmers eigentliches Genie. Und nur seiner ungewöhnlich bescheidenen Zurückhaltung, seiner ehrgeizlosen und umgänglichen Art ist das historische Kuriosum zu danken, daß ein gleichzeitig bedeutender und reicher Mann in Wien nur Freunde hat und keinen Feind. Allgemein rühmt man seine Kenntnisse, sein anspruchslos sympathisches Wesen, seine offene Hand und seinen offenen Sinn: »Son âme est comme sa découverte simple, bienfaisante et sublime.« Sogar seine Kollegen, die Wiener Ärzte, schätzen Franz Anton Mesmer als vortrefflichen Medikus – freilich nur bis zum Augenblick, da er die Kühnheit besitzt, eigene Bahnen zu gehen und ohne Zustimmung der Fakultät eine weltbewegende Entdeckung zu machen. Dann ist es plötzlich mit der Beliebtheit zu Ende, und ein Kampf um Sein oder Nichtsein beginnt.

Der zündende Funke

Im Sommer 1774 reist ein vornehmer Ausländer mit seiner Frau durch Wien, und diese bittet, von einem plötzlichen Magenkrampf befallen, den bekannten Astronomen Maximilian Hell, einen Jesuitenpater, er möge ihr zu Heilzwecken einen Magneten in handlicher Form anfertigen, den sie sich auf den Magen legen könnte. Denn daß dem Magneteisen besondere Heilkraft innewohne, diese für uns etwas seltsame Annahme, gilt der magischen und sympathetischen Medizin der Vorzeit als unbezweifelbare Tatsache. Schon das Altertum hat das eigenwillige Verhalten des Magneten – Paracelsus nennt ihn später den »Monarchen aller Geheimnisse« – immer wieder erregt, weil dieser Außenseiter unter allen mineralischen Elementen ganz besondere Eigenschaften zeigt. Denn während Blei und Kupfer, Silber, Gold und Zinn und das gemeine, gleichsam unbeseelte Eisen ohne jedes Eigenleben nur der Schwerkraft gehorchen, äußert dieses eine und einzige Element unter allen etwas Seelenhaftes, eine selbständige Aktivität. Der Magnet zieht das andere, das tote Eisen herrisch an sich heran, er vermag als einziges Subjekt innerhalb der bloßen Objekte etwas wie persönlichen Willen auszudrücken, und unwillkürlich läßt sein selbstherrliches Gehaben vermuten, er gehorche anderen als den irdischen – vielleicht astralen – Gesetzen des Weltalls. Zur Nadel gespitzt, hält er unbeirrbar seinen eisernen Finger dem Pol entgegen, Führer der Schiffe und Wegweiser der Verirrten: so scheint es wirklich, als ob er eine Erinnerung seines meteorischen Ursprunges innerhalb der irdischen Welt bewahre. Derart auffallende Besonderheiten bei einem einzigen Metall mußten natürlich von allem Anfang an die klassische Naturphilosophie faszinieren. Und da der menschliche Geist dazu neigt, ständig in Analogieen zu denken, so schreiben die Ärzte des Mittelalters dem Magneten eine sympathetische Macht zu. Jahrhundertelang proben sie herum, ob er nicht befähigt sei, so wie Eisensplitter auch manche Krankheiten aus dem menschlichen Leibe an sich heranzuziehen. Wo aber Dunkelheiten walten, da drängt sofort der Versuchergeist des Paracelsus mit leuchtendem Eulenauge neugierig heran. Seine unstet schweifende, bald gauklerische, bald geniale Phantasie verwandelt unbedenklich diese wirre Vermutung seiner Vorgänger in pathetische Gewißheit. Seinem leicht entzündlichen Geist scheint es sofort verbürgt, daß neben der »agtseinischen«, der im Bernstein wirkenden Kraft (also der noch ganz unmündigen Elektrizität), diejenige des Magneten das Vorhandensein einer siderischen, einer sternverbundenen Natur im irdischen, im »adamitischen« Leib kundtue, und sofort reiht er den Magneten in die Liste der unfehlbaren Heilmittel ein. »Ich behaupte klar und offen aus dem, was ich vom Magneten erfahrungsgemäß erprobt habe, daß in ihm ein so hohes Geheimnis verborgen liegt, ohne welches man gegen viele Krankheiten gar nichts ausrichten kann.« Und an anderer Stelle schreibt er: »Der Magnet hat lange vor aller Augen gelegen, und keiner hat daran gedacht, ob er weiter zu gebrauchen wäre und ob er, außer daß er das Eisen an sich zieht, auch noch andere Kräfte besitze. Die lausigen Doktores werfen mir oft unter die Nase, ich wollte den Alten nicht folgen; aber in was soll ich ihnen folgen? Alles, was sie vom Magneten gesagt haben, ist nichts. Legt das, was ich davon sage, auf die Waage und urteilt. Wäre ich blindlings den anderen gefolgt und hätte nicht selbst Versuche angestellt, so würde ich ebenfalls nicht mehr wissen, als was jeder Bauer sieht, als: er zieht das Eisen an. Allein ein weiser Mann soll selbst untersuchen, und so habe ich gefunden, daß der Magnet außer dieser offenbaren, einem jeden in die Augen fallenden Kraft, das Eisen anzuziehen, noch eine verborgene Kraft besitzt.« Auch darüber, wie der Magnet zu Heilzwecken anzuwenden sei, gibt Paracelsus mit seiner gewohnten Unbedenklichkeit genaue Anweisungen. Er behauptet, daß der Magnet einen Bauch (den anziehenden) und einen Rücken (den abstoßenden Pol) besitze, so daß er, richtig angelegt, seine

Kraft durch den ganzen Körper leiten könne, und diese Behandlungsart, die wirklich ahnend die Form des noch lange nicht entdeckten elektrischen Stromes vorausnimmt, nennt der ewige Hahnenkamm »mehr wert als alles, was die Galenisten ihr Leben lang gelehrt haben. Hätten sie anstatt ihrer Ruhmredigkeit den Magneten vor sich genommen, sie hätten mehr ausgerichtet als mit all ihren gelehrten Klappereien. Er heilt die Flüsse der Augen, Ohren, Nase und äußeren Glieder. Auf diese Art heilt man auch offene Schenkel, Fisteln, Krebs, Blutflüsse der Weiber. Der Magnet zieht ferner die Brüche und heilt alle Rupturen, er zieht die Gelbsucht aus und die Wassersucht zurück, wie ich oft in der Praxis erfahren habe; allein es ist unnötig, den Unwissenden alles ins Maul zu kauen.« Unsere heutige Medizin wird diese rasselnde Ankündigung freilich nicht sehr ernst nehmen; aber was Paracelsus einmal gesagt, gilt seiner Schule noch durch zwei Jahrhunderte als Offenbarung und Gesetz. So pflegen und züchten seine Schüler mit vielem anderen bombastischen Unkraut aus Paraselsus' magischer Hexenküche auch ehrfürchtig die Lehre von der Heilkraft des Magneten. Sein Schüler Helmont und nach ihm Goclenius, der 1608 ein ganzes Lehrbuch »Tractatus de magnetica cura vulnerum« veröffentlichte, verfechten auf Paracelsus' Treu und Glauben hin leidenschaftlich die organische Heilkraft des Eisenmagneten, und so geht neben der offiziellen Medizin schon damals die magnetische Kurmethode als unterirdische Strömung durch die Zeit. Von einem dieser namenlosen Nebenläufer, von irgendeinem verschollenen Anhänger der sympathetischen Heilkunde mag dann jener Magnet der reisenden Ausländerin verordnet worden sein.

Der Jesuitenpater Hell, an den sich der fremde Patient wendet, ist Astronom und kein Arzt. Ihn kümmerts nicht, ob der Magnet tatsächlich eine Heilwirkung bei Magenkrämpfen ausübe oder nicht, er hat nur den Magneten formentsprechend zu schweißen. Das tut er pflichtgemäß. Gleichzeitig berichtet er aber seinem Freunde, dem gelehrten Doktor Mesmer, von dem ungewöhnlichen Fall. Mesmer nun, semper novarum rerum cupidus, immer lernbegierig, neue Methoden der Wissenschaft zu erfahren und zu erproben, bittet seinen Freund Hell, ihn auf dem laufenden zu erhalten über den Effekt der Kur. Kaum hört er, daß tatsächlich die Magenkrämpfe der Kranken völlig aufgehört hätten, so besucht er die Patientin und staunt über die sofortige Linderung, welche die Anlegung des Magneten zur Folge hatte. Die Methode interessiert ihn. Sofort beschließt er, sie jetzt seinerseits auszuproben. Er läßt sich nun ebenfalls von Hell Magnete ähnlichen Formats anfertigen und macht damit bei einer Reihe von anderen Patienten Versuche, indem er ihnen den hufeisenförmigen bestrichenen Stahl bald auf den Hals, bald aufs Herz, immer aber auf den leidenden Körperteil legt. Und sonderbar – in einigen Fällen erzielt er damit zu seiner eigenen Überraschung nie erwartete, nie geahnte Heilungserfolge, besonders bei einem Fräulein Österlin, die er auf diese Art von ihren Krämpfen heilt, und bei dem Mathematikprofessor Bauer.

Ein argloser Kurpfuscher würde nun sofort den Mund weit aufreißen und spektakulieren, er habe einen neuen Gesundheitstalisman gefunden: das Magneteisen. Es scheint ja so sonnenklar, so einfach – man baucht also bei Krämpfen und epileptischen Zuständen den Kranken nur rechtzeitig das zauberische Hufeisen auf den Leib zu legen, unbesorgt um das Wie und Warum, und siehe, das Mirakel der Genesung ist vollbracht. Aber Franz Anton Mesmer ist Arzt, Wissenschaftler, Sohn eines neuen Zeitalters, das in kausalen Zusammenhängen denkt. Ihm genügt nicht die augenfällig bewiesene Feststellung, daß der Magnet bei einer ganzen Reihe seiner Patienten beinahe magisch geholfen: als ernster, denkender Arzt will er eben, weil er nicht an Wunder glaubt, sich selbst und den andern erklären, warum dieses geheimnisvolle Mineral solche Wunder wirkt. Mit seinem Experiment hat er bisher nur einen Nenner der Rätselheilung in Händen: den oftmaligen Heileffekt des Magneten; zum logischen Schlusse braucht er aber noch die andere Ziffer, die kausale Begründung. Dann erst wäre das neue Problem für die Wissenschaft nicht bloß gestellt, sondern auch schon gelöst.

Und sonderbar: ein verteufelter Zufall scheint ihm und gerade ihm dies andere Ende in die Hand gespielt zu haben. Denn eben dieser Franz Anton Mesmer hat doch vor beinahe zehn Jahren, 1766, den Doktorgrad mit einer sehr merkwürdigen, mystisch gefärbten Dissertation erworben, benannt »De Planetarum influxu«, in welcher er unter dem Einfluß mittelalterlicher Astrologie eine Wirkung der Gestirne auf den Menschen annahm und die These aufstellte, daß irgendeine geheimnisvolle Kraft »durch weite Räume der Himmel ergossen, auf das Innerliche jeder Materie einwirke, daß ein Uräther, ein geheimnisvolles Fluidum den ganzen Kosmos und damit auch den Menschen durchdringe«. Dieses Urfluidum, dieses Endprinzip, bezeichnete der vorsichtige Studiosus damals nur höchst unbestimmt als die »gravitas universalis«, die allgemeine Schwerkraft. Diese seine eigene jugendliche Hypothese hatte der gereifte Mann wahrscheinlich längst vergessen. Aber als Mesmer jetzt bei dieser zufälligen Kur durch den Stahlmagneten, der doch als Meteorstein gleichfalls von den Sternen stammt, so unerklärbaren Einfluß ausgeübt sieht, da schießen plötzlich diese beiden Elemente, das Empirische und das Hypothetische, die durch Magnetauflage geheilte Patientin und die These der Dissertation zu einer einheitlichen Theorie zusammen – jetzt glaubt Mesmer seine philosophische Annahme durch jene sichtbare Heilwirkung unwiderlegbar bestätigt und meint für jene unbestimmte »gravitas universalis« den richtigen Namen zu wissen: die magnetische Kraft, deren Anziehung der Mensch ebenso gehorcht wie die Sterne des Weltalls. Das Magnetische ist also, so jubelt voreilig freudig seine Entdeckerlust, die »gravitas universalis«, jenes »unsichtbare Feuer« des Hippokrates, jener »spiritus purus, ignis subtilissimus«, der als schöpferische Allflut den Äther des Weltalls ebenso wie die Zelle des menschlichen Körpers durchströmt! Die Brücke, die langgesuchte, welche die Sternenwelt der Menschheit verbindet, scheint ihm in seiner Zufallstrunkenheit gefunden. Und er fühlt stolz und erregt: wer sie mutig überschreitet, der betritt ein unbekanntes Land.

Der Funke hat gezündet. Durch die zufällige Berührung eines Experiments mit einer Theorie kommt bei Mesmer ein Gedanke zur Explosion. Aber der erste Schuß geht in vollkommen falsche Richtung. Denn in seiner voreiligen Begeisterung meint Mesmer, mit dem Magneteisenstein selbst schon klipp und klar das Universalremedium, den Stein der Weisen, gefunden zu haben: ein Irrtum, ein offenbarer Trugschluß bildet Anlaß und Ausgang seines Weges. Aber dieser Irrtum ist ein schöpferischer. Und da Mesmer ihm nicht blindwütig nachstürmt, sondern seinem Charakter gemäß zögernd, Schritt für Schritt fortschreitet, kommt er trotz seines Umweges weiter. Er wird noch viele krumme und dumme Wege gehen. Aber jedenfalls, während die anderen breit und schwer auf ihren alten Methoden hocken, tappt dieser Einsame im Dunkel nach vorwärts und tastet langsam aus kindlichen und mittelalterlichen Vorstellungen in den geistigen Gedankenkreis der Gegenwart hinüber.

Die ersten Versuche

Nun hat Franz Anton Mesmer, bisher nur simpler Arzt und Liebhaber der schönen Wissenschaften, einen Lebensgedanken, oder vielmehr der Gedanke hat ihn. Denn bis zu seinem letzten Atemzug wird er als unnachgiebiger Forscher diesem Perpetuum mobile, dieser Triebkraft des Alls nachsinnen. Sein ganzes Leben, sein Vermögen, sein Ansehen, seine Zeit setzt er von nun einzig an diese seine Uridee. In dieser Hartnäckigkeit, dieser starren und doch glühenden Unbelehrbarkeit liegt Mesmers Größe und Tragik, denn was er sucht – das magische Allfluid – kann er niemals klar beweisbar finden. Und was er findet – eine neue Psychotechnik –, das hat er gar nicht gesucht und zeitlebens nie erkannt. So erlebt er eigentlich ein ganz verzweifelt ähnliches Schicksal wie sein Zeitgenosse, der Alchimist Böttger, der in seiner Gefangenschaft chemisches Gold anfertigen will und dabei durch Zufall das tausendmal wichtigere Porzellan entdeckt: da wie dort entsendet der Urgedanke nur einen wichtigen seelischen Antrieb, und die Entdeckung entdeckt sich gleichsam selbst in dem leidenschaftlich fortgetriebenen Experimentieren.

Mesmer hat im Anfang nur die philosophische Idee eines Allfluids. Und er hat den Eisenmagneten. Aber der Leistungsradius des Magneten ist verhältnismäßig gering, das sieht Mesmer schon bei den ersten Versuchen ein. Seine Anziehung wirkt bloß einige Zoll weit, und doch läßt Mesmers mystisches Ahnen sich nicht irremachen im Glauben, er verberge weit stärkere, gleichsam latente Energieen, die man kunstvoll hervorlocken und durch richtige Anwendung steigern könne. So beginnt er die kuriosesten Künsteleien. Statt wie jener Engländer bloß ein einziges Hufeisen auf die schmerzende Stelle zu legen, appliziert er seinen Kranken zwei Magnete, einen links oben, einen rechts unten, damit in geschlossenem Strom das geheimnisvolle Fluid den ganzen Leib lebendig durchstreiche und so in Ebbe und Flut die gestörte Harmonie wiederherstelle. Um seine eigene mithelfende Influenz zu vermehren, trägt er, in einem Ledersäckchen eingenäht, selbst einen Magneten um den Hals, und nicht genug an dem, er überträgt diesen kraftspendenden Strom auf alle erdenklichen Gegenstände. Er magnetisiert Wasser, läßt die Kranken darin baden und davon trinken, er magnetisiert durch Bestreichen Porzellantassen und Teller, Kleider und Betten, er magnetisiert Spiegel, damit sie das Fluid weiterstrahlen, er magnetisiert Musikinstrumente, damit auch die Schallschwingung die Heilmacht fortleite. Immer fanatischer verrennt er sich in die fixe Idee, man könne (ähnlich wie später die elektrische Kraft) die magnetische durch Leitung weiter übermitteln, auf Flaschen ziehen und in Akkumulatoren sammeln. So konstruiert er schließlich den berüchtigten Gesundheitszuber, das vielverspottete »Baquet«, ein zugedecktes großes Holzschaff, in dem zwei Reihen von Flaschen, die mit magnetisiertem Wasser gefüllt sind, konvergent zu einem Stahlstab laufen, von dem der Patient einzelne bewegliche Überleitungsspitzen an seinen Schmerzpunkt hinführen kann. Um diese magnetische Batterie reihen sich die Kranken, Fingerspitze an Fingerspitze ehrfürchtig haltend, zur Kette, weil Mesmer erprobt haben will, daß die Durchleitung durch mehrere menschliche Organismen den Strom abermals verstärke. Aber auch die Experimente am Menschen genügen ihm nicht – bald müssen schon Katzen und Hunde daran glauben; schließlich werden sogar die Bäume in Mesmers Park und jenes Wasserbassin magnetisiert, in dessen zitterndem Spiegel die Patienten andächtig ihre entblößten Füße tauchen, den Bäumen durch Seile mit den Händen verbunden, während der Meister gleichzeitig auf der gleichfalls magnetisierten Glasharmonika spielt, um mit ihren zarten und schmiegsamen Rhythmen die Nerven dem Universalbalsam gefügiger zu machen.

Unsinn, Schwindel und Kinderei, sagt selbstverständlich unser Gefühl von heute entweder entrüstet oder mitleidig zu diesen tollen Extratouren: hier wird man tatsächlich an Cagliostro und die anderen Zauberdoktoren erinnert. Mesmers erste Experimente stolpern – wozu hier eine Beschönigung? – völlig ratlos, völlig hilflos im krausen Dickicht mittelalterlichen Unkrauts herum. Uns Nachfahren erscheint es natürlich eitles Possenspiel, magnetische Kraft auf Bäume, Wasser, Spiegel und Musik durch bloßes Bestreichen übertragen und damit Heilwirkungen erzielen zu wollen. Aber man messe, um nicht in Ungerechtigkeit zu verfallen, doch einmal redlich die physikalische Situation jener Zeit. Drei neue Kräfte reizen damals die Neugier der Wissenschaft an, drei Kräfte, kinderklein alle drei, jede ein Herkules in der Wiege. Durch den Papinischen Topf, durch die neuen Maschinen Watts konnte man gerade eine erste Ahnung von der motorischen Kraft des Dampfes haben, von der gewaltigen Energiefülle der atmosphärischen Luft, die früheren Geschlechtern bloß als passives Nichts, als ein unfaßbares farbloses Weltgas galt. Ein Jahrzehnt noch, und zum ersten Male wird das erste Luftschiff einen Menschen über die Erde erheben, ein Vierteljahrhundert noch und zum ersten Male das Dampfschiff das andere Element, das Wasser, besiegen. Damals aber ist diese ungeheure Macht der gepreßten oder entleerten Luft einzig in Laboratoriumsexperimenten wahrnehmbar, und ebenso winzig und schüchtern offenbart sich die Elektrizität, dieser Ifrit, damals noch in der winzigen Leydener Flasche verschlossen. Denn was gilt 1775 als elektrische Wirkung? Noch hat Volta nicht seine entscheidende Beobachtung gemacht, nur aus spielzeughaft kleinen Batterieen vermag man ein paar unnütze blaue Funken und schwächliche Kraftschläge auf den Knöchel überspringen zu lassen. Das ist alles, was Mesmers Zeit von der schöpferischen Kraft der Elektrizität weiß, genau so viel oder so wenig wie vom Magnetismus. Aber doch muß ein dumpfes Ahnen damals in der menschlichen Seele herrlich drängend gewesen sein, daß die Zukunft dank einer dieser Kräfte, vielleicht vermittels des gepreßten Dampfes, vielleicht mit jener elektrischen oder magnetischen Batterie die Form der Welt ändern und den zweibeinigen Säugetieren die Herrschaft über die Erde für Millionen Jahre sichern werde – ein Ahnen jener selbst heute noch unermessenen, von Menschenhand gebändigten Energieen, die jetzt unsere Städte mit Licht überschütten, die Himmel durchpflügen und den Schall vom Äquator zum Pol im infinitesimalen Bruchteil einer Sekunde hinüberholen. Gigantische Gewalten sind in diesen winzigen Anfängen keimhaft geballt: das fühlt schon damals die Welt, das fühlt Mesmer – nur daß er, wie der Prinz im »Kaufmann von Venedig«, in seinem Mißgeschick das falsche Kästchen von den dreien greift und die ungeheure Expansionserwartung der Zeit gerade an das schwächste Element, an den Magneten, wendet, – ein Irrtum unleugbar, aber doch ein zeitbegreiflicher, ein menschlich begreiflicher.

Erstaunlich sind also nicht Mesmers erste Methoden, sein Spiegelbestreichen, sein magnetisches Bassin – erstaunlich ist für uns bei seinem Verfahren nur die unvorstellbare therapeutische Wirkung, die ein einzelner Mann mit diesem nichtigen Magneteisen hervorbringt. Aber selbst diese scheinbaren Wunderkuren erweisen sich, psychologisch richtig gewertet, als gar nicht so wunderbar; denn wahrscheinlich, ja gewiß, ist seit Anbeginn aller Medizin die leidende Menschheit viel öfter durch Suggestion geheilt worden, als wir ahnen und die Heilkunde zuzugeben geneigt ist. Welthistorisch erweislich war noch nie eine medizinische Methode so widersinnig, daß nicht doch durch den Glauben an sie den Kranken eine Zeitlang geholfen worden wäre. Unsere Großväter und Ahnen sind durch Mittel geheilt worden, über die unsere Medizin von heute mitleidig lächelt, eben dieselbe Medizin, deren Behandlungsarten wiederum die Wissenschaft der nächsten fünfzig Jahre mit dem gleichen Lächeln als unwirksam und vielleicht sogar gefährlich abtun wird. Denn wo immer überraschende Heilung sich vollzieht, hat die Suggestion ungeahnt mächtigen Anteil. Von der Beschwörungsformel der Antike bis zum Theriak und gekochten Mäusedreck des Mittelalters und zum Radiumstab etwa eines Zeileis danken alle Behandlungsmethoden aller Zeiten ein Großteil ihrer Wirkung dem im Kranken aufgerufenen Gesundheitswillen und dies in so hohem Grade, daß eigentlich das jeweilige Vehikel dieses Heilglaubens, ob Magnet oder Blutstein oder Injektion, bei vielen Erkrankungen fast gleichgültig ist gegenüber der vom Kranken dem Heilmittel entgegengesendeten Kraft. Es ist also nicht wunderhaft, sondern durchaus logisch und natürlich, daß immer die zuletzt entdeckte Kur die unerwartetsten Erfolge erzielt, weil ihr als der noch unbekannten das Höchstmaß von Hoffnung bei den Menschen helfend entgegenkommt: so auch bei Mesmer. Kaum daß sich die Heilwirkung seiner Eisenmagneten bei einzelnen besonderen Fällen kundgibt, läuft das Gerücht von Mesmers Allwirksamkeit durch Wien und über das ganze Land. Von nah und fern pilgert man zum Magus am Donaustrand, jeder will mit dem wundertätigen Magneten bestrichen werden. Vornehme Magnaten berufen den Wiener Arzt auf ihre Schlösser, in den Zeitungen erscheinen Berichte über die neue Methode, man streitet, man bestreitet, man verhimmelt, man beschimpft Mesmers Kunst. Aber Hauptsache: jeder will sie erproben oder von ihr wissen. Gicht, Zuckungen, Ohrensausen, Lähmungen, Magenkrämpfe, Menstruationsstörungen, Schlaflosigkeit, Leberschmerzen – die hundertfältigsten Krankheiten, die bisher jeder Behandlung spotteten, werden geheilt durch sein Magneteisen; Mirakel über Mirakel ereignet sich in dem bisher nur vergnüglichen Haus auf der Landstraße 261. Nach kaum einem Jahre, seit jener reisende Ausländer die Neugier Mesmers auf das Zaubermittel gelenkt, ist der Ruhm des bisher unbekannten Arztes schon so weit über Österreich hinausgedrungen, daß aus Hamburg, aus Genf, aus den entlegensten Städten Doktoren ihn bitten, ihnen die Anwendungsart seiner angeblich so wirksamen Magnetkur zu erklären, damit sie selbst seine Versuche fortsetzen und ihrerseits sorgfältig überprüfen könnten. Und – gefährliche Versuchung für Mesmers Selbstgefühl! – beide Doktoren, denen der Wiener Arzt sich brieflich anvertraut, sowohl der Dr. Unzer in Altona als auch der Dr. Harsu in Genf, bestätigen vollinhaltlich die großartige Heilwirkung, die sie nach Mesmers Methode mit Hilfe des Magneten erzielt hätten, und sie beide lassen spontan eine begeisterte Schrift über die mesmerischen Kuren drucken. Dank solcher überzeugt gegebener Anerkennungen findet Mesmer immer mehr leidenschaftliche Adepten, schließlich beruft ihn sogar der Kurfürst nach Bayern. Was sich in Wien so überraschend kundgetan, bewährt sich ebenso verblüffend in München. Dort erzielt die Magnetauflegung bei völliger Lähmung und Augenschwäche des Akademierats Osterwald einen so aufsehenerregenden Erfolg, daß der Akademierat 1776 in Augsburg einen Bericht über seine Heilung durch Mesmer in Druck gibt: »Alles, was er allhier bei verschiedenen Krankheiten geleistet, läßt vermuten, daß er der Natur eines ihrer geheimsten Triebwerke abgesehen habe.« Klinisch genau schildert der Genesene den verzweifelten Zustand, in dem ihn Mesmer gefunden und wie mit einmal die magnetische Kur ihn zauberisch von alteingewurzelten Leiden erlöst habe, die bisher keiner ärztlichen Heilung zugänglich gewesen. Und um jedem möglichen Einspruch der Ärzte von vornherein zu begegnen, schreibt der vernünftige Akademierat: »Wollte jemand sagen, die Historia mit meinen Augen sei eine bloße Einbildung, so bin ich es zufrieden und verlange von keinem Arzt der Welt mehr, als daß er es zuwege bringe, daß ich mir fest einbilde, gesund zu sein.« Unter dem Eindruck dieser unwidersprechlichen Erfolge wird zum ersten (und letzten) Male Mesmer offiziell anerkannt. Am 28. November 1775 ernennt die kurbayerische Akademie Mesmer feierlich zu ihrem Mitglied, »denn sie ist vergewisset, daß die Bemühungen eines so vortrefflichen Mannes, der seinen Ruhm durch besondere und unwidersprechliche Proben einer so unerwarteten als nützlichen Gelehrsamkeit und Entdeckungen verewigt hat, zu ihrem Lustre viel beitragen werde«. Innerhalb eines einzigen Jahres ist der vollkommenste Sieg erfochten, Mesmer könnte zufrieden sein: eine Akademie, ein Dutzend Ärzte und Hunderte von geheilten und ekstatisch dankbaren Patienten bezeugen unwidersprechbar die Heilkraft des Magneten.

Aber wunderbar: gerade in dem Augenblick, da unbeeinflußte Zeugen Mesmer recht geben, gibt er sich selber unrecht. Innerhalb dieses einen Jahres hat er in der Rechnung schon den Anfangsfehler erkannt, nämlich, daß es gar nicht das Magneteisen sei, das in seiner Hand wirke, sondern die Hand selbst. Daß also seine erstaunliche Influenz auf die Menschen nicht vom toten Mineral ausgehe, mit dem er manipuliere, sondern von ihm, dem lebenden Menschen, daß gar nicht der Magnet der Gesundheitszauberer war, sondern der Magnetiseur. Mit dieser Erkenntnis hat das Problem plötzlich eine neue Richtung bekommen: ein weiterer Vorstoß noch, und die wirkliche, die persönliche Wirkungskausalität könnte erkannt sein. Jedoch Mesmers geistige Spannkraft ist nicht groß genug, ein ganzes Jahrhundert zu überspringen. Nur Schritt für Schritt kommt er weiter auf seinen Irrwegen und Umwegen. Aber: indem er ehrlich und entschlossen seinen Zauberstein, den Magneten, wegwirft, hat er sich aus dem magischen Pentagramm mittelalterlichen Wunderkrams befreit; der Punkt ist erreicht, wo seine Idee uns verständlich und fruchtbar wird.

Ahnungen und Erkenntnisse

Wann Mesmer diese entscheidende historische Umstellung in seiner Behandlungsweise vornimmt, ist auf den Tag nicht mehr festzustellen. Aber bereits sein dankbarer Patient Osterwald berichtet im Jahre 1776 aus Bayern, daß »Dr. Mesmer dermalen seine meisten Kuren ohne alle künstlichen Magnete, durch bloßes teils mittelbares, teils unmittelbares Berühren der leidenden Teile vollführe«. Es hat also im ganzen nicht einmal ein Jahr gedauert, bis Mesmer bemerkte, das Magneteisen sei völlig überflüssig bei den sogenannten magnetischen Kuren. Denn auch wenn er bloß mit der Hand solche Striche polauf, polab die Nerven entlang manipuliert, empfinden die Kranken die ganz gleiche Steigerung oder Linderung. Mesmer braucht seine Patienten nur anzurühren, und schon spannen sich die Nerven zu jähen Zuckungen, schon äußert sich ohne jedes Instrument oder Medikament eine erst erregende und dann beruhigende Veränderung der Krankheit im Organismus. So kann er nicht länger daran zweifeln: es wirkt aus seiner Hand unbedingt etwas ganz Unbekanntes, etwas noch viel Geheimnisvolleres als der Magnet, für das weder bei Paracelsus noch in der alten oder der zeitgenössischen Medizin eine Erklärung zu finden ist. Und erstaunt steht der Finder vor seinem eigenen Fund: er hat statt der magnetischen eine neue Methode entdeckt.

Nun sollte eigentlich Mesmer redlicherweise sagen: »Ich habe mich geirrt, der Magnet hilft keinen Deut, alle Kraft, die ich ihm zuschrieb, kommt ihm in Wirklichkeit nicht zu, und jene Heilwirkung, die ich zu meinem eigenen Staunen täglich erziele, beruht auf mir selber unverständlichen Ursächlichkeiten.« Und selbstverständlich müßte er sofort aufhören, seine Kuren weiterhin magnetische zu nennen und die ganze groteske Apparatur der geladenen Flaschen, der präparierten Zuber, der verzauberten Tassen und Bäume als völlig überflüssigen Hokuspokus abräumen. Aber wie wenige Menschen in der Politik, in der Gelehrsamkeit, in der Kunst, in der Philosophie, wie wenige, auch die tapfersten, haben jemals den Mut, klar einzugestehen, ihre Anschauung von gestern sei Irrtum und Unsinn gewesen! So auch Mesmer. Statt deutlich die unhaltbare Theorie von der Heilkraft des Magneten aufzugeben, wählt er einen krummen Rückzug; er beginnt nämlich mit dem Begriff »magnetisch« zweideutig herumzuoperieren, indem er erklärt, es sei zwar richtig, daß der Mineralmagnet nichts helfe, aber was bei seinen Kuren wirke, sei gleichfalls Magnetismus, ein »animalischer« Magnetismus, die zu jener Geheimniskraft des toten Metalls analoge Kraft im lebendigen Menschen. Sehr umständlich und verworren bemüht er sich, so zu tun, als ob sich damit in seinem System nichts Wesentliches geändert habe. Aber in Wahrheit bedeutet dieser neueingeschobene Begriff »animalischer« Magnetismus (gewöhnlich höchst unglücklich mit »tierischer« Magnetismus übersetzt, statt mit »Lebensmagnetismus«) etwas himmelweit Verschiedenes von der bisher verkündeten Metallotherapie, und man muß von diesem Augenblick an scharf aufmerken, um sich nicht durch die künstlich geschaffene Wortgleichheit verwirren zu lassen.

Magnetisieren heißt von 1776 an bei Mesmer also nicht mehr: mit einem Magneteisen berühren oder beeinflussen, sondern einzig und allein: die von den Nervenenden der Finger ausstrahlende menschliche Geheimkraft (die »animalische«) auf andere Menschen wirken lassen. Und wenn sich bis zum heutigen Tage die Praktiker dieser sympathetischen Streichbehandlung noch immer Magnetopathen nennen, so führen sie diesen Namen vollkommen zu Unrecht, denn wahrscheinlich hat kein einziger von ihnen überhaupt ein Magneteisen im Hause. Ihre ganze Behandlung beruht ausschließlich auf Persönlichkeitswirkung, auf suggestiver oder fluidaler Therapie.

Seinen gefährlichsten Irrtum hat Mesmer also ein Jahr nach seiner ersten Entdeckung schon glücklich hinter sich; aber wie schön, wie bequem war jener Irrtum gewesen! Damals meinte Mesmer noch, es genüge bei Krämpfen oder Nervenkrisen, dem Leidenden ein Magneteisen auf den Leib zu legen, ein wenig kunstvoll hin und her zu streichen, und der Kranke war genesen. Jetzt aber, da diese bequeme Illusion von der Zauberleistung des Magneten zunichte geworden ist, steht der Forscher wieder ratlos vor seiner eigenen, täglich mit bloßen Händen neu erzielten Zauberwirkung. Denn welchem Element entstammt eigentlich diese Wunderwirkung, die entsteht, wenn er seinen Kranken die Schläfen streicht, wenn er sie mit seinem Atem anhaucht, wenn er durch gewisse Kreisbewegungen die Muskeln entlang jenes geheimnisvolle plötzliche Nervenzittern, jene überraschenden Zuckungen erregt? Ist es ein Fluid, eine »force vitale«, die von ihm, von dem Organismus Franz Anton Mesmers ausgeht, und neue Frage: Geht diese besondere Stromkraft nur von seiner besonderen Natur oder von jedem beliebigen Menschen gleichmäßig aus? Kann man sie steigern durch den Willen, kann man sie verteilen und durch andere Elemente verstärken? Und wie geschieht diese Kraftübertragung? Auf seelischem Wege (animistisch) oder vielleicht als chemische Ausstrahlung und Ausdünstung kleinster unsichtbarster Partikelchen? Ist sie irdisch, ist sie göttlich, diese Kraft, ist sie physisch oder physikalisch oder geistig, kommt sie von den Sternen, oder ist sie eine feinste Essenz unseres Blutes, ein Produkt unseres Willens? Tausend Fragen überfallen mit einmal den schlichten, gar nicht sehr klugen und nur hingebungsvoll beobachtenden Mann, tausend Fragen, denen er sich nicht gewachsen weiß und deren wichtigste – nämlich, ob die sogenannten magnetischen Heilungen auf animistischem oder fluidistischem Wege erfolgen – auch heute noch nicht hinlänglich beantwortet ist. In welches Labyrinth ist er da arglos geraten, seit er jener Ausländerin die unsinnige Kur mit dem Magnethufeisen nachgeahmt, wie weit hat ihn dieser anfängliche Irrweg geführt! Noch jahrelang sieht er keine Lichtung. Nur eines ist Mesmer gewiß, nur eines weiß er jetzt aus erstaunter Erfahrung, und darauf baut er nun seine ganze Lehre: stärker als alle chemischen Medikamente kann oft der lebendige Mensch einem andern durch seine Gegenwart und nervenmäßige Beeinflussung in manchen Krisen helfen. »Von allen Körpern in der Natur wirkt auf den Menschen am allerwirksamsten der Mensch selbst.« – Krankheit ist nach seiner Auffassung eine Störung der Harmonie im Menschen, eine gefährliche Unterbrechung des rhythmischen Ablaufs zwischen Ebbe und Flut. Aber es lebt in jedem Menschen eine innerste Heilkraft, der Gesundheitswille, jener ewige Ur- und Lebenstrieb, alles Kranke auszuscheiden, und diesen Gesundheitswillen (den tatsächlich die mechanistische Medizin allzulange mißachtet hat) durch magnetische (wir sagen: suggestive) Einflußnahme zu steigern, sei Aufgabe der neuen magnetischen Heilkunde. Nach Mesmers psychologisch vollkommen richtiger Auffassung, die dann in der Christian Science ihren

Superlativ erfährt, kann der seelische Heilungswille, der Gesundheitswille tatsächlich Wunder an Genesung tun: Pflicht des Arztes ist deshalb, dies Wunder herauszufordern. Der Magnetopath lädt gewissermaßen nur die erschöpften Nerven zum entscheidenden Stoß, er füllt und stärkt die innere Verteidigungsbatterie des Organismus. Man möge aber bei diesen Versuchen, die Lebenskraft zu steigern, mahnt Mesmer, nicht erschrecken, wenn die Krankheitssymptome, statt sofort abzuklingen, im Gegenteil anfangs heftiger, konvulsivischer würden, denn gerade dies sei die Aufgabe jeder richtigen magnetischen Behandlung, jede Krankheit bis in ihre äußerste Spitze, bis zur Krise und zum Krampf emporzutreiben; unschwer erkennt man in dieser berühmten »Krisentheorie« Mesmers den alterprobten Teufelsexorzismus des Mittelalters und die Austreibemethoden des ihm wohlbekannten Pater Gaßner. Ohne daß er es ahnt, übt Mesmer seit 1776 regelrechte suggestive und hypnotische Kuren, und das Urgeheimnis seiner Erfolge liegt vor allem in der Vehemenz seiner besonders stark und eindrucksvoll ausstrahlenden, seiner beinahe magischen Persönlichkeitskraft. Aber immerhin, so wenig Mesmer auch über das Wirkende seiner Wirkung weiß – einige sehr wichtige Wahrnehmungen zur Seelenkunde sind diesem seltsamen Eigenbrötler schon in jenen ersten Jahren gelungen, die dann für die weitere Entwicklung bahnbrechend geworden sind. Vor allem beobachtet Mesmer, daß mehrere seiner Patienten besonders magnetempfindlich (wir würden sagen: suggestional oder medial), andere völlig unempfindlich veranlagt sind, daß also bestimmte Menschen als Willenssender, bestimmte als Willensempfänger wirken; steigert man aber die Anzahl der Teilnehmer, so entwickelt sich eine Verstärkung mit Hilfe der Massensuggestion. Mit solchen Beobachtungen erweitert Mesmer geradezu ruckhaft die Differenzierungsmöglichkeiten der damaligen Charakterologie; völlig unerwartet wird das Spektrum der Seele durch diese neue Belichtung anders und farbenreicher zerlegt. Man sieht: eine Unzahl neuer Anregungen wirft so ein einzelner unberatener Mann, der ohne seinen Willen in ein ungeheures Problem gestolpert ist, mitten hinein in seine Zeit. Aber niemand kann ihm eine Erklärung geben für das eigentlich noch heute ungelöste Phänomen, dank welcher Kunst es einzelnen, besonders begabten, gleichsam medizinisch-magischen Naturen gelingt, bloß mit der aufgelegten Hand und der atmosphärischen Wirkung ihrer Persönlichkeit Heilungen zu erzielen, auf die selbst die abgründigste und aufgeklärteste Wissenschaft keinen Reim weiß.

Die Kranken aber, sie fragen nicht nach dem Fluid und dem Wie und Warum, sie drängen, ungestüm vom Ruf der Neuheit, der Sonderheit verlockt, in Scharen heran. Bald muß Mesmer in seinem Haus auf der Landstraße ein eigenes magnetisches Hospital einrichten; sogar aus fremden Ländern kommen Leidende, seit sie von der berühmten Heilung der jungen Demoiselle Österlin gehört und die überströmenden Dankschriften seiner anderen Patienten gelesen haben. Für Musik und galante Gartenspiele ist jetzt im Hause Landstraße 261 die Zeit vorbei: Mesmer, der bisher von seinem Doktordiplom keinen praktischen Gebrauch gemacht, arbeitet fieberhaft von früh bis nachts mit Stäbchen, Baquets und den sonderbarsten Vorrichtungen in seiner neuen Gesundheitsfabrik. Um das Marmorbassin im Garten, in dem früher Goldfische munter spielten, sitzen jetzt in geschlossener Kette die Bresthaften und tauchen andächtig die Füße in das heilwirkende Wasser. Jeder Tag meldet einen neuen Triumph der magnetischen Kuren, jede Stunde bringt neue Gläubige, denn das Gerücht von Wunderheilungen sickert durch Fenster und Türen; bald spricht die ganze neugierige Stadt von nichts anderm als diesem wiedererstandenen Theophrastus Paracelsus. Aber inmitten aller Erfolge bleibt einer nüchtern: der Meister Mesmer selber. Noch immer zögert und zögert er, trotz des Drängens seiner Freunde, sich über dieses wunderträchtige Fluid endgültig zu äußern; nur in siebenundzwanzig Leitsätzen deutet er vage eine erste Theorie des animalischen Magnetismus an. Doch er weigert sich beharrlich, die anderen zu belehren, solange er fühlt, daß er das Geheimnis der eigenen Wirkung erst selbst erlernen muß.

Der Roman des Fräuleins Paradies

In gleichem Maße, wie Franz Anton Mesmer in Wien an Ruhm gewinnt, verliert er an Beliebtheit. Die ganze geistige Gesellschaft, die Gelehrten und Professoren haben ihn gern gehabt, den vielwissenden, dabei gar nicht ehrgeizigen, den reichen und überdies gastfreundlichen, den umgänglichen und niemals hochmütigen Mann, solange er als unschädlicher Dilettant mit neuen Ideen spielte. Nun, da es Mesmer Ernst wird und seine neuartigen Heilkuren Sensation erregen, spürt er auf einmal bei seinen ärztlichen Berufsgenossen einen erst geheimen und allmählich offenen Widerstand. Vergebens, daß er seine einstigen Kollegen in seine magnetische Klinik bittet, um ihnen zu beweisen, daß er nicht mit Quacksalbereien und Alfanzereien, sondern mit einem begründeten System operiere – keiner der geladenen Professoren und Doktoren will sich mit den sonderbaren Heilungsphänomenen ernstlich auseinandersetzen. Diese Art Therapie mit bloßen Fingerspitzen ohne klinische Eingriffe, ohne Medikamente und ordinierte Mittel, dieses Manipulieren mit Zauberstäbchen und magnetischen Zubern erscheint ihnen, man kann es verstehen, nicht sehr seriös. Bald spürt Mesmer eine scharfe Zugluft von rückwärts im Nacken.

»Die Kälte, mit der man meine ersten Ideen hier aufnahm, setzt mich in Erstaunen«, schreibt er in jenen Tagen nach München. Er hatte redlich gehofft, bei den großen Gelehrten seiner neuen Heimatstadt, bei seinen früheren wissenschaftlichen Freunden und Musikpartnern wenigstens Einspruch oder Diskussion zu finden. Aber die einstmals so kollegialen Academici sprechen gar nicht mit ihm, sie spotten und höhnen nur, überall begegnet er einem Von-vornherein-Ablehnen, das ihn erbittert. Im März 1776 berichtet er abermals an den Sekretär der kurbayerischen Akademie der Wissenschaft, seine Idee sei in Wien »wegen ihrer Neuheit fast allgemein Verfolgungen ausgesetzt«, und zwei Monate später verstärkt er diese Klage: »Ich fahre noch immer fort, physikalische und medizinische Entdeckungen in meinem Fach zu machen, aber der Erwartung, mein System erläutert zu sehen, kann ich um so weniger dermalen Genüge leisten, als ich mich hier mit der niederträchtigsten Schikane unaufhörlich herumbalgen muß. Man erklärt mich hier für einen Betrüger und alle, die mir glauben, als Narren – so geht es der neuen Wahrheit.«

Das unabänderliche Schicksal des Zufrühgekommenen hat ihn ereilt: der unsterbliche Konservativismus der Fakultäten wittert und befeindet in ihm erbittert eine nahende Erkenntnis. Unter der Hand beginnt in Wien ein geheimes konzentrisches Kesseltreiben gegen die magnetischen Kuren: in französischen und deutschen Zeitschriften erscheinen – selbstverständlich ohne Unterschrift – aus Wien gesandte Aufsätze, die Mesmers Methode lächerlich machen. Aber noch muß der Haß durch Hintertüren gehen, denn für einen offenen Angriff bietet Mesmers persönlich untadeliges Verhalten keinen rechten Angriffspunkt. Ihn Schwindler, Ignoranten, einen unzuständigen Kurpfuscher zu nennen, geht nicht an bei einem Doktor zweier Fakultäten, der seit mehr als einem Jahrzehnt die Unterschrift von Autoritäten wie Van Swieten und Van Haen auf seinem ärztlichen Diplom trägt. Wegen geldgieriger Beutelschneiderei vermag man ihm gleichfalls keinen Strick zu drehen, weil dieser reiche Mann den Großteil seiner Patienten vollkommen kostenlos behandelt. Und am allerpeinlichsten: nicht einmal als Großmaul oder Windbläser kann man ihn diskreditieren, denn Mesmer übersteigert nicht im geringsten die Tragweite seiner Entdeckung. Niemals behauptet er (wie etwa später Mary Baker-Eddy mit der Christian Science), eine Universaltherapie gefunden zu haben, die jede andere medizinische Behandlung überflüssig mache; sorgfältig einschränkend stellt er fest, daß sein animalischer Magnetismus direkt nur bei Nervenkrankheiten helfe und allenfalls erst auf indirektem Wege ihre körperlichen Folgeerscheinungen beeinflussen könne. So fordert es einigermaßen Geduld für den heimlich angesammelten Unmut seiner Kollegen, dem verhaßten Neuerer ein Bein zu stellen.

Endlich ergibt sich die langgesuchte Gelegenheit. Die Entscheidung bringt die Episode des Fräuleins Paradies, ein kleiner Roman und ohne Mühe in ein wirkungsvolles Drama zu verwandeln, denn selten war in einer Krankheitsgeschichte die Szene derart effektvoll gestellt. Maria Theresia Paradies, ein hochtalentiertes junges Mädchen, gilt seit ihrem vierten Lebensjahr durch eine Lähmung der Sehnerven als unheilbar erblindet, und ihre besondere Begabung im Klavierspiel macht sie in Wien allbekannt. Die Kaiserin hat höchstpersönlich ihre Patenschaft übernommen. Sie bewilligt den Eltern des musikalischen Wunderkindes eine Pension von zweihundert Golddukaten und läßt es außerdem auf ihre Kosten weiter ausbilden; späterhin hat Fräulein Paradies viele Konzerte gegeben, eines sogar in Mozarts Gegenwart, und eine große Anzahl ihrer unveröffentlichten Kompositionen liegen noch heute in der Wiener Bibliothek.

Dieses junge Mädchen wird nun zu Mesmer gebracht. Vordem hatten sie bereits erste Augenärzte Wiens, der bekannte Starstecher Professor Barth und der Hofmedikus Stoerk, jahrelang schulmäßig ohne Resultat behandelt. Aber gewisse Anzeichen (konvulsivisches Zucken in den Augen, die dann immer aus den Höhlen hervortraten, ein Milz- und Leberleiden, das irrsinnsähnliche Anfälle hervorrief) lassen vermuten, daß die Blindheit des Fräuleins Paradies nicht auf einer Zerstörung des Sehnervs beruhte, sondern bloß auf einer seelisch bedingten Verstörung. Versuchsweise führt man sie zu Mesmer, der bei ihr eine Erschütterung der allgemeinen Nervenkonstitution feststellt und deshalb ihren Fall als einen durch seine Methode möglicherweise heilbaren erklärt. Um genau die Fortschritte seiner magnetischen Kur überwachen zu können, nimmt er das junge Mädchen in sein Haus, wo er es kostenlos gleichzeitig mit zwei anderen Patientinnen magnetisch behandelt.

Bis zu diesem Punkt stimmen alle zeitgenössischen Berichte tadellos überein. Aber eine vollkommene Gegensätzlichkeit klafft von jetzt an zwischen den Aussagen Mesmers, der behauptet, ihr das Augenlicht beinahe vollkommen wiedergegeben zu haben, und denen der Professoren, die jedwede angebliche Besserung als Gaukelei und »Einbildung« ableugnen. (Dieses Wort »Imagination« spielt von nun ab eine entscheidende Rolle bei allen akademischen Beurteilungen Mesmers.) Selbstverständlich wird es heute, nach hundertfünfzig Jahren, nicht leicht fallen, zwischen zwei so schroff gegensätzlichen Behauptungen zu entscheiden. Für die Ärzte spricht, daß Maria Theresia Paradies auch späterhin nie mehr ihr Augenlicht erlangte, für Mesmer dagegen nebst der Zeugenschaft der Öffentlichkeit jener handschriftliche Bericht, den der Vater der jungen Blinden verfaßte und der mir zu anschaulich erscheint, als daß man ihn glattweg als erfunden abtun könnte. Denn ich kenne wenige Dokumente, die psychologisch dermaßen aufschlußreich die erste Entdeckung der Lichtwelt durch einen von seiner Blindheit allmählich geheilten Menschen schildern, und es würde einen größeren Dichter und Psychologen erfordern als den alten Hofsekretär Vater Paradies oder eine so unpoetische Natur wie Mesmer, um derartig subtile und seelenkundige Beobachtungen erfinden zu können. Der Bericht lautet im wesentlichen: »Nach kurzer, kräftiger, magnetischer Behandlung Herrn Doktor Mesmers fing sie an, die Konturen der ihr vorgestellten Körper und Figuren zu unterscheiden. Der neue Sinn war aber so empfindlich, daß sie diese Dinge nur in einem sehr dunkeln, mit Fensterläden und Vorhängen wohlverwahrten Zimmer erkennen konnte. Wenn man bei ihren, schon mit einer fünffach übereinander gelegten Binde verhüllten Augen mit einem angezündeten Licht nur flüchtig vorüberfuhr, so fiel sie, wie vom Blitz gerührt, schnell zu Boden. Die erste menschliche Figur, die sie erblickte, war Herr Dr. Mesmer. Sie betrachtete ihn und die verschiedenen schwankenden Bewegungen seines Körpers, die er vor ihren Augen, sie zu prüfen, machte, mit vieler Aufmerksamkeit. Sie entsetzte sich einigermaßen darüber und sprach: ›Das ist fürchterlich zu sehen! Ist das das Bild des Menschen?‹ Man führte auf ihr Verlangen einen großen Hund im Hause vor, der sehr zahm und immer ihr Liebling war, sie besah ihn mit gleicher Aufmerksamkeit. ›Dieser Hund‹, sagte sie hierauf, ›gefällt mir besser als der Mensch; sein Anblick ist mir weit erträglicher.‹ Vorzüglich waren ihr die Nasen in den Gesichtern, die sie sah, sehr anstößig. Sie konnte sich darüber des Lachens nicht enthalten. Sie äußerte sich darüber folgendermaßen: ›Mir kommt es vor, als wenn sie mir entgegendrohten und meine Augen ausstechen wollten.‹ Seitdem sie mehrere Gesichter gesehen, gewöhnt sie sich besser daran. Die meiste Mühe kostet es sie, die Farben und Grade der Entfernung kennen zu lernen, da sie in Absicht auf den neugeschaffenen Sinn des Gesichtes ebenso unerfahren ist und ungeübt als ein neugebornes Kind. Sie irrt sich nie in dem Abstand einer Farbe gegen die andere, hingegen vermengt sie deren Benennung, besonders wenn man sie nicht auf die Spur führt, Vergleichungen mit Farben anzustellen, die sie schon kennen gelernt hat. Bei Erblikkung der schwarzen Farbe erklärt sie, das sei das Bild ihrer vorigen Blindheit. Diese Farbe erregt auch immer bei ihr einen gewissen Hang zur Melancholie, der sie während der Kur oft ergeben war. Sie brach in dieser Zeit vielfältig in plötzliches Weinen aus. So hatte sie einmal einen so heftigen Anfall, daß sie sich auf ein Sofa warf, mit den Händen rang, die Binde abriß, alles von sich stieß und unter jämmerlichem Klagen und Schluchzen sich so verzweifelt gebärdete, daß Madame Sacco oder sonst jede berühmte Aktrice kein besseres Muster zur Vorstellung der durch den äußersten Kummer geängstigten Person hätte abnehmen können. Nach wenigen Augenblicken war diese traurige Laune vorüber, und sie nahm ihr voriges gefälliges und munteres Wesen gleich wieder an, obschon sie bald darauf in den nämlichen Rückfall aufs neue geriet. Da in den ersten Tagen des sich verbreitenden Rufes von ihrem Wieder-Sehen ein starker Zulauf von Verwandten, Freunden und den vornehmsten Standespersonen geschah, so wurde sie unwillig darüber. Sie äußerte in ihrem Unmut sich einstmals gegen mich: ›Woher kommt es, daß ich mich jetzt weniger glücklich finde als vormals? Alles, was ich sehe, verursacht mir eine unangenehme Bewegung. Ach, in meiner Blindheit bin ich weit ruhiger gewesen!‹ Ich tröstete sie mit der Vorstellung, daß ihre jetzige Bewegung allein von der Empfindung der fremden Sphäre herrühre, darinnen sie schwebe. Sie werde aber so gelassen und zufrieden als andere werden, sobald sie des Sehens mehr gewohnt sein würde. ›Das ist gut‹, antwortete sie, ›denn sollte ich immer bei Ansichtigwerden neuer Dinge eine der jetzigen gleiche Unruhe empfinden, so wollte ich lieber auf der Stelle zur vorigen Blindheit zurückkehren.‹

Da der neuempfangene Sinn sie in den ersten Stand der Natur versetzte, so ist sie ganz vom Vorurteil frei und benennt die Sachen bloß nach dem natürlichen Eindruck, womit sie auf sie wirken. Sie urteilt sehr wohl von den Gesichtszügen und schließt daraus auf die Gemütseigenschaften. Die Vorweisung eines Spiegels brachte ihr viel Verwunderung; sie konnte sich gar nicht darein finden, wie es zuginge, daß die Fläche des Spiegelglases die Objekte auffangen und sie dem Auge wieder vorstellen könne. Man führte sie in ein prächtiges Zimmer, wo sich eine hohe Spiegelwand befand. Sie konnte sich darin nicht genug satt sehen. Sie machte die wunderlichsten Wendungen und Stellungen vor demselben, besonders aber mußte sie darüber lachen, daß das im Spiegel sich zeigende Bild bei Annäherung ihrer Person gegen sie trat, hingegen bei ihrer Entfernung ebenfalls zurückwich. Alle Objekte, die sie in einer gewissen Entfernung bemerkt, kommen ihr klein vor, und sie vergrößern sich in ihrem Begriffe nach dem Maße, als sie ihr nähergerückt werden. Da sie mit offenen Augen einen Bissen gerösteten Brotes zum Munde führte, schien ihr solcher so groß, daß sie ihn nicht in den Mund bringen zu können glaubte.

Sie wurde darauf zu dem Bassin geführt, welches sie eine große Suppenschüssel nannte. Die Spaliergänge auf beiden Seiten schienen ihr nebenher zu gehen, und auf dem Rückwege nach den Zimmern glaubte sie, das Gebäude käme ihr entgegen, woran ihr die beleuchteten Fenster besonders wohl gefielen. Des folgenden Tages mußte man, um sie zu befriedigen, sie bei Tageslicht in den Garten bringen. Sie besah alle Gegenstände wieder aufmerksam, aber nicht mit so viel Vergnügen als am vorigen Abend. Sie nannte den vorbeifließenden Donaustrom einen langen und breiten weißen Streifen, sie deutete genau die Orte an, wo sie den Anfang und das Ende des Flusses sah. Die in einer Entfernung von etwa tausend Schritten jenseits des Flusses stehenden Bäume der sogenannten Praterau glaubte sie mit ausgestreckten Händen berühren zu können. Da es ein heller Tag war, konnte sie das freie Sehen im Garten nicht lange aushalten. Sie selbst verlangte, ihre Augen wieder zu verbinden, weil die Empfindung des Lichtes ihrem schwachen Sinn noch zu scharf ist und ihr einen Schwindel verursache. Ist sie nun wieder verbunden, so getraut sie sich ohne Führung keinen Schritt vorwärts zu tun, da sie doch vormals in ihrer Blindheit in dem ihr bekannten Wohnzimmer umhergegangen ist. Die neue Zerstreuung der Sinne verursacht, daß sie beim Klavier schon mehr Nachsinnen beobachten muß, um ein Stück zu spielen, da sie vordem große Konzerte mit der größten Richtigkeit fortspielte und zugleich mit den Umstehenden sich im Gespräch unterhielt. Mit offenen Augen wird es ihr jetzt schwer, ein Stück zu spielen. Sie beobachtet alsdann ihre Finger, wie sie über die Klaviere weggaukeln, verfehlt aber dabei die meisten Claves.«

Macht diese klare, geradezu klassische Darstellung den Eindruck einer Tatsachenfälschung? Kann man wirklich annehmen, eine ganze Reihe von angesehenen Augenzeugen habe sich so vollkommen narren lassen und den Zeitungen über eine Wunderheilung berichtet, ohne sich, zwei Straßen weit, vom Zustande der vormals Blinden zu überzeugen? Aber eben um des Lärmes willen, den diese magnetische Kur erregt, mengt sich die Ärzteschaft erbittert ein. Denn diesmal ist Mesmer in ihr eigenstes, persönlichstes Gebiet vorgedrungen, und insbesondere der Augenarzt und Starstecher, Professor Barth, bei dem

Fräulein Paradies jahrelang vergebens Heilung gesucht hatte, eröffnet einen erbitterten Feldzug gegen die unerwünschte Behandlung. Er behauptet, Fräulein Paradies sei noch als blind zu betrachten, »weil sie die Namen der ihr vorgelegten Dinge oft nicht weiß und häufig verwechselt« – ein psychologisch sehr erklärbarer und sogar wahrscheinlicher Irrtum bei einer jahrelang Blinden, die Gegenstände zum erstenmal wahrnimmt, an sich also gar nicht stichhaltig. Aber die Offiziellen sind in der Übermacht. Zunächst verhindert das Eingreifen der einflußreichen Ärzte Mesmers Absicht, seine bereits auf dem Wege der Heilung befindliche Patientin der Kaiserin Maria Theresia persönlich vorzustellen, und immer heftiger bemühen sich die gereizten Kollegen, Mesmer an der Fortführung der magnetischen Kur zu hindern. Mit welchem Recht? muß man allerdings objektiverweise fragen. Denn selbst im ungünstigsten Fall kann die suggestive Kur bei Fräulein Paradies den toten Sehnerv nicht noch toter machen, eine Blinde nicht noch blinder. Ein Rechtsgrund, dem graduierten Arzt mitten in seiner Behandlung die Patientin zu entziehen, läßt sich also mit bestem Willen aus keinem gesetzlichen Paragraphen ableiten. Und da überdies Fräulein Paradies selbst treu an ihrem Heilhelfer hängt, schlagen Mesmers Gegner einen krummen Weg ein, um ihm das kostbare Versuchsobjekt zu entziehen: sie machen dem Vater und der Mutter Paradies grimmige Angst, wenn ihre Tochter nun wirklich sehend würde, dann ginge die kaiserliche Gnadengabe von jährlich zweihundert Dukaten sofort verloren und sei es vorbei mit der einzigartigen Attraktion einer blinden Klavierspielerin. Dieses Argument des gefährdeten Geldes wirkt augenblicklich auf die Familie. Der Vater, bisher Mesmer vollkommen ergeben, sprengt mit Gewalt die Tür des Hauses, fordert von Mesmer seine Tochter auf der Stelle zurück und bedroht ihn mit gezogenem Säbel. Aber merkwürdigerweise ist es nicht der Arzt selber, der ihre Freigabe verweigert. Im Gegenteil, Fräulein Paradies, an ihren Heilmeister, sei es medial, sei es erotisch, gebunden, erklärt strikt, nicht zu den Eltern zurückzukehren, sondern bei Mesmer bleiben zu wollen. Das erbittert wiederum die Mutter, sie stürzt in maßloser Wut auf das ungehorsame Mädchen los, das lieber zu dem fremden Mann als zu den Eltern hält, prügelt die Wehrlose und mißhandelt sie so fürchterlich, daß sie in Krämpfe fällt. Aber trotz aller Befehle, Drohungen und Schläge gelingt es nicht, das standhafte Fräulein Paradies zu bewegen, ihren Helfer (und vielleicht Liebhaber) zu verlassen. Sie bleibt in der magnetischen Klinik: Mesmer hat einen Sieg erfochten, freilich einen Pyrrhussieg. Denn infolge dieser Aufregungen und Gewalttätigkeiten erlischt der mühsam gewonnene matte Lichtschein. Die Kur muß wieder von vorn anfangen, die verstörten Nerven zu beleben. Aber so lange läßt man Mesmer nicht Zeit. Schon hat die Fakultät die schwersten Geschütze aufgefahren. Sie mobilisiert den Erzbischof, den Kardinal Migazzi, die Kaiserin und den Hof und, wie es scheint, auch die allergewaltigste Instanz des theresianischen Österreichs: die hochberühmte Sittenkommission. Professor Stoerk als Vorsitzender des österreichischen Medizinwesens erteilt im Auftrag der Kaiserin die Parole, dieser »Betrügerei ein Ende zu machen«. So bricht Staatsgewalt die Macht des Magnetiseurs über sein Medium. Mesmer muß sofort die Kur unterbrechen und Fräulein Paradies trotz ihrer verzweifelten Klagen in ungeheiltem Zustand wieder den Eltern ausliefern. Die weiteren Folgen dieser peinlichen Affäre sind mangels einschlägiger Akten nicht eindeutig zu bestimmen. Entweder wurde Mesmer von Amts wegen mehr oder minder dringlich aus Österreich als »lästiger Ausländer« abgeschoben, oder er hatte seinerseits genug von der Wiener medizinischen Kollegenschaft. Jedenfalls, er gibt sofort nach der Affäre Paradies sein prächtiges Haus Landstraße 261 auf, zieht aus Wien weg und sucht sich zuerst in der Schweiz, dann in Paris eine neue Heimat.

Die Wiener Fakultät kann zufrieden sein, ihr Ziel ist erreicht. Sie hat den unbequemen Eigenbrötler weggeräumt, die ersten Ansätze einer zwar unklaren, aber doch den modernen Begriffen schon angenäherten psychotherapeutischen Behandlung diskreditiert und (wie sie meint: für die ganze Welt) erledigt. Jetzt herrscht in rebus psychologicis an der Wiener Fakultät wieder ein und ein Viertel Jahrhundert herrliche Ruhe, bis dann abermals solch ein lästiger Neuerer kommt, Sigmund Freud mit der Psychoanalyse, den ihre Professoren mit dem gleichen Vorurteil und dem gleichen Zorn bekämpfen, diesmal glücklicherweise mit bedeutend geringerem Erfolg.

Paris

Das achtzehnte Jahrhundert denkt und lebt kosmopolitisch. Noch stellt die Wissenschaft, die Kunst Europas eine einzige große Familie dar, noch ist für den geistigen Menschen die gegenwärtige borniere Abschließung von Staat zu Staat nicht erfunden. Der Künstler wie der Gelehrte, der Musiker wie der Philosoph wandert damals ohne jede vaterländische Hemmung von einer Residenz zur anderen, überall zu Hause, wo er sein Talent und seine Mission auswirken kann, allen Nationen, Völkern und Fürsten gleich williger Freund. Deshalb bedeutet es für Mesmer keinerlei besondere Entschließung, von Wien nach Paris zu übersiedeln, und von der ersten Stunde an braucht er diese Umstellung nicht zu bereuen. Seine aristokratischen Patienten aus Österreich öffnen ihm das Haus der Gesandtschaft, Marie Antoinette, auf alles Neue und Sonderbare und Unterhaltsame lebhaft eingestellt, verspricht ihm ihre Unterstützung, und Mesmers zweifellose Zugehörigkeit zu der damals allmächtigen Freimaurerei führt ihn sofort ins Zentrum der französischen Geistigkeit. Außerdem begegnet seine Lehre einem ausgezeichneten Augenblick. Denn gerade dadurch, daß Voltaire und die Enzyklopädisten mit ihrem aggressiven Skeptizismus den Kirchenglauben aus der Gesellschaft des Dix-huitième herausironisierten, hatten sie das ewig im Menschen unzerstörbare Glaubensbedürfnis statt zu Boden geschlagen (»écrasez l'infâme!«) nur auf allerhand sonderliche Abwege und in mystische Schlupfwinkel gedrängt. Nie war Paris neuerungssüchtiger und abergläubischer als in jenen Tagen der beginnenden Aufklärung. Seitdem man die Legenden der biblischen Heiligen nicht mehr glaubt, sucht man sich selbst neue und sonderbare Heilige und entdeckt sie in den scharenweis heranströmenden rosenkreuzerischen, alchimistischen und philalethischen Scharlatanen, denn alles Unwahrscheinliche, alles der offiziellen Schulwissenschaft kühn Entgegengesetzte findet in der gelangweilten und auf philosophische Mode frisierten Pariser Gesellschaft begeisterten Empfang. Bis in die höchsten Kreise dringt die Leidenschaft für Geheimwissenschaft, für weiße und schwarze Magie. Madame de Pompadour, die Staatslenkerin Frankreichs, schleicht nachts aus einer Seitentür der Tuilerien zu Madame Bontemps, um sich aus Kaffeesatz die Zukunft wahrsagen zu lassen; die Herzogin von Urfé läßt sich (man lese es bei Casanova nach) einen Baum der Diana bauen und dabei auf höchst physiologische Weise verjüngen; die Marquise de l'Hôpital wird von einem alten Weib in ein abgelegenes Lokal gelockt, wo ihr Luzifer in Person bei einer schwarzen Messe vorgestellt werden soll; aber während die gute Marquise und ihre Freundin splitternackt den angekündigten Teufel erwarten, macht sich die Gaunerin mit ihren Kleidern und ihrer Börse davon. Die angesehensten Männer Frankreichs schauern vor Ehrfurcht, wenn der sagenhafte Graf von Saint-Germain beim Souper sich höchst raffiniert verspricht und seine Tausendjährigkeit damit verrät, daß er von Jesus Christus oder Mohammed als von persönlich Bekannten redet. Gleichzeitig erfreuen sich die Wirte und Herbergsleute von Straßburg voller Stuben, weil der Prinz von Rohan den gerissenen sizilianischen Gauner Balsamo, der sich Graf von Cagliostro nennt, in einem der vornehmsten Palais der Stadt beherbergt. Mit der Postkutsche, in Sänften und auf Reitpferden kommen aus allen Richtungen Frankreichs die Aristokraten heran, um von diesem analphabetischen Quacksalber sich Tränke und Zaubermittel zu kaufen. Hofdamen und blaublütige Fräuleins, Fürstinnen und Baroninnen richten in ihren Schlössern und Stadthotels alchimistische Küchen ein, und bald wird auch das eigentliche Volk von der Epidemie des Wunderwahns ergriffen. Kaum verbreitet sich die Nachricht von mehrfachen Wunderheilungen am Grabe des Archidiakonus von Paris auf dem Friedhofe von Saint-Médard, so umlagern sofort Tausende den Kirchhof und geraten in die wildesten Zuckungen. Keine Absonderlichkeit scheint damals zu toll, kein Wunder wunderbar genug, und nirgendwann war es Schwindlern leichter gemacht als in dieser gleichzeitig vernünftlerischen und sensationsgierigen Zeit, die sich jeden Nervenkitzel kauft, jeder Narretei hastig zuschwört, jeder Zauberei gläubig-ungläubig verfällt. So hatte ein Arzt mit einer neuen Universalmethode sein Spiel eigentlich schon von vornherein gewonnen.

Aber Mesmer (immer wieder muß dies betont werden) will durchaus nicht einem Cagliostro oder Saint-Germain die goldenen Stollen im Bergwerk der menschlichen Dummheit abgraben. Graduierter Arzt, sehr stolz auf seine Theorie, Fanatiker seiner Idee, ja sogar ihr Gefangener, will und wünscht er nur eines vor allem: von der offiziellen Wissenschaft anerkannt zu werden. Er verachtet den wertvollen und einträglichen Enthusiasmus der Modemitläufer: ein zustimmendes Gutachten eines einzigen Akademikers wäre ihm wichtiger als das Geschrei von hunderttausend Narren. Aber die hochmögenden Professoren setzen sich mit ihm durchaus nicht an den Experimentiertisch. Die Berliner Akademie hat auf seine Ausführungen nur lakonisch geantwortet »er sei im Irrtum«, der Wiener medizinische Rat ihn öffentlich einen Betrüger genannt; man begreift also seine geradezu verzweifelte Leidenschaft, endlich eines redlichen Urteils gewürdigt zu werden. Sein erster Weg, kaum daß er im Februar 1778 in Paris eintrifft, geht zu Le Roy, dem Präsidenten der Akademie der Wissenschaften; durch ihn läßt er dringlichst alle Mitglieder einladen, sie möchten ihm die Ehre erweisen, seine neuartige Behandlung in seinem vorläufigen Hospital von Créteil (nahe von Paris) auf das strengste zu überprüfen. Vorschriftsmäßig bringt der Präsident den Antrag zur Debatte. Aber anscheinend hat die Wiener Fakultät schon vorgeheizt, denn die Akademie der Wissenschaften erklärt kurz und knapp ihre Abneigung, sich mit Mesmers Experimenten zu befassen.

So leicht gibt nun ein Mann nicht nach, der, leidenschaftlich durchdrungen von der Überzeugung, der Welt etwas sehr Wichtiges und Neues dargetan zu haben, eine wissenschaftliche Idee wissenschaftlich gewürdigt sehen will. Sofort wendet er sich jetzt an die neugegründete Medizinische Gesellschaft. Dort kann er als Arzt sein unbestreitbares und unumstößliches Recht fordern. Abermals erneuert er sein Angebot, in Créteil seine geheilten Patienten vorzuführen und jeder Frage willige Auskunft zu geben. Aber auch die Medizinische Gesellschaft zeigt wenig Neigung, sich in Gegensatz zu ihrer Schwestergesellschaft in Wien zu stellen. Sie weicht der unbequemen Einladung mit dem fadenscheinigen Vorwand aus, sie könne Heilungen nur in solchen Fällen beurteilen, wo sie den vorhergehenden Zustand der Patienten gekannt habe, und dies sei hier nicht der Fall.

Fünfmal hat nun Mesmer versucht, bei allen Fakultäten der Welt Anerkennung oder zumindest aufmerksame Überprüfung seines Systems zu erzwingen: unmöglich konnte man gerader, ehrlicher, wissenschaftlicher handeln. Jetzt erst, da die gelehrten Klüngel ihn durch ihr Schweigen verurteilten, ohne in die Akten und Fakten Einblick genommen zu haben, jetzt erst wendet er sich an die höchste und entscheidendste Instanz: an die Öffentlichkeit, an alle Gebildeten und Interessierten, indem er 1779 in französischer Sprache seine »Abhandlung über die Entdeckung des tierischen Magnetismus« in Druck gibt. Mit beredten und wirklich redlichen Worten bittet er um Hilfe für seine Versuche, um Anteil und Wohlwollen, ohne mit einer Silbe Wunder und Unmöglichkeiten zu versprechen: »Der tierische Magnetismus ist gar nicht, was die Ärzte unter einem geheimen Mittel sich denken. Er ist eine Wissenschaft, welche ihre Gründe, Folgen und Sätze hat. Das Ganze ist bis auf diese Stunde unbekannt, ich gebe es zu. Aber eben deswegen wäre es widersprechend, mir Leute zu Richtern geben zu wollen, welche nichts von dem verständen, was sie zu beurteilen sich unterfingen. Nicht Richter, Schüler muß ich haben. Eben darum geht meine ganze Absicht dahin, von irgendeiner Regierung öffentlich ein Haus zu erhalten, um darin Kranke in die Kur zu nehmen, und wo man mit leichter Mühe, ohne fernere Unterstellungen besorgen zu dürfen, die Wirkungen des tierischen Magnetismus vollständig beweisen könnte. Dann wollte ich es über mich nehmen, eine bestimmte Anzahl von Ärzten zu unterrichten, und es der Einsicht derselben Regierung überlassen, wie allgemein oder eingeschränkt, wie schnell oder langsam sie diese Erfindung verbreiten wollte. Sollten meine Vorschläge in Frankreich verworfen werden, so würde ich es zwar ungern verlassen, allein es wird doch gewiß geschehen. Werden sie allerorten verworfen, so hoffe ich doch immer, ein Ruheplätzchen für mich zu finden. Eingehüllt in meine Rechtschaffenheit, sicher vor allen Vorwürfen meines Gewissens, werde ich rings um mich einen kleinen Teil der Menschheit sammeln, der ich so sehr allgemeiner nützlich zu sein gewünscht habe, und dann wird es Zeit sein, niemanden als mich selbst über das, was ich zu tun habe, um Rat zu fragen. Wenn ich anders handelte, so würde der tierische Magnetismus wie eine Mode behandelt werden. Jeder würde damit zu glänzen und mehr oder weniger, als wirklich ist, darin zu finden suchen. Man würde ihn mißbrauchen, und sein Nutzen würde in ein Problem ausarten, dessen Auflösung vielleicht erst nach Jahrhunderten stattfände.«

Ist dies die Sprache eines Scharlatans, das Flunkern oder Faseln eines unredlichen Menschen? Allerdings, ein beschwingter Unterton klingt schon in dieser Verlautbarung des bisherigen Bittstellers mit: Mesmer spricht zum erstenmal die Sprache des Erfolges. Denn bereits in diesen wenigen Monaten hat seine Methode der suggestiven Behandlung von Nervenleiden wichtige Anhänger und einflußreiche Bundesgenossen gefunden, vor allem ist Charles Deslon, der Leibarzt des Grafen d'Artois, öffentlich mit einer Broschüre an seine Seite getreten. Mit ihm ist der Weg zum Hofe endgültig gebahnt, gleichzeitig wirbt eine Palastdame der Königin Maria Antoinette, durch Mesmer von einer Lähmung genesen, bei ihrer Herrin für ihren Helfer. Der hohe Adel, Madame von Lamballe, der Prinz von Condé, der Herzog von Bourbon, der Baron Montesquieu und insbesondere der Held des Tages, der junge Marquis von Lafayette, bekennen sich leidenschaftlich zu seiner Lehre. Und so beginnt trotz der feindseligen Haltung der Akademie, trotz des Mißerfolgs in Wien, auf Befehl der Königin die Regierung direkt mit Mesmer zu verhandeln, um den Urheber solcher weittragenden Ideen an Frankreich zu fesseln; der Minister Maurepas bietet ihm in höherem Auftrag ein lebenslängliches Gehalt von zwanzigtausend Livres an, ferner zehntausend Livres für Wohnung, freilich erst auszahlbar, sobald drei für den Staat ausgebildete Schüler den Nutzen der Magnetotherapie anerkennen würden. Aber Mesmer hat es satt, sich abermals und abermals mit dem engstirnigen Vorurteil der Fachgelehrten herumzuschlagen, er läßt sich auf keine Verhandlungen mit Wenn und Aber mehr ein, er nimmt keine Almosen. Stolz lehnt er ab: »Ich kann mich mit einer Regierung nie in einen Vertrag einlassen, wenn nicht zuvor die Richtigkeit meiner Entdeckung ausdrücklich auf eine unverwerfliche Art anerkannt wird.« Und so stark ist Mesmer, der aus Wien ausgewiesene, in Paris nach zwei Jahren magnetischer Kuren schon geworden, daß er als Drohung aussprechen kann, er werde Paris verlassen, und in diesem Sinn der Königin ein Ultimatum stellt: »Ausschließlich aus Respekt für Ihre Majestät biete ich Ihr die Gewißheit, meinen Aufenthalt in Frankreich bis zum 18. September zu verlängern und bis zu diesem Datum meine Kuren allen jenen Kranken angedeihen zu lassen, die mir weiterhin Vertrauen schenken. Ich suche, Majestät, eine Regierung, die die Notwendigkeit anerkennt, nicht leichtfertig in die Welt eine Wahrheit einführen zu lassen, die durch ihren Einfluß auf die menschliche Physis Veränderungen hervorbringt, welche von Anfang an durch rechtes Wissen und die rechte Kraft kontrolliert und in einem wohlwollenden Sinne gelenkt werden müssen. In einer Sache, die die ganze Menschheit angeht, darf das Geld in den Augen Ihrer Majestät nur in zweiter Linie in Betracht kommen; vierhunderttausend oder fünfhunderttausend Franks zu einem solchen Zwecke angewandt, haben nichts zu bedeuten. Meine Entdeckung und ich selbst müssen mit einer Großzügigkeit belohnt werden, die des Monarchen würdig ist, an den ich mich binde.« Dieses Ultimatum Mesmers wird nicht angenommen, wahrscheinlich infolge des Widerstandes Ludwigs des Sechzehnten, dessen normalnüchterner und sparsamer Sinn sich gegen alle phantastischen Experimente auflehnt. So macht Mesmer Ernst; er verläßt Paris und begibt sich auf deutsches Reichsgebiet, nach Spa.

Aber eine andere ist diese herausfordernde Selbstverbannung als jene aus Wien, die einer Flucht oder Ausweisung verzweifelt ähnlich sah. Wie ein Potentat, wie ein Prätendent verläßt er das Reich der Bourbonen, und ein ganzer Schwarm begeisterter Anhänger begleitet den verehrten Meister in sein freiwilliges Exil. Noch mehr aber bleiben in Paris und Frankreich zurück, um dort für ihn zu wirken. Allmählich erreicht die allgemeine Entrüstung, daß man einen solchen Mann wegen der Intrigen der Fakultät gleichgültig aus Frankreich habe ziehen lassen, wahre Fieberade. Dutzendweise erscheinen Schriften zu seiner Verteidigung. Zu Bordeaux predigt von der Kanzel herab der Pater Hervier in offener Kathedrale das Dogma des Magnetismus; Lafayette, knapp vor der Abreise nach Amerika, teilt Washington als Wichtigstes mit, daß er den Amerikanern außer Gewehren und Kanonen für den Unabhängigkeitskampf noch die neue Lehre Mesmers bringe (un docteur nommé Mesmer, ayant fait la plus grande découverte, a fait des élèves, parmi lesquels votre humble serviteur est appelé un des plus enthousiastes... Avant de partir, j'obtiendrai la permission de vous confier le secret de Mesmer, qui est une grande découverte philosophique). Und geschlossen stellt sich die Freimaurerei, die auch in der Wissenschaft alles Neue und Revolutionäre genau wie in der politischen

Sphäre verteidigt, hinter ihren Bruder. So erzwingen gegen die Regierung, gegen den König, gegen das medizinische Kollegium, gegen die Akademie diese begeisterten Anhänger Mesmers Rückkehr nach Paris unter den von ihm gestellten Bedingungen: was der König Mesmer verweigert, bieten ihm nun Adel und Bürgerschaft aus eigener Kraft. Eine Reihe seiner Schüler, an der Spitze Bergasse, der bekannte Advokat, gründen eine Aktiengesellschaft, um dem Meister die Möglichkeit zu gewähren, eine eigene Akademie gegen die königliche zu eröffnen; hundert Anhänger zeichnen je hundert Louisdors, »pour acquitter envers Mesmer la dette de l'humanité«, wogegen sich Mesmer verpflichtet, sie in seiner Wissenschaft auszubilden. Kaum aufgelegt, sind die magnetischen Aktien schon vergriffen, in zwölf Monaten bereits 340 000 Livres gezeichnet, bedeutend mehr, als Mesmer ursprünglich verlangt hatte. Außerdem schließen sich seine Schüler in jeder Stadt zu einer sogenannten »Harmonischen Gesellschaft« zusammen (Société de l'Harmonie), und zwar je eine in Bordeaux, in Lyon, Straßburg, Ostende, eine sogar in den Kolonien, in San Domingo. Im Triumph, gebeten, beschworen, gefeiert und begrüßt, ein ungekrönter Herrscher eines unsichtbaren Geisterreichs, kehrt Mesmer wieder nach Frankreich zurück. Was ihm ein König verweigert, hat er sich aus eigener Kraft geschaffen: Freiheit der Forschung, Unabhängigkeit des Daseins. Und wird die offizielle, die akademisch eingeschworene Wissenschaft ihm den Krieg erklären, nun ist Mesmer bereit.

Mesmeromanie

Mesmer, der alle Erregungszustände mit seiner magnetischen Methode zu beschwichtigen verspricht, bringt zunächst selbst eine neue Erregungskrankheit nach Paris: die Mesmeromanie. Seit Jahrzehnten hat nichts den Faubourg Saint-Germain, jene gute Gesellschaft von damals und immer, die sich in ihrem Luxus langweilt, dermaßen in Leidenschaft, ja sogar in einen Paroxysmus der Begeisterung versetzt, wie die magnetische Heilpraxis. Mesmer und der Magnetismus werden in wenigen Monaten in Paris la grande mode, le dernier cri. Vor seiner luxuriösen Wohnung auf der Place Vendôme stehen von Morgen bis Abend die Karossen und Kabrioletts des Adels; es warten Lakaien in den Hausfarben der ersten Familien Frankreichs bei den wappengeschmückten Tragsesseln; und da die Ordinationsräume sich für so unerwarteten Andrang als zu eng erweisen und nur drei große Gesundheitszuber für die gut zahlenden Patienten zur Verfügung stehen, mietet man sich schon Tage vorher einen Platz am Baquet voraus, so wie heute eine Opernloge zu einer Première. Da aber Philanthropie gleichfalls zur Zeit Mode ist, stellt Mesmer auch Baquets – freilich kleinere – für die minder Begüterten auf, denn jeder, reich oder arm, soll dieses Heilmittels der »Harmonie« teilhaftig werden. Einzig Kranke mit offenen Wunden, zweifellose Epileptiker, Geisteskranke und Verstümmelte schließt er von der Kur aus, redlich damit bekennend, daß er nur von den Nerven her Besserung im Gesamtbefinden erzielen, nicht aber die Struktur des Organismus durch ein Wunder ändern könne.

In diesen magnetischen Räumen und bald auch in einem eigenen Palais, dem Hôtel Bouillon in der Rue Montmartre, das sich Mesmer als Klinik einrichtet, drängen sich nun fünf Jahre lang Patienten aus allen Ständen, wirkliche und eingebildete Kranke, Neugierige und Snobs jedes Standes. Jeder neugierige Pariser – und welcher Pariser der guten Gesellschaft wäre es nicht? – muß unbedingt einmal das mirakulöse Fluidum an sich selbst erprobt haben, und man rühmt sich dann in den eleganten Salons dieser nervenprickelnden Sensation etwa mit derselben dilettantischen Oberflächlichkeit, wie man heute beim Five o'clock tea von der Relativitätstheorie oder der Psychoanalyse spricht. Mesmer ist Mode, und seine von ihm sehr ernst gemeinte Wissenschaft wirkt darum auf die Gesellschaft nicht als Wissenschaft, sondern als Theater.

Daß tatsächlich etwas beabsichtigt Theatralisches in der Aufmachung seiner Kuren liegt, hat Mesmer niemals geleugnet, im Gegenteil sogar offen einbekannt. »Mes procédés, s'ils n'étaient pas raisonnés, paraîtraient comme des grimaces aussi absurdes que ridicules, auxquelles il serait en effet impossible d'ajouter foi.« Er weiß als guter Seelenkenner, daß jede Glaubensheilung zur Verstärkung ihrer Wirkung eines gewissen magischen oder religiösen Zeremoniells bedarf: so umgibt er aus psychologischer Überzeugung seine Person mit einer magischen Aura; wie jeder seelenkundige Arzt erhöht er seine Autorität durch Geheimnis. Schon der Raum selbst wirkt auf den Besucher durch sein besonderes Arrangement beunruhigend und erregend. Die Fenster sind mit Vorhängen abgedunkelt, um ein dämmerndes Clair-obscur zu schaffen, schwere Teppiche und Wandvorhänge dämpfen den Schall, Spiegel reflektieren von allen Seiten das golden getönte Licht, sonderbare symbolische Sternzeichen reizen die Aufmerksamkeit, ohne sie zu befriedigen. Unbestimmtes steigert immer die Erwartung, Geheimnis die Spannung, Schweigen und Verschweigen die mystische Gefühlskraft; darum werden in Mesmers Zauberstube alle Sinne, Auge, Ohr und Gefühl auf die raffinierteste

Weise gleichzeitig beschäftigt und gereizt. In der Mitte des hohen Raumes steht breit wie ein Brunnen der große Gesundheitszuber. In tiefem Schweigen, wie in einer Kirche, sitzen atemlos die Kranken um diesen magnetischen Altar, keiner darf sich bewegen, kein Laut darf gesprochen werden, um die Spannungsschwingung im Raume nicht zu stören. Von Zeit zu Zeit bilden auf ein Zeichen hin die um den Zuber Gereihten die berühmte (später von dem Spiritismus übernommene) magnetische Kette. Jeder berührt die Fingerspitzen seines Nachbarn, damit der vermeintliche Strom, durch die Überleitung von Körper zu Körper verstärkt, die andächtige Reihe durchflute. In dieses tiefatmende, von keinem Wort, nur manchmal von leichten Seufzern unterbrochene Schweigen klingen vom Nebenzimmer her unsichtbare Akkorde eines Klaviers oder zarte Vokalchöre; manchmal spielt sogar Mesmer selbst auf seiner Glasharmonika, um durch sanfte Rhythmen die Erregung zu beschwichtigen oder durch eindringlichere wieder zu steigern. So wird eine Stunde lang der Organismus mit magnetischer Kraft geladen (oder, wie wir neuzeitlich sagen würden: die suggestive Spannung vorbereitet durch den Nervenreiz der Monotonie und Erwartung). Dann tritt endlich Mesmer selbst herein.

Er tritt ein, ernst, ruhig, langsam, mit hoheitsvoller Gebärde, Ruhe ausstrahlend in die allgemeine Unruhe, und kaum daß er den Kranken naht, läuft schon leises Zittern wie von anklingendem Wind durch die Kette. Er trägt eine lange lila Seidenrobe, an Zoroaster erinnernd oder an die Tracht indischer Magier, und ernst, ganz in sich zusammengefaßt wie ein Tierbändiger, der mit einer winzigen Gerte in der Hand nur durch seine Willensmacht den Ansprung bändigt, schreitet er mit seinem dünnen Eisenstäbchen von einem Kranken zum andern. Bei einem bleibt er stehen, fragt ihn leise nach seinem Leiden, dann streicht er mit seinem Magnetstab in bestimmter Richtung die eine Seite des Körpers hinab, die polare wieder empor, während er gleichzeitig scharf und dringend den erwartungsvollen Blick des Kranken festhält. Bei manchen unterläßt er überhaupt jene Berührung mit dem Stäbchen und umkreist nur, eine unsichtbare Aura in die Luft zeichnend, bedeutungsvoll die Stirn oder das Zentrum des Schmerzes, immer aber mit starrer Pupille die Aufmerksamkeit auf den Leidenden konzentriert und damit dessen Aufmerksamkeit festbannend. Während dieser Prozedur halten die andern ehrfürchtig den Atem an, und man hört eine Spanne Zeit nichts in dem weiten, mit Teppichen gedämpften Raum als seinen langsamen Schritt und manchmal einen erleichterten oder gepreßten Atemzug. Aber gewöhnlich dauert es nicht lange, und einer der Kranken beginnt unter Mesmers Berührung zu zittern, konvulsivisches Zucken springt über seine Glieder, er fängt an zu schwitzen, zu schreien, zu seufzen oder zu stöhnen. Und kaum hat sich bei diesem Ersten ein ersichtliches Zeichen der nervenaufrüttelnden Kraft eingestellt, so vermeinen die andern in der Kette Angeschlossenen gleichfalls schon die berühmte, die heilbringende »Krise« zu spüren. Elektrisch flattern in der festgeschlossenen Reihe die Zuckungen weiter, eine Massenpsychose bricht aus, ein zweiter, ein dritter Patient verfällt in Krämpfe, und plötzlich ist der Hexensabbat vollkommen. Einige wälzen sich mit verdrehten Augen in Zuckungen auf dem Fußboden, andere beginnen grell zu lachen, zu schreien, zu schlucken, zu stöhnen, manche tanzen, von Nervenkrämpfen hin und her gerissen, wie Teufel, andere scheinen – all diese Beobachtungen sieht man auf den zeitgenössischen Stichen übersichtlich dargestellt – unter dem Einfluß des Stäbchens oder unter Mesmers eindringlichem Blick in Ohnmacht oder hypnotischen Schlaf gesunken. Ein stilles und stummes Lächeln auf den Lippen, liegen sie teilnahmslos in kataleptischer Starre da, und dazwischen spielt die Musik von nebenan weiter, um die gespannten Zustände noch höher und höher zu steigern, denn nach Mesmers berühmter »Krisentheorie« muß jede nervös bedingte Krankheit auf den höchsten Punkt ihrer Entwicklung getrieben, gewissermaßen ausgeschwitzt werden, um dem Körper Heilung zu ermöglichen. Die von der Krise allzu heftig Ergriffenen, die Schreienden, die Tobenden und in ihren Zuckungen sich Windenden, werden von den Dienern und Hilfsmagnetiseuren rasch hinübergebracht in ein dick ausgepolstertes, schalldicht abgeschlossenes Nebenzimmer, die »salle de crises«, um dort beruhigt zu werden (was natürlich hundert Spottschriften Gelegenheit gab, zu behaupten, nervöse Damen würden dort auf höchst physiologische Weise beruhigt). Die erstaunlichsten Szenen ereignen sich alltäglich in Mesmers Zauberkabinett: Kranke springen vom Zuber auf, reißen sich aus der Kette, erklären sich für gesundet; andere werfen sich in die Kniee und küssen dem Meister die Hände, andere wieder flehen ihn an, den Strom noch einmal zu verstärken, sie noch einmal zu berühren. Allmählich wird der Glaube an die Magie seiner Persönlichkeit, an seine persönliche Zauberkraft für seine Patienten eine Art religiösen Wahns und er selbst zum Heiligen und Heilhelfer unzähliger Menschen. Kaum daß Mesmer auf die Straße tritt, laufen ihm Bresthafte entgegen, nur um seine Kleider zu berühren; Fürstinnen und Herzoginnen bitten ihn kniefällig um seinen Besuch; die zu spät Gekommenen, die keinen Zutritt zu seinem Baquet erlangt haben, kaufen sich zu ihrem Privatgebrauch sogenannte kleine Zuber, »petits baquets«, um sich nach seiner Methode zu Hause selbst magnetisieren zu können. Und eines Tages erlebt Paris das Narrenspiel, daß mitten auf der Fahrbahn der Rue Bondi sich Hunderte von Menschen mit Seilen an einen von Mesmer magnetisierten Baum anbinden und auf die »Krise« warten. Niemals hat ein Medikus einen so rapiden und rauschenden Erfolg erlebt wie Mesmer; fünf Jahre lang spricht die Gesellschaft in Paris von nichts anderem als von seinen magnetisch-magischen Kuren.

Aber nichts Gefährlicheres kann einer werdenden Wissenschaft geschehen, als daß sie Mode wird und Gesellschaftsschwatz. Wider seinen Willen gerät Mesmer in ein gefährliches Quidproquo: als redlicher Arzt wollte er der Forschung ein neues Heilverfahren zeigen, und nun gibt er in Wirklichkeit der Mode und den Überallmitläufern ein gefälliges Thema für ihre müßige Langeweile. Man debattiert für Mesmer oder gegen ihn mit dem gleichen inneren Unernst wie für Gluck oder Piccini, für Rousseau oder Voltaire. Außerdem verschiebt ein so kantharidisches Zeitalter wie das achtzehnte Jahrhundert jede Angelegenheit sofort ins Erotische: die Herren vom Hofe suchen als Hauptwirkung des Magnetismus eine Belebung ihrer nachgelassenen Manneskräfte, den Damen schwätzt man nach, daß sie in der salle de crises höchst natürliche Nervenkühlung suchten. Jeder kleine Skribler wirft jetzt seine dumme, ekstatische oder verächtliche Broschüre in den Streit, Anekdoten und Pamphlete pfeffern den ärztlichen Zwist literarisch auf, schließlich bemächtigt sich sogar das Theater der Mesmeromanie. Am 16. November 1784 spielen die italienischen Schauspieler des Königs eine Posse, betitelt »Les docteurs modernes«, in der Radet, ein Dichterchen dritten Ranges, den Magnetismus zur Farce macht. Aber er kommt damit übel an, denn die Fanatiker Mesmers lassen nicht einmal im Theater über ihren Heiland spaßen. So schicken die Herren aus den hohen Familien – natürlich zu nobel, sich selbst die Lippen zu bemühen – ihre Lakaien ins Theater, damit sie das Stück auspfeifen. Mitten während der Vorstellung wirft ein königlicher Staatsrat eine gedruckte

Broschüre zur Verteidigung des Magnetismus aus einer Loge unter die Zuschauer, und als der unkluge Autor Radet am nächsten Tage den Salon der Herzogin von Villerois besuchen will, läßt sie ihm glatt durch ihre Diener die Tür weisen: sie empfange ein Individuum nicht, das gewagt habe, »den neuen Sokrates als Aristophanes zu verspotten«. Von Tag zu Tag steigert sich die Tollheit, und je mehr Unberufene sich mit dem neuen Gesellschaftsspiel beschäftigen, um so grotesker und tollwütiger überbieten sich die Übertreibungen; in Gegenwart des Prinzen von Preußen und in Anwesenheit sämtlicher Magistratspersonen in voller Amtstracht magnetisiert man in Charenton ein altes Pferd. In den Schlössern und Parks entstehen magnetische Haine und Grotten, in den Städten geheime Zirkel und Logen, es kommt zwischen den Anhängern und Verächtern zu offenen Prügeleien, sogar zu Duellen – kurzum, die von Mesmer beschworene Kraft überflutet ihre eigentliche Sphäre, die Medizin, und erfüllt ganz Frankreich mit einem gefährlich ansteckenden Fluid von Snobismus und Hysterie: der Mesmeromanie.

Die Akademie greift ein

Angesichts einer so tollwütig um sich greifenden Epidemie geht es nicht länger an, Mesmer wissenschaftlich als nicht vorhanden zu betrachten. Die Möglichkeit oder Unmöglichkeit des animalischen Magnetismus ist aus einem Stadtgespräch zu einer Staatsangelegenheit geworden, der erbitterte Streit muß endlich vor dem Forum der Akademie entschieden werden. Das geistige Paris, der Adel hat sich fast restlos für Mesmer entschlossen, am Hofe steht die Königin Marie Antoinette unter dem Einfluß der Prinzessin von Lamballe völlig auf seiner

Seite, alle ihre Palastdamen vergöttern den »göttlichen Deutschen«. Nur ein einziger im Bourbonenschloß blickt mit unerschütterlichem Mißtrauen auf das magische Treiben: der König. Gänzlich unneurasthenisch, die Nerven eingepolstert in Phlegma und Speck, ein rabelaisischer Fresser, ein guter Verdauer, vermag Ludwig der Sechzehnte einer seelischen Heilkur wenig Neugier abzugewinnen; und als Lafayette vor seiner Abreise nach Amerika sich bei ihm abmeldet, spottet der gutmütige Monarch ihn wohlgelaunt aus, »was wohl Washington sagen würde, daß er sich zum Apothekerlehrling des Herrn Mesmer hergegeben habe«. Er liebt eben keine Unruhe und keine Aufgeregtheiten, der gute, feiste König Ludwig der Sechzehnte, aus ahnungsvollem Instinkt verabscheut er Revolutionen und Neuerungen auch auf geistigem Gebiet. Als sachlicher und gründlicher Ordnungsmensch wünscht er darum, daß endlich einmal Klarheit in diesem endlosen Gezänke um den Magnetismus geschaffen werde; und im März 1784 unterschreibt er einen Kabinettsbefehl an die Gesellschaft der Ärzte und die Akademie, sofort den Magnetismus in seinen nützlichen wie schädlichen Folgeerscheinungen amtlich zu untersuchen.

Einen imposanteren Ausschuß, als die beiden Gesellschaften für jenen Anlaß erwählten, hat Frankreich selten gesehen: fast alle seine Namen sind heute noch weltberühmt. Unter den vier Ärzten befindet sich ein gewisser Dr. Guillotin, der sieben Jahre später jene schöne Maschine erfinden wird, die alle irdischen Krankheiten in einer Sekunde heilt: die Guillotine. Unter den anderen Namen leuchtet ruhmvoll jener Benjamin Franklins, des Erfinders des Blitzableiters, Baillys, des Astronomen und späteren Bürgermeisters von Paris, Lavoisiers, des Erneuerers der Chemie, und Jussieus, des berühmten Botanikers. Aber alle Gelehrsamkeit läßt diese sonst wunderbar weitsichtigen Geister nicht ahnen, daß zwei von ihnen, der Astronom Bailly und der Chemiker Lavoisier, wenige Jahre später ihren Kopf unter die Maschine ihres Kollegen Guillotin legen werden, mit dem sie jetzt freundschaftlich vereint den Mesmerismus untersuchen.

Eile widerspricht der Würde einer Akademie, Methodik und Gründlichkeit sollen sie ersetzen. So dauert es einige Monate, ehe die gelehrte Gesellschaft das endgültige Votum verfaßt. Ehrlich und redlich erkennt dieses amtliche Dokument zunächst die unleugbare Wirkung der magnetischen Kuren an. »Einige sind ruhig, still und verzückt, andere husten, spucken, fühlen einen leichten Schmerz, eine lokale Wärme am ganzen Leib und haben Schweißausbrüche, andere sind von Konvulsionen geschüttelt. Die Konvulsionen sind außerordentlich in ihrer Zahl, Ausdauer und Kraft. Sobald sie bei einem beginnen, äußern sie sich gleichfalls bei den anderen. Die Kommission hat solche gesehen, die drei Stunden gedauert haben, sie sind vom Auswurf eines trüben, schleimigen Wassers begleitet, das die Gewalt dieser Anstrengungen herausreißt. Man sieht auch einzelne Blutspuren darin. Diese Konvulsionen sind charakterisiert durch rasche und unbeherrschte Bewegungen aller Glieder und des ganzen Körpers, Krämpfe in der Kehle, Zuckungen in der Bauchgegend (hypochondre) und Magengegend (épigastre), in Verwirrtheit und in Starre der Augen, grellen Schreien, Aufstoßen, Weinen und wilden Lacherregungen; ihnen folgen dann lange Zustände der Ermüdung und Trägheit, Niedergeschlagenheit und Erschöpfung. Der kleinste, unvermutete Lärm läßt sie zusammenschrecken, und man hat bemerkt, daß Veränderungen in Ton und Takt der auf dem Pianoforte gespielten Melodieen die Kranken beeinflussen, so daß ein rascheres Tempo sie noch mehr anregt und die Wildheit ihrer Nervenausbrüche steigert. Nichts ist erstaunlicher als das Schauspiel dieser Konvulsionen; wenn man sie nicht gesehen hat, kann man sich davon keinen Begriff machen. Man ist jedenfalls überrascht, einerseits über die Ruhe einer Reihe von Kranken und wiederum die Erregung bei den anderen, über die verschiedenen Zwischenfälle, die sich immer wiederholen, und die Sympathie, die sich zwischen den Kranken bildet; man sieht Kranke, die einander zulächeln, zärtlich miteinander sprechen, und dies mildert ihre Krämpfe. Alle sind dem unterworfen, der sie magnetisiert. Ob sie auch in einer scheinbaren Erschöpfung sind, sein Blick, seine Stimme holen sie sofort heraus.«

Daß also Mesmer auf seine Patienten suggestiven oder sonstigen Einfluß übt, ist nun amtlich bescheinigt. Irgend etwas, stellen die Professoren fest, ist da im Spiel, etwas Unerklärliches und ihnen trotz aller Gelehrsamkeit Unbekanntes. »Man kann nach diesen ständigen Wirkungen eine gewisse Kraft nicht ableugnen, die auf die Menschen wirkt, sie beherrscht und deren Träger der Magnetiseur ist.« Mit dieser letzten Formulierung hat die Kommission eigentlich den Finger schon ganz nahe an dem heiklen Punkt: ihr fällt sofort auf, daß diese überraschenden Phänomene vom Menschen, von der besondern Persönlichkeitswirkung des Magnetiseurs ausgehen. Ein Schritt noch weiter gegen diesen unerklärlichen »rapport« zwischen Magnetiseur und Medium, und hundert Jahre wären übersprungen, das Problem in den Gesichtswinkel der modernen Betrachtung gerückt. Aber die Kommission tut diesen einen Schritt nicht. Ihre Aufgabe ist, laut königlichem Reskript festzustellen, ob ein magnetisch-animalisches Fluid, also ein neues physikalisches Element existiere oder nicht. Schulmäßig genau stellt sie darum nur zwei Fragen, groß A und groß B, erstens, ob dieser animalische Magnetismus überhaupt nachweisbar, zweitens, ob er als Heilmittel nützlich sei: »denn«, argumentiert sie more geometrico, »einerseits kann wohl der animalische Magnetismus existieren und nicht nützlich sein, aber keinesfalls kann er nützlich sein, wenn er nicht existiert.«

Nicht um den geheimnisvollen Kontakt zwischen Arzt und Patienten, zwischen Magnetiseur und Medium – das ist, um das eigentliche Problem – bemüht sich also die Kommission, sondern einzig um die »présence sensible« des geheimnisvollen Fluids und dessen Nachweisbarkeit. Kann man es sehen? Nein. Kann man es riechen? Nein. Kann man es wägen, tasten, messen, schmecken, unter dem Mikroskop beobachten? Nein. Also stellt die Kommission zunächst diese Nichtwahrnehmbarkeit für die äußern Sinne fest. »S'il existe en nous et autour de nous, c'est donc d'une manière absolument insensible.« Nach dieser nicht sehr schwierigen Feststellung geht die Kommission daran, zu untersuchen, ob wenigstens eine Wirkung dieser unsichtbaren Substanz nachweisbar sei. Zu diesem Behufe lassen sich die Experimentatoren zunächst einmal selbst magnetisieren. Aber auf Skeptische und Kerngesunde wirkt bekanntermaßen suggestive Behandlung so viel wie gar nicht. »Keiner von uns hat etwas gefühlt und zumindest nichts, was als Reaktion des Magnetismus erklärt werden könnte; ein einziger hat am Nachmittag eine Nervenreizung empfunden, aber keiner von uns ist zur Krise gekommen.« Nun schon mißtrauisch geworden, untersuchen sie die unbestreitbare Tatsache der Wirkung bei den anderen mit gesteigerter Voreingenommenheit. Sie stellen den Patienten eine Reihe von Fallen; sie reichen zum Beispiel einer Frau mehrere Tassen, von denen nur eine einzige magnetisiert ist, und tatsächlich irrt sich die Patientin und wählt eine andere Tasse als die magnetisierte. Damit schiene die Wirkung als Schwindel, als »Imagination«, als Einbildung erwiesen. Aber gleichzeitig müssen die Akademiker doch zugeben, daß bei ebenderselben Patientin sofort eine Krise entsteht, sobald der Magnetiseur selbst ihr die Tasse hinreicht. Die Lösung liegt also abermals ganz nah und eigentlich schon auf der flachen Hand: sie müßten jetzt logischerweise feststellen, daß jene Phänomene durch einen besonderen Kontakt zwischen Magnetiseur und Medium und nicht durch eine mystische Materie entstehen. Aber wie Mesmer selbst, so lassen auch die Akademiker das schon auf die Finger brennende Problem der Persönlichkeitswirkung durch suggestive oder fluidale Wesensübertragung links liegen und beschließen nur feierlich die »nullité du magnétisme«. Wo man nichts sieht, nichts fühlt, nichts riecht, ist nichts vorhanden, erklären sie, und jene merkwürdige Wirkung beruhe einfach auf Imagination, auf bloßer Einbildung – was natürlich nur ein sehr danebengängerisches Wort für den übersehenen Begriff der Suggestion ist.

Mit dieser feierlichen Nichtexistenzerklärung des Magnetismus erledigt sich selbstverständlich auch die zweite Frage nach der allfälligen Nützlichkeit der magnetischen (wir sagen psychischen) Behandlung. Denn eine Wirkung, für welche eine Akademie die Ursache nicht weiß, darf um keinen Preis vor der Welt als nützlich oder heilsam gelten. So behaupten die Sachverständigen (das heißt, diejenigen, die diesmal von der eigentlichen Sache nichts verstanden haben), die Methode des Herrn Mesmer bedeute eine Gefahr, weil diese künstlich erzeugten Krisen und Konvulsionen chronisch werden könnten. Und in einem Satz bedenklich langen Atems fällen sie schließlich ihr Verdikt: »Nachdem die Kommissäre erkannt haben, daß das Fluidum des animalischen Magnetismus durch keinen unserer Sinne wahrgenommen werden kann, da es keine Wirkungen weder auf sie selbst ausübte noch auf die Kranken, die sie ihm unterworfen haben, da sie feststellten, daß die Berührungen und Streichungen nur selten günstige Veränderungen in der Körperlichkeit hervorgebracht haben und immer gefährliche Erschütterungen in der Einbildungskraft, da sie auch anderseits bewiesen haben, daß auch die Einbildung ohne Magnetismus Krämpfe erzeugen kann und der Magnetismus ohne Einbildung nichts, haben sie einstimmig beschlossen, daß nichts den Beweis eines magnetisch-animalischen Fluidums gibt und daß dieses nicht feststellbare Fluidum infolgedessen ohne Nutzen ist, daß die gewaltsamen Wirkungen, die man bei der öffentlichen Behandlung bemerkt hat, teils auf die Berührung zurückzuführen sind, auf die dadurch erregte Einbildung und die automatische Einbildung, die uns gegen den eigenen Willen zwingt, Vorgänge, die auf unsere Sinne wirken, zu wiederholen. Gleichzeitig fühlt sie sich verpflichtet, beizufügen, daß diese Berührungen, die immer wiederholte Heranziehung zur Krisenerzeugung schädlich sein kann und daß der Anblick solcher Krisen gefährlich wird durch den Zwang zur Nachahmung, den die Natur uns auferlegt hat, und deshalb jede öffentliche Behandlung auf die Dauer nur gefährliche Folgen haben kann.«

Diesem öffentlichen Bericht vom 11. August 1784 schließt die Kommission an den König noch einen handschriftlichen Geheimbericht bei, der in düsteren Worten auf die Gefahren für die Sittlichkeit durch die Nervenreizung und die Vermischung der Geschlechter hinweist. Mit diesem Votum der Akademie und dem gleichfalls grimmig absprechenden Bericht der Ärztekammer ist für die gelehrte Welt die psychische Methode, die Heilung durch Persönlichkeitsbeeinflussung, endgültig erledigt. Es hilft nichts, daß ein paar Monate später die Phänomene des Somnambulismus, der Hypnose und der medialen Willensbeeinflussung entdeckt und durch viele Versuche unwiderlegbar sonnenklar vorgeführt werden, daß sie die ganze intellektuelle Welt in eine ungeheure Aufregung versetzen: für die Pariser gelehrte Akademie gibt es, nachdem sie einmal im achtzehnten Jahrhundert ihre

Meinung schriftlich dargelegt hat, bis knapp ins zwanzigste Jahrhundert hinein keine suggestiven und übersinnlichen Phänomene. Als ihr um 1830 ein französischer Arzt neuerdings den Beweis vorführen will, lehnt sie ab. Sie lehnt selbst noch ab, als 1840 Braid mit seiner »Neurypnologia« die Hypnose bereits längst zu einem selbstverständlichen Werkzeug der Wissenschaft gemacht hat. In jedem Dorfe, in jeder Stadt Frankreichs, Europas, Amerikas zeigen seit 1820 in vollgedrängten Sälen schon Laienmagnetiseure die überraschendsten Beeinflussungen, kein Halb- und Viertelgebildeter versucht mehr, sie zu leugnen. Aber die Pariser Akademie, eben dieselbe, die Franklins Blitzableiter und Jenners Pockenimpfung verworfen, die Fultons Dampfboot eine Utopie genannt, beharrt in ihrem unsinnigen Hochmut, dreht den Kopf weg und behauptet, nichts zu sehen und nichts gesehen zu haben.

Und so dauert es genau hundert Jahre, bis endlich der französische Gelehrte Charcot 1882 durchsetzt, daß die erlauchte Akademie von der Hypnose offiziell Kenntnis zu nehmen geruht; so lange, hundert geschlagene Jahre, hat das fehlgängerische Votum der Akademie über Franz Anton Mesmer in Paris eine Erkenntnis verzögert, die bei gerechterer, klarerer Aufmerksamkeit schon 1784 die Wissenschaft hätte bereichern können.

Der Kampf um die Berichte

Wieder einmal – zum wievielten Male? – ist die seelische Heilmethode von der akademischen Justiz niedergekämpft. Kaum veröffentlicht die Medizinische Gesellschaft ihr abweisendes Urteil, so bricht im Lager der Gegner Mesmers heller Jubel aus, als sei nun für ewige Zeiten jede Heilung auf seelischem Wege erledigt. In den Buchläden verkauft man amüsante Kupferstiche, die den

»Sieg der Wissenschaft« auch für Analphabeten sinnfällig darstellen: von blendender Aureole umstrahlt, entrollt dort die Gelehrtenkommission das Vernichtungsdekret, und vor diesem »siebenmal glühenden Licht« entfliehen, auf einem Hexenbesen reitend, Mesmer und seine Schüler, jeder mit einem Eselskopf und Eselsschwanz geziert. Ein anderes Blatt zeigt die Wissenschaft, Blitze schleudernd gegen die Scharlatane, die über den zerbrochenen Gesundheitszuber stolpernd zur Hölle stürzen; ein drittes bildet mit der Unterschrift: »Nos facultés sont en rapport« Mesmer ab, einen langohrigen Esel magnetisierend. Dutzende von Spottschriften erscheinen, auf den Straßen singt man ein neues chanson:

> *Le magnétisme est aux abois,*
> *La faculté, l'Académie*
> *L'ont condamné tout d'une voix*
> *Et même couvert d'infamie.*
> *Après ce jugement, bien sage et bien légal,*
> *Si quelque esprit original*
> *Persiste encore dans son délire,*
> *Il sera permis de lui dire:*
> *Crois au magnétisme ... animal!*

Und ein paar Tage hat es wirklich den Anschein, als sei durch den wuchtigen Schlag mit dem akademischen Zepter Mesmer wie einst in Wien nun auch in Paris endgültig das Genick zerschmettert. Aber man schreibt 1784; zwar ist das Gewitter der Revolution noch nicht ausgebrochen, doch Unruhe und Auflehnung geistern bereits gefährlich in der Atmosphäre. Ein Dekret, vom allerchristlichsten König gefordert, von der königlichen Akademie feierlich erlassen – unter dem Sonnenkönig hätte niemand einem so zerschmetternden Bannfluch zu trotzen vermocht. Aber unter dem schwachen Ludwig dem Sechzehnten bedeutet ein königliches Siegel keine Sicherheit mehr vor Spott und Diskussion; der revolutionäre Geist ist längst in die Gesellschaft eingedrungen und stellt sich gern in leidenschaftlichen Widerspruch zur königlichen Meinung. So flattert ein erbitterter Schwarm Verteidigungsschriften auf Paris und Frankreich nieder, um Meister Mesmer zu rechtfertigen. Advokaten, Ärzte, Kaufleute, Mitglieder des höchsten Adels veröffentlichen unter ihrem vollen Namen dankbare Berichte über ihre Heilungen, und inmitten laienhaften und leeren Geschreibsels entdeckt man in diesen Pamphleten manches klare und kühne Wort. So fragt J. B. Bonnefoy vom chirurgischen Kollegium in Lyon energisch an, ob die Herren von der Akademie denn eine bessere Behandlungsart zu bieten hätten? »Wie verhält man sich denn bei Nervenkrankheiten, diesen heute noch vollkommen unbekannten Krankheiten? Man gibt kalte und warme Bäder, aufpeitschende, erfrischende, erregende oder beruhigende Mittel, und keines dieser ärmlichen Palliative hat bisher ähnlich erstaunliche Wirkungen hervorgebracht, wie die psychotherapeutische Methode Mesmers.« In den »Doutes d'un Provincial« beschuldigt ein Anonymus die Akademie, aus hochmütiger Borniertheit dem eigentlichen Problem überhaupt nicht nahe getreten zu sein. »Es ist nicht genug, meine Herren, daß Ihr Geist sich über Vorurteile des Jahrhunderts erhebt. Es wäre auch nötig, das Interesse des eigenen Standes um der Wohlfahrt willen zu vergessen.« Ein Advokat schreibt prophetisch wahr: »Herr Mesmer hat auf der Grundlage seiner Entdeckungen ein großes System aufgebaut. Dieses System ist vielleicht ebenso schlecht wie alle ihm vorausgegangenen, denn es ist immer gefährlich, auf die ersten Ursachen zurückzugreifen. Aber wenn er unabhängig von diesem System auch nur einige verstreute Ideen klargelegt hat, wenn nur irgendeine große Wahrheit ihm ihre Existenz dankt, so hat er das unveräußerliche Recht auf den Respekt der Menschen. In diesem Sinne wird er einer späteren Zeit gelten, ohne daß alle Kommissionen und Regierungen der Welt ihm sein Verdienst nehmen könnten.«

Aber Akademieen und gelehrte Gesellschaften diskutieren nicht, sie entscheiden. Sobald sie eine Entscheidung getroffen haben, belieben sie über jeden Einwand mit Hochmut hinwegzusehen. Jedoch in diesem einen besonderen Fall geschieht ihr etwas sehr Peinliches und Unerwartetes – nämlich aus ihren eigenen Reihen erhebt sich ein Mann zur Anklage, ein Mitglied der Kommission und nicht das geringste, nämlich der berühmte Botaniker Jussieu. Auf Befehl des Königs hat er den Versuchen beigewohnt, sie gründlicher und vorurteilsloser vorgenommen als die meisten und darum bei dem endgültigen Votum seine Unterschrift unter die große Bannbulle verweigert. Dem geschärften Blick des Botanikers, der gewohnt ist, auch die winzigsten und unscheinbarsten Fäden und Samenspuren mit ehrfürchtiger Geduld zu beobachten, ist der schwache Punkt der Untersuchung nicht entgangen, nämlich daß die Kommission sich mit den Windmühlenflügeln der Theorie herumgeschlagen und deshalb ins Leere getroffen hat, statt von einer zweifellos vorhandenen Wirkung der mesmerischen Kur nach ihren möglichen Ursachen zu forschen. Ohne sich auf die Phantastereien Mesmers einzulassen, auf sein Magnetisieren von Bäumen, Spiegeln, Wasser und Tieren, stellt Jussieu einfach das Neue, Eigentliche und Erstaunliche fest, daß bei dieser neuen Kur irgendeine Kraft auf den Kranken wirkte. Und obgleich er ebensowenig wie die anderen die Tastfühlbarkeit, die Augensichtbarkeit dieses Fluidums festzustellen vermag, läßt er logisch richtig die Möglichkeit eines Agens offen, »das sich von einem Menschen auf den andern übertragen lasse und oftmals auf diesen letzteren eine sichtliche Einwirkung übe«. Welcher Art dieses Fluidum sei, ob magnetisch oder psychisch oder elektrisch, darüber wagt dieser redliche Empiriker keinerlei selbstherrliche Vermutung. Möglicherweise, sagt er, könne es die Lebenskraft selbst sein, die »force vitale«, aber jedenfalls, eine Kraft sei hier unzweifelhaft im Spiele, und es wäre die Pflicht vorurteilsloser Gelehrter gewesen, dieser Kraft und dieser Wirkung nachzugehen, statt mit einem verschwommenen und vagen Wort wie Imagination ein erstmalig zutage tretendes Phänomen von vornherein zu leugnen. Eine so unerwartete Rückendeckung durch einen völlig unparteiischen Mann bedeutet für Mesmer einen gewaltigen moralischen Rückhalt. Nun ergreift er selbst die Offensive, richtet eine Beschwerde an das Parlament, daß die Kommission sich bei ihrer Begutachtung einzig an Deslon gewandt habe, statt ihn, den wahren Entdecker der Methode, zu befragen, und verlangt eine neue unvoreingenommene Untersuchung. Aber die Akademie, glücklich, den peinlichen Fall endlich abgeschoben zu haben, antwortet mit keinem Wort. Von dem Augenblick, da sie ihr Votum in Druck gegeben, ist nach ihrer Meinung die Anregung, die Mesmer der Wissenschaft gegeben, unwiderruflich erledigt.

Jedoch in dieser Affäre hat die Pariser Akademie nun schon einmal eine unglückliche Hand. Denn gerade in dem Augenblick, da sie das unerwünschte und unerkannte Phänomen der Suggestion bei der medizinischen Tür hinausgeworfen hat, kommt es bei der psychologischen wieder herein. Eben das Jahr 1784, in dem sie das zauberverdächtige Naturheilverfahren mit ihrem Gutachten hinzurichten meint, ist in Wahrheit das Geburtsjahr der modernen Psychologie: denn eben in diesem Jahre entdeckt Mesmers Schüler und Mithelfer Puységur das Phänomen des künstlichen Somnambulismus und hebt damit die unterirdischen Wechselwirkungen zwischen Körper und Seele in neues Licht.

Der Mesmerismus ohne Mesmer

Immer erweist sich das Leben einfallsreicher als jeder Roman. Kein Künstler hätte für das tragische Mißgeschick, das Mesmer ein Leben lang und weit über den Tod hinaus unerbittlich verfolgt hat, ein ironischeres Symbol erfinden können, als daß dieser verzweifelte Sucher und Versucher gerade seine entscheidendste Entdeckung nicht selber entdeckt, daß also, was man seitdem Mesmerismus nennt, weder die Lehre des Franz Anton Mesmer ist noch sein Fund. Gerade diejenige Kraftäußerung, die für die Kenntnis der seelischen Dynamik entscheidend geworden ist, er hat sie zwar als erster hervorgerufen, aber – Verhängnis! – er bemerkt sie nicht. Er sieht sie, und zugleich übersieht er sie. Da aber nach allgemein gültigem Übereinkommen eine Entdeckung nicht jenem zugehört, der sie vorbereitet, sondern dem, der sie festhält und formuliert, so fällt der Ruhm, zum erstenmal durch Hypnose die seelische Beeinflußbarkeit des Menschen bewiesen und damit jenes ungeheure Zwischenreich zwischen Bewußt und Unbewußt aufgehellt zu haben, nicht Mesmer zu, sondern seinem getreuen Schüler, dem Grafen Maxime de Puységur. Denn in dem fatalen Jahre 1784, da Mesmer um seine geliebten Windmühlen, um das magnetische Fluid, sich mit Akademieen und gelehrten Gesellschaften herumschlägt, veröffentlicht dieser Schüler einen durchaus sachlichen, vollkommen nüchternen »Rapport des cures opérées à Bayonne par le magnétisme animal, adressé à M. l'abbé de Poulanzet, conseiller-clerc au parlament de Bordeaux, 1784«, der an unleugbaren Tatsachen eindeutig klarmacht, was der metaphysische

Deutsche vergebens im Kosmischen und seiner mystischen Allflut gesucht.

Die Experimente Puységurs sprengen von ganz unvermuteter Seite den Eingang zur seelischen Welt. Von den frühesten Zeiten her, im Mittelalter wie im Altertum, hatte die Wissenschaft mit immer neuem Staunen die Erscheinung des Mondsüchtigen, des somnambulen Menschen als ein Geschehnis außerhalb der Regel betrachtet. Immer wieder wird ja unter Hunderttausenden oder Millionen normaler Naturen einer dieser sonderbaren Nachtwandler geboren, der, im Schlaf vom Mondblick getroffen, geschlossenen Auges von seinem Bette aufsteht, geschlossenen Auges, ohne zu sehen, ohne zu tasten, Treppen und Leitern zum Dach emporsteigt, dort die halsbrecherischesten Kanten, Dächer und Firste mit geschlossenen Lidern überklettert und dann wieder zu seinem Ruhelager zurückkehrt, ohne am nächsten Tage die geringste Ahnung und Erinnerung an seine nächtliche Irrfahrt ins Unbewußte zu empfinden. Vor diesem einen augenfälligen Phänomen versagten bis zu Puységur alle Erklärungen. Geisteskranke konnte man diese Art Menschen nicht nennen, denn im wachen Zustand übten sie tüchtig und verläßlich ihr Handwerk. Als Normale konnte man sie gleichfalls nicht ansehen, widersprach doch ihr Verhalten im somnambulen Schlaf allen gültigen Gesetzen der Naturordnung; denn wenn ein solcher Mensch mit geschlossenen Augen im Dunkel schreitet und doch mit geschlossenen Lidern, mit völlig verdeckter Pupille, ohne waches Tagauge die kleinsten Unebenheiten bemerkt, wenn er die gefährlichsten Steige (die er wach nie bewältigen würde) in nachtwandlerischer Sicherheit dahinschreitet, wer führt ihn da, daß er nicht fällt? Wer hält ihn, wer erhellt ihm den Sinn? Welche Art inneres Auge hinter den geschlossenen Lidern, welcher andere antinormale Sinn, welcher »sens intérieur«, welches »second sight« führt diesen Wachträumer oder Traumwachen wie einen geflügelten Engel über alle Fährnisse hinweg? So fragten sich immer wieder die Gelehrten seit dem Altertum: tausend, zweitausend Jahre lang stand hier der forschende Geist vor einem jener magischen Lebensspiele, wie sie die Natur immer wieder von Zeit zu Zeit in die geregelte Ordnung der Dinge wirft, als wollte sie mit einer solchen unfaßbaren Abweichung von ihren sonst allgültigen Gesetzen die Menschheit wieder an die Ehrfurcht vor dem Irrationalen erinnern.

Da plötzlich, sehr unbequem und unerwünscht, stellt ein Schüler dieses verteufelten Mesmer und nicht einmal ein Arzt, sondern ein simpler Liebhabermagnetiseur, durch unwiderlegbare Experimente fest, daß diese Erscheinung des Dämmerzustandes kein einmaliger Lapsus im Arbeitsplan der Natur sei, keine isolierte Abweichung wie ein Kind mit einem Ochsenkopf oder siamesische Zwillinge innerhalb der Myriadenreihe der menschlichen Normalität, sondern ein organisches Gruppenphänomen, und – noch wichtiger und noch peinlicher! – daß man diesen somnambulen Zustand der Willensauflösung und des unbewußten Tuns im magnetischen (wir sagen: hypnotischen) Schlafe fast bei allen Menschen künstlich hervorrufen könne. Puységur, ein vornehmer, reicher, der Mode entsprechend höchst philanthropisch gesinnter Graf, war schon früh und sehr leidenschaftlich für die Lehre Mesmers gewonnen worden. Aus humanem Dilettantismus, aus philosophischer Neugier übt er ohne Entgelt auf seinem Landgut von Buzancy magnetische Kuren nach den Vorschriften des Meisters. Seine Kranken sind durchaus keine hysterischen Marquisen und dekadente Aristokraten, sondern Kavalleriesoldaten, Bauernjungen, grober, gesunder, unneurasthenischer (und darum doppelt wichtiger) Versuchsstoff. Wieder einmal hat sich eine Reihe Heilbedürftiger an ihn gewandt, und der philanthropische Graf müht sich, der mesmerischen Vorschrift getreu, bei seinen Kranken möglichst heftige Krisen zu erzeugen. Aber auf einmal erstaunt, ja erschrickt er. Denn ein junger Schäfer namens Victor, statt auf die angewandte magnetische Streichung mit den erwarteten Zuckungen, Konvulsionen und Krämpfen zu antworten, wird ganz simpel müde und schläft friedlich unter seinen streichenden Händen ein. Da dieses Verhalten der Regel zuwiderläuft, nach welcher der Magnetiseur doch vor allem Konvulsionen hervorrufen soll und nicht Schlaf, versucht Puységur, den Tölpel aufzurütteln. Aber vergebens! Puységur schreit ihn an – der Bursche rührt sich nicht. Er schüttelt ihn, aber sonderbar, dieser Bauernjunge schläft einen ganz anderen Schlaf als den normalen. Und plötzlich, als er ihm nochmals anbefiehlt, aufzustehen, steht der Bursche wirklich auf, beginnt ein paar Schritte zu gehen, aber mit geschlossenen Augen. Trotz der geschlossenen Lider benimmt er sich vollkommen wie ein Wacher, wie ein Vollsinniger, ohne daß der Schlaf von ihm gewichen wäre. Er ist am hellichten Tage ein Somnambuler, ein Schlafwandler geworden. Verblüfft sucht Puységur nun mit ihm zu sprechen, ihn auszufragen. Und siehe, der Bauernjunge antwortet aus seinem Traumzustand vollkommen klug und klar auf jede Frage, und sogar noch in einer gewähtleren Sprache als sonst. Puységur, erregt über das neuartige Geschehnis, wiederholt das Experiment. Und in der Tat: nicht nur bei dem jungen Schäfer gelingt es, solches Schlafwachen, solchen Wachschlaf durch magnetische (richtiger suggestive) Behandlung zu erzwingen, sondern auch an einer ganzen Reihe anderer Personen. Puységur, leidenschaftlich von der unerwarteten Entdeckung gepackt, setzt seine Versuche jetzt mit doppeltem Eifer fort. Er gibt sogenannte posthypnotische Befehle, das heißt, er befiehlt dem im Schlafzustand Befindlichen nach seinem Erwachen bestimmte Handlungen vorzunehmen. Und tatsächlich, die Medien führen auch bei zurückgekehrtem normalem Bewußtsein die ihnen im somnambulen Zustand gegebenen Aufträge vollkommen befehlentsprechend aus. Nun braucht Puységur nur in seiner Broschüre die erstaunlichen Vorgänge aufzuzeichnen, und der Rubikon zur modernen Psychologie ist überschritten, das Phänomen der Hypnose erstmalig fixiert.

Selbstverständlich trat bei Puységur die Hypnose nicht zum erstenmal in der Welt in Erscheinung, sondern nur zum erstenmal in bewußte Erscheinung. Schon Paracelsus berichtet, daß in einem Kärntner Kloster die Mönche die Aufmerksamkeit der Kranken bei der Behandlung durch blitzende Gegenstände ablenkten; im Altertum finden sich seit Apollonius von Tyana Spuren hypnotischen Verfahrens. Jenseits der menschlichen Bezirke, im Tierreich, war der festhaltende und Erstarren verursachende Blick der Schlange längst bekannt, und selbst das mythologische Symbol der Meduse, was bedeutet es andres als Lähmung des Willens durch suggestive Gewalt? Nur war diese Zwangslähmung der Aufmerksamkeit noch niemals als Methode angewendet worden, nicht einmal von Mesmer selbst, der sie durch sein Bestreichen und Fixieren unzähligemal unbewußt geübt. Oftmals war ihm zwar aufgefallen, daß manche seiner Patienten unter seinem Blick oder seinen Streichungen plötzlich schwere Augen bekamen, gähnten, erschlafften, daß ihre Lider nervös zu zittern begannen, sich langsam senkten; sogar der zufällige Zeuge Jussieu schildert in seinem Bericht einen solchen Fall, wie ein Patient mit geschlossenen Augen plötzlich aufsteht, andere Patienten magnetisiert, mit geschlossenen Augen wieder zurückschreitet, sich still auf seinen Platz setzt, ohne von seiner eigenen Tätigkeit etwas zu ahnen, Traumwandler am hellen Tage. Dutzendmal, hundertmal vielleicht hat Mesmer in den vielen Jahren seiner Praxis solches Erschlaffen gesehen, solches In-sich-selbst-Hinabsinken und Fühlloswerden. Da er aber einzig die Krise suchte, einzig die Konvulsion als Heilungsmittel zu erzwingen anstrebte, sah er an solchen merkwürdigen Dämmerzuständen beharrlich vorbei. Hypnotisiert von seiner Idee des Allfluids, indes er selbst hypnotisiert, starrt dieser Mensch des Mißgeschicks immer nur auf diesen einen Punkt und verliert sich in seiner Theorie, statt nach Goethes allerweisestem Worte zu handeln: »Das Höchste wäre zu begreifen, daß alles Faktische schon Theorie ist. Man suche nicht hinter den Phänomenen, sie sind selbst die Lehre.« So übersieht Mesmer den Königsgedanken seines Lebens, und derart fällt, was der kühne Vorausgänger gesät, einem anderen als Ernte zu. Das entscheidende Phänomen der »Nachtseite der Natur«, das hypnotische, hat ihm sein Schüler Puységur unter der Hand wegentdeckt. Und strenggenommen heißt der Mesmerismus darum gewissermaßen ebenso ungerechterweise nach Mesmer wie Amerika nach Amerigo Vespucci.

Die Weitwirkung dieser einen, scheinbar winzigen Beobachtung aus Mesmers Werkstätte hat sich für die Zukunft als kaum übersehbar erwiesen. Über Nacht hat sich der Beobachtungsraum nach innen erweitert, gleichsam eine dritte Dimension ist gefunden. Denn indem an diesem simplen Bauernjungen in Buzancy festgestellt wird, es gebe in der menschlichen Denkwelt zwischen Schwarz und Weiß, zwischen Schlaf und Wachen, zwischen Vernunft und Trieb, zwischen Wollen und Willenszwang, zwischen Bewußt und Unbewußt noch eine ganze Anzahl gleitender, schwankender, schwebender Zustände, ist eine erste Differenzierung jener Sphäre eingeleitet, die wir Seele nennen. Jenes an sich höchst geringfügige Experiment legt unwiderleglich dar, daß selbst die ungewöhnlichsten, die scheinbar meteorisch aus dem Raum der Natur herausstürzenden Seelenphänomene ganz bestimmten Normen gehorchen. Schlaf, bisher einzig als negativer Zustand, als Abwesenheit des Wachseins und darum als schwarzes Vakuum empfunden, verrät in diesen neu entdeckten Zwischenstufen des Wachschlafes und Schlafwachens, wieviel geheime Kräfte im menschlichen Gehirn jenseits der bewußten Vernunft tätig gegeneinander spielen, und daß gerade durch die Ablenkung der zensurierenden Bewußtheit das seelische Leben sichtbarer in Erscheinung tritt – ein Gedanke, hier nur unbeholfen angedeutet, den die Psychoanalyse hundert Jahre später zu schöpferischer Entfaltung bringt. Alle geistigen Erscheinungen erhalten durch diese Umschaltung auf das Unbewußte einen vollkommen neuen Sinn, unzählige Anregungen drängen nach durch die mehr dank eines Zufalls als durch wissende Menschenhand aufgerissene Tür – »durch den Mesmerismus ist man zum erstenmal genötigt, die Phänomene der Konzentration und Dekonzentration, der Müdigkeit, Aufmerksamkeit, der Hypnose, der nervösen Krisen, der Simulation zu untersuchen, die dann alle zusammen die moderne Psychologie darstellen« (Pierre Janet). Zum erstenmal kann die Menschheit vieles, was ihr bisher als übersinnlich und magisch galt, mit klaren Sinnen als logisch begreifen.

Diese plötzliche Erweiterung des inneren Weltraumes durch die winzige Beobachtung Puységurs erregt sofort maßlose Begeisterung bei allen Zeitgenossen. Und es fällt schwer, die geradezu unheimlich schnelle Wirkung zu schildern, die der »Mesmerismus« als die erste Kenntnis von bisher okkulten Phänomenen bei allen Gebildeten Europas hervorruft. Eben war die Herrschaft über die Ätherwelt durch Montgolfier errungen und durch Lavoisier die chemische Ordnung der Elemente neu entdeckt; jetzt war dazu noch ein erster Einbruch ins Übersinnliche gelungen: kein Wunder, daß überschwengliche Hoffnung die ganze Generation ergreift, nun endlich werde dies Urgeheimnis Seele sich gänzlich enthüllen. Dichter und Philosophen, die ewigen Geometer der geistigen Reiche, sind die ersten, die, kaum daß die unbekannten Ufer erkundet sind, vordringen in die neuen Kontinente: eine dunkle Ahnung sagt ihnen, wieviel unerschlossene Schätze aus dieser Tiefe zu heben sind. Nicht mehr in Druidenhainen, in Femehöhlen und Hexenküchen sucht die Romantik das Romantische und Außerordentliche, sondern in diesen neuen sublunaren Sphären zwischen Traum und Wachheit, zwischen Willen und Willenszwang. Von allen deutschen Dichtern fühlt sich der stärkste, der tiefsichtigste, Heinrich von Kleist, am gewaltigsten von dieser »Nachtseite der Natur« angeblickt. Da wesensgemäß jeder Abgrund ihn anzieht, so ergibt er sich völlig der Lust, sich schöpferisch in diese Tiefen zu werfen und gerade die schwindligen Zustände auf der Kippe zwischen Wachen und Traum dichterisch darzustellen. Mit einem Ruck, mit der für ihn typischen Stoßkraft dringt er gleich bis in die untersten Geheimnisse der Psychopathologie vor. Niemals ist ein Dämmerzustand genialer geschildert worden als in der »Marquise von O.«, niemals Darstellungen von Somnambulismus gleichzeitig so klinisch vollkommen und zugleich differenziert erdichtet wie im »Käthchen von Heilbronn« und im »Prinzen von Homburg«. Während Goethe, damals schon bedächtig, nur mit gemessener Neugier von fern die neuen Funde verfolgt, drängt die Jugend, die Romantik leidenschaftlich heran. E. T. A. Hoffmann, Tieck und Brentano, in der Philosophie Schelling, Hegel, Fichte bekennen sich leidenschaftlich zu dieser umwälzenden Auffassung, Schopenhauer findet im Mesmerismus das entscheidende Argument für das zu beweisende Primat des Willens über die wache Vernunft. In Frankreich gibt Balzac in seinem »Louis

Lambert«, seinem persönlichsten Buche, geradezu eine Biologie der weltgestaltenden Willenskraft und beklagt, daß die Größe der Entdeckung Mesmers – »si importante et si mal appréciée encore« – noch nicht überall durchgedrungen sei. Jenseits des Meeres schafft in kristallischer Klarheit Edgar Allan Poe die klassische Novelle der Hypnose. Man sieht: wo immer die Wissenschaft eine Ritze in der schwarzen Geheimniswand des Weltalls aufreißt, strömt wie ein farbiges Gas sofort die Phantasie der Dichter ein und belebt die neuerschlossene Sphäre mit Geschehnis und Gestalten, immer beginnt – Freud das Beispiel in unseren Tagen! – mit der Erneuerung der Psychologie auch eine neue psychologische Literatur. Und wäre auch jedes Wort, jede Theorie, jeder Gedanke Mesmers hundertmal falsch gewesen (was noch sehr zu bezweifeln ist), so hat er doch schöpferischer als alle Gelehrten und Forscher seiner Zeit die Wegrichtung einer kommenden und längst notwendigen Wissenschaft gewiesen, indem er den Blick des nächsten Geschlechts dem Geheimnis des Seelischen entgegenlenkt.

Die Tür ist aufgestoßen, Licht flutet herein in einen noch niemals wissend erhellten Raum. Aber es geschieht wie immer: kaum daß irgendwo eine Pforte zum Neuen sich auftut, so drängt mit den ernsten Forschern gleichzeitig schon ein wirrer Klüngel von leichtfertig Neugierigen, von Schwärmern, Narren und Schwindlern hinein. Denn heilig und gefährlich zugleich eignet der Menschheit der Wahn, sie könne mit einem Ruck und Sprung die Grenzen des Irdischen überschreiten und sich dem Weltgeheimnis verbinden. Wird ihr irgendwo nur um einen Zoll der Wissensraum erweitert, so hofft ihre vertrauensselige Ungenügsamkeit immer schon, mit dieser einzelnen Erkenntnis bereits den Schlüssel zum ganzen Universum zu halten. So auch diesmal. Kaum ist die Tatsache aufgedeckt, daß im künstlich erregten Schlaf ein Hypnotisierter

Fragen beantworten könne, so glaubt man schon, Medien könnten alle Fragen beantworten. In gefährlicher Übereilung werden die Traumseher sofort zu Hellsehern erklärt, Wach-Träume gleichgesetzt mit prophetischen Wahr-Träumen. Ein anderer, ein tieferer, der sogenannte »innere« Sinn des Menschen werde an dieser Bezauberung wach. »In dem magnetischen Hellsehen bekommt jener Geist des Instinkts, der den Vogel über das Meer führt, in ein Land, das er nie sah, des Instinkts, der das Insekt zu prophetischem Wirken für die Brut treibt, die noch nicht geboren ist, verständliche Sprache: er steht unseren Fragen Rede und Antwort« (Schubert). Wörtlich verkünden die Übertreiber des Mesmerismus, »in dem Krisenzustand können die Somnambulen die Zukunft schauen, ihre Sinne können sich auf jede Distanz hin in allen Richtungen ausdehnen«. Sie können wahrsagen, weissagen, durch Introspektion (eine besondere Art des Insichschauens) in diesem Zustand das Innere ihres eigenen und jedes fremden Leibes wahrnehmen und daher Krankheiten unfehlbar diagnostizieren. Sie können unbelehrt in der Trance Lateinisch, Hebräisch, Aramäisch und Griechisch reden, nie gehörte Namen nennen, die schwierigsten Rechenaufgaben spielend lösen; ins Wasser geworfen, gehen Somnambulen angeblich nicht unter; ihr Wahrsagegeist vermag Bücher, die ihnen geschlossen und versiegelt auf den nackten Körper gelegt werden, »mit der Herzgrube« zu lesen; sie können gleichzeitige Vorgänge in anderen Weltteilen mit taghellter Deutlichkeit schauen, vor Jahrzehnten begangene Verbrechen durch ihr Geträume entlarven – kurzum, kein Hokuspokus ist zu absurd, daß man sich ihn von den Medien nicht vorzaubern ließe. Man führt die Somnambulen in Keller, in denen angeblich Schätze verborgen sind, und gräbt sie bis zur Brust in die Erde, damit ihr medialer Kontakt Gold oder Silber auffinde. Oder man stellt sie mit verbundenen Augen mitten in eine Apotheke, damit sie dank ihres »höheren« Sinnes die rechte Medizin für den Kranken ahnen, und siehe, sie wählen blind unter den Hunderten von Arzneien die einzig wohltätige. Das Unglaublichste wird unbedenklich den Medien zugeschrieben, alle okkulten Phänomene und Praktiken, die noch heute in unserer wachen Welt geistern, das Hellsehen, Gedankenlesen, die spiritistische Geisterbeschwörung, die telepathischen und teleplastischen Künste, sie alle stammen aus jenem Anfangsenthusiasmus für die »Nachtseite der Natur«. Es dauert nicht lange, und ein neuer Beruf kommt in Schwung: der professionelle Somnambule. Und da ein Medium um so höher eingeschätzt wird, je verblüffendere Offenbarungen es produziert, so steigern Taschenspieler und Simulanten auf kaltem Wege durch Tricks und Betrug ihre »magnetischen« Kräfte ins Ungeheuerliche. Bereits zu Mesmers Zeit beginnen jene famosen spiritistischen Abendunterhaltungen im verdunkelten Zimmer mit Julius Cäsar und den Aposteln; kräftig werden Geister beschworen und »realisiert«. Alle Leichtgläubigen, alle Faselhänse und Verkehrtreligiöse, alle Halbdichter wie Justinus Kerner und Halbgelehrten wie Ennemoser und Kluge behaupten und beschwören Wunder über Wunder des künstlichen Schlafwachens; höchst begreiflich darum, daß vor ihren lauten und wirklich oft läppischen Überspanntheiten die Wissenschaft erst ungläubig die Achseln zuckt und sich schließlich verärgert abwendet. Allmählich wird der Mesmerismus im neunzehnten Jahrhundert zu einer verrufenen Sache. Immer macht zu viel Lärm um einen Gedanken ihn nicht verständlich. Und nichts treibt jede schöpferische Idee in ihrer Wirkung verhängnisvoller zurück als ihre Übertreibung.

Heimkehr in Vergessenheit

Armer Mesmer! Niemand ist über den tumultuarischen Einbruch des nach ihm benannten Mesmerismus entsetzter als er selbst, der unschuldige Wortvater. Wo er redlich eine Heilmethode aufzuforsten suchte, tobt und stampft jetzt in maßloser Verzückung ein bacchantischer Schwarm leichtfertiger Nekromanten, Pseudomagier und Okkultisten, und durch die unselige Namensgebung Mesmerismus fühlt Mesmer sich für den moralischen Flurschaden verantwortlich. Vergebens wehrt sich der Schuldig-Unschuldige gegen die ungerufenen Nachfolger: »In dem Leichtsinn, in der Unvorsichtigkeit derjenigen, welche meine Methode nachahmen, liegt die Schuld vieler Vorurteile, die sich gegen mich erhoben haben.« Aber wie seine eigenen Übertreiber dementieren? Seit 1785 ist der »animalische Magnetismus« Mesmers überrannt und erschlagen vom Mesmerismus, seinem brutaleren Bastard. Was die vereinten Feinde, Akademie und Wissenschaft, nicht zustande gebracht, haben seine wüsten und lärmenden Nachtreter glücklich erreicht: für Jahrzehnte gilt Mesmer jetzt als leichtfertiger Gaukler und Erfinder einer Jahrmarkt-Scharlatanerie.

Vergebens protestiert, vergebens kämpft ein paar Jahre der lebendige Mensch Mesmer gegen das Mißverständnis Mesmerismus: aber immer behält der Irrtum von Tausenden gegen einen einzelnen recht. Alle sind jetzt gegen ihn: seine Feinde, daß er zu weit gegangen, seine Freunde, daß er ihre Übertreibungen nicht mit übertreibt, und vor allem verläßt ihn die bisher so hilfreiche Zeit. Die Französische Revolution schwemmt mit einem Ruck Mesmers jahrzehntelange Arbeit in Vergessenheit. Eine Massenhypnose, weit wilder als die Konvulsionen vor dem Baquet, schüttelt das ganze Land, jetzt nimmt statt Mesmers bloß magnetischen die Guillotine ihre unfehlbaren

Stahlkuren vor. Jetzt haben sie keine Zeit mehr, die Prinzen und Herzoginnen und aristokratischen Philosophen, geistreich über das Fluid zu plaudern, zu Ende sind die Séancen in den Schlössern und die Schlösser selbst zerstört. Freunde und Feinde, die Königin und den König, Bailly und Lavoisier, fällt das gleiche geschliffene Eisen. Nein, vorbei ist die Zeit, da man sich philosophisch über Heilmagie und ihre Meister erregte, jetzt denkt die Welt nur an Politik und vor allem an den eigenen Kopf. Mesmer sieht seine Klinik veröden, das Baquet verlassen, die mühsam verdiente Million Franken zerblättern zu wertlosen Assignaten, nichts bleibt ihm als das nackte Leben, und selbst dieses erscheint bedroht. Bald wird ihn das Schicksal seiner deutschen Landsleute Trenck, Cloots, Kellermann, Adam Lux belehren, wie locker ein ausländischer Kopf während des Terrors an seinem Halsknorpel hängt, und daß ein Deutscher besser tut, seinen Aufenthalt zu wechseln. So schließt Mesmer sein Haus und flüchtet im Jahr 1792, völlig verarmt und vergessen, vor Robespierre aus Paris.

Hic incipit tragoedia. Über Nacht aus Ruhm und Reichtum gerissen, achtundfünfzigjährig und allein, verläßt ein enttäuschter müder Mann die Stätte seiner europäischen Triumphe und weiß nicht, was beginnen und wo sein Haupt zur Ruhe legen. Die Welt braucht, die Welt will ihn plötzlich nicht mehr, ihn, den sie gestern noch wie einen Heiland gefeiert und mit allen Ehren und Huldigungen überschüttet. Ist es nicht ratsamer, jetzt in der stillen Heimat am Bodensee bessere Zeiten abzuwarten? Aber dann erinnert er sich, daß er in Wien noch ein Haus hat, das ihm durch den Tod seiner Frau zugefallen ist, das schöne Haus auf der Landstraße; dort hofft er die rechte Rast für sein Alter und sein Studium zu finden. Fünfzehn Jahre, so meint er, müssen doch genügen, um auch den heißesten Haß müde zu machen. Die alten Ärzte, seine

Feinde von einst, liegen längst im Grab, Maria Theresia ist gestorben und zwei Kaiser nach ihr, Joseph II. und Leopold – wer denkt da noch an die unglückselige Affäre des Fräuleins Paradies!

So glaubt er, in Wien auf Ruhe hoffen zu dürfen, der alte Mann. Aber die hochlöbliche Hofpolizeistelle Wien hat ein gutes Gedächtnis. Kaum angelangt, am 14. September 1793, wird »der berüchtigte Arzt« Doktor Mesmer schleunigst vorgeladen und nach seiner »vorhergehenden Ubikation« befragt. Da er angibt, nur in Konstanz und »dasiger Gegend« gewesen zu sein, werden sofort im Amtssprengel Freiburg »sachdienliche Erkundigungen« über seine »bedenklichen Gesinnungen« eingezogen, der altösterreichische Amtsschimmel beginnt zu wiehern und setzt sich in Trab. Leider treffen vom Stadthauptmann in Konstanz günstige Nachrichten ein, daß Mesmer sich dort »untadelhaft betragen« und »sehr einsam gelebt« und »niemand in bezug auf irrig gefährliche Grundsätze« etwas bemerkt habe. So muß man warten, um ihm, wie seinerzeit im Falle des Fräuleins Paradies, einen festeren Strick zu drehen. Tatsächlich, es dauert nicht lange, und bald wird eine neue Affäre aufgezäumt. Im Hause Mesmers wohnt im Gartenpavillon eine Prinzessin Gonzaga. Als höflicher, wohlerzogener Mann macht Dr. Mesmer dieser seiner Mieterin einen Anstandsbesuch. Da er aus Frankreich kommt, spricht die Prinzessin natürlich über die Jakobiner und äußert sich über sie in denselben Ausdrücken, wie man heute in denselben Kreisen von russischen Revolutionären spricht. In ihrer Entrüstung bezeichnet sie – ich zitiere wörtlich den französisch verfaßten Spitzelbericht – »ces gueux comme des régicides, des assassins, des voleurs«. Mesmer nun, obgleich selbst vor dem Terror geflüchtet und obwohl er sein ganzes Vermögen durch die Revolution verloren hat, findet als geistiger Mensch solche Definierungen einer welthistorischen Kulturbegebenheit doch etwas zu simpel und sagt etwa, schließlich kämpften diese Leute doch für die Freiheit, und sie seien persönlich keine Diebe, sie besteuerten eben die Reichen zugunsten des Staates, und Steuern hebe der Kaiser ja schließlich auch ein. Die arme Prinzessin Gonzaga fällt beinahe in Ohnmacht. Da ist ja ein leibhaftiger Jakobiner im Hause! Kaum daß Mesmer die Türe zuklinkt, stürzt sie mit der Schreckensnachricht zu ihrem Bruder, dem Grafen Ranzoni, und zum Hofrat Stupfel; gleich ist auch (wir sind in Altösterreich) ein Naderer zur Stelle, ein angeblicher »Chevalier« Desalleur, den der Polizeibericht freilich nur als einen »gewissen« Desalleur bezeichnet (sie dürfte mehr von ihm wissen). Dieser Spitzel sieht eine herrliche Gelegenheit, ein paar Bankozettel zu verdienen, und schreibt sofort einen submissesten Bericht an die allerhöchste Kabinettskanzlei. Dort beim Grafen Colloredo das gleiche aschgraue Entsetzen: ein Jakobiner in der braven Stadt Wien! Kaum kehrt Seine Majestät, der Gotterhaltekaiser Franz, von der Jagd zurück, so übermittelt man ihm schonend die furchtbare Nachricht, daß ein Anhänger »der französischen Zügellosigkeit« in seiner Residenz hause, und Seine Majestät »resolviert« sofort, daß eine genaue Untersuchung anzustellen sei. So wird »mit Vermeidung alles Aufsehens« am 18. November der arme Mesmer in einen abgesonderten Arrest des Polizeihauses gebracht.

Aber wieder einmal zeigt sich, wie dumm man tut, voreilig Spitzelberichten zu trauen. Der Immediatbescheid der Polizei an den Kaiser erweist sich als reichlich lendenlahm, denn es »erhellet aus der gepflogenen Untersuchung, daß Mesmer jener staatsgefährlichen frechen Reden weder geständig noch derselben auf rechtsbeständige Art überwiesen sei«, und recht kläglich schlägt in seinem »alleruntertänigsten Vortrag« der Polizeiminister

Graf Pergen vor, daß Mesmer »mit einer nachdrücklichen Warnung und scharfem Verweise zu entlassen sei«. Was bleibt da dem Kaiser Franz übrig, als die »allerhöchste Resolution« zu verlautbaren: »Mesmer ist des Arrestes zu entlassen und, da selber selbst sich äußert, von hier in die Gegend seines Geburtsortes baldigst abzureisen, so ist darauf zu wachen, daß solcher alsogleich abreise und sich während der Zeit seines noch so kurzen Aufenthaltes in keine verdächtigen Reden einlasse.« Aber bei dieser Entscheidung fühlt sich die hochlöbliche Polizei nicht sehr wohl. Schon vorher hatte der Minister mitgeteilt, daß die Verhaftung Mesmers »bey seinen Partheygängern, deren er hier mehrere hat, nicht geringe Bewegung verursache«; nun fürchtet man, Mesmer werde öffentliche Beschwerde gegen die infame Behandlung einlegen. So verfaßt »ad mandatum Excellentissimi« die Polizeihofstelle noch folgendes Aktenstück zur Vertuschung der Affäre, das als Musterbeispiel altösterreichischen Kurialstils in ein Museum gehört. »Da Mesmers Entlassung nicht für einen Beweis seiner Unschuld gelten kann, indem er durch die gekünstelte Verdrehung angezeigtermaßen von ihm geäußerter bedenklicher Reden sich keineswegs von dem gegen ihn zurückbleibenden Verdacht ganz gereiniget hat, derohalben auch mit der wirklichen Ankündigung des consilii abeundi bloß in der Rücksicht verschonet worden ist, weil er sein Vorhaben, ohne Verschub sich wegbegeben zu wollen, von selbst dringend vorgestellet hat: so ist zu erkennen zu geben, daß die Eindruckung nicht statthabe, auch Mesmer wohl tuen würde, von irgendeiner öffentlichen Rechtfertigung abzustehen und vielmehr die gelinde Behandlung, so ihm widerfuhr, zu erkennen.« Die »Eindruckung«, die Veröffentlichung findet also nicht statt, die Affäre wird vertuscht, und zwar so gründlich, daß man hundertzwanzig Jahre von diesem abermaligen Hinauswurf Mesmers aus Wien nichts erfuhr. Aber die Fakultät darf zufrieden sein: jetzt ist der unbequeme Medikus für immer in Österreich erledigt.

Wohin nun, alter Mann? Das Vermögen ist verloren, in der Heimat Konstanz lauert die kaiserliche Polizei, in Frankreich tobt der Terror, in Wien wartet das Stockhaus. Krieg, unaufhörlicher, mitleidsloser Krieg aller Nationen gegen alle flutet vor und wieder zurück über alle Grenzen. Und ihn, den greisen geprüften Forscher, den verarmten vergessenen Mann, ekelt dieser tolle Tumult der Welt. Er will nur Stille und eine Handvoll Brot, um sein begonnenes Werk in immer erneuten Versuchen zu erproben und der Menschheit endlich seine geliebte Idee offenbar zu machen. So flüchtet Mesmer in das ewige Asyl des geistigen Europas, in die Schweiz. Irgendwo in einem kleinen Kanton, in Frauenfeld, läßt er sich nieder und übt, um sein Leben zu fristen, ärmliche Praxis. Jahrzehntelang lebt er dort im Dunkel, und niemand in dem winzigen Kantönli ahnt, daß der grauhaarige stille Mann, der dort an Bauern, Käsern, Schnittern und Dienstmägden seine medizinische Kunst ausübt, derselbe Dr. Franz Anton Mesmer ist, den Kaiser und Könige bekämpft und umworben, in dessen Räumen sich der Adel und die Ritterschaft Frankreichs gedrängt, gegen den sämtliche Akademieen und Fakultäten Europas sich ereifert und über dessen Lehre Hunderte von Schriften und Broschüren in allen Sprachen gedruckt und geschrieben wurden, mehr wahrscheinlich als über irgendeinen seiner Zeitgenossen, selbst Rousseau und Voltaire. Keiner seiner vormaligen Schüler und Getreuen sucht ihn auf, und wahrscheinlich hat all diese Jahre des Dunkels kein einziger seinen Namen und seinen Aufenthalt gewußt, so völlig duckt sich der Einsame in den Schatten dieses kleinen entlegenen Bergdorfs und verbringt dort unablässig wirkend die schwere napoleonische Zeit. In der ganzen Weltgeschichte findet sich kaum ein

Beispiel, daß ein Mann derart plötzlich vom rauschendsten Wellenrücken des Ruhms so tief in den Abgrund der Vergessenheit und der Unauffindbarkeit gestürzt ist; kaum irgendwo in einer Biographie steht die völligste Verschollenheit so nahe dem erstaunlichsten Triumph wie in diesem merkwürdigen und geradezu einzigen Geschick Franz Anton Mesmers.

Nichts aber bewährt besser den Charakter eines Menschen als die Goldprobe des Erfolgs und die Feuerprobe des Unglücks. Nicht frech, nicht prahlerisch während seines unermeßlichen Ruhmes, zeigt sich der alternde Mann in seinem Vergessensein großartig bescheiden und voll stoischer Weisheit. Ohne Gegenwehr, fast möchte man sagen: gern tritt er in das Dunkel zurück und macht nicht den mindesten Versuch, noch einmal die Aufmerksamkeit auf sich zu lenken. Vergebens rufen ihn 1803, also nach einem ganzen Jahrzehnt des Verborgenseins, ein paar der treugebliebenen Freunde in das wieder beruhigte und bald kaiserliche Paris zurück, er solle dort seine Klinik wieder auftun, neue Schüler um sich sammeln. Aber Mesmer lehnt ab. Er will nicht mehr Streit, nicht mehr Gezänk und Gerede; er hat seine Idee in die Welt geworfen, möge sie dort schwimmen oder untergehen. In edler Resignation antwortet er: »Wenn ich trotz meiner Anstrengungen nicht so glücklich war, meine Zeitgenossen über ihr eigenes Interesse aufklären zu können, so habe ich doch die innere Befriedigung, meine Pflicht gegen die Gesellschaft erfüllt zu haben.« Nur für sich, still und ungesehen, völlig anonym setzt er seine Versuche fort und fragt nicht mehr, ob sie der lärmenden oder gleichgültigen Welt etwas gelten: die Zukunft und nicht diese Zeit, so ahnt er prophetisch, wird seinem Wirken Gerechtigkeit widerfahren lassen und erst nach seinem Tode seine Idee zu leben beginnen. Keine Ungeduld spricht aus seinen Briefen, keine Klage um den verloschenen Ruhm und das verlorene Geld, sondern nur die heimliche Sicherheit, die jeder großen Geduld zugrunde liegt.

Aber nur irdischer Ruhm kann auslöschen wie ein Licht, nie ein lebendiger Gedanke. Einmal ins Herz der Menschheit gesenkt, überwintert er auch in ungünstigster Zeit, um unvermutet wieder aufzublühen; keine Anregung geht dem ewig neugierigen Geiste der Wissenschaft völlig verloren. Die Revolution, die Napoleonskriege haben die Anhänger Mesmers zersprengt, den Zulauf der Anhänger verscheucht; und oberflächlich betrachtet, möchte man glauben, die noch unreife Saat sei durch den Schritt der militärischen Kolonnen rettungslos zertreten. Doch ganz verborgen wirkt, ohne daß Mesmer, der Vergessene, selber es ahnt, seine ursprüngliche Lehre mitten im Welttumult bei einigen Schweigsamen weiter. Denn wunderbarerweise steigert gerade die Kriegszeit bei nachdenklichen Naturen das Bedürfnis, sich vor der Roheit und Gewalttätigkeit der Umwelt ins Geistige zu flüchten; ewig bleibt das schönste Symbol des wahren Gelehrten Archimedes, der unablenkbar, während die Soldatenrotte schon in sein Haus eindringt, seine Kreise weiterzeichnet. So wie Einstein mitten in unserem Weltkrieg sein die Welt verwandelndes geistiges Prinzip unbeirrt durch die Bestialität der Epoche errechnet, so sinnen, während die Truppen Napoleons quer durch Europa marschieren, die Landkarte alljährlich ihre Farbe ändert, während Dutzende von Königen abgesetzt und neue zu Dutzenden geschaffen werden, ein paar kleine Ärzte in den entlegensten Provinzen über den Anregungen Mesmers und Puységurs und wirken gleichsam im Kellergewölbe der Konzentration in seinem Sinne weiter. Alle diese Männer arbeiten einzeln in Frankreich, in Deutschland, in England, meist wissen sie nicht voneinander, und keiner weiß von Mesmer, dem Verschollenen, und Mesmer nicht von ihnen. Gelassen in ihren Behauptungen, vorsichtig in ihren Schlüssen prüfen und überprüfen sie die von Mesmer klargelegten Tatsachen, und gleichsam unterirdisch, auf dem Wege über Straßburg und durch Lavaters Briefe aus der Schweiz dringt die neue Methode weiter. Besonders in Schwaben und in Berlin mehrt sich das Interesse; der berühmte Hufeland, Leibarzt am preußischen Hofe und Mitglied aller Gelehrtenkommissionen, wirkt persönlich auf den König ein. So beschließt endlich in Berlin eine Kabinettsorder die Ernennung einer Kommission zur neuerlichen Überprüfung des Mesmerismus.

1775 hatte sich Mesmer zum erstenmal an die Berliner Akademie gewandt: man erinnert sich, mit wie kläglichem Erfolg. Nun, da fast vierzig Jahre später, 1812, dieselbe Stelle den Magnetismus zu überprüfen begehrt, ist der eigentliche Anreger des Problems, ist Mesmer schon so völlig vergessen, daß bei dem Wort Mesmerismus niemand mehr an Franz Anton Mesmer denkt. Ganz überrascht blickt die Kommission auf, als plötzlich eines ihrer Mitglieder in der Sitzung den allernatürlichsten Antrag stellt, man möchte doch den Entdecker des Magnetismus, Franz Anton Mesmer, selber nach Berlin berufen, damit er seine Methode rechtfertige und erkläre. Wie, staunen sie da auf einmal alle – Franz Anton Mesmer lebt noch? Aber warum schweigt er so vollkommen, warum tritt er jetzt, da der Ruhm auf ihn wartet, nicht stolz und triumphierend vor? Niemand kann es sich erklären, daß ein so großer, so weltberühmter Mann sich derart bescheiden und still in die Vergessenheit zurückziehen konnte. Sofort geht eine dringende Einladung an den Kantönliarzt in Frauenfeld, die Akademie mit seinem Besuche zu beehren. Empfang beim König winkt ihm, Aufmerksamkeit ganz Deutschlands, vielleicht sogar triumphale Ehrenrettung nach unsäglich erduldetem Unrecht. Aber Mesmer lehnt ab, er sei zu alt, sei zu müde. Er wolle nicht mehr zurück in den Streit. So wird am 6. September 1812 Professor Wolfart als königlicher Kommissär zu Mesmer entsendet und bevollmächtigt, »den Erfinder des Magnetismus, Herrn Dr. Mesmer, um Mitteilung alles dessen, was zur näheren Bestätigung, Berichtigung und Aufklärung dieses wichtigen Gegenstandes dienen kann, zu ersuchen und den Zweck der Kommission auf seiner Reise möglichst zu fördern«.

Professor Wolfart reist sofort ab. Und nach dreißig Jahren Geheimnis erhalten wir endlich wieder Nachricht von dem verschollenen Mann. Wolfart berichtet:

»Meine Erwartungen sah ich durch die erste persönliche Bekanntschaft mit dem Entdecker des Magnetismus übertroffen. Ich fand ihn in seinem von ihm selbst ausgesprochenen wohltätigen Wirkungskreise beschäftigt. In seinem hohen Alter schien das Umfassende, Helle und Durchdringende seines Geistes, sein unermüdeter, lebendiger Eifer, sich mitzuteilen, sein ebenso leichter als seelenvoller, durch die Behendigkeit der Gleichnisse durchaus eigentümlicher Vortrag sowie die Feinheit seiner Sitten, die Liebenswürdigkeit seines Umgangs um so bewundernswürdiger. Nimmt man dazu einen Schatz positiver Kenntnisse in allen Zweigen des Wissens, wie sie nicht leicht ein Gelehrter vereint, und eine wohlwollende Güte des Herzens, welche sich in seinem ganzen Sein, in seinen Worten, seinen Handlungen und Umgebungen ausspricht, nimmt man dazu noch eine tätige, fast wunderbare Kraft der Einwirkung auf Kranke bei dem durchdringenden Blick oder der bloß still erhobenen Hand, und alles das durch eine edle, Ehrfurcht einflößende Gestalt gehoben, so hat man in den Hauptzügen ein Bild von dem, was ich an Mesmer als Individuum fand.« Ohne Rückhalt schließt Mesmer dem Besucher seine Erfahrungen und Ideen auf, er läßt ihn an Krankenbehandlungen teilnehmen und übergibt seine gesammelten Aufzeichnungen Professor Wolfart, damit er sie der Nachwelt überliefere. Jede Gelegenheit, sich vorzudrängen, die Aufmerksamkeit auf sich zu lenken, aber lehnt er mit wirklich prachtvoller Gelassenheit ab. »Da mir nur noch eine kleine Strecke auf dem Pfade meines Lebens zu durchlaufen übrig ist, so kenne ich keine wichtigeren Geschäfte, als den Überrest meiner Tage allein der praktischen Anwendung eines Mittels zu weihen, dessen ungemeinen Nutzen mich meine Beobachtungen und Erfahrungen gelehrt haben, damit mein letztes Wirken die Anzahl der Tatsachen vermehre.« So ist uns nun unvermutet noch ein abendliches Bild dieses merkwürdigen Mannes gegeben, der alle Phasen des Ruhmes, des Hasses, des Reichtums und der Armut und schließlich der Vergessenheit durchmessen, um in voller Überzeugtheit von der Dauer und Bedeutung seines Lebenswerks gelassen und groß dem Tode entgegenzugehen.

Seine letzten Jahre sind die eines Weisen, eines ganz geklärten und geprüften Forschers. Geldsorgen bedrängen ihn nicht mehr, denn die französische Regierung hat ihm eine Rente als Entschädigung für die verlorene Million Franken entwerteter Staatspapiere auf Lebenszeit gewährt. So kann er, unabhängig und frei, in die Heimat zurückkehren, an den Bodensee, und so symbolisch den Kreis des Daseins abschließen. Dort lebt er als eine Art kleiner Landedelmann einzig seiner Neigung, und diese Neigung bleibt bis an sein Ende dieselbe: der Wissenschaft, der Forschung mit immer erneuten Versuchen zu dienen. Hell im Augenlicht, klar im Gehör und lebendig im Geiste bis zum letzten Augenblick, übt er seine magnetische Kraft bei allen, die vertrauend zu ihm kommen; oftmals fährt er mit Pferd und Wagen stundenweit, einen interessanten Kranken zu sehen und womöglich nach seiner Methode zu heilen. Dazwischen experimentiert er physikalisch, modelliert und zeichnet, und nie versäumt er das allwöchentliche Konzert bei dem Fürsten Dalberg. In diesem musikalischen Kreis rühmen alle, die ihm begegnen, die außerordentliche universale Bildung dieses immer aufrechten, immer geruhigen und großartig gelassenen Greises, der mit mildem Lächeln von seinem einstigen Ruhm und ohne Haß und Erbitterung von den hitzigsten und gehässigsten seiner Gegner spricht. Als er am 5. März 1814, achtzigjährig, sein Ende herannahen fühlt, läßt er sich noch einmal durch einen Seminaristen auf seiner geliebten Glasharmonika vorspielen. Es ist immer noch dieselbe, auf der sich der junge Mozart in seinem Hause auf der Landstraße versucht, dieselbe, der Gluck in Paris neue und ungekannte Harmonieen entlockt hat, dieselbe, die ihn auf allen Reisen und Irrfahrten seines Lebens und nun bis in den Tod begleitet. Seine Millionen sind zerstoben, sein Ruhm hat sich verwölkt: nach allem Lärm, nach all dem wüsten Gerede und Gestreite um seine Lehre ist dem alten Einsiedler nichts geblieben als dieses Instrument und seine geliebte Musik. So geht unerschütterlich gläubig, daß er zurückkehre in die Harmonie, in die Allflut, ein Mann, den der Haß als eitlen Scharlatan und Schwätzer verächtlich geschildert, wie ein wahrhaft Weiser in den Tod, und sein Testament bezeugt rührend den Willen nach völliger Vergessenheit, nämlich, daß er ohne Prunk, ganz wie ein anderer Mann begraben werde. Dieser letzte Wunsch erfüllt sich. Keine Zeitung meldet der Welt seinen Hingang. Wie irgendein Unbekannter wird auf dem wunderbaren Friedhof von Meersburg, wo auch die Droste-Hülshoff ruht, ein alter Mann begraben, dessen Ruhm einst die Welt erfüllte und dessen wegbereitende Leistung erst unsere Zeit wieder zu begreifen beginnt. Freunde lassen ihm einen symbolischen Grabstein errichten, einen dreieckigen Marmorblock mit mystischen Zeichen, Sonnenuhr und Bussole, die allegorisch die Bewegung in Raum und Zeit darstellen sollen.

Aber es ist das Schicksal des Ungewöhnlichen, immer wieder den Haß der Menschen zu erregen: boshafte Hände beschmieren und zerstören die Sonnenuhr und die Bussole, diese ihnen unverständlichen Zeichen auf Mesmers Grabstein, so wie unverständige Schreiber und Forscher seinen Namen. Jahre müssen vergehen, ehe man den gestürzten Stein über seinem Grabe neuerdings würdig aufrichtet, und abermals Jahre, bis endlich eine wissendere Nachwelt sich seines verschollenen Namens und des Vorausgängerschicksals dieses großen deutschen Arztes besinnt.

Die Nachfolge

Immer entsteht geistige Tragik, wenn ein Fund genialer ist als sein Finder, wenn ein Gedanke, den ein Künstler, ein Forscher faßt, ihm nicht faßbar wird und er ihn halbgestaltet aus den Händen lassen muß. So Mesmer. Er hat eines der wichtigsten Probleme der Neuzeit angepackt, ohne es zu bewältigen, er hat eine Frage in die Welt geworfen und sich selbst vergeblich um die Antwort gequält. Aber Fehlgänger, ist er doch immerhin Vorausgänger, Wegbahner und Zielbereiter, denn unleugbare Tatsache: alle psychotherapeutischen Methoden von heute und ein gut Teil aller psychotechnischen Probleme gehen kerzengerade auf diesen einen Mann, Franz Anton Mesmer, zurück, der als erster sichtbar die Gewalt der Suggestion mit einer zwar anfängerischen und umwegigen Praxis bewiesen, aber doch immerhin bewiesen gegen das Gelächter, den Hohn und die Verachtung einer bloß mechanischen Wissenschaft. Dies allein erhebt schon sein Leben zur Leistung, sein Geschick in die Geschichte.

Mesmer hat als erster geschulter Arzt der Neuzeit die Wirkung erlebt und immer wieder hervorgerufen, die von einer suggestiven Persönlichkeit, von ihrem Nahsein,

Sprechen, Reden und Befehlen auf erschütterte Kranke heilsam ausgeht – er vermochte sie nur nicht zu deuten und sah in dieser ihm unverständlichen seelischen Mechanik noch mittelalterliche Magie. Ihm fehlt (wie allen seinen Zeitgenossen) der entscheidende Begriff der Suggestion, jener seelisch heilkräftigen Kraftübertragung, die (über diesen Punkt gehen noch heute die Meinungen auseinander) entweder durch Fernwirkung des Willens oder durch Ausstrahlung eines inneren Fluids sich vollzieht. Seine Schüler rücken schon näher an das Problem heran, jeder von einer anderen Richtung: es bildet sich eine sogenannte fluidistische und eine animistische Schule; Deleuze, der Vertreter der fluidistischen Theorie, bleibt Mesmers Anschauung von der Ausdünstung eines körperlichen Nervenstoffes, einer Substanz getreu, er glaubt – wie die Spiritisten an die Telekinese und manche Forscher an die Odlehre –, daß tatsächlich eine organische Absonderung unseres körperlichen Ichstoffes möglich sei. Der animistische Schüler Mesmers, der Chevalier Barbarin, leugnet wieder jede Stoffübertragung des Magnetiseurs auf den Magnetisierten und sieht nur eine rein seelische Weiterleitung des Willens in das fremde Bewußtsein. So benötigt er gar nicht die Mesmersche Hilfshypothese des unergründlichen Fluids. »Croyez et veuillez« ist seine ganze Zauberformel – eine Auffassung, die dann die Christian Science, die Mind Cure und Coué glatt übernehmen. Immer mehr aber dringt seine psychologische Erkenntnis durch, daß Suggestion einer der entscheidendsten Machtfaktoren aller seelischen Beziehungen sei. Und diesen Prozeß des Willenszwanges, der Willensvergewaltigung, kurzweg der Hypnose, stellt 1843 Braid in seiner »Neurypnologie« endlich experimentell und völlig unwidersprechlich dar. Schon einem deutschen Magnetiseur namens Wienholt war es 1818 aufgefallen, daß sein Somnambule rascher einschlief, sobald er selbst einen bestimmten Rock mit glänzenden Glasknöpfen trug. Aber dieser ungelehrte Beobachter entdeckte da noch nicht den entscheidenden Zusammenhang, daß durch diese Ablenkung des Auges auf das Glänzende die Müdigkeit des äußeren Sinnes und damit die innere Nachgiebigkeit des Bewußtseins gefördert werde. Braid übt nun als erster praktisch die Technik, durch kleine, blitzende Kristallkugeln den Blick des Mediums voraus zu ermüden, ehe er mit seinen suggestiven Streichungen einsetzt: damit ist die Hypnose als technische und geheimnislose Handlung und Behandlung in die so lange mißtrauische Wissenschaft eingeführt. Zum erstenmal wagen jetzt Universitätsprofessoren in Frankreich – allerdings vorerst nur bei Geisteskranken – den verlästerten und verfemten Hypnotismus im Hörsaale anzuwenden, Charcot in der Salpêtrière in Paris, Bernheim an der Fakultät von Nancy. Am 13. Februar 1882 wird (freilich ohne auch nur mit einer Silbe des ungerecht Abgewiesenen Erwähnung zu tun) Mesmer in Paris rehabilitiert, indem die Suggestion – vormals Mesmerismus genannt – als wissenschaftliches Hilfsverfahren von derselben Fakultät anerkannt wird, die ihn hundert Jahre lang in die Acht getan hat. Nun der große Bann gebrochen ist, stürmt die lange gehemmte Psychotherapie von Erfolg zu Erfolg. Als Schüler Charcots kommt ein junger Nervenarzt, Sigmund Freud, an die Salpêtrière und lernt dort die Hypnose kennen – sie wird ihm zur Brücke, die er bald hinter sich verbrennt, sobald er das Reich der Psychoanalyse betreten, auch er also im dritten Erbschaftsgrad noch Fruchtgenießer von Mesmers scheinbar ins Dürre geschleudertem Samen. Ebenso schöpferisch wirkt sich der Mesmerismus auf die religiösen und mystischen Seelenbewegungen der Mind Cure und der Autosuggestion aus. Nie hätte Mary Baker-Eddy ihre Christian Science begründen können ohne Kenntnis des »veuillez et croyez«, ohne die Überzeugungstherapie Quimbys, der seinerseits wieder vom Mesmer-Schüler Poyen seine Anregung empfing. Undenkbar wäre der Spiritismus ohne die von Mesmer zuerst angewendete Kette, ohne den Begriff der Trance und der damit verbundenen Hellsichtigkeit, undenkbar die Blavatsky und ihre theosophische Gilde. Alle okkulten Wissenschaften, alle telepathischen, telekinetischen Experimente, die Hellseher, die Traumsprecher stammen in letzter Linie aus Mesmers »magnetischem« Laboratorium. Eine ganz neue Art der Wissenschaft beginnt aus der verlästerten Überzeugung dieses verschollenen Mannes, man könne durch suggestive Einwirkung die Seelenkräfte im Menschen zu Leistungen steigern, wie sie durch schulmäßig medizinische Behandlung nie erreichbar seien, – eines Mannes, der redlich in seinem Wollen, richtig in seinem Ahnen war und nur irrig im Erklärungsversuch seiner eigenen wichtigen Tat.

Aber vielleicht – wir sind vorsichtig geworden in einer Zeit, da eine Entdeckung die andere überrennt, da die Theorieen von gestern schon über Nacht welk werden und jahrhundertealte sich plötzlich erneuern – vielleicht irren sogar diejenigen, die heute noch hochmütig Mesmers bestrittenste Idee eines übertragbaren, von Mensch zu Mensch strömenden Persönlichkeitsfluidums ein Phantasma nennen, denn möglicherweise verwandelt sie die nächste Weltstunde unvermutet in Wahrheit. Wir, denen ohne Draht und Membran ein gesprochenes Wort in eben derselben Sekunde aus Honolulu oder Kalkutta ins Ohr schwingt, wir, die wir den Äther von unsichtbaren Sendungen und Wellen durchschüttert wissen und gerne glauben, daß noch unzählige solcher Kraftstationen von uns ungenützt und unerkannt im Kosmischen wirken, wir haben wahrhaftig nicht mehr den Mut, von vornherein die Anschauung abzulehnen, daß von lebendiger Haut und erregtem Nerv beeinflussende Strömungen ausgehen, wie sie Mesmer unzulänglich »magnetische« nannte, daß in den Beziehungen von Mensch zu Mensch vielleicht nicht doch ein Prinzip, ähnlich dem »animalischen Magnetismus« wirksam sei. Denn warum sollte die menschliche Körpernähe, dieselbe, die einer erloschenen Perle wieder den Glanz und die leuchtende Lebenskraft erneut, nicht tatsächlich eine Aura von Wärme oder Strahlung um sich entwickeln können, die auf andere Nerven erregend oder beruhigend wirkt? Warum nicht wirklich zwischen Körpern und Seelen sich geheime Strömungen und Stauungen ereignen, Anziehungen und Abstoßungen, Sympathie und Antipathie zwischen Individuum und Individuum? Wer wagt in dieser Sphäre heute ein kühnes Ja oder ein freches Nein? Vielleicht wird eine mit immer verfeinerten metrischen Apparaten arbeitende Physik morgen schon nachweisen, daß, was wir heute als bloß seelische Kraftwelle annehmen, doch etwas Substanzhaftes, eine tatsächlich sichtbare Wärmewelle, eine elektrische oder chemische Auswirkung darstellt, wägbare und meßbare Energie, daß wir also sehr ernst nehmen müssen, was unsere Vorväter als Narrheit belächelt. Vielleicht, vielleicht hat also auch Mesmers Gedanke von der schöpferisch ausstrahlenden Seelenkraft noch eine Wiederkehr, denn was ist Wissenschaft anderes als die unablässige Taterfüllung uralter Menschheitsträume? Jede neue Erfindung enthüllt und bestätigt immer nur Ahnungen eines einzelnen, zu allen Zeiten ging jeder Tat ein Gedanke voraus. Die Geschichte aber, zu eilig, um gerecht zu sein, sie dient immer nur dem Erfolg. Nur die Leistung rühmt sie, die glorreich vollendete, nicht den kühnen, den mit Unmut und Undank verfolgten Versuch. Nur den Beender preist sie, nicht die Beginner, einzig den Sieger hebt sie ins Licht, die Kämpfer wirft sie ins Dunkel: so Mesmer, den ersten der neuen Psychologen, der unbedankt das ewige Schicksal des Zufrühgekommenen auf sich nahm. Denn immer wieder erfüllt sich der Menschheit ältestes und barbarisches Gesetz, einst im Blute und heute noch im Geiste, jenes unerbittliche Gebot, das zu allen Zeiten verlangte, die Erstlinge müßten geopfert werden.

Mary Baker-Eddy

> Oh the marvel of my life! What would be thought of it, if it was known in a millionth of its detail? But this cannot be now. It will take centuries for this.
> *Mary Baker-Eddy*
> in einem Brief an Mrs. Stetson. 1893

Das Leben und die Lehre

Der geheimnisvollste Augenblick eines Menschen ist die Bewußtwerdung seines Persönlichkeitsgedankens, der geheimnisvollste im Raume der Menschheit die Geburt ihrer Religionen. Wie eine einzige Idee, ausgehend von einem einzelnen, rauschhaft überströmt in Hunderte, Tausende und Hunderttausende, wie ein solcher zufälliger Funke gleich einem Steppenbrand plötzlich die Erde in den Himmel lodern läßt, derlei Momente offenbaren sich immer als die wahrhaft mystischen, die herrlichsten der Geistesgeschichte. Aber meist ist der Quellpunkt solcher religiöser Strömungen späterhin nicht mehr aufzugraben. Vergessen hat ihn verschüttet, und so wie der einzelne Mensch späterhin selten mehr die Sekunde seiner innersten Entscheidungen, so weiß die Menschheit selten den Ausgangsaugenblick ihrer Glaubensleidenschaften.

Glücksfall darum für all jene, die Psychologie der Massen und des Individuums lieben, daß wir endlich einmal aus nächster Nähe Entstehung, Wachstum und Ausbreitung einer mächtigen Glaubensbewegung Zug um Zug beobachten können. Denn die Christian Science entstand erst knapp am Rande unseres Jahrhunderts, in der Sphäre elektrischen Lichts und asphaltierter Straßen, innerhalb einer taghellen Epoche, die kein Privatleben und kein Geheimnis mehr duldet, die unbarmherzig genau mit ihrem journalistischen Meldeapparat die geringste Bewegung verzeichnet. Bei dieser religiösen Heilmethode können wir zum erstenmal die Wachstumskurve an der Hand von Verträgen, Prozessen, Scheckbüchern, Bankkonten, Hypotheken und Photographieen von Tag zu Tag verfolgen, zum erstenmal das Wunder oder Wunderbare einer seelischen Massensuggestion ins psychologische Laboratorium nehmen. Und daß im Falle der Mary Baker-Eddy ungeheuerste Weitwirkung, ja Weltwirkung von einer philosophisch kindlichen und erschreckend einfachen Idee ausgeht, daß hier wirklich ein Sandkorn Intellekt eine Lawine ins Rollen bringt, gerade dies Mißverhältnis macht das Wunder ihrer Weltverbreitung nur noch wunderbarer. Wenn andere große Glaubensbewegungen in unseren Tagen, wenn Tolstois urchristlicher Anarchismus, wenn Gandhis Nonresistance auf Millionen von Menschen bindend und steigernd gewirkt haben, so können wir dies Überströmen in abertausend Seelen immerhin verstehen, und was mit hellem Sinn verständlich ist, wirkt doch im letzten Sinn niemals wunderbar. Bei diesen großen Geistesmenschen kam Kraft aus Kraft, aus starkem Antrieb starke Wirkung. Tolstoi, dieses herrliche Gehirn, dieses bildnerische Genie gab eigentlich nur sein lebendiges Wort, seine Gestaltungskraft an die formlos im russischen Volke umschweifende Idee der Auflehnung gegen die Staatsautorität, Gandhi formulierte im letzten nichts anderes als die uralte Passivität seiner Rasse und ihrer Religion in eine neue Aktivität um; beide bauten sie auf Grund uralter Überzeugungen, beide trug die Strömung der Zeit. Von beiden könnte man sagen, nicht sie drückten einen Gedanken aus, sondern der Gedanke, das blutgeborne Genie ihrer Nation sich in ihnen, und so bedeutet es kein Wunder, vielmehr das absolute Gegenteil von Wunder, das ist: streng logische und gesetzmäßige Wirkung, daß ihre Lehre, einmal ausgesprochen, Millionen ergriff. Mary Baker-Eddy aber, wer ist sie? Irgendeine Frau, irgendeine, weder schön noch hinreißend, nicht ganz wahr, nicht ganz klug, dabei nur halb- oder viertelgebildet, ein isoliertes anonymes Individuum ohne jede ererbte Stellung, ohne Geld, ohne Freunde, ohne Beziehungen. Sie stützt sich auf keine Gruppe, auf keine Sekte, sie hat nichts in der Hand als eine Feder und nichts in ihrem höchst mittelmäßigen Gehirn als einen Gedanken, einen einzigen Gedanken. Alles ist vom ersten Augenblick an gegen sie: die Wissenschaft, die Religion, die Schulen, die Universitäten und mehr noch, die natürliche Vernunft, der »common sense«, und kein Land erscheint zunächst für eine derart abstrakte Lehre ungünstigere Siedlungsfläche als ihre Heimat, als Amerika, die sachlichste, nervenkälteste und unmystischeste aller Nationen. All diesen Widerständen hat sie nichts entgegenzusetzen als ihren zähen, hartnäckigen, beinahe stupid hartnäckigen Glauben an eben diesen Glauben, und einzig mit ihrer monomanischen Besessenheit macht sie das Unwahrscheinliche wahr. Ihr Erfolg ist absolut antilogisch. Aber gerade Widersinn gegen die Wirklichkeit ist ja immer das sichtlichste Symptom des Wunderbaren.

Sie hat nichts als einen einzigen und noch dazu sehr fragwürdigen Gedanken, diese eisenstirnige Amerikanerin, aber sie denkt nichts als diesen einen Gedanken, sie hat keinen anderen als diesen einen Standpunkt. Aber auf ihm beharrt sie, die Beine fest gegen die Erde gestemmt, unbeweglich, unerschütterlich, gegen jeden Einspruch taub, und hebt mit ihrem winzigen Hebel eine Welt aus den Angeln. In zwanzig Jahren schafft sie aus einem metaphysischen Wirrwarr eine neue Heilkunde, eine von Millionen Anhängern geglaubte und ausgeübte Wissenschaft mit Universitäten, Zeitungen, Lehrern und Lehrbüchern, schafft sie Kirchen mit marmornem Riesendom, einem Synedrion von Predigern und Priestern, und sich selbst ein Privatvermögen von drei Millionen Dollar. Aber darüber hinaus gibt sie noch der ganzen zeitgenössischen Psychologie gerade durch ihre Übertreibungen einen Ruck nach vorwärts und sichert sich ein gesondertes Blatt in der Geschichte der Seelenkunde. An Wucht der Wirkung, an Schnelligkeit des Erfolges, an Zahl ihrer Anhänger hat diese eine, halbgebildete, halbgeistige, nur halbgesunde und auch charaktermäßig zweideutige alte Frau alle Führer und Forscher unserer Zeit übertroffen: niemals ist in unserer Lebensnähe von einem einzelnen Menschen mittleren Ranges so viel geistige und religiöse Unruhe ausgegangen wie von der erstaunlichen Existenz dieser amerikanischen Farmerstochter, »the most daring and masculine and masterful woman, that has appeared on earth in centuries«, wie sie im Zorne ihr Landsmann Mark Twain nennt.

Dieses phantastische Leben Mary Baker-Eddys ist zweimal dargestellt worden, in beiden Fällen vollkommen gegensätzlich. Es gibt eine offizielle Biographie, eine kirchlich approbierte, von der geistlichen Leitung der Christian Science kanonisierte; mit einem eigenhändigen Handschreiben hat der »pastor emeritus«, hat also sie selbst, Mary Baker-Eddy, dies ihr eigenes Lebensbildnis der gläubigen, der allzu gläubigen Gemeinde empfohlen; so müßte, meinte man, diese Biographie der Miß Sibyl Wilbur, eine durchaus redliche sein; in Wirklichkeit ist sie der Erztypus einer byzantinischen Schönfärberei. In dieser Biographie, die zur Erbauung und Bestärkung der bereits Überzeugten von Sibyl Wilbur »in der Art des Markus-Evangeliums« – ich zitiere wörtlich – geschrieben ist, erscheint die Entdeckerin der Christian Science mit einem Heiligenschein und in rosenrotem Licht (darum führe ich sie im Laufe dieser Studie immer nur kurz als die rosenrote Biographie an). Erfüllt von göttlicher Gnade, mit überirdischer Weisheit begabt, Sendbote des Himmels auf Erden, Ausbund der Vollendung, tritt Mary Baker-Eddy makellos unserem unwürdigen Blick entgegen. Alles, was sie tut, ist wohlgetan, alle Tugenden des

Gebetbuchs werden auf sie gehäuft, ihr Charakter erglänzt in den sieben Regenbogenfarben gütig, fraulich, christlich, mütterlich, menschenfreundlich, bescheiden und milde; alle ihre Widersacher dagegen offenbaren sich als stumpfe, niedrige, neidische, lästerliche, verblendete Menschen. Kurzum, kein Engel ist so rein. Tränenfeucht das gerührte Auge, blickt die fromme Schülerin zu dem durchaus auf heilig frisierten Bildnis auf, dem jeder irdische (und darum charakteristische) Zug auf das sorgfältigste wegretuschiert ist. In diesen güldenen Spiegel haut nun die andere Biographin, Miß Milmine, resolut mit dem dürren Knotenstock der Dokumente hinein, sie arbeitet ebenso konsequent in Schwarz wie jene in Rosa. Bei ihr enthüllt sich die große Entdeckerin als gemeine Plagiatorin, die ihre ganze Theorie einem ahnungslosen Vorgänger aus dem Schreibpult gestohlen, als pathologische Lügnerin, bösartige Hysterikerin, berechnende Geschäftsmacherin, als eine abgefeimte Megäre. Mit bewundernswertem Reporterfleiß ist alles an Zeugnissen herangeschleppt, was das Heuchlerische, Verlogene, Durchtriebene und grob Geschäftsmäßige ihrer Person, was das Sinnlose und Lächerliche ihrer Lehre derb unterstreicht. Selbstverständlich wird diese Biographie von der Gemeinde der Christian Science ebenso grimmig verfolgt wie die rosenrote leidenschaftlich angepriesen. Und durch eine merkwürdige geheime Transaktion sind fast sämtliche Exemplare aus dem Handel verschwunden (und auch eine soeben erschienene dritte Biographie, die Frank A. Dakins, wurde sofort bei den meisten Buchhändlern aus den Schaufenstern geholt).

So stehen sich Evangelium und Pamphlet, also rosenrot und pechschwarz, entschlossen gegenüber. Aber sonderbar: für den unparteiischen Beobachter dieses psychologischen Falles vertauschen die beiden Bücher merkwürdig ihre Wirkung. Gerade die Biographie der Miß Milmine, die um jeden Preis Mary Baker-Eddy lächerlich erscheinen lassen will, macht sie psychologisch interessant; und gerade die rosenrote Biographie mit ihrer platten, maßlosen Vergötterung macht diese durchaus interessante Frau unheilbar lächerlich. Denn der Reiz ihrer komplizierten Seele liegt eben und einzig in dem Gemengtsein dieser gegensätzlichen Veranlagung, in der unnachahmlichen Verstricktheit von geistiger Naivität mit praktischem Geldblick, in der einmaligen Paarung von Hysterie und Berechnung. So wie Kohle und Salpeter, durchaus ungleichartige Elemente, wenn in richtigem Verhältnis gemengt, Pulver ergeben und eine ungeheure Explosivkraft entwickeln, so entsteht hier durch diese einmalige Mischung mystischer und kommerzieller, hysterischer und psychologischer Begabung eine ungeheure Geballtheit, und vielleicht hat trotz Ford und Lincoln, trotz Washington und Edison Amerika keinen geistigen Typus hervorgebracht, der die Doppelgeleisigkeit des amerikanischen Idealismus und der amerikanischen Welttüchtigkeit so sinnfällig zum Ausdruck bringt wie Mary Baker-Eddy. Freilich, ich gebe es zu, in einer karikaturistischen Verzerrung, in einer geistigen Donquichotterie. Aber so wie Don Quichotte in seiner traumhaften Überspanntheit, in seiner narrenhaften Unbelehrtheit trotz allem und allem den spanischen Hidalgo-Idealismus plastischer der Welt versinnlicht hat als alle ernstgemeinten Ritterromane seiner Zeit, so lehrt uns diese gleichfalls für das Absurde heldenhaft-närrisch kämpfende Frau besser die amerikanische Romantik verstehen als aller offizieller Katheder-Idealismus eines William James. Jeder Don Quichotte des Absoluten, das wissen wir längst, hat einen Narren, einen Sparren im Leibe, und immer trottet hinterher auf seinem braven Esel der ewige Sancho Pansa, die banale Vernünftigkeit. Aber wie jener de la Mancha im sonnverbrannten kastilischen Land den Zauberhelm

Mambrin und die Insel Barataria, so entdeckt diese hartknochige, diese unbelehrbare Frau aus Massachusetts zwischen Wolkenkratzern und Fabriken, mitten in der harten Zahlenwelt der Börsenkurse, Banken, Truste und Kalkulationen wieder einmal das Königreich Utopia. Und wer immer die Welt einen neuen Wahn lehrt, der hat die Menschheit bereichert.

Vierzig verlorene Jahre

Ein kleines einstöckiges, ungetünchtes Holzhaus in Bow, nahe von Concord: die Bakers haben es mit eigenen Händen gebaut, mittlere Farmersleute, nicht arm, nicht reich, angelsächsischen Ursprungs und über hundert Jahre schon ansässig in New Hampshire. Der Vater, Mark Baker, ein wuchtiger Bauer, sehr streng, sehr fromm, sehr starrsinnig, den Schädel hart wie die Faust; »you could not more move him than you could move old Kearsarge« sagen die Nachbarn von ihm, das heißt, man kann ihn so wenig wankend machen wie den alten Berg Kearsarge, der dort im Lande steht. Diesen steinernen Starrsinn, diese unrüttelbare Willensheftigkeit hat auch sein siebentes Kind, Mary Baker (geboren 16. Juli 1821), von ihm geerbt, nicht aber dazu die muskelharte Gesundheit, das gute Gleichgewicht. Ein fahriges, schwächliches, bläßliches, nervöses Mädchen, wächst sie heran, empfindlich und sogar überempfindlich. Schreit einer laut, sofort zuckt sie zusammen, jedes scharfe Wort regt sie unmäßig auf: nicht einmal die normale Distriktsschule vermag sie durchzuhalten, denn sie kann das Scharren und Lärmen der Nachbarskinder nicht vertragen. So läßt man den Zärtling schonungsvoll zu Hause, erlaubt Mary zu lernen, was sie gerade will, und das ist, man mag sich's denken, nicht übermäßig viel auf einer abseitigen amerikanischen

Farm, meilenweit von Dorf und Stadt. Durch Schönheit fällt die kleine Mary nicht besonders auf, obwohl die Pupillen, rund und groß, manchmal in seltsam unruhigem Stahlgrau flimmern und ein straffer fester Mund ihr schmales Gesicht energisch zusammenhält. Aber Auffallen, gerade das will sie ja, gerade darum ist es diesem sonderbaren, diesem eigenwillig nervösen Kind vor allem zu tun. Überall und immer will sie auffallen, anders erscheinen als die andern: sehr früh zeichnet sich dieser vorherrschende Zug in ihrem Charakterbilde ab. Von Anfang an will sie als etwas »Höheres«, etwas Besonderes gewertet werden, und zu diesem Zweck weiß das kleine Farmermädel zunächst nichts Besseres, als die Preziöse zu spielen. Sie gibt sich ein »superior air«, erfindet sich einen eigenwilligen Gang, gebraucht im Gespräch allerlei absurde Fremdwörter, die sie heimlich aus dem Lexikon herausfischt und munter im falschen Wasser schwimmen läßt; in Kleidung, Haltung und Benehmen hält sie auf Abstand von der allzu »gewöhnlichen« Umgebung. Aber amerikanische Farmer haben nicht viel Sinn und Zeit, derlei Künstlichkeiten bei einem Kinde zu bemerken: niemand bewundert und bestaunt die kleine Mary – was also natürlicher, als daß dieser rückgestaute Geltungswille (man wird sehen: einer der stärksten des Jahrhunderts) zu gröberen Mitteln greift, um sich sichtbar zu machen? Jeder Machttrieb, der nicht nach außen kann, stößt nach innen und verbiegt und zerreißt zunächst die eigenen Nerven. Nun hatten schon vor den Pubertätsjahren die kleine Mary häufig Konvulsionen, Krämpfe und ungewöhnliche Erregbarkeiten befallen. Und da sie bald merkt, daß man ihr bei solchen Anfällen im Hause besondere Zärtlichkeit und Aufmerksamkeit zuwendet, schalten die Nerven – bewußt oder unbewußt, diese Grenze ist biegsam – immer häufiger solche hysterische »fits« ein. Sie hat oder sie heuchelt (nochmals: wer kann je die echten Erscheinungen der Hysterie von den gespielten genau unterscheiden?) Angstanfälle und grelle Halluzinationen; urplötzlich stößt sie gellende Schreie aus und stürzt wie leblos hin. Schon vermuten die Eltern Epilepsie bei dem sonderbaren Kinde, aber der herbeigerufene Arzt schüttelt zweifelnd den Kopf. Er nimmt die Sache nicht übermäßig ernst; »Hysteria mingled with bad temper« lautet seine ein wenig spöttische Diagnose. Und da diese Anfälle sich häufig wiederholen, ohne je gefährlich zu werden, und höchst verdächtigerweise gerade dann einsetzen, wenn Mary ihren Willen behaupten oder fremde Forderung abwehren will, wird sogar der klinisch ungelehrte Vater allmählich mißtrauisch. Als sie nach einer erregten Szene wieder einmal starr und steif zu Boden fällt, läßt er sie ruhig liegen, ohne sich weiter zu kümmern, und geht an seine Arbeit; abends heimgekehrt, sieht er sie, ohne daß ihr jemand emporgeholfen hätte, ruhig in ihrem Zimmer sitzen und ein Buch lesen.

Jedenfalls, eines erreicht sie mit diesen Nervenspielen (oder besser: dem Spielenlassen ihrer Nerven) und gerade das, was sie zuinnerst gewollt: sie erzwingt sich eine Sonderstellung im Haus. Sie muß nicht wie die Schwestern scheuern, kochen, nähen, melken, nicht wie die Brüder hinaus auf das Feld, sondern sie kann sich schon frühzeitig von der »gewöhnlichen«, der täglichen, der banalen Frauenarbeit drücken. Und was dem fünfzehnjährigen Mädchen bereits bei den Eltern gelingt, das setzt diese Frau überall und gegen alle durch. Nie, auch in den Jahren bitterster Entbehrung und entsetzlichster Notdurft, wird Mary Baker jemals gewöhnliche, haushälterisch-weibliche Arbeit verrichten. Vom ersten Anfang an weiß sich zielbewußt ihr innerster, geheimster Wille eine »besondere« und höhere Lebensführung durchzusetzen. Von allen Krankheiten ist zweifellos die Hysterie die intelligenteste, die dem innersten Persönlichkeitstrieb verbundenste, in Zustoß und Abwehr versteht sie immer die geheimste Wunschlinie eines Menschen zu offenbaren: darum wird keine Macht der Erde jemals erzwingen, was Mary Baker, diese Willensmeisterin, im Innersten nicht will. Während die Schwestern sich in Stall und Acker abrackern, liest diese kleine amerikanische Bovary Bücher und läßt sich pflegen und bemitleiden. Sie hält still, solange man ihrem Willen nicht in die Quere kommt; versucht man sie aber zu etwas zu nötigen, was ihr nicht genehm ist, so schaltet sie sofort ihre »fits«, ihre »tantrums« ein und läßt die Nerven spielen. Schon unter dem elterlichen Dach ist diese herrschsüchtige, diese solipsistische Natur, die sich keiner Umwelt anpassen oder einpassen will, kein angenehmer Hausgenosse. Und ganz gesetzhaft wird dieser tyrannische Selbstwille unaufhörlich und überall Spannungen, Konflikte und Krisen erzeugen, denn Mary Baker duldet kein Nebensich, sondern nur Unterwerfung unter ihr ungeheuer gespanntes Ich, dem ein Weltall als Raum kaum genügt.

Eine unbehagliche, eine gefährliche Hausgenossin also ist und bleibt sie, die scheinsanfte, die scheinstille Mary Baker. Darum betrachten die bravbürgerlichen Eltern den Weihnachtstag 1843 als Doppelfeiertag, da Washington Glover, kurz »Wash« genannt, ein netter junger Kaufmann, ihnen die Zweiundzwanzigjährige aus dem Hause in die Kirche holt. Nach der Trauung fahren die jungen Gatten in die Südstaaten, wo Glover sein Geschäft hat, und während dieses kurzen Zwischenspiels einer leidenschaftlichen jungen Ehe mit dem strammen, heitern Wash hört man nichts von Halluzinationen und Hysterien. Marys Briefe sprechen ausschließlich von restlosem Glück und atmen Gesundheit; wie unzähligen ihrer Schicksalsgenossinnen hat das sinnlich gerade Zusammensein mit einem kräftigen jungen Mann ihr die flirrenden Nerven völlig zusammengenietet. Aber die gute, gesunde Zeit dauert für sie nicht lange, knapp anderthalb Jahre, denn schon im Jahre 1844 rafft das gelbe Fieber Wash Glover in South Carolina innerhalb von neun Tagen hinweg. Mary Baker-Glover bleibt in einer furchtbaren Lage zurück. Das bißchen Geld, das sie in ihre Ehe mitgebracht, ist verloren, hochschwanger und verzweifelt steht sie in Wilmington vor dem Sarge ihres Gatten und weiß nicht, wohin. Glücklicherweise kratzen Freimaurerkameraden ihres Mannes ein paar Dutzend Dollar zusammen, so daß man die Witwe wenigstens bis nach New York zurückspedieren kann. Dort holt sie der Bruder ab, und kurz darauf bringt sie im Hause der Eltern einen nachgeborenen Sohn zur Welt.

Das Leben hat es nie gut mit Mary Baker gemeint. Dreiundzwanzig Jahre alt, wirft sie die Welle zum erstenmal zurück an die Stelle ihrer Ausfahrt; nach jedem Versuch zur Selbständigkeit wird sie bei ihrer Familie stranden: bis zu ihrem fünfzigsten Jahre ißt Mary Baker nie anderes als geschenktes oder erbetteltes Brot, bis zum fünfzigsten Jahre schläft sie immer in fremdem Bett, sitzt sie an fremdem Tisch. Gerade sie, so stark im Willen, ohne eigentlich zu wissen, was sie will, so rasend stolz ohne die geringste Berechtigung oder Leistung, gerade sie muß immer wieder mit dem geheimen Gefühl ihrer Außerordentlichkeit gleichgültigen und nach ihrer Überzeugung unterwertigen Menschen zur Last fallen. Erst nimmt der Vater die junge Witwe auf, dann siedelt sie zu ihrer Schwester Abigail über; dort bleibt sie ganze neun Jahre, ein immer peinlicherer und lästigerer Gast. Denn seit Wash Glover tot ist, reißen der jungen Witwe wieder die Nerven durch, und obwohl ungebetene Kostgängerin, tyrannisiert sie durch ihre Erregbarkeit den ganzen Haushalt. Niemand wagt ihr zu widersprechen, um nicht ihre »fits« herauszufordern; die Türen müssen mit Sorgfalt geschlossen werden, alle im Haus auf den Fußspitzen gehen, um die »Kranke« zu schonen. Manchmal irrt sie starren Blicks wie eine Nachtwandlerin durch die Zimmer, manchmal bleibt sie tagelang im Bett im Zustand vollkommener Unbeweglichkeit, behauptet, nicht gehen, nicht stehen zu können, jede Bewegung tue ihr weh. Ihr eigenes Kind schafft sie eiligst aus dem Hause, diese harte Seele will sich nicht um irgendein Fremdes bekümmern, sei es auch ihr eigen Fleisch und Blut: ihr unruhiges Ich kennt keine andere Beschäftigung als die mit sich selbst. Die ganze Familie muß ihr mit Aufmerksamkeit fronen, jeder ihrem irrlichternden Willen nachspringen: wie jener »Nigger vom Narzissus« in dem bekannten Roman von Conrad bedrückt sie schon durch ihr passives, duldendes Dasein, durch ihr Leise-im-Zimmer-Liegen und Geschont-sein-Wollen die ganze Familie. Schließlich erfindet sie sich eine besondere Manie. Sie entdeckt, daß ihre Nerven einzig beruhigt würden, wenn man sie in einer Hängematte hin und her schaukle. Selbstverständlich – man tut alles, nur um vor ihr Ruhe zu haben – wird ein solches Schaukelsofa angeschafft, und den Gassenjungen von Tilton winkt jetzt neuartiger Verdienst, nämlich für ein paar Penny pro Stunde Mary Baker-Glover auf und nieder zu schaukeln. Das klingt, nüchtern wiedererzählt, wahrscheinlich spaßhaft, wird aber in Wahrheit furchtbarer Ernst. Je mehr sie klagt, um so schlechter wird ihr Befinden, denn infolge ihrer seelischen Unbefriedigtheit wird auch der körperliche Zustand Mary Bakers in diesen neun Jahren zusehends besorgniserregender. Ihre Schwäche, ihre Müdigkeit nehmen durchaus pathologische Formen an: schließlich kann sie nicht mehr allein die Treppe hinuntergehen, die Muskeln versagen, und der Arzt vermutet bereits Rückenmarkslähmung. Jedenfalls, 1850 ist Mary Baker-Glover ein vollkommen lebensunfähiges Geschöpf, eine Dauerkranke, ein Krüppel.

Wieviel ist nun an diesen unleugbaren Lähmungserscheinungen der jungen Witwe wirkliches, körperliches Leiden, wieviel bloß Willens- und Einbildungsprodukt? Dies zu entscheiden, forderte viel Verwegenheit, denn die Hysterie, diese genialste Komödiantin der pathologischen Welt, kann mit den allerglaubhaftesten Symptomen ebenso den Schein der Krankheit darstellen wie die Krankheit selbst. Sie spielt mit dem Leiden, aber dieses Spiel geht oft gegen ihren Willen manchmal in Wirklichkeit über; und der Hysteriker, der ursprünglich nur den andern eine Krankheit glaubhaft machen wollte, muß schließlich selbst daran glauben. Darum muß man verzichten, in einem derart verhaspelten Falle aus dem Abstand von fünfzig Jahren unterscheiden zu wollen, ob jene kataleptischen Zustände Mary Bakers tatsächliche Lähmungen oder nur Nervenflucht in die Krankheit gewesen sind. Verdächtig bleibt immerhin, daß sie mit ihrem Willen manchmal plötzlich Herrin ihrer Gebreste zu werden versteht; eine Episode aus ihren späteren Lähmungsjahren gibt da allerhand zu argwöhnen: sie liegt wieder einmal starr in ihrem Bett, hilflos, ein machtloser Krüppel, da plötzlich hört sie, wie ihr (späterer) Mann unten um Hilfe schreit. Er ist in Streit geraten und wird von seinem Gegner anscheinend gefährlich bedroht. Und siehe: mit einem Ruck springt die vollkommen Gelähmte aus dem Bett und läuft die Treppe hinunter, ihm beizustehen. Solche Zwischenfälle (dieser blieb nicht der einzige) lassen vermuten, daß Mary Baker eigentlich schon früher die gröbsten Erscheinungen ihrer Lähmung durch den Willen hätte überwinden können, aber vermutlich will sie nicht, oder es will noch nicht in ihr. Wahrscheinlich weiß (tief unter der Bewußtseinsschicht) ihr egozentrischer Instinkt, daß man von ihr, der Kostgängerin, im Zustand offenkundiger Gesundheit sofort häusliche Leistung fordern würde, tätige Mitarbeit. Aber sie will ja niemals mit andern, für andere, neben anderen arbeiten, und um ihre

Unabhängigkeit zu bewahren, igelt sie sich mit elektrisch geladenen Stachelspitzen in ihre Krankheit ein: zweifellos operiert hier die Hysterie wie so oft als Defensive urinnerlichsten Schicksalstriebs: als Flucht in die Krankheit. Und diesen Nervenwall um ihr geheimstes Ich vermag niemand zu durchbrechen; lieber läßt dieser eiserne Wille sich den Leib zerstören, als sich fremdem Wunsche zu biegen.

Welche ungeheuerliche seelische Beeinflussungskraft aber schon damals in diesem hinfälligen, brüchigen Körper bereitlag, davon gibt diese erstaunliche Frau 1853 eine verblüffende Probe. Damals, in ihrem zweiunddreißigsten Jahr und dem neunten ihrer Witwenschaft, taucht in Tilton ein wandernder Zahnarzt auf, ein »Doktor« eigener Fakultät, Dr. Daniel Patterson, eine rechte Frauenarzt- und Vollbartschönheit. Mit seiner großstädtisch übertriebenen Eleganz – er trägt immer schwarzen Schlußrock und sorgfältig gebügelten Seidenzylinder – gewinnt dieser Brummel der Steppe mühelos die höchst unverwöhnten Frauenherzen von Tilton. Aber – man staune! – er bekümmert sich nicht um die Üppigen, die Tüchtigen und die Reichen: ihn bezaubert einzig die bettlägerige, blasse, kränkliche, nervöse Frau, der gelähmte Krüppel. Denn wenn Mary Baker etwas sein will, kann sie es sofort werden, so auch bezaubernd, und von ihrer leidend lächelnden Milde geht für den breitschultrig derben Mann ein Reiz aus, der ihn unlösbar gewinnt. Schon am 21. Juni 1853 bietet er ihr seine Hand.

Ward in solchem Zustand je ein Weib gefreit? Daniel Pattersons Braut ist damals so völlig in ihrer Lebenskraft gebrochen, daß sie nicht einmal die paar Schritte zur Kirche hinüberzugehen vermag. Resolut hebt der baumlange Bräutigam die Gelähmte vom Sofa und trägt sie die Treppe hinab. Vor der Haustür wird sie in einen Wagen verfrachtet und erst als Mistreß Patterson auf den Armen ihres Mannes wieder in ihr Zimmer zurückgetragen. Aber die Last, die er so leichthin auf seinen Arm genommen, liegt nun jahrelang schwer auf seinem Leben. Doktor Patterson braucht nicht lange, um zu entdecken, welch unbequemem Temperament, welch beschwerlicher Gattin er sich verbunden hat: bei jeder Übersiedlung muß die ewige Patientin auf den Wagen geladen werden und mit ihr das unentbehrliche Schaukelsofa; im Wirtschaftlichen erweist sie sich derart untauglich, daß Patterson trotz ärmlichen Einkommens eine Haushälterin aufnehmen muß. Die Heldin ihrer eigenen Träume indes »vertieft sich in Bücher«, wie die rosenrote Biographie bewundernd sagt, das heißt, sie liegt neurasthenisch müde auf der Ottomane oder im Bett und liest Romane; statt ihren Sohn aus erster Ehe ins Haus zu nehmen, der irgendwo im Westen bei ungebildeten Dienstleuten geistig zugrunde geht, treibt sie Okkultismus und schmökert in Zeitungen, manchmal skribelt sie für Provinzblätter sentimentale Aufsätzlein und Gedichte. Denn auch in der neuen Ehe wird das Eigentliche in ihr noch immer nicht wach. In ihrer ohnmächtigen Lethargie hofft und träumt ihre verworrene Eitelkeit unaufhörlich von irgend etwas Großem, etwas Bedeutendem, und so wartet unbeschäftigt, untätig und doch der Berufung geheimnisvoll gewiß, eine der genialsten Begabungen des Jahrhunderts jahrelang auf das Stichwort, auf die ihr zubestimmte Rolle. Aber jahrelang, beinahe noch zehn Jahre, bleibt ihr immer nur dieselbe, die eintönige der unheilbar kranken, der bedauernswerten, der von allen Ärzten und Freunden als unrettbar aufgegebenen, der »unverstandenen« Frau. Sehr bald merkt auch der gute Patterson, was manche vor ihm und alle nach ihm erfahren, daß man auf die Dauer mit dieser Willensdespotin, mit dieser krampfhaft auf Bewunderung erpichten Frau nicht bequem leben kann. Immer ungemütlicher wird ihm Heim und Ehe. Zunächst verlängert er über Gebühr seine Wanderreisen: schließlich bietet 1863 der ausbrechende Bürgerkrieg ihm willkommenen Anlaß, sich völlig aus der Ehe zu drücken. Er zieht als Arzt der Nordarmee ins Feld, wird aber gleich bei dem ersten Gefecht gefangen und bis Kriegsende interniert. Mary Baker-Patterson bleibt genau so allein und mittellos zurück wie vor zwanzig Jahren als Witwe Glovers. Abermals stößt das Wrack an den alten Strand, abermals fällt sie wieder ihrer Schwester ins Haus. Nun, in ihrem vierzigsten Jahre, scheint ihr Schicksal endgültig in Armut und Provinzlerei begraben, ihr Leben erledigt.

Denn vierzig Jahre ist nun Mary Baker alt und weiß noch immer nicht, wozu und für wen sie lebt. Der erste Mann liegt unter der Erde, der zweite sitzt tausend Meilen weit in Gefangenschaft, ihr eigenes Kind lebt irgendwo bei fremden Leuten, und noch immer ißt sie Almosenbrot an fremden Tischen, keinen liebend und von keinem geliebt, das unnötigste Menschenwesen zwischen dem Atlantischen und Pazifischen Ozean. Vergeblich sucht sie sich zu beschäftigen. Sie unterrichtet ein bißchen in Schulen, aber ihre Nerven halten keine geregelte Tätigkeit durch, sie liest Bücher und schreibt Artikelchen für hinterwäldlerische Provinzblätter; aber ihr tiefer Instinkt weiß genau, daß solche Papierkrümelei noch nicht das Rechte, nicht das Ureigentliche ihres Wesens erlöst. So lungert sie zwecklos und mißlaunig im Hause ihrer Schwester herum, und vermauert liegen tief unten und unsichtbar die ungeheuerlichen, die dämonischen Kräfte dieser rätselhaften Frau. Und je mehr sie ihre äußere Lage als widersinnig, je klarer die Einundvierzigjährige ihr Frauenschicksal als endgültig erledigt empfindet, um so mehr gärt und fährt die gestaute und verbogene Lebenskraft, die noch niemals erlöste, in ihrem Körper um. Immer heftiger entladen sich die Nervenkrisen, immer schmerzhafter zerren die Zuckungen und Krämpfe, immer starrer werden die Lähmungen. Schon kann sie selbst an ihren besten Tagen keine halbe Meile mehr zu Fuß gehen, ohne zu ermüden. Immer blasser, immer schwächer, immer matter und regungsloser liegt sie im Bette, ein ohnmächtiges Stück Menschenleib, eine chronisch Kranke, sich selber zum Ekel und allen andern zur Last. Die Ärzte haben den Krieg mit ihren Nerven aufgegeben, vergebens hat sie die abwegigsten Experimente, Mesmerismus und Spiritismus, alle Kräuter und Kuren versucht; nun setzt die Schwester noch auf eine letzte Karte und schickt sie in eine Kaltwasserheilanstalt, nach New Hampshire. Aber die Kur dort verschlechtert nur ihren Zustand, statt ihn zu verbessern. Nach zwei Behandlungen vermag sie überhaupt keinen Schritt mehr zu gehen; entsetzt erkennt sie sich als endgültig verloren, kein Mensch, kein Arzt kann sie also retten! Ein Wunder, ein leibhaftiges Wunder müßte geschehen, um sie, die gelähmte, seelisch und körperlich zerstörte Frau noch einmal zu einem lebendigen Menschen zu machen.

Und auf dieses Wunder, auf diesen Wunderhelfer wartet und hofft mit aller Glut der Verzweiflung, mit allen Kräften ihres fanatischen Herzens Mary Baker nun im einundvierzigsten Jahre ihres bisher nutzlos gelebten Lebens.

Quimby

Von Wundern und einem veritablen Wunderhelfer geht allerdings schon seit einiger Zeit in New Hampshire verworrenes Raunen und Reden: ein Arzt namens Phineas Pankhurst Quimby soll zauberhafte und unvergleichliche Kuren vollbringen, und zwar dank einer neuen und geheimnisvollen Methode. Dieser Heilhelfer wende weder Massage noch Medikamente noch Magnetismus noch

Elektrizität an, und dennoch gelange er, wo die andern Ärzte und ihre Mittel versagten, spielend zum Ziel. Aus dem Gerücht wird Gerede, aus dem Gerede Gewißheit. So dauert es nicht lang, und von allen Seiten des Landes strömen Patienten zu diesem Wunderdoktor nach Portland.

Dieser sagenhafte Doktor Quimby nun, dies sei zunächst festgestellt, ist durchaus kein Doktor, kein gelernter Lateiner und graduierter Mediziner, sondern nur ein ehemaliger Uhrmacher aus Belfast, Sohn eines armen Eisenschmieds. Fleißiger, kluger, tüchtiger Handwerker, hat er, weiß Gott wieviel Uhren schon geduldig verfertigt, da kommt im Jahre 1838 auf seinen Wandervorträgen ein Dr. Poyen nach Belfast und zeigt zum erstenmal öffentlich hypnotische Experimente. Dieser französische Arzt, ein Schüler Mesmers (überall in der Welt begegnet man den Spuren dieses außerordentlichen Mannes), hat mit seinen hypnotischen Vorführungen ganz Amerika in Bewegung gesetzt, und den unvergänglichen Niederschlag jener Neugier nach der »Nachtseite der Natur« finden wir in den aufregenden Novellen Edgar Allan Poes. Denn der amerikanische Boden, scheinbar nüchtern und dürr, wird eben, weil ganz ungepflügt, ausgezeichnetes Saatfeld für alle übersinnlichen Bestrebungen. Hier erklären nicht wie im skeptischen Europa zu Mesmers Zeit gelehrte Akademieen und königliche Gesellschaften auch die augenfälligsten suggestiven Übertragungsphänomene hochmütig ablehnend als bloße »Einbildung«, und der naiv optimistische Sinn der Amerikaner, denen von vornherein nichts unmöglich scheint, öffnet sich neugierig diesen unvermuteten Anregungen. Eine ungeheure spiritualistische (und bald spiritistische) Welle läuft hinter den Vorträgen des französischen Mesmeristen her, in allen Städten, allen Dörfern werden seine Vorführungen besucht und leidenschaftlich erörtert. Auch der kleine

Uhrmacher Quimby gehört zu den vollkommen Faszinierten. Er besucht jeden Vortrag, kann sich nicht satt sehen an diesen Bezauberungen durch Hypnose, in seinem Wissensdrang reist er dem Doktor Poyen von Ort zu Ort nach, bis schließlich dieser breitschulterige, sympathische Mensch mit seinen harten und klugen amerikanischen Augen dem Doktor Poyen unter allen Zuhörern besonders auffällt. Er untersucht ihn und stellt sofort eine unverkennbare aktiv hypnotische Begabung fest. Mehrmals verwendet er ihn, um Medien in Schlaf zu versetzen, und erstaunt erkennt Quimby bei dieser Gelegenheit seine eigene, bisher unbekannte Fähigkeit zur Willensübertragung. Entschlossen läßt der energische Handwerker die Uhrmacherei und verwandelt seine suggestiven Fähigkeiten in ein Gewerbe. In einem fünfzehnjährigen Deutschen namens Lucius Burgmayr entdeckt er ein ideales Medium; die beiden, er als aktiver Magnetiseur, Burgmayr als fügsam funktionierendes Suggestionsobjekt, tun sich zusammen. Und von nun ab zieht der neue Doktor mit seinem Burgmayr im Lande herum wie ein Wahrsager mit seinem Affen oder seinem Papagei und übt mit ihm in Dörfern, Weilern und Städten eine sonderliche Art von Medizinkur, nämlich hypnotisch-hellseherische Therapie.

Diese neue Heilmethode des Uhrmachers Quimby beruht in ihrem Anfang auf jenem längst überwundenen Wahn des frühen Mesmerismus von der angeblichen Fähigkeit der Somnambulen zur Introspektion, zum Einblick in ihr eigenes Inneres. Bekanntlich war gleich nach der Entdeckung des Wachschlafes die Meinung aufgekommen, jeder Hypnotisierte vermöge hellsichtig alles zu beantworten, was man von ihm erfrage, Zukunft oder Vergangenheit, Sichtbares und Unsichtbares – warum sollte er da nicht auch die unsichtbar in einem andern verborgene Krankheit wahrnehmen und ihre Heilmöglichkeiten bestimmen können? Statt einer klinischen Diagnose, wie sie sonst jeder Behandlung vorausgeht, setzt der von seiner medialen Kraft überzeugte Quimby die hellseherische Diagnostik ein. Seine Methode ist eigentlich sehr einfach. Er schläfert zunächst vor dem Publikum seinen Lucius Burgmayr ein. Sobald dieser sich in Trance befindet, wird ihm der Kranke vorgeführt, und aus seinem Traumschlaf heraus weissagt Burgmayr mit geschlossenen Augen das Leiden und verordnet, gleichfalls aus seinem Traumschlaf heraus, die richtige Medizin. Mag uns diese Art der Diagnostik auch etwas heiter anmuten und weniger verläßlich erscheinen als Blutuntersuchungen und Röntgenbilder, immerhin, es ist nicht zu leugnen, viele Kranke werden merkwürdig berührt, aus dem Munde eines Traumsprechers ihr Leiden und dessen Heilmittel gewissermaßen vom Jenseits her bestimmt zu hören. Überall finden sich Patienten in Menge, und die Limited Company Quimby & Burgmayr macht ausgezeichnete Geschäfte.

Nun also brauchte der gute »Doktor«, nachdem er einen so famosen Trick gefunden, nur weiter an seiner Karre zu ziehen und weiterhin auf Teilung mit seinem wackern Medium zu medizinieren. Aber dieser Quimby, wenn auch ungebildet und wissenschaftlich mit Verantwortlichkeit nicht belastet, ist im Grunde seiner Natur durchaus kein Schwindler, sondern ein ehrlicher und redlich suchender Mensch voll übersinnlicher Neugier. Ihm genügt es nicht, jetzt weiterhin Dollars einzuscheffeln mit dieser grotesken Methode; der alte Uhrmacher, der gelernte Mechanikus in ihm gibt nicht Ruhe, ehe er nicht herauskriegt, wo eigentlich das innerste Triebrad dieser verblüffenden Heilwirkungen steckt. Endlich gewährt ihm ein Zufall hilfreichen Wink. Wieder einmal hat sein Burgmayr in der Trance einem Patienten Arznei verordnet, aber der Kranke ist ein so armer Teufel, daß für ihn das geweissagte Mittel zu kostspielig wäre: so unterschiebt Quimby ein billigeres als das von Burgmayr prophezeite. Und siehe da: es gibt gleiche Heilwirkung. Damals überkommt Quimby zum erstenmal der schöpferische Verdacht, es seien gar nicht die Trance und die hypnotische Weissagung und nicht die Pillen und Tränke, welche die Heilung vollbrächten, sondern einzig der Glaube der Kranken an diese Pillen und Tränke – die Suggestion oder die Autosuggestion ganz allein verübe die Gesundheitszauberei, kurzum, er macht die gleiche Erfahrung wie Mesmer seinerzeit beim Mineralmagneten. Genau wie jener schaltet er zunächst einmal versuchsweise das Zwischenglied aus; wie jener auf den Mineralmagneten, so verzichtet er auf die Hypnose. Er löst den Vertrag mit seinem Medium Burgmayr, läßt die ganze hellseherische Schlafkunst beiseite und gründet seine Behandlung einzig auf bewußt suggestive Einwirkung. Seine Heilmethode, die sogenannte Mind Cure (die Mary Baker später zur Christian Science umformt und als ihre eigene von Gott inspirierte Entdeckung ausgibt), ist im Grunde sehr einfach. Quimby ist bei seinen eigenen Hellsehererlebnissen zur Erkenntnis gelangt, daß viele Krankheiten auf Einbildung beruhen und man das Leiden am besten beseitige, indem man den Glauben des Kranken an seine Krankheit zerstöre. Die Natur muß sich selber helfen, und der Seelenarzt ist nur da, um sie in dieser Selbsthilfe zu bestärken. Deshalb behandelt Quimby von nun ab seine Patienten nicht mehr nach dem normal üblichen Verfahren, welches Leiden mit medizinischen Mitteln bekämpft, sondern indem er die Krankheitsvorstellung seelisch ausschaltet, das heißt: indem er seinen Patienten die Krankheit einfach ausredet. In Quimbys gedrucktem Geschäftszirkular heißt es wörtlich: »Da meine Praxis verschieden ist von aller andern medizinischen Praxis, will ich betonen, daß ich keine Medizinen gebe und nicht äußerlich behandle, sondern mich zu dem Patienten setze, ihm erkläre, was ich von seiner Krankheit halte, und diese meine Erklärung bedeutet bereits die Kur. Wenn es mir gelingt, die irrige Einstellung zu verändern, so verändere ich auch das Fluidum in seinem Körpersystem und stelle die Wahrheit wieder her. Meine Kur ist die Wahrheit.« Der naive und doch nachdenkliche Mann ist sich natürlich vollkommen bewußt, daß er mit dieser Heilmethode die Grenzen der Wissenschaft verlassen und sich in die Sphäre der religiösen Wirkung begeben habe. »Sie fragen mich«, schreibt er, »ob meine Praxis zu irgendeiner bekannten Wissenschaft gehöre. Darauf antworte ich: nein! Sie gehört zu einer Weisheit, die über den Menschen selbst steht, die vor achtzehn Jahrhunderten gelehrt wurde. Seither hat sie niemals mehr einen Platz im Herzen der Menschen gehabt, aber sie ist in der Welt, und die Welt weiß es nur nicht.« Auch diesen Hinweis auf Jesus, als den ersten »healer«, den ersten Seelenarzt, hat also Quimby schon vor der Christian Science formuliert, mit dem Unterschied freilich (dies merken die feindseligen Kritiker Mary Bakers nicht), daß Quimby nur eine Individualbehandlung ausübte, die zum Untergrund die sympathische und suggestive Macht seiner Person hatte, während Mary Baker, weit kühner und absurder, die Leugnung des Krankseins und die Allmacht des Glaubens über den Schmerz zu einem System ausbaut, das die ganze Welt zu erklären und zu verbessern sich unterfängt.

Die neue Praxis Phineas Quimbys, obwohl oft zauberhaft in der Wirkung, hat in sich nichts von Zauberei. Der gute, grauhaarige Mann mit den vertrauenswürdig klaren und doch festen Pupillen setzt sich dem Kranken gegenüber, nimmt dessen Knie kräftig zwischen die seinen, streift und reibt ihm mit angefeuchteten Fingern den Kopf (letzte Reste magnetisch-hypnotischer Einflußnahme zu Konzentrationszwecken), dann läßt er sich das Leiden schildern und redet es dem Patienten auf das beharrlichste aus. Er untersucht die Symptome nicht wissenschaftlich, sondern schiebt sie durch Leugnung einfach weg, er schaltet das Schmerzempfinden nicht mit Linderungsmitteln aus dem Körper, sondern suggestiv aus dem Gefühl. Etwas billig, etwas primitiv wird man sagen, dieses Heilen bloß durch die Behauptung: es tut nicht weh. Sehr bequem, die Krankheit zu leugnen, statt sie zu behandeln; aber tatsächlich liegt zwischen der Methode des Uhrmachers von 1860 und jener wissenschaftlich hochanerkannten des Apothekers Coué von 1920 doch nur ein Schritt. Und an Erfolgen fehlt es dem unbekannten Quimby so wenig wie seinem berühmten Nachfolger: Tausende von Patienten drängen sich zu Quimbys »Mind Cure«, schließlich muß er sogar Fernkuren, sogenannte »absent treatments«, mit Briefen und Zirkularen einführen, weil sein Sprechzimmer den Andrang der Besucher nicht mehr faßt und der Ruf des Allheildoktors sich über den ganzen Bezirk zu verbreiten beginnt.

Auch zu dem Ehepaar Patterson in ihrem kleinen Dorfe in New Hampshire war schon vor Jahren Nachricht von dieser wunderbaren Science of Health des Exuhrmachers Quimby gedrungen, und im Jahre 1861, knapp vor seiner Abreise in die Südstaaten, schreibt der »Doktor« (oder vielmehr gleichfalls Nichtdoktor) Patterson am 14. Oktober an den Wunderarzt, ob er nicht einmal nach Concord herüberkommen könnte. »Meine Frau ist seit einer Reihe von Jahren infolge einer Rückenmarkslähmung ein Krüppel, sie kann nur halbseits aufsitzen, und wir möchten in diesem Falle Ihre wunderbare Kraft erproben.« Aber die riesige Praxis erlaubt dem Wundertäter derartige Reisen nicht: er lehnt höflich ab. Doch Mary Baker klammert sich verzweifelt an diese letzte Genesungshoffnung. Ein Jahr später – Patterson sitzt damals schon bei der Südarmee im Gefängnis – sendet die Bettlägerige noch fanatischer, noch inbrünstiger ihren SOS-Ruf, ob er nicht kommen könne, »sie zu retten«. Wörtlich schreibt sie (dieselbe, die später den Namen Quimbys aus allen ihren Schriften gestrichen hat): »Ich muß Sie vor allem persönlich sehen! Ich habe volles Vertrauen in Ihre Philosophie, wie sie in Ihren Zirkularen dargestellt ist. Können, wollen Sie mich besuchen? Ich muß sterben, wenn Sie mich nicht retten können. Meine Krankheit ist chronisch, ich kann mich nicht mehr umwenden und von niemand bewegt werden als von meinem Mann. Ich bin jetzt die Beute fürchterlichster Qualen, bitte, helfen Sie mir! Verzeihen Sie alle Fehler dieses Briefes, ich schreibe im Bett und ohne Umstände.« Abermals kann Quimby nicht kommen, und zum drittenmal schreibt ihm die Verzweifelte, diesmal aus ihrer Wasserheilanstalt, ob er meine, daß sie die Reise zu ihm wagen dürfe. »Nehmen Sie an, ich hätte genug Vertrauen, um zu Ihnen zu fahren, meinen Sie, daß ich Sie erreichen könnte, ohne an den Folgen dieser Reise zugrunde zu gehen? Ich bin so erregt, daß ich hoffe, ich könnte Sie noch lebendig erreichen. Aber die Frage ist, würde Ihre Hilfe dann ausreichend sein, um mich wieder aufzurichten?« Auf diesen erschütternden Appell antwortet Quimby, sie solle nur ohne Bedenken die Reise wagen.

Nun fehlt noch eins: das Geld für die Reise. Abigail, die sonst allbereite Schwester, bringt nicht das geringste Zutrauen zu diesem obskuren Doktor Eisenbart auf, der ohne Eingriffe und Behandlung einzig »by mind«, also durch den Geist, heilt. Sie ist dieser ewig neuen Narreteien ihrer Schwester endgültig müde. Streng erklärt sie, für einen solchen ausgekochten Schwindel gebe sie keinen Penny. Aber wenn Mary Baker, dieser eiserne Kopf, etwas will, dann zerbricht und zertrümmert sie jeden Widerstand. Einzeln pumpt sie sich die Handvoll Dollars von Freunden, von Bekannten, von Fremden, Stück um Stück. Endlich ist das Löse-, das Erlösegeld beisammen, endlich kann sie Ende Oktober 1862 ein Billett kaufen und nach Portland fahren. Von dieser Reise weiß man nichts Näheres als dies: vollkommen ausgelaugt und zerbrochen langt die Lahme in der fremden Stadt an. Das logisch Natürlichste wäre nun, vor der ärztlichen Befragung ein wenig zu rasten. Aber diese wilde Seele gönnt sich keine Ruhe, unermeßliche Energieen strömen ja immer dieser großen Fanatikerin zu, wenn ihr Wille etwas wirklich will. Geradeswegs vom Bahnhof, müde, erschöpft, verstaubt, schleppt sie sich sofort zum International Hotel, wo Dr. Quimby seine Doktorei eingerichtet hat, und tatsächlich, bis zum ersten Treppenabsatz reicht noch ihre Kraft. Dann kann die Gelähmte nicht mehr weiter. So tragen, so stützen sie die Hausdiener und andere zufällige Helfer. Sie schleifen, sie heben die blasse, dürre Frau Stufe um Stufe empor. Die Zimmertür wird aufgerissen, der hilflose Körper hineingeschoben; machtlos sinkt sie in den Sessel, ein Krüppel, ein zerstörter, zerbrochener Rest eines Menschen. Und flehend wendet sich ihr geängstigter Blick dem milden grauhaarigen Manne entgegen, der sich zu ihr setzt, ihre Hände, ihre Schläfen streichelt und sanft Trost zuzusprechen beginnt.

Und eine Woche später – o Wunder! – ist eben dieselbe Mary Baker, dieser von allen Ärzten mit Achselzucken aufgegebene Krüppel, vollkommen gesund. Locker und frisch gehorchen ihr die Muskeln, die Sehnen, die Glieder. Sie kann wieder gehen und laufen, sie klettert die hundertzehn Stufen des Stadtturms von Portland in leichten Sprüngen hinauf, sie spricht, sie fragt, sie jauchzt, sie jubelt, sie glüht, eine strahlende, verjüngte, beinahe schöne Frau, bebend von Tätigkeitsdrang und erfüllt von einer neuen Energie, – einer Energie ohnegleichen selbst in ihrem Vaterlande Amerika. Einer Energie, die bald selbst Millionen Menschen bezwingen und sich hörig machen wird.

Psychologie des Wunders

Wie fällt das Blaue am hellichten Tag vom Himmel, wie konnte sich ein solches Wunder ereignen, das aller ärztlichen Regel, aller gesunden Vernunft spottet? Vor allem, meine ich, durch die restlose Bereitschaft Mary Bakers für das Wunder. Wie der Blitz nicht frei aus der Wolke zuckt, sondern eine besondere Geladenheit und polare Gespanntheit der Atmosphäre voraussbedingt, so verlangt das Wunder, um sich zu ereignen, immer eine bestimmte Prädisposition, einen nervös und religiös entzündeten Seelenzustand: nie geschieht an einem Menschen ein Wunder, der es nicht innen längst leidenschaftlich erwartet hätte. Man weiß und hat es gelernt: »Das Wunder ist des Glaubens liebstes Kind«, aber auch diese Art geistiger Zeugung erfordert eine Polarität wie jene von Mann und Weib; wenn der Glaube der Vater, so ist gewiß die Verzweiflung die Mutter des Wunders: nur aus der Begattung von schrankenlos gläubiger Erwartung und gleichzeitig völligster Auswegslosigkeit erlangt es auf Erden Gestalt. Mary Baker aber, sie steht gerade damals an jenem Oktobertag 1862 auf dem Tiefpunkt der Verzweiflung: Phineas Quimby war ihr letzter Einsatz, die paar Dollars in der Tasche ihr letztes Geld. Sie weiß, gelingt diese Kur nicht, so gibt es für sie keine Hoffnung mehr. Niemand wird ihr Geld leihen zu neuen Versuchen, hoffnungslos gelähmt wird sie dahinsiechen müssen, allen Menschen unwillkommen, ihrer Familie zur Last und sich selber zum Abscheu. Rettet sie dieser nicht, so rettet sie niemand mehr. Darum beseelt sie jetzt das geradezu dämonische Vertrauen der Verzweiflung, die Kraft aller Kräfte; mit einem Ruck entringt sie ihrem zerrütteten Körper jene elementare Macht der Seele, die Mesmer den Gesundheitswillen nannte. Im letzten: sie wird gesund, weil ihr Instinkt hier die letzte irdische Möglichkeit erkennt, gesund zu werden; das Wunder geschieht, weil es geschehen muß.

Und dann: bei dieser Probe war die innerste seelische Disposition Mary Bakers endlich einmal blank herausgefordert. Von ihrer frühesten Jugend an hat diese amerikanische Farmerstochter genau wie ihre Ibsensche Schwester auf das »Wunderbare« gewartet. Immer hat sie geträumt, durch sie und an ihr müsse sich einmal etwas Außerordentliches ereignen, alle ihre verlorenen Jahre waren nur Vorlust gewesen, traumschwelgerischer Vorausgenuß dieses magischen Augenblicks. Von ihrem fünfzehnten Jahre an hat sie sich dem Wahne bereitgehalten, mit ihr habe das Schicksal noch etwas Besonderes vor. Nun steht sie vor der Probe. Humpelt sie lahm zurück, so wird die Schwester sie verlachen, man wird das geliehene Geld zurückfordern, und ihr Leben ist endgültig vertan. Wird sie aber geheilt, so ist ein Wunder an ihr geschehen, »das« Wunderbare, und (Traum der Kindheit schon!) man wird sie bewundern. Alles wird sie sehen und sprechen wollen, endlich, endlich wird sich die Welt für sie interessieren und zum erstenmal nicht wie bisher aus Mitleid, sondern voll bewundernden Aufblicks, weil sie ihre Krankheit auf magische, auf übernatürliche Weise überwunden hat. Von den Tausenden und Tausenden Hilfebegehrender Amerikas, die sich innerhalb von zwanzig Jahren an den Wunderdoktor Quimby wandten, war deshalb vielleicht keine für eine Genesung auf psychischem Wege so sehr vorausbestimmt wie Mary Baker.

Hier fließen also ein redlicher Heilungswille von Seite des Arztes und ein leidenschaftlicher, ein titanischer Wille, gesund zu werden, von Seite des Patienten stürmisch zusammen. Deshalb ist eigentlich bei der ersten Begegnung die Genesung bereits vollbracht. Schon wie der ruhige, ernste, freundliche Mann mit seinen grauen befriedenden Augen sie anblickt, schon dies beruhigt sie.

Und es beruhigt sie seine kühle Hand, die ihr magnetisch über die Stirn streift, und vor allem beruhigt sie, daß er sich von ihrer Krankheit erzählen läßt, daß der Fall ihn interessiert. Denn Interesse, danach dürstet sie ja, diese »unverstandene« Kranke. Jahrelang war sie's gewohnt, daß alle Menschen ihrer Umgebung mühselig den Gähnkrampf in den Backen verhielten, wenn sie von ihren Gebresten erzählte; nun sitzt ihr zum erstenmal jemand gegenüber, der ihr Leiden ernst nimmt, und es schmeichelt ihrem Ehrgeiz, daß man gerade sie mit einem geistigen Prinzip, von der Seele her, heilen will, daß endlich, endlich also ein Mensch in ihrer mißachteten Persönlichkeit seelische und geistige Kräfte sucht. Gläubig hört sie Quimbys Erläuterungen an, sie trinkt seine Worte in sich, sie fragt und läßt sich fragen. Und über dem leidenschaftlichen Interesse für diese neue, für diese geistige Methode vergißt sie ihre eigene Krankheit. Ihr Körper vergißt, lahm zu sein oder Lahmheit hervorzubringen, ihr Krampfzustand entspannt sich, rascher, röter rollt das Blut in ihren Adern, die Fiebrigkeit ihrer Erregung teilt sich als Vitalitätssteigerung den ermatteten Organen mit. Aber auch der gute Quimby hat allerhand Grund zu staunen. Gewohnt, daß seine Patienten, meist schwerhüftige Arbeiter und Werkleute, offenen Mundes und offener Seele gutgläubig seiner Suggestion nachgeben, und sobald sie Erleichterung gefunden, ihre paar Dollars hinlegen, ohne weiter an ihn und seine Methode zu denken, sieht er sich plötzlich einer Frau gegenüber, einer besonderen, einer literarischen Frau, einer »Authoress«, die mit allen Poren seine Worte inbrünstig in sich saugt, endlich nicht eine dumpfe, sondern eine neugierig passionierte Kranke, die nicht bloß rasch-rasch gesunden will, sondern auch verstehen, warum und wieso sie gesundet. Das schmeichelt dem ehrgeizigen, braven Uhrmacher mächtig, der seit Jahren ernst, redlich und sehr einsam um seine

»Wissenschaft« ringt, der gleichfalls bisher niemanden auf Erden fand, seine krausen und sonderbaren Gedanken mit ihm durchzusprechen. Da wirft ihm nun ein guter Wind diese Frau ins Haus, die sofort ihre ganze neugewonnene Lebenskraft in geistiges Interesse umsetzt: sie läßt sich von ihm erzählen und alles erklären, seine Methode, seine Kur, sie bittet ihn um Einblick in seine Notizen, seine Aufzeichnungen, seine Manuskripte, in denen er ziemlich unbeholfen seine vagen Theorieen hingekritzelt hat. Für sie aber werden diese Zettel Offenbarungen: sie kopiert (sehr wichtig dieses Detail!) jeden einzelnen, Blatt um Blatt, besonders jene Schrift »Fragen und Antworten«, die die Quintessenz von Quimbys Methode und Erfahrung bildet; sie fragt, sie diskutiert, sie holt aus dem guten Quimby alles heraus, was er zu sagen hat. Mit dem ihr eigenen Ungestüm bohrt sie sich ein in seine Theorieen und Gedanken und saugt aus ihnen eine wilde, eine fanatische Begeisterung. Und eben diese Begeisterung Mary Bakers für die neue Gesundheitskur verschafft ihr eigentlich die neue Gesundheit. Zum erstenmal empfindet diese egozentrische Natur, die an nichts und niemandem hingebenden Anteil nahm, deren Erotik durch ein überhitztes Selbstgefühl verschoben, deren Mutterinstinkt durch überreizten Selbstwillen erdrückt war – zum erstenmal empfindet jetzt Mary Baker eine richtige Leidenschaft, eine geistige Passion. Und eine elementare Leidenschaft erweist sich immer als bestes Ventil für Neurosen. Denn nur weil Mary Baker ihre Nerven bisher nicht in geraden hellen Bahnen zu beschäftigen wußte, nur deshalb beschäftigten sich die Nerven so bösartig mit ihr. Jetzt aber spürt sie zum erstenmal ihre zersprengte, ihre unterdrückte Lebensleidenschaft so völlig in sich zusammengeballt, daß sie keine Zeit mehr hat, an anderes zu denken, keine Zeit also mehr für ihre Krankheit, – und kaum daß sie für ihre Krankheit keine Zeit mehr hat, ist die Krankheit verschwunden. Frei ausstoßend, kann sich jetzt ihre gestaute Lebenskraft entladen in schöpferischem Tun: Mary Baker hat endlich ihre Aufgabe entdeckt in ihrem einundvierzigsten Jahr. Seit diesem Oktober 1862 hat dieses verbogene, verschrobene Leben zum erstenmal Richtung und Sinn.

Ein frommer Taumel ergreift sofort den auferstandenen Lazarus, die vom Tode Erweckte: herrlich scheint ihr das Dasein, seit es einen Sinn hat. Und dieser Sinn ist von nun ab: allen von sich und der neuen Lehre zu erzählen. Als sie nach Hause zurückkehrt, steht sie als eine andere vor ihrer alten Welt: sie ist interessant geworden, endlich, endlich beschäftigt man sich mit ihr. Alle Menschen staunen sie an, das ganze Dorf redet von nichts als von ihrer Wunderheilung. »Ich bin für alle, die mich ansehen und die mich einst gekannt, ein lebendiges Denkmal Ihrer Kraft«, schreibt sie jubelnd an den Meister. »Ich esse, ich trinke und bin fröhlich und fühle mich als ein entkommener Gefangener.« Aber daß Schwestern, Tanten, Verwandte, daß alle Nachbarn sie als Kuriosum bewundern, das ist dieser maßlosen Seele schon nicht mehr genug – nein, das ganze Land, die ganze Welt soll die Botschaft erfahren, die ganze Menschheit wissen von dem Wundermanne zu Portland! Sie kann nichts anderes mehr denken, nichts anderes mehr reden. Sie überrennt ihre Bekannten und die Fremden auf der Straße mit leidenschaftlichen Erzählungen, sie hält öffentliche Vorträge über die »cure principles« des neuen Heilands, und in ihrem Provinz-Käseblatt, dem »Portland Courier«, veröffentlicht sie eine begeisterte Schilderung ihrer »Auferstehung«. Alle Kuren, schreibt sie dort, hätten versagt, Magnetismus, Kaltwasser, Elektrizität, alle Ärzte sie aufgegeben, weil sie das wahre, das geniale neue Heilprinzip noch nicht erkannt. »Die mich behandelten, glaubten, daß es eine Krankheit unabhängig vom ›mind‹, vom Geist gäbe. So konnte ich nicht weiser sein als meine Meister. Jetzt aber, zum erstenmal, kann ich das ganze Prinzip begreifen, welches Dr. Quimbys Werke ausmacht, und in gleichem Verhältnis, als ich diese Wahrheit verstehe, schreitet meine Genesung fort. Die Wahrheit, welche er in den Kranken setzt, heilt den Kranken, ohne daß dieser es ahnt, und der Leib ist, sobald er vom Lichte erfüllt wird, nicht länger mehr gebrestig.« In ihrer aufgesprengten, von fanatischer Übertreibung gischtenden Begeisterung zögert sie nicht, den neuen Heiland Quimby sofort mit Christus zu vergleichen: »Christus heilte die Kranken, aber nicht mit Quacksalbereien und Medizinen. Und da Quimby so spricht, wie nie ein Mann vor ihm sprach und vor ihm heilte seit Christus, ist er nicht dadurch eins mit der Wahrheit? Und ist er selbst es nicht, der in ihm lebt? Quimby wälzte den Stein vom Grabe des Irrtums, auf daß die Gesundheit auferstehen möge – aber wir wissen, daß das Licht in der Finsternis leuchtet und die Finsternis es nicht begreift.«

Derart fromme Vergleiche scheinen dem Konkurrenz-Käseblatt, dem »Portland Advertiser«, doch ein wenig gotteslästerlich auf einen alten Uhrmacher angewandt, und so streut die Zeitung schleunig Salz auf diese Gärung eines fanatischen Gemüts. Schon beginnen die Leute heimlich den Kopf zu schütteln über die närrische Rhapsodin. Aber Spott und Hohn, Unglauben und Zweifel, alle diese Widerstände der wachen Vernunft, haben von nun ab keine Macht mehr über die berauschte Seele Mary Bakers. Quimby, Quimby, Quimby und die Heilung durch den Geist, das bleibt jetzt jahrelang ihr einziger Gedanke, ihr einziges Wort. Kein Stauwerk der Vernunft kann diesen Strom mehr aufhalten. Der Stein ist im Rollen und wird zur Lawine werden.

Paulus unter den Heiden

Der stärkste Mann ist immer der Mann eines einzigen Gedankens. Denn alles, was er an Kraft, an Tatkraft, an Willen, an Intelligenz, an Nervenspannung in sich aufgespeichert enthält, setzt er einzig und allein in diese eine Richtung ein und erzeugt damit eine Wucht, der selten die Welt widersteht. Mary Baker ist eine dieser vorbildlichen Monomaninnen innerhalb der Geistesgeschichte: sie besitzt vom Jahre 1862 an nur noch einen einzigen Gedanken, oder vielmehr sie wird von ihm besessen. Sie sieht nicht nach rechts und links, sie geht nur vorwärts, vorwärts, vorwärts in die eine und einzige Richtung. Und sie wird nicht eher innehalten, als diese Idee der Heilung durch den Geist nicht ihr Land, nicht die Welt erobert hat.

Allerdings: was sie durchsetzen, was sie zunächst erreichen will, das ist ihr in jenem rauschhaften Anfangsaugenblick noch nicht klar. Sie hat noch kein System, keine Lehre – dies formt sich erst später –, nur ein fanatisches Dankbarkeitsgefühl, ihr und gerade ihr sei es auferlegt, das Apostolat Quimbys auf Erden zu verkünden. Aber schon dieser Vorsatz, diese einheitliche Zusammengespanntheit des Willens genügt, um die fahrige, ewig bettlägerige, konvulsivische Frau körperlich und seelisch völlig zu verwandeln. Ihr Gang strafft sich auf, ihre Nerven spielen in zielhafter Kraft zusammen, aus der gehemmten Neurasthenikerin bricht unwiderstehlich die niedergestaute Machtnatur heraus und mit ihr eine Fülle tätiger Talente. Über Nacht ist aus einem sentimentalen Blaustrumpf eine energische, geschickte Schriftstellerin, aus einer müden Dulderin eine hinreißende Rednerin, aus der gebrestig Klagenden eine leidenschaftliche Agitatorin für die Gesundheit geworden. Und je mehr sie jetzt an Macht gewinnt, um so mehr Macht und Wirkung wird diese Heißhungrige wollen, im fünfzigsten und sechzigsten Jahre lebendiger, vitaler und tüchtiger als mit zwanzig und dreißig.

Von dieser erstaunlichen Verwandlung scheint zunächst einer nicht übermäßig entzückt, nämlich der aus der Kriegsgefangenschaft endlich heimgekehrte Gatte, Dr. Patterson. Schon früher bekam es ihm nicht sonderlich wohl, mit einer nervösen, launenhaften, immer Aufmerksamkeit fordernden und ewig bettlägerigen Hysterikerin unter einem Dach zu leben, aber immerhin, dies hatte der Abgehärtete noch gutmütig erduldet: vor der Gesundeten aber, vor der plötzlich Selbstbewußten, vor der fanatischen Prophetin und Verkünderin zieht er sich ängstlich zurück. Lieber zahlt er zweihundert Dollar im Jahre als Lebenszuschuß und verzichtet auf weitere häusliche Gemeinschaft; nach einigen heftigen Auseinandersetzungen verschwindet er für alle Zeit aus der Ehe und läßt sich scheiden. Die rosenrote Biographie wirft selbstverständlich dieser heiklen Episode einen Schleier um, sie erläutert dies Zerwürfnis in psalmodierendem, moralinsaurem Lesebuchton: »Es war keine leichte Aufgabe, ihren schönen, ungeschliffenen Gatten richtig zu lenken, dessen Natur nach den Fleischtöpfen, dem Tand und Flitter einer Gefühlswelt strebte und auf den Anmut und Licht wenig Eindruck machte.« Aber merkwürdig, von dieser »Anmut«, von diesem »Licht« der Mother Mary scheint auch die jahrelang hilfreiche Schwester nichts zu merken. Auch sie kann die herrschsüchtig befehlshaberische Art der plötzlich Gesundeten nicht länger ertragen: es kommt zu heftigen Szenen, die dazu führen, daß Mary Baker genötigt wird, sich anderweitig nach einem Heim umzusehen. Seit jenem Tag sind die beiden Schwestern einander nie mehr begegnet: auch mit der Familie hat die Unduldsame die letzte Bindung zerrissen.

Mit fünfzig Jahren steht also Mary Baker neuerdings

allein in der Welt; ihren ersten Mann hat sie begraben, der zweite hat sie verlassen, ihr Kind lebt irgendwo meilenweit in der Fremde. Allein steht sie im Leben, sie hat kein Geld, keinen Beruf, keine Tätigkeit; was Wunder, daß ihre Armut bald fürchterlich wird. Oft vermag sie in ihrem schäbigen Boardinghaus nicht die anderthalb Dollar wöchentlicher Miete pünktlich zu zahlen, jahrelang kann sie sich kein Kleid kaufen, keinen neuen Hut, keine Handschuhe. Cent um Cent will die winzigste Ausgabe zusammengeklaubt sein. Jahrelang noch muß, ehe sie den großartigsten Aufstieg einer Frau im neunzehnten Jahrhundert erlebt, diese unbeugsame Kämpferin für das Absurde in die letzten Erniedrigungen, in die unterste Notdurft des Lebens hinab.

Sich einzunisten, oder sagen wir es unverhohlener: zu schmarotzen, das bleibt jetzt, da Mary Baker immer noch mit der gleichen hochmütigen Beharrlichkeit jede haushälterische, jede »banale« Arbeitsmöglichkeit von der Hand weist, ihre einzige Rettung vor dem Verhungern. Nie hat sie in diesen Elendsjahren anders als durch geistige Arbeit und nie für etwas anderes als für ihre Idee gelebt. Und nichts bezeugt großartiger ihr psychologisches Genie und die unwiderstehliche Suggestivwucht ihres Wesens, als daß sie trotzdem in all diesen Jahren des »Dornenpfads« (so werden diese Jahre der Heimatlosigkeit im offiziellen Evangelium benannt) immer wieder freiwillige Kostgeber findet, die voll Ehrfurcht diese Heimatlose in ihr Haus laden. Fast ausschließlich sind es arme Leute, arm an Geld und arm an Geist, die aus einer rührenden Liebe für das »Höhere« den Umgang mit dieser merkwürdigen Prophetin als Auszeichnung empfinden und mit Speise und Trank bezahlen. Überall in der ganzen Welt verstreut, in jeder Stadt, in jedem Dorfe, jedem Weiler unseres Erdballs gibt es ja dieselbe (sehr sympathische) Gattung Menschen dumpf religiösen Gefühls, die mitten in oder neben ihrem täglichen Beruf das Geheimnisvolle des Daseins tiefinnerlich ergreift und beschäftigt, Menschen, gläubig geartet, aber nicht stark genug, sich selbst einen Glauben zu schaffen. Diese Art, meist reiner, rührender, nur etwas schwächlicher Naturen, die alle unbewußt nach einem Mittler verlangen, von dem sie sich führen und leiten lassen wollen, bildet immer und allerorts den besten Boden für alle neureligiösen Sekten und Lehren. Ob Okkultisten, Anthroposophen, Spiritisten, Szientisten, Bibelerklärer oder Tolstoianer, alle bindet sie ein einheitlicher metaphysischer Wille, die dunkle Sehnsucht nach einem »höheren Sinn« des Lebens; alle werden sie darum dankbare und hörige Schüler eines jeden, der, ob Schöpfer oder Schwindler, die mystische, die religiöse Kraft in ihnen steigert. Solche Menschen wachsen überall und immer wieder heran in den Steppen des Flachlandes wie in den Mansarden der großen Städte, in den verschneiten Weilern der Alpen und in den Dörfern Rußlands, und gerade das scheinbar realistische amerikanische Volk ist besonders reich an solchen religiösen Zellen, denn in unablässiger Erneuerung setzt dort der protestantisch harte Glaube neue blühende Schößlinge von Sekten an. Tausende und Hunderttausende wohnen noch heute dort in den Riesenstädten oder verstreut über die endlosen Gevierte, denen die Bibel noch immer das wichtigste und einzige Buch und ihre Auslegung die eigentliche Sinngebung des Lebens bedeutet.

Bei solchen religiös-mystischen Naturen findet Mary Baker in ihren Armutsjahren immer wieder Unterkunft. Bald ist es ein Schuhmacher, der abends müde von seiner mechanischen, geistlähmenden Fabrikarbeit etwas vom »Höheren« lernen und mit irgend jemandem die Worte der Bibel auslegen will, bald ein altes vertrocknetes Frauchen, dem es vor dem Tode frostet und für die jede Botschaft von Unsterblichkeit schon Tröstung bedeutet.

Diesen arglosen, in eine stumpfe Umwelt eingedrängten geistig-ungeistigen Menschen wird die Begegnung mit Mary Baker zu einem Erlebnis. Ehrfürchtig-unverständig hören sie ihr zu, wenn sie an dem mager bestellten Abendtisch ihnen von wunderbaren Heilungen erzählt. Ehrfürchtig staunen sie ihr nach, wenn sie dann in ihrer Dachkammer verschwindet, um an ihrer geheimnisvoll angekündigten »Bibel« bei der flackernden Petroleumlampe die ganze Nacht zu schreiben. Kann man weniger tun, als einer solchen Botin geistigen Worts, die nirgends Heimat hat in der irdischen Welt, ein Bett knapp unter dem First einzuräumen, einen Tisch für die Arbeit, einen Teller, damit sie nicht Hunger leide? Wie die frommen Bettelmönche des Mittelalters, wie die russischen Gottespilger zieht Mary Baker in jenen Jahren von Haus zu Haus; aber niemals empfindet diese dämonisch selbstbesessene Frau sich durch diese Gastlichkeit entehrt oder verpflichtet, nie hat sie das Gefühl, Almosen zu empfangen. Niemand hat in diesen Jahren der Abhängigkeit ihr Haupt gebeugt, ihr Selbstgefühl auch nur einen Augenblick erniedrigt gesehen.

Nirgends aber vermag sie sich lange zu halten. Bei arm oder reich, in Mansarden oder später in ihrem marmornen Haus, in Entbehrung oder Reichtum, bei der Familie, bei Freunden und Fremden, überall erfüllt sich nach kurzer Frist ihr tragisches Lebensgesetz, nämlich daß der Spannungsüberdruck ihres Willens jede Gemeinschaft mit andern zersprengt. Unverweigerlich führt ihr herrscherisches Auftreten, ihr tyrannischer Eigenwille allerorts zu Ärgernissen. Konflikt mit der Welt ist ihr Schicksal, Unfriede mit allen Menschen die unausweichliche Folge ihrer hemmungslosen Rechthaberei; so jagt sie das Dämonische von Tür zu Tür, von Stadt zu Stadt, aber immer weiter, weiter, weiter! Eine Zeitlang findet sie auf ihrer Odyssee durch alle Meere des Elends Unterkunft bei einem gewissen Hiram Craft in Lynn, tagsüber Schuh- und Absatzflicker erster Qualität, abends nach Jakob Böhmes und Hans Sachsens Art Sinnierer und Metaphysiker. Schon hat sie ihn für ihre göttliche Heilslehre so weit begeistert, daß er die Schusterei lassen will und ein großes Inserat in die Zeitung gibt, er, Dr. Hiram Craft, wisse alle Krankheiten nach einer neuen Methode zu heilen und sei bereit, jedem das Geld zurückzuerstatten, bei dem er nicht Erfolg erziele. Aber die ehrsame Frau des zukünftigen Doktors, die weiterhin den Herd reiben, die Mahlzeiten kochen, schneidern und Schuhe putzen muß, während der metaphysische Eindringling jede Mithilfe hochmütig verweigert, kommt auf den Verdacht, diese alte dürre Frau wolle ihr mit solchen verfluchten Narreteien den Mann ausspannen. So schlägt sie plötzlich auf den Tisch und sagt: »Sie oder ich!« Und über Nacht steht Mary Baker wieder heimatlos auf der Straße. Was nun geschieht, würde man einem Roman nicht glauben. Mary Baker, plötzlich von Tisch und Bett gejagt, weiß niemanden, der sie aufnehmen will. Ein Boardinghaus kann sie sich nicht leisten, mit der Familie ist sie zerfallen, wirkliche Freunde hat sie sich nie zu erwerben gewußt. So geht sie mit der Kühnheit der Verzweiflung geradeswegs auf eine Villa los, wo Sarah Wentworth, eine alte Frau, wohnt, im ganzen Ort als leidenschaftliche Närrin und Spiritistin bekannt. Dort klopft sie an die Tür. Sarah Wentworth öffnet persönlich und fragt, was sie wolle. Darauf sagt Mary Baker, der Geist habe ihr geboten, hierher zu kommen, weil dies ein reines, harmonisches Haus sei, ein »nice harmonious house«. Kann nun eine rechte Spiritistin jemanden wieder auf die Straße werfen, den der Geist gesandt hat? So sagt Sarah Wentworth schlicht: »Glory to God! Come right in!« und nimmt für eine Nacht die Wildfremde zu sich. Aber Mary Baker bleibt nicht nur eine Nacht, sie bleibt Tage und Wochen, sie bemächtigt sich der alten Frau durch die Heißflüssigkeit ihrer Rede, durch die flackernde Glut ihres Temperaments. Vergebens sucht auch hier der Gatte den Eindringling wieder hinauszudrängen, aber er kommt (wer vermöchte das!) gegen den Willen Mary Bakers nicht auf, bis endlich viele Monate später der Sohn Hilfe bringt. Nach Amesbury zurückgekehrt, findet er sein Elternhaus in einen spiritistischen Narrenturm verwandelt, den Vater verzweifelt. Sofort steigt ihm das Blut in die Stirn, er macht nicht viel Federlesens, sondern sagt grob zu Mary Baker, sie möge sich zum Teufel scheren. Die weigert sich zunächst, denn hier im Hause fühlt sie sich längst Herrin geworden. Der junge Wentworth jedoch ist ein handfester, gar nicht spiritualistischer Bursche, er kümmert sich nicht lang um ihre leidenschaftlichen Proteste, wirft einfach ihre Sachen in den Holzkoffer, stemmt ihn auf die Schultern und schleppt ihn auf die Straße – und dort steht Mary Baker wieder allein und fremd in einer strömenden Regennacht ohne Unterkunft. Triefend kommt sie zu einer andern Spiritistin, zu einer Kleidernäherin, Miß Sarah Bagley; dort findet sie für kurze Zeit Aufnahme, dann geht es wieder weiter und weiter. In keiner der Familien aber, wo sie Unterkunft findet, vermag sie sich dauernd einzunisten, überall findet sich bald ein Gatte, ein Sohn, der den herrischen Gast hinausweist. Und dieses grauenvolle Martyrium von Haus zu Haus, von Tür zu Tür dauert vier volle Jahre.

Was Mary Baker in diesen vier Jahren an menschlicher Erniedrigung erlitten, verschweigt sowohl ihre Selbstbiographie als das offiziöse Machwerk: törichterweise! Denn gerade Mary Bakers hohe Haltung in den elendsten Notdürftigkeiten gibt ihr menschliche Größe. Und nichts beweist sieghafter ihre Charakterfestigkeit, ihre zähneverbissene, rasende Entschlossenheit als dieser heilige Ingrimm, der sie völlig unempfindlich macht gegen die groben Ansprüche und Anwürfe der Menschen. Ihr innerstes Sein ist dermaßen erfüllt und überfüllt von ihrer eigenen Idee, daß sie für nichts anderes Raum und Gefühl hat. Obwohl mit allen Hunden gehetzt, von Geldsorgen gepeinigt, unterbricht sie nicht einen einzigen Tag ihr fanatisches Denken und Umdenken ein und desselben Gedankens. Von Straße zu Straße schleppt sie in ihrer lächerlichen, kleinbürgerlichen Reisetasche die schon vergilbten und zerfallenden Blätter ihres kostbaren Manuskriptes; Tage und Nächte schreibt und ändert und verbessert sie jedes Blatt mit jener halluzinatorischen Werkbesessenheit, die gerade dem Künstler und Geistmenschen unbedingte Bewunderung einflößen muß. Hundertmal hat sie Schuhmachern, Schlossern, Arbeitern und alten Frauen diese Texte vorgelesen und erklärt, immer in der Hoffnung, nun sei ihr Gedanke faßbar, ihre Glaubenslehre verständlich. Aber niemanden findet sie, der sie wirklich versteht.

Allmählich wird diese drückende Schwangerschaft des unausgetragenen Gedankens zur Qual. Die Frucht, sie fühlt es, ist reif und drängt hinaus, und doch kann sie, trotz der rasenden Krämpfe und Spannungen, sie nicht selbst in die Welt abstoßen. Denn in einer geheimnisvollen Selbstkenntnis ihrer innersten Natur weiß sie, daß ihr selbst die Kunst der Heilwirkung versagt ist. Ein Heilmensch, ein Healer, ein Practitioner zu werden, erfordert Ruhe, Überlegenheit, Geduld, jene einheitliche, stetig gute, jene wärmeausstrahlende Kraft, wie sie selber sie vorbildlich an ihrem Meister Quimby erlebte. Sie aber, Unruhemensch par excellence, sie kann nicht beruhigen. Sie kann nur erhitzen, nur entflammen, nur Geist zum Geiste wirken, nicht aber Fieberglutenniederhalten, nicht wirkliche Schmerzen lindern. So muß ein anderer, ein Zeuge, ein Mittler, ein Helfer gefunden werden, ein männliches Prinzip, das ihre Geistlehre in Wirkung verwandelt. Und nach diesem einen Menschen, dem sie den heißen Atem ihrer Gläubigkeit einhauchen kann, damit er selbst dann ruhig und kühl ihre Vorschriften durchführe, nach diesem sieht sie nun leidenschaftlich aus, Jahre und Jahre lang. Aber vergebens! Der schwere Tölpel, der Schuhmacher Hiram Craft, dem sie ihre Tricks mit Mühe in sein dumpfes Gehirn eingedrillt, hat lieber zu seiner dummen Frau gehalten; die andern, denen sie ihre Kraft zu übertragen suchte, Sarah Bagley und Mrs. Crosby, zeigten träge Herzen und nichts von dem heiligen Elan der Überzeugtheit und darum des Überzeugens. In allen diesen niedern Proletarier- und Kleinbürgerhäusern hat sie den Mittler nicht gefunden. So wendet sie sich ins Weite und inseriert am 4. Juli 1868 in der spiritistischen Zeitschrift »Banner of light« zwischen obskuren Handlesern, Hellsehern, Sektierern, Astrologen und Kartenaufschlägerinnen ihr erstes öffentliches Angebot, gegen »pay«, also gegen Bezahlung, das große Geheimnis der psychischen Heilkunde jedem Beliebigen zu übermitteln. Dieser historische Appell, die erste Fanfare eines heute noch nicht beendeten Krieges, sei hier originalähnlich reproduziert:

> ANY PERSON desiring to learn how to teach the sick, can receive from the undersigned instruction, that will enable them to commence healing on a principle of science with a success far beyond any of the present modes. No medicine, electricity, physiology or hygiene required for unparalleled success in the most difficult cases. No pay is required unless the skill is obtained.
>
> Address Mrs. MARY B. GLOVER
> Amesbury. Mass. Box 61.

Aber anscheinend hat niemand geantwortet. Und wieder gehen zwölf, gehen vierundzwanzig Monate dieses noch immer vergebens gelebten Lebens nutzlos dahin.

Endlich, im fünfzigsten Jahre ihres Daseins, gelingt es ihr, einen Menschen zu finden. Kläglich jung allerdings ist er, dieser Johannes Evangelista, knapp einundzwanzig Jahre, von Beruf Arbeiter in einer Kartonagefabrik und benannt Richard Kennedy: für ihre Absicht hätte sie eigentlich einen festeren, älteren, imposanteren Mann gewünscht. Aber drei Viertel des Lebens hat diese Frau schon vertan, jetzt bleibt nicht mehr Zeit, noch lang zu warten, zu wählen. Und da die Erwachsenen nicht auf sie hören, da sie alle zu klug, zu vorsichtig, zu rechnerisch ihre kühnen Pläne bespötteln, setzt sie ihre letzte Karte auf diesen Knaben. Vor zwei Jahren hatte sie ihn kennen gelernt im Hause der Mrs. Wentworth, und der bescheidene Junge war ihr aufgefallen, weil er als einziger von allen andächtig zuhörte, wenn sie von ihrer Lehre erzählte (und sie kann ja von nichts anderem erzählen Tag um Tag, Nacht für Nacht). Vielleicht hat der kleine unbedeutende Bursch ebensowenig verstanden wie die andern, wenn diese sonderbare, diese fanatische Frau von »mind« und »materia« mit heißen hastigen Lippen sprach, aber immerhin, er hatte wenigstens mit Ehrfurcht zugehört, und sie hat beglückt gefühlt: hier ist ein junger Mensch, der erste, der ihr und ihrer Lehre glaubt. Nun, da er einundzwanzig Jahre zählt und sie fünfzig, überrascht sie ihn mit dem Vorschlag, er solle eine Heilpraxis auf Grund ihrer neuen unfehlbaren Methode eröffnen. Selbstverständlich sagt der kleine Kartonagenarbeiter nicht nein. Für ihn bedeutet es kein Risiko, einen Fabrikkittel ablegen und sich ohne akademische Mühseligkeiten in einen Universalarzt verwandeln zu dürfen, im Gegenteil, er fühlt sich hochgeehrt. Ehe die beiden, ein sonderbares Paar, ausziehen, die Welt zu erobern, schließen sie noch flink einen geschäftlich genauen Kontrakt: Mary Baker verpflichtet sich, Richard Kennedy ihre »Science«, ihre Wissenschaft, zu lehren, wogegen er seinerseits verspricht, unterdes für ihren Lebensunterhalt zu sorgen und die Hälfte aller Einnahmen aus seiner Praxis an sie abzuführen. Ein Stempelpapier mit fünfzig zu fünfzig Prozent ist also das erste historische Dokument der Christian Science. Und von diesem Augenblick an bleiben das metaphysische und das materielle Prinzip, bleiben Christus und der Dollar in der Geschichte dieser amerikanischen Heilslehre unlösbar verbunden.

Dann packen sie einen kleinen Koffer – er faßt ihre ganze Habe – und scharren das Geld für den ersten Monat zusammen. Wieviel das Grundkapital jener Heilpraxis betrug, weiß man nicht genau, vielleicht zwanzig Dollar, vielleicht dreißig oder fünfzig, keinesfalls viel. Mit diesem Minimum wandern sie hinüber in die nachbarliche kleine Stadt Lynn, eine grauhaarige Frau, ein flaumbärtiger Knabe. Und eines der merkwürdigsten Abenteuer des Geistes, eine der weitest ausgreifenden Bewegungen der Neuzeit hat begonnen.

Bildnis

Nun, da nach endlosen Schattenjahren in Farmerhäusern und Mansardenstuben Mary Baker endlich ins Licht tritt, einen raschen Blick in ihr Antlitz! Eine hohe und dürre, eine harte und knochige Figur, mit ihrer strengen, maskulinen Linie an die andere willensmächtigste Frau unseres Jahrhunderts, an Cosima Wagner, erinnernd. Ungestüm die Bewegungen: ein ungeduldig vorstoßender Gang, nervös ausfahrende Hände und in der Diskussion ein befehlshaberisch aufgestraffter Nacken, als trüge sie Helm und Schwert. Weiblich allein an diesem wie aus amerikanischem Stahl gehärteten Wesen das volle kastanienbraune Haar, das sich dunkelflutend oberhalb der faltenlosen Stirne teilt und rückwärts in warmen Locken bis auf die Schultern fließt: sonst kein einziger Zug Wärme und Weichheit. Diesen bewußten Willen zum Männischen, Mönchischen unterstreicht noch besonders die Kleidung. Puritanisch streng bis zum Hals hinaufgeknöpft, mit einer Art Pastorenkrause dünn besetzt, verbirgt diese künstliche Kutte alle fraulichen Formen hinter unerbittlichem Schwarz oder gleichgültigem Grau, und als einziger Schmuck droht, gleichfalls allem Sinnlichen wehrend, ein großes goldenes Kreuz. Schwer kann man sich eine Frau von so harter Haltung als liebend Hinschmelzende, als mütterlich Tändelnde denken, schwer auch diese merkwürdig runden, diese tiefgrauen Augen jemals Heiterkeit spiegelnd oder lässig verträumt. Alles in dieser königlich hochmütigen und gleichzeitig gouvernantisch strengen Gestalt bedeutet Vorstoß, Gewaltwillen, Wucht, gesammelte, gestaute, konzentrierte Energie. Selbst vom photographischen Blatt spürt jeder den suggestiv gebietenden Blick dieser Amerikanerin noch stark und gefährlich auf sich zustoßen.

So selbstsicher, so hoheitsvoll erscheint (oder erzwingt sich) Mary Baker, wenn sie in die photographische Linse blickt, wenn sie vor Menschen spricht, wenn sie sich beobachtet fühlt. Wie sie wirklich war, mit sich im Zimmer allein, können wir nur aus vertraulichen Berichten ahnen. Denn hinter dieser stählernen Maske, hinter dieser blanken und beinernen Stirn zucken ganz besonders heiß vibrierende, furchtbar gespannte und überspannte Nerven: dieselbe hinreißende Kraftpredigerin, die in Riesensälen Tausende von Kranken und Verzweifelten mit Gesundheitsglauben und frischer Lebenskraft zu erfüllen weiß, sie wird selbst immer wieder hinter ihrer verschlossenen Tür von Konvulsionen geschüttelt, eine von Angstvorstellungen verstörte Neurasthenikerin. Ein eiserner Wille ist hier auf spinnwebdünne Nerven gespannt. Schon die leiseste Schwingung bringt diesen überempfindlichen Organismus in Gefahr. Die geringste hypnotische Einwirkung lähmt ihre Energie, das winzigste Quentchen Morphium genügt, sie einzuschläfern, und fürchterliche Dämonen treiben ihr Spiel in dieser Heldin und Heiligen: nachts schrecken manchmal ihre Hausgenossen auf von gellen Hilferufen und müssen die Verstörte mit allerhand geheimen Mitteln beruhigen. Merkwürdige Anfälle suchen sie immer wieder heim. Irren Blicks tappt sie dann durch die Zimmer und entlädt in wilden Schreien und Krämpfen ihre mystischen Qualen, die niemand, am wenigsten sie selbst begreift. Typisch für sie und viele unter den Seelenärzten: die Magierin, die Tausenden Heilung brachte, sich selbst hat sie niemals völlig geheilt.

Aber nur hinter verschlossenen Türen, im allergeheimsten Konventikel verrät sich das Pathologische ihrer Natur. Nur die treuesten Genossen wissen den tragischen Preis, den sie jahrelang für ihre stählerne Haltung, für ihre äußerliche Unbeugsamkeit und Unerschütterlichkeit bezahlte. Denn im Augenblick, da sie vor die Öffentlichkeit tritt, reißt sich ihre Zerfahrenheit mit einem Ruck zusammen: immer wenn ihre Urkraft, ihr maßloser Geltungswille, in Frage kommt, schießt wie der elektrische Strom in den schwarzen Kohlenfaden der Lampe plötzlich lodernde Energie aus ihrem Geist in Muskel und Nerv und überströmt ihr ganzes Wesen mit faszinierendem Licht. Im Moment, da sie weiß, daß sie Menschen bezwingen muß, bezwingt sie sich selbst und wird bezwingend: wie ihre Intelligenz, ihre Rednergabe, ihre Schriftstellerei, ihre Philosophie, so ist auch die imposante Wirkung ihrer äußeren Erscheinung nicht Naturgeschenk, sondern Willensprodukt, Triumph der schöpferischen Seelenenergie.

Immer wenn sie etwas durchsetzen will, stößt sie die Gesetze der Natur in ihrem Körper um, herrisch lehnt sie sich auf gegen die »chronology«, gegen die sonst unerbittliche Norm der irdischen Zeit. Mit fünfzig Jahren wirkt sie wie dreißig, mit sechsundfünfzig gewinnt sie sich einen dritten Gatten, und noch im Urgroßmutteralter hat sie kein Irdischer außer ihrem Geheimsekretär jemals hinfällig gesehen. Nie wird sich ihr Stolz je bei einer Schwäche ertappen lassen, nur im Ornat ihrer Vollkraft darf die Welt sie erblicken. Einmal liegt sie, achtzigjährig, von Konvulsionen gemartert im Bett, eine zahnlose, kraftlose Greisin, die Wangen gehöhlt von Schlaflosigkeit, die Nerven vibrierend von Angstzuständen, da meldet man die Ankunft der Pilger aus ganz Amerika, eigens hergewandert, um sie zu begrüßen. Und sofort rüttelt die Herausforderung ihres Selbstgefühls den Körper auf. Wie eine Gliederpuppe läßt das zitterige Großmütterchen sich kostbare Toilette umtun, die Wangen mit Karmin schminken, dann stützt, dann schiebt man sie auf ihren rheumatischen Beinen Schritt um Schritt hin zum Balkon. Vorsichtig wie etwas Zerbrechliches schleift und hebt man die zerbröckelnde Mumie bis zur geöffneten Tür. Aber kaum daß sie draußen auf dem Balkon steht, oberhalb der frommen Menge, die ehrfürchtig die Häupter entblößt, da reckt sich stolz ihr Nacken, feurig und leicht fährt das Wort aus dem welken Munde, die Hände, eben noch an das eiserne Gitter geklammert, um Halt zu haben, nun fahren sie wie wilde Vögel vor – an dem eigenen Wort spannt sich der geknickte Leib, und ein Sturm von Kraft durchbraust ihre königlich aufgereckte Gestalt. Unten blicken die Menschen mit heißen Augen, sie beben vor diesem Elementarausbruch rednerischer Weißglut. Und weit im ganzen Land erzählen sie dann von der Jugendfrische, von der leibhaftig gesehenen Kraft dieser bezeugten Meisterin über Krankheit und Tod, indes man hinter der Balkontür wieder mühsam ein uraltes, verhutzeltes Weiblein auf das Ruhebett zurückschleppt. So täuscht Mary Baker-Eddy – nicht nur die Zeitgenossen, sondern sogar die Natur selbst – durch Geistesleidenschaft über ihr Alter, über ihre Schwächen und Gebreste hinweg, immer macht sie in jeder Entscheidungsstunde innerhalb der Welt wahr, was sie selbst im Innersten wahr haben will. Kein Zufall darum, daß gerade eine so unerschütterliche Seele in einem so zerbrechlichen Leib es gewesen, die den Glauben ersonnen, der Wille eines Menschen müsse stärker sein als Krankheit und Tod, kein Zufall auch, daß dies Apostolat von der Allmacht des Willens gerade aus dem Lande gekommen, das noch vor einem Jahrhundert erst seine Wälder gerodet und Wüsteneien in Metropolen verwandelt hat. Und wollte man sie in ein Bildnis fassen, diese eisenharte, geradlinige, diese das Wort Unmöglich blank verlachende amerikanische Energie, ich wüßte kein besseres sinnliches Symbol als den hochgereckten Nacken und die herrlich entschlossenen, die herausfordernd ins Unsichtbare ausschauenden Augen dieser unfraulichsten Frau.

Die erste Stufe

Der große heroisch-groteske Kampf der »Science« gegen die Wissenschaft beginnt als Idylle, als kleinbürgerliches Lustspiel.

In Lynn, demselben abseitigen banalen Schuhmacherstädtchen, wo Mary Baker seinerzeit den biedern Absatzflicker Hiram Craft zum Doktor der neuen Heilkunde ausbilden wollte, wohnt eine kleine nette Kinderlehrerin, Miß Susie Magoun. Sie hat ein Haus für ihre Privatschule gemietet, das erste Stockwerk soll dem Unterricht dienen, das zweite wünscht sie weiter abzugeben. Eines

Abends nun, Anno 1870, erscheint ein junger Mann, er sieht aus wie ein Knabe und wieso auch nicht: Richard Kennedy ist ja nicht älter als einundzwanzig. Bescheiden verbeugt er sich und fragt (mit etwas Sand in der Stimme), ob sie diese fünf Zimmer an einen Arzt vermieten wolle. »Gern«, antwortet Miß Magoun, er suche wohl einen Ordinationsraum für seinen Herrn Vater? Da errötet der junge Kartonagearbeiter über das ganze Gesicht: Nein, er selbst sei der Doktor, und fünf Zimmer benötige er für seine Praxis, weil mit ihm auch eine ältere Dame wohnen wolle, die »ein Buch schreibe«. Miß Magoun sieht den jungen Flaumbart zunächst etwas verblüfft an. Aber schließlich, Lynn liegt in Amerika, und Amerika kennt nicht unser akademisch-bürokratisches Vorurteil gegen die Jugend. Dort sieht man einem Menschen in die Augen, und da dieser junge Bursche einen offenen und klaren Blick trägt und überdies sich sauber und anständig präsentiert, willigt sie ein. In den nächsten Tagen rücken die neuen Mieter an. Viel Gepäck brauchen die beiden die Treppe nicht hinaufzuschleppen, gerade zwei billig gekaufte Betten, einen Tisch, ein paar Stühle, sonst bloß allerdürftigsten Kram. Und daß sie's mit dem Gelde nicht sonderlich dick haben, erweist augenfällig die Tatsache, daß der junge Mediziner sich zunächst als Handarbeiter betätigt, höchst eigenhändig die Tapeten ankleistert, die Zimmer bürstet und fegt. Dann aber – historisches Datum, Juli 1870! – heftet der einundzwanzigjährige Flaumbart an einen Baum vor dem Hause seine Tafel: »Dr. Kennedy«. Und damit ist die erste Praxis der Christian Science eröffnet.

Eine Tafel an einen Baum heften und sich kurzerhand Doktor titulieren, nun, das bedeutete damals nichts sonderlich Auffälliges in einem Lande, das solche Selbstpromotionen noch freisinnig erlaubte. Erstaunlich wird erst die Folgeerscheinung dieses resoluten Vorgangs, nämlich, daß schon in derselben Woche einige Patienten bei dem frischetablierten »Doktor« vorsprechen. Und noch erstaunlicher: sie scheinen gar nicht unzufrieden mit seiner Kunst, denn in der zweiten Woche rückt noch zahlreichere Kundschaft an und abermals mehr in der dritten. Am Ende des Monats Juli geschieht das erste Wunder der Christian Science: der frisch aus dem Ei gepellte »Doktor« Kennedy kann von seinen Einnahmen bereits prompt und pünktlich seinen Zins bezahlen. Und Wunder über Wunder: die Kurve des Erfolgs steigt immer schärfer an von Woche zu Woche. Im August muß die Patientenreihe sich schon im Vorzimmer anstellen, im September die Schulstube der Miß Magoun zeitweilig als Wartezimmer ausgeliehen werden. Wie mit einem Lasso hat die neue Methode der Company Kennedy & Baker die ganze Kundschaft der Stadt Lynn von den Ärzten zu sich herübergerissen, Dutzende drängen sich täglich zur »neuen« Kur. Uns freilich, die wir bereits die Praxis des Dr. Quimby kennen, scheint die Methode des Doktor Kennedy nicht gar so neu, denn sie wiederholt bis in die letzte Einzelheit die erprobte Suggestionskur des braven Uhrmachers von Portland. Genau wie jener setzt sich der Kartonagedoktor Kennedy zu seinen Patienten, reibt mit befeuchtetem Finger ihre Schläfen und raspelt dann die ganze metaphysische Litanei herunter, wie sie ihm seine Meisterin eingelernt: »daß der Mensch göttlich sei, und da Gott nicht das Böse wolle, so könne alles Böse, so könne Schmerz und Krankheit nicht wirklich vorhanden sein. Dies seien nur mentale Vorstellungen, ein Irrtum, von dem man sich befreien müsse.« Mit der manischen und zähen Beharrlichkeit, die ihm Mary Baker ins Herz gehämmert, spricht und spricht und spricht er seine Sprüchlein in alle Kranken so unbedingt überzeugt hinein, als ob er schrankenlose Gewalt über ihr Leiden hätte. Und die Sicherheit dieses sympathischen, kläräugigen und durch seine Schlichtheit glaubwürdigen Menschen geht tatsächlich auf die meisten seiner Patienten befreiend über. Einfache Männer aus dem Volke, Schuharbeiter, kleine Beamte und Angestellte, die zu ihm kommen, fühlen sich nach wenigen Stunden von ihren Schmerzen entlastet, und – warum klare Tatsachen leugnen oder entstellen? – eine ganze Reihe von längst Aufgegebenen, eine Frau, die an Tuberkulose leidet, ein Mann mit Lähmung, verdanken dieser »metaphysischen Kur« momentane Schmerzlinderung, einige behaupten sogar, völlig gesundet zu sein. So spricht sich's rasch in den achtzig oder hundert Straßen von Lynn herum, dieser frisch hereingeschneite Doktor Kennedy sei wirklich ein ganz famoser Bursche, der quäle einen nicht mit Instrumenten, Drogen und teuern Mixturen, und wo er nicht helfe, da schade er zumindest nicht. Ein Kranker rät dem andern, wenigstens einmal die funkelnagelneue »mentale« Methode zu probieren. Und das Resultat steht bald unbestreitbar da. Innerhalb von ein paar Wochen hat die neue Science in Lynn glatt gesiegt, man kennt und rühmt den Doktor Kennedy als einen ganzen Kerl.

Aber nur Kennedy nennt und rühmt man bis jetzt. Daß rückwärts im nachbarlichen Zimmer eine noch straffe halbalte Frau sitzt, von der jener Strom des Willens eigentlich ausgeht, daß einzig ihre geballte Energie diesen jungen Praktikus wie eine Puppe dirigiert, daß jedes seiner Worte von ihr eingelernt, jeder Handgriff von ihr angeordnet und errechnet ist, das ahnt vorläufig niemand in Lynn. Denn während der ersten Wochen bleibt Mary Baker vollkommen unsichtbar. Wie eine Eule, grau und still, hockt sie tagsüber in ihrem Zimmer, schreibt und schreibt an ihrem geheimnisvollen Buch, an ihrer »Bibel«. Nie betritt sie den Ordinationsraum ihres Golem, selten wechselt sie ein Wort mit den Hausgenossen, bloß ein schmaler schweigsamer Schatten geistert manchmal zum Staunen der Kranken von Tür zu Tür. Aber Mary Bakers Geltungstrieb ist zu mächtig, als daß er ihr erlaubte, auf die Dauer im Hintergrund zu bleiben; nichts will, nichts kann sie mit andern teilen, am wenigsten den Erfolg. Erstaunt, erschüttert sieht die seit Jahren verlachte, verhöhnte, verspottete Frau endlich an fremden Menschen die praktische Anwendbarkeit ihrer Methode bestätigt, und mit ungeheurer Ekstase überwältigt sie das Unverhoffte, daß jener Stein, den sie durch Zufall an ihrem tragischen Wege aufgriff, wirklich ein Magnetstein gewesen, ein »pierre philosophale«, erfüllt mit der magischen Macht, Seelen anzuziehen und Leiden zu lindern. Etwas von der wilden Lust, von dem begeisterten Staunen eines Konstrukteurs muß damals in ihr aufgeglüht sein, der eine Maschine theoretisch denkend am Schreibtisch entworfen hat und sie nun nach Jahr und Jahr zum erstenmal richtig und schöpferisch funktionieren sieht, etwas von der Beglückung eines Dramatikers, der sein geschriebenes Gebilde plötzlich von Menschen dargestellt und auf Menschen wirkend erlebt; in diesen Stunden schon mag erste Ahnung ihre betroffene Seele überstrahlt haben von den unermeßlichen Möglichkeiten, die in diesem Anfang lagen. Jedenfalls, von diesem ersten Einsatz des Erfolges an, erträgt Mary Baker das Dunkel nicht mehr. Soll sie dies große Geheimnis wirklich nur einem Einzigen, einem Kennedy anvertrauen, soll wirklich ihre »Entdeckung« auf Lynn beschränkt bleiben? Nein, die Wiederentdeckung des Glaubensgeheimnisses, mit dem einst Christus die Aussätzigen erlöste und Lazarus erweckte, eine solche göttliche Methode, sie muß als ein Evangelium über die ganze Menschheit hin verkündet werden! Ekstatisch erkennt Mary Baker ihr neues, ihr wahres Amt: Lehren und Verkünden! Und sofort beschließt sie, Apostel zu werben, Jünger, die, wie einstens Paulus die Botschaft Christi, nun ihre Heilslehre vom

»Nichtvorhandensein der Krankheit« von einem Ende der Welt bis zum andern tragen.

Zweifellos, dieser erste Überschwang war bei Mary Baker-Glover ehrlich und echt; aber, obwohl bis ins Blut hinab überzeugt von ihrer Wahrhaftigkeit wie nur irgendein Glaubensprophet in Samaria und Jerusalem, bleibt die Amerikanerin in ihr unverändert doch Amerikanerin, Kind eines geschäftstüchtigen Jahrhunderts. Beglückt und ungeduldig, jetzt endlich ihr erlösendes »Geheimnis« an die Welt weitergeben zu können, denkt ihr praktischer Verstand nicht eine halbe Minute daran, diese Wohltat und Weisheit der Menschheit umsonst zu übermitteln; im Gegenteil, vom ersten Augenblick an trifft sie notarielle Vorkehrungen, ihre welterschütternde »Entdeckung« der Immaterialität der Welt genau so patentberechtigt in Dollars auszuwerten, als handele sich's um einen neuen Granatenzünder oder eine hydraulische Maschinenbremse. Von allem Anfang an hat Mary Bakers Übersinnlichkeit ein merkwürdiges Loch: unsern Körper, unsere Sinne, alles das verhöhnt sie als Schein; die Geldscheine dagegen nimmt sie gern als Realität. Von der ersten Stunde betrachtet sie ihre überirdische Eingebung gleichzeitig als ausgezeichnetes Mittel, um aus ihrer Verkündung der Irrealität des Bösen sehr gutes und allgültiges Geld zu schlagen. Zunächst läßt sie sich Karten – sozusagen Geschäftskarten – drucken:

MRS. M. GLOVER
Teacher of
Moral Science

»Moral Science« – denn das errettende, das abschließende Wort »Christian Science« hat sie damals, 1870, noch nicht gefunden. Noch wagt sie nicht die Horizonte bis ins Himmlische, ins Religiöse abzustecken, noch glaubt sie ehrlich und redlich, nur ein neues wirksames Naturheilsystem, die verbesserte Quimby-Methode, zu lehren. Ausschließlich Ärzte ihres »mentalen« Systems beabsichtigt sie damals heranzubilden, handfeste »practitioners«, und dies geschieht zunächst in einem Lehrkurs von sechs Wochen, einem, wie wir sagen würden »Schnellsiederkurs«. Als Honorar setzt sie für ihre »inition«, für ihre Unterweisung in der neuen Methode zuerst einen einmaligen Betrag fest: hundert Dollar (später auf dreihundert Dollar erhöht), dazu freilich noch die vorsorgliche und geschäftskluge Verpflichtung, zehn Prozent aller Einnahmen an sie abzuführen. Man sieht: in der ersten Stunde des ersten Erfolges ist in dieser bisher lebensuntüchtigen Frau mit der frischen Spannkraft auch ein mächtiger, ein für immer unstillbarer Businessappetit erwacht.

Auf Schüler braucht sie nicht lange zu warten. Einige der von Kennedy geheilten Patienten, einige dieser Schuhmacher, Shopkeeper und Farmer, ein paar müßige Frauen lockt das Geschäft. Soll man's nicht wirklich riskieren, denken diese abgerackerten braven Kerle, hundert Dollar zu blechen, um bei dieser Mrs. Baker-Glover, die es einem so bequem macht, in sechs Wochen das Doktern zu lernen, während die andern, die einfältigen Ärzte fünf Jahre auf Universitäten herumkümmeln und sich, weiß Gott wie, plagen müssen? Gar so schwer kann diese Art Doktorei doch nicht sein, wenn sie ein solcher Flaumbart erlernt hat wie dieser einundzwanzigjährige Kartonagearbeiter, der jetzt schon allmonatlich seine tausend Dollar einsackt. Und Bildung, Vorbildung verlangt diese brave Sibylle honetterweise auch nicht, Latein oder ähnliche Faxereien: warum nicht diese bequemste aller Universitäten wählen? Ein vorsichtiger Kandidat erkundigt sich, ehe er seine hundert Dollar wagt, noch auf alle Fälle zuvor bei der Meisterin, ob nicht doch eine gewisse Kenntnis der Anatomie für den Studenten oder »healer«

notwendig sei. Darauf antwortet Mary Baker sehr entschieden und stolz: Nein, durchaus nicht, dies sei eher ein Hindernis, denn Anatomie gehöre zur Knowledge (der irdischen Wissenschaft), die »Science«, die mentale Wissenschaft aber, zu Gott, und gerade dies wäre ihre Mission, die Knowledge durch die Science zu zerstören. Das genügt, auch den Bescheidensten zu beruhigen, und so setzen sich bald ein Dutzend dieser engstirnigen breitschulterigen Schuharbeiter auf die metaphysische Schulbank. Wahrhaftig, Mary Baker-Glover macht ihnen die »Science« nicht schwer: zwölf Lektionen, dann das Kopieren und Auswendiglernen eines Manuskriptes: »Fragen und Antworten«, das – sie wird es später verzweifelt leugnen! – im wesentlichen noch immer das alte abgeschriebene Exemplar von Vater Quimby ist. Nach der letzten Lektion spricht sie die wackern Schuhabsatzflicker oder Ladenschwengel mit »Doktor« an und damit frei: die Promotion ist vollzogen, ein neuer Mann kann sich eine Doktortafel an einen Baum heften und tapfer drauf los kurieren.

So sachlich man's erzählen mag, diese Kurse und Geschwindpromotionen Mary Bakers schmecken nach Farce und Lächerlichkeit. Aber hier berühren wir einen Kernpunkt in der Wirkungskraft dieser erstaunlichen Frau: ihr fehlt vollkommen jeder Sinn für das Lächerliche. Sie ist derart erfüllt von Selbstvertrauen, derart eingemauert und verschlossen in ihre Überzeugung, daß nie und niemals irgendein Einwand der Vernunft ihr an Hirn und Nerven herankann. Ihre Scheuklappenlogik ist stärker als die Logik der ganzen Welt. Was sie sagt, ist Wahrheit, was die andern sagen, Lüge. Was sie tut, ist tadellos, was die andern darüber denken, gleichgültig: wie ein Tank bis auf die kleinste Luke verpanzert, rollt ihre Selbstverzücktheit unaufhaltsam über allen Stacheldraht der Wirklichkeit. Eben aus dieser Unbelehrbarkeit der

Vernunft stammt aber auch ihre frenetische, ihre unvergleichliche Leidenschaftskraft, hinreißend das Absurdeste zu lehren, und sie wächst ins Selbstherrlich-Despotische mit dem gesteigerten Erfolg. Seit Mary Baker bei Kranken nach ihrer Methode Erfolge erzielt, seit sie von ihrem Lehrpult die strahlenden, die erregten, die bezwungenen Blicke von hingegebenen Schülern gesehen, seit dieser Stunde braust dieser Frau das Blut so mächtig in Herz und Schläfen, daß sie zeitlebens keinen Einspruch mehr hört.

Dieses neugewonnene Selbstgefühl verwandelt in wenigen Wochen ihr Wesen bis in die unterste Zelle ihres Geblüts. Das Flackernde weicht dem Gebietenden, nun sie, die jahrelang als unnütze, ungehobene Fracht in einem untersten Laderaum des Lebens lag, oben, das Steuer in der Hand, auf der Kommandobrücke steht. Zum erstenmal hat sie, die so unerträglich lang Unproduktive, den gefährlichsten Rausch erlebt: Macht über Menschen. Endlich ist der Eisring um sie aufgetaut, endlich hat auch die Armut sie aus der würgenden Kralle gelassen: zum erstenmal seit fünfzig Jahren lebt sie nicht mehr von fremdem, sondern von selbstverdientem Geld. Endlich kann sie die geflickten, zerriebenen, vom Dunst der Entbehrung fettigen Fetzen von sich werfen und ihre hohe, gebietend gewordene Gestalt in ein schwarzes Seidenkleid hüllen. Bis tief unter die Haut durchschüttert fortan die vom Leben so lange ins Abseits Gedrückte die elektrische Energie des Selbstbewußtseins. Und mit fünfzig Jahren wird eine Frau jung, die mit zwanzig alt gewesen.

Aber geheimnisvolle Rache! Eine so plötzliche Durchblutung des Körpers mit neuer Lebenskraft, eine so gewaltsame Aufspannung und Verjüngung zeigt auch ihre Gefahr. Denn obwohl Prophetin, Lehrerin, Verkünderin, ist diese fünfzigjährige Frau innerlich Weib geblieben, oder vielmehr: sie ist es erst jetzt geworden. Etwas

Unerwartetes ereignet sich. Dieser junge, unbedeutende Bursche Kennedy, ihr Schüler, hat ihrer Methode verblüffend schnell zum Triumph verholfen. Er hat als Healer alles erfüllt, was eine Lehrerin von einem Schüler erhoffen konnte, und sogar alle Erwartungen weit übertroffen: zwei Jahre haben die beiden in ausgezeichneter Partnerschaft zusammen gearbeitet, und ein Bankkonto bezeugt des »practitioners« Tüchtigkeit, Redlichkeit, seinen rastlosen Fleiß. Aber sonderbar, statt daß dieser persönliche Erfolg Kennedys sie beglückte, beginnt er sie gegen ihren Kompagnon instinkthaft zu erbittern. Irgendein Gefühl, über das sich die puritanisch strenge Frau gewiß nie redlich Rechenschaft zu geben wagte, wird immer mehr von Kennedys Gegenwart aufgereizt, und allmählich färbt sich ihre Gefühlseinstellung zu ihm (wir verstehen psychologisch sofort: als Schutzfarbe) zu heimlicher Erbitterung um. Im Tatsächlichen wüßte sie nichts gegen ihn einzuwenden. Dieser junge nette Mensch verhält sich immer gleich höflich, dankbar, anteilnehmend, unterwürfig und respektvoll zu ihr, er hat alle Erwartungen erfüllt – zumindest alle Erwartungen, die sie mit hellem Bewußtsein an diesen jungen, hübschen, sympathischen Menschen gesetzt hat; – aber es scheint, daß ihr Unterbewußtsein, daß der bluthafte physiologische Instinkt der alternden Frau, ihrem eigenen wachen Willen unkontrollierbar, noch irgend etwas anderes von ihm erwartet hat. Gewiß, er ist höflich und nett und liebenswürdig zu ihr, aber nicht mehr, und außerdem ebenso höflich und nett und liebenswürdig zu den andern Frauen. Und irgend etwas (nie wird ihr Puritanismus zugeben, was dieses Etwas ist) erbittert sich heimlich gegen ihn in der fünfzigjährigen Frau, die über ihre Zimmertüre die Worte der Bibel geschrieben hat: »Thou shalt have no other Gods before me.«

Etwas bleibt aus, was sie von ihm erwartet und was –

das ist klar: die Frau, das fleischliche Weib in ihr fordert gleiche Verehrung wie die Lehrerin, ohne daß sie es wagt, weder sich noch ihn sinnlich offen ihren Wunsch ahnen zu lassen. Verdeckte und unterdrückte Gefühle aber entladen sich meist in andern Symptomen. Und da der nicht sehr kluge Kennedy noch immer nichts ahnt oder ahnen will, bricht plötzlich die verborgene Spannung als Komplementärgefühl des Eros, als nackter, wilder Haß heraus. Einmal, als sie abends zu dritt mit der nun verheirateten Susie Magoun gemütlich Karten spielen und Kennedy gewinnt, da explodiert die gestaute Spannung (auch beim Kartenspiel erträgt die Selbstherrliche nie, daß ein anderer die Oberhand behält). Mary Baker-Glover bekommt einen hysterischen Anfall: sie schlägt die Karten auf den Tisch, bezichtigt Kennedy, betrogen zu haben, und nennt ihn vor Zeugen Schwindler und Gauner.

Der brave Kennedy, durchaus kein Hysteriker, handelt wie ein klarer, rechtschaffener Mann. Er geht sofort in die gemeinsame Wohnung hinauf, holt aus dem Schreibtisch den Vertrag, zerreißt ihn, wirft die Fetzen ins Feuer und erklärt die bisherige Partnerschaft für immer gelöst. Darauf bekommt Mary Baker einen hysterischen Schock und fällt prompt ohnmächtig zu Boden. Aber der »Doktor« Kennedy, er, dem sie, wie die rosenrote Biographie verzweifelt schluchzt, »die physisch unerforschlichen und unfaßbaren Wahrheitsbegriffe tiefer und eingehender als irgendeinem andern Schüler erklärt hatte«, dieser brave Kennedy scheint inzwischen schon etwas praktische Medizin gelernt zu haben. Er nimmt die Ohnmacht nicht sehr tragisch und läßt die Hysterikerin ruhig auf dem Boden liegen. Am nächsten Tage rechnet er kühl seine Verbindlichkeiten ab, legt ihr sechstausend Dollar als Anteil für zwei Jahre gemeinsamer Heilkompanie auf den Tisch, nimmt den Hut und eröffnet seine eigene Praxis.

Diese brüske Trennung von Kennedy bedeutet innerhalb des Lebens der Mary Baker-Glover vielleicht die wichtigste seelische Entscheidung. Es ist weder ihr erster Zwist mit einem Lebenspartner noch der letzte, denn diese heftigen Loslösungen ereignen sich infolge ihrer despotischen Unverträglichkeit geradezu zwanghaft und ohne Unterlaß durch ihr ganzes Leben. Von niemandem, dem sie nahestand, weder von ihrem Mann noch von ihrem Sohn, von ihrem Stiefsohn, ihrer Schwester, ihren Freunden, konnte jemals diese unheilbar Hörige ihres Eigenwillens anders als im tödlichen Zwist scheiden. Hier aber war sie im innersten und dunkelsten Bezirk ihres Wesens verwundet, in ihrer Weiblichkeit. Und wie übermächtig das potipharische Gefühl der alternden Frau für diesen Schüler gewesen sein muß, erkennt man erst nachträglich, erst jetzt an dem schreienden, tobenden, in Krämpfen zuckenden, an dem tödlichen und bis zur Tollheit überreizten Haß, den sie allmählich als echte Hysterikerin bis ins Metaphysische, bis zum Zenit ihres Weltalls emporsteigert. Daß Kennedy, dieses Nichts, das sie aus der Kartonagefabrik hervorgeholt hat, ganz gemächlich ohne sie weiterleben kann, daß er seine, von ihr eingedrillte Praxis jetzt ohne ihre Mithilfe ein paar Straßen weit mit ausgezeichnetem Erfolg fortsetzt, dieser Gedanke peitscht ihren Stolz bis hart in den Wahnsinn hinein. In einer diabolischen Verzweiflung sinnt und sinnt sie unentwegt mit verbissenen Zähnen, wie sie den Untreuen vernichten und dem ehemaligen Kompagnon die »Science« wieder entreißen könne. Irgendwie muß sie, um ihn zu entlarven, ihren Anhängern beweisen, daß dieser Verräter an ihrem Herzen zugleich auch ein Verräter an der »Wahrheit«, seine Methode eine falsche, eine »mental malpractice« sei. Aber das geht logischerweise nicht gut an, plötzlich die Kennedymethode als »malpractice« zu verleumden, denn der brave Kennedy hat niemals auch nur einen Schatten einer selbständigen Idee gehabt, er weicht nicht einen Zoll von ihrer Instruktion ab, sondern übt Griff für Griff die Praxis so weiter, wie Mary Baker-Glover sie ihm eingetrichtert hat. Ihn einen Schwindler nennen, hieße zugleich die eigene Methode bloßstellen. Aber wenn Mary Baker etwas will, dann geht sie mit dem Kopf durch die Wand. Lieber wirft sie, nur um diesen pathologisch gehaßten Kennedy einen Betrüger, einen »malpractitioner« nennen zu können, ihr eigenes Verfahren in einem entscheidenden Punkte um – über Nacht verbietet sie, was sie bisher allen ihren Schülern als unerläßliche Einleitungsphase der Behandlung vorgeschrieben: das Streichen der Schläfen mit angefeuchtetem Finger, den Druck auf die Knie, also die körperlich-hypnotische Vorbereitung der Glaubenssuggestion. Wer von nun ab einen Patienten körperlich berührt, begeht nach dieser plötzlich erlassenen neuen Papstbulle nicht nur einen Fehler gegen die »Science«, sondern ein Verbrechen. Und da der ahnungslose Kennedy munter die alte Methode weiterpraktiziert, wird das Interdikt gegen ihn geschleudert. Mary Baker stempelt ihn öffentlich als Verbrecher an der Wissenschaft, einen »geistigen Nero«, als »Mesmeristen«. Aber nicht genug an diesem persönlichen Racheakt: urplötzlich nimmt in ihrer pathologisch überreizten und überheizten Wut gegen den Abtrünnigen der friedliche Begriff Mesmerismus selbst einen dämonischen Charakter an: in ihrer Hemmungslosigkeit schreibt tatsächlich die überreizte Frau dem biederen Kennedy – mitten im neunzehnten Jahrhundert – satanischen Einfluß zu. Sie beschuldigt ihn, mit seinem Mesmerismus ihre eigene Heilkraft zu lähmen, mit geheimnisvollen telepathischen Strömungen durch seine Schwarzkunst Menschen krank zu machen und zu vergiften. Tatsächlich, man würde das 1878 nicht für möglich halten, aber diese Hysterikerin des Machtwillens rottet ihre Schüler zusammen, läßt sie einander an den Händen fassen und einen

Kreis bilden, um die mesmeristischen Bosheitsstrahlen dieses »Nero« von sich abzuhalten. Tollheit, wird man sagen, unwahrscheinlich oder unwahr. Aber glücklicherweise steht dieses (später als beschämend weggelassene) Privathaßkapitel »Demonology«, in dem sie den »malicious animal magnetism« denunziert, in der zweiten Auflage ihres Werkes schwarz auf weiß zu lesen, drei Druckbogen so rabiat abergläubischen Unsinns, wie er seit dem Hexenhammer und den pseudokabbalistischen Schriften nicht mehr in Lettern gegossen wurde. Man sieht: auch im Gefühl genau wie in ihrem Glauben, wird diese Frau durchaus überdimensional, sobald es um ihre Ichgeltung geht. Sobald sie recht behalten will – und sie will immer und überall recht behalten – verliert sie jedes Rechtsgefühl und Maß. Prozeß auf Prozeß jagt sie dem Abtrünnigen auf den Hals; bald klagt sie auf vorenthaltenes Honorar, bald verleumdet sie ihn vor den Studenten, schließlich hetzt sie ihren eigenen Sohn, einen tölpeligen Landarbeiter, mit ihrer Wahnvorstellung dermaßen auf, daß er zu Kennedy in die Wohnung geht und den erschrockenen Heildoktor mit dem Revolver bedroht, wenn er nicht aufhöre, seinen »malignen mesmeristischen Einfluß« auf seine Mutter auszuüben. Immer unsinniger werden die Anklagen: bald hat Kennedy eine Art Todesstrahlen gegen sie gesandt, die ihre Kräfte lahmlegen, bald hat er Asa Eddy mit »mesmeristischem Arsenik« vergiftet, bald hat er ihre Wohnung mit magnetischen Teufeleien unerträglich gemacht – wie epileptischer Schaum quellen hemmungslos solche Irrwitzigkeiten von ihrer zuckenden Lippe. Jedenfalls: für Jahre und Jahre hat dieser Abfall ihres ersten und geliebtesten Schülers die geheimste Gefühlszone der klimakterischen Frau verstört, und bis zu ihrem Tode ist sie strichweise immer wieder Beute des Verfolgungswahns geworden, Kennedy beunruhige, hemme und bedrohe sie auf telepathische und magnetische Weise. So behält trotz ihrer verblüffenden geistigen Leistung, trotz einer geschäftlich und taktisch geradezu genialen Organisationsarbeit, ihr persönliches Wesen ständig einen gewaltsam überspannten und pathologisch überreizten Unterton. Aber ein Werk wie das ihre, ganz auf Antilogik gegründet, wäre ja unmöglich aus einem völligen Gleichgewicht des Geistes und der Seele. Wie bei Jean Jacques Rousseau und unzähligen andern ist auch hier ein zur Gesundung der ganzen Menschheit ersonnenes Allheilsystem aus der Krankheit eines einzelnen gezeugt.

Niemals aber wirken solche tragische Zusammenstöße auf ihre Kampfkraft hemmend oder zerstörend, im Gegenteil, für sie gilt das Nietzschewort: »Was mich nicht umbringt, macht mich stärker.« Haß und Widerstand verdoppeln in dieser Frau nur die Willensmuskulatur. Und gerade diese Krise mit Kennedy wird zum Geburtskrampf der eigenen Lehre. Denn indem sie von nun ab brüsk jede willensauflösende Berührung des Kranken verbietet, hat sie mit einem Riß ihre Methode von allen ihren mesmeristischen Vorgängern schöpferisch abgelöst; nun ist die Christian Science erst reine »Heilung durch den Geist«. Nur das Wort und der Glaube wirken jetzt ihre Wunder. Die letzte Brücke zur Logik, die letzte Bindung zu allen früheren Systemen ist abgebrochen. Jetzt erst geht mit ihrem harten, monomanischen Schritt Mary Baker ungehemmt ins Unbetretene, ins Absurde hinein.

Mary Baker-Eddys Lehre

Endlich, 1875, wird die jahrzehntelang unterirdisch geleistete Mühe dieser anonym lebenden und allzulange unscheinbaren Frau sichtbar. Denn in diesem Jahre veröffentlich Mary Baker-Eddy (damals noch Mary Baker-

Glover) jenes »unsterbliche« Buch, das ihre Theologie, Philosophie, Heilkunde, also die Wissenschaft dreier Fakultäten in ein System vereinigt, jenes Buch »Science and Health«, das noch heute Hunderttausenden und Millionen von Menschen als das wichtigste seit der Bibel gilt.

Dieses in mancher Hinsicht eigenartige und unvergleichbare Werk, wie es meist geschieht, mit einem geärgerten, verächtlichen oder mitleidigen Lächeln einfach als Unfug abzuweisen, geht nicht an. Alles, was eine Weltwirkung auf Millionen hervorbringt, ist wichtig zumindest im psychologischen Sinne, und schon die technische Entstehung dieses Bibelbuchs beweist eine ungewöhnliche Entschlossenheit des Geistes, einen in unseren Zeiten selten gewordenen Heroismus der Gesinnung. Man erinnere sich: seit dem Jahre 1867 schleppt eine von Zimmer zu Zimmer, von Tisch zu Tisch gehetzte Frau ein Manuskript in ihrem mageren Gepäck herum. Sie besitzt kein zweites Kleid in ihrem schäbigen Köfferchen, eine goldene Uhr und Kette sind ihre ganze Habe, sonst einzig nur diese vom Vorlesen und ununterbrochenen Umarbeiten längst mürb und schmutzig gewordenen Blätter. Anfänglich war dieses berühmte Manuskript nicht viel anderes als eine textgetreue Abschrift von Quimbys »Fragen und Antworten«, die sie erweitert und mit einer Einleitung versehen hatte. Aber allmählich überwächst die Einleitung den übernommenen Text, ihre Zutaten verselbständigen und erweitern sich mit jeder Niederschrift, denn nicht einmal, sondern zwei-, drei-, vier- und fünfmal pflügt die von ihrer Idee Besessene dieses phantastische Lehrbuch der Seelenallheilkunde vollkommen um und um und um. Nie kommt sie völlig damit zu Rand. Auch zehn, zwanzig, dreißig Jahre, nachdem es erschienen ist, wird sie immer wieder daran bessern und verändern, nie wird dieses Buch sie, nie sie dieses Buch völlig freigeben. 1867, als sie mit der Arbeit beginnt, beherrscht sie als blutige Dilettantin kaum die Orthographie, noch weniger die Sprache und am allerwenigsten geistig die ungeheuren Probleme, an die sie sich heranwagt: wie eine Schlafwandlerin taumelt sie mit geschlossenen Augen, in einem geheimnisvollen Traum befangen, die höchsten Zinnen, die schwindelndsten Grate philosophischer Problematik empor. Sie ahnt in ihrem Anbeginn nicht, wohin das Werk, wohin der Weg sie eigentlich führt, und noch weniger die Schwierigkeiten, die sie erwarten. Niemand ermutigt, niemand warnt sie. Im weitesten Umkreis kennt sie keinen Gebildeten, keinen Fachmann, mit dem sie sich besprechen könnte, und wie dürfte sie hoffen, irgendwo in der Welt für dieses krause Imbroglio einen Herausgeber zu finden! Aber mit jener herrlichen Besessenheit, die nie ein Fachmann, die immer nur der Außenseiter aufbringt, schreibt sie weiter und weiter und weiter in ihrem wirren Rausch prophetischen Selbstgefühls. Und was ursprünglich nur eine Ausschmückung von Quimbys Manuskript werden wollte, formt sich allmählich zu kreißendem Nebel, dessen geballter Finsternis sich schließlich der zuckende Stern eines einzigen Gedankens entringt.

Endlich, im Jahre 1874, liegt das Manuskript druckfertig vor. Die unerwarteten Erfolge bei Schülern und Patienten haben ihr Mut gemacht. Nun soll diese neue Botschaft, diese gesegnete Lehre zu allen gehen, in die ganze Welt. Aber selbstverständlich denkt kein Verleger daran, an dieses schillernde Zwitterding von Heilkunde und religiöser Mystik blankes Geld zu wagen. So heißt es, aus eigener Tasche die Druckkosten aufzubringen. In die eigenen Taschen allerdings – man wird dies im weiteren Verlauf sehen – greift Mary Baker auch zu Zeiten, wo sie voll und übervoll sind, um keinen Preis. Aber schon weiß sie um ihre Kraft, auf andere Menschen ihren Willen zu übertragen, schon hat sie gelernt, den fanatischen Glauben an sich und an ihr Werk bei andern in Hörigkeit und blindwütigen Opferwillen umzusetzen. Sofort erklären sich zwei Studenten bereit, die dreitausend Dollar vorzuschießen. Dank ihrer raschen Hilfe erscheint unter dem Titel »Science and Health« im Jahre 1875 zum erstenmal bei der Christian Science Publishing Company in Boston das Werk aller Werke, dies – nach der Meinung ihrer Anhänger – zweite Evangelium der Christenheit.

Diese erste Ausgabe, ein vierhundertsechsundfünfzig eng gedruckte Seiten starker, in grüne Leinwand gebundener Band, dessen Verfasserin sich damals noch Mary Baker-Glover nennt, zählt heute zu den Rarissimis des Buchhandels: in ganz Europa existiert wohl nur das eine Exemplar, das die Autorin als Geschenk an die Heidelberger philosophische Fakultät sandte, dieses für jeden Amerikaner oberste Tribunal in rebus philosophicis. Gerade aber diese unauffindbare, diese erste, die einzige von ihr allein und nicht von fremder Hand redigierte Fassung scheint mir die einzig gültige für eine psychologische Erkenntnis ihrer Gestalt, denn keine der späteren vier- und fünfhundert Ausgaben erreicht mehr annähernd den ursprünglichen und barbarischen Reiz dieses Originals. In den nächsten Ausgaben sind manche der wildesten Bocksprünge gegen die Vernunft, der gröbsten geschichtlichen und philosophischen Schnitzer von gebildeten Beratern ausgetilgt worden; außerdem hat ein ehemaliger Pfarrer namens Wiggins die harte Arbeit übernommen, das Sprachdschungel in ein korrektes Englisch geradezukämmen. Mählich und mählich wurden gerade die krassesten Unsinnigkeiten abgeschwächt, vor allem die erbitterten Angriffe auf die Ärzte. Aber was das Buch seitdem an Vernünftigkeit gewonnen, das hat es an Feurigkeit und herrlich-persönlicher Fraktur verloren; allmählich ist in den späteren Ausgaben aus dem Panther, der die Wissenschaft furios anspringt, eine Wildkatze, beinahe eine

Stubenkatze geworden, die sich mit den andern Hausfreunden der modernen Gesellschaft, mit der Staatsmoral, mit der Bildung, mit dem kirchlichen Glauben gutmütig verträgt; wie jede Religion und jedes Evangelium, hat sich auch diese letzte neuzeitliche, die Christian Science, im Interesse einer ergiebigeren Seelenfängerei schließlich arg verwaschen, verbürgerlicht und verfälscht.

Gerade aber in der ersten und ursprünglichen Form gehört »Science and Health« zu den merkwürdigsten Büchern privater Theologie, zu jenen meteorischen Werken, die völlig zusammenhanglos, gleichsam aus fremden Himmeln mitten in die Zeit hineinschlagen. Gleichzeitig genial und absurd in seinem wilden Mit-dem-Kopf-durch-die-Wand-Wollen, durchaus lächerlich in seiner kindlichen Illogik und doch verblüffend durch das Manisch-Mächtige seiner Einlinigkeit, hat dieser Kodex etwas durchaus Mittelalterliches an sich, etwas von der fanatisch religiösen Inbrunst aller theologischen Außenseiter wie Agrippa von Nettesheim und Jakob Böhme. Das Schwindlerische und das Schöpferische wechseln in wilden Rösselsprüngen, die gegensätzlichsten Einflüsse quirlen wirr durcheinander, Swedenborgs astrale Mystik überkreuzt sich mit banaler Popularwissenschaft aus Zehnpennybüchern, neben einem Bibelwort stehen Ausschnitte aus New Yorker Tageszeitungen, blendende Bilder neben den lachhaftesten und kindischsten Behauptungen: aber unleugbar, dieses Quirlen ist immer heiß, es glüht und zuckt und brodelt von geistiger Passioniertheit, es wirft die wunderbarsten Blasen, und wenn man lange in diesen ständig rotierenden, kochenden Glutkessel hineinstarrt, beginnen einem die Augen zu brennen. Man verliert den nüchternen Verstand, glaubt sich in Faustens Hexenküche und meint wie er, »hunderttausend Narren« sprechen zu hören. Dieses kreißende Chaos schwingt aber ununterbrochen um einen einzigen Punkt, immer und immer wieder hämmert Mary Baker-Eddy diesen ihren einen und einzigen Gedanken einem ins Hirn, bis man mehr betäubt als überzeugt kapituliert; rein als energetische Tat, als Leistung einer völlig unbelehrten, ungebildeten, unlogischen Frau muß man es großartig nennen, wie sie mit der Fieberpeitsche ihrer Besessenheit diese eine absurde Idee wie einen Kreisel immer und immer wieder herumjagt und Sonne, Mond und Sterne, das ganze Weltall um diese eine Idee wirbelt.

Was ist aber eigentlich dieser neue, unerhörte Gedanke, was diese göttliche, diese »divine« Science, die sie als erste »rendered to human apprehension«, die Mary Baker unserem beschränkten irdischen Verstand als erste angenähert? Was ist im Grunde die weltbewegende Entdeckung, die von der rosenroten Biographie mit den Thesen Newtons und Archimedes' unbedenklich in eine Linie gestellt wird? Ein einziger Gedanke, jawohl, nur ein einziger Gedanke, zusammenfaßbar am besten in ihre Formel: »Unity of God and unreality of evil«, das will sagen: es gibt nur Gott, und da Gott das Gute ist, so kann es kein Böses geben. Demzufolge ist jeder Schmerz und jedes Kranksein völlig unmöglich und sein Scheinvorhandensein nur eine Falschmeldung der Sinne, ein »error« der Menschheit. »God is the only life and this life is truth and love and that divine truth casts out supposed error and heals the sick.« (Gott ist das einzige Leben und dieses Leben Wahrheit und Liebe, und diese göttliche Wahrheit beseitigt jede falsche Meinung und heilt die Kranken.) Krankheiten, Altern, Gebrest können also nur so lange den Menschen bedrängen, wie er verblendeterweise diesem törichten Wahn des Krankseins und Alterns Glauben schenkt, wie er sich ein mentales Bild von ihrem Vorhandensein macht. In Wahrheit aber (dies die große Erkenntnis der Science!) hat Gott nie einen Menschen krank gemacht: »God never made a man sick.« Krankheit ist also nur ein Wahnbild der Menschheit: gegen diesen gefährlich ansteckenden Wahn, nicht gegen die gar nicht mögliche Krankheit will endlich die wahre, die neue Heilkunst kämpfen.

Durch diese verblüffende Leugnung hat Mary Baker sich mit einem Ruck von allen ihren Vorgängern, sowohl in der Philosophie als in der Medizin, ja sogar in der Theologie losgelöst (denn schlägt nicht Gott selbst in der Bibel Hiob mit Seuche und Aussatz?). Ihre unmittelbaren Wegbereiter, Mesmer und Quimby, so sehr, so kühn sie auch Heilungsmöglichkeiten durch Suggestion verkündeten, sie nahmen normalerweise doch immerhin die Krankheit als ein Faktum, als unleugbaren Tatbestand. Die Krankheit war für sie vorhanden, sie war da, nun begann die Aufgabe, sie wieder wegzuschieben, die Schmerzempfindung und manchmal sogar das Leiden selbst zu überwinden, zu »overcome«. Sei es mit magnetischer Hypnose, sei es mit mentaler Suggestion, mühten sie sich redlich, dem Kranken durch seine schwerste Krise zu helfen »to help through«, immer aber bei ihrer seelischen Einwirkung bewußt, daß sie auch einem tatsächlich bestehenden Schmerz, einem menschlich leidenden Leibe gegenüberstanden. Mary Baker aber tut über diesen Standpunkt einen Siebenmeilenstiefelschritt glattweg ins Absurde, sie verläßt vollkommen den Boden und die Welt der Vernunft, sie stößt die Anschauung ihrer Vorgänger energisch um, indem sie die Sache einfach auf den Kopf stellt. »Unmöglich«, sagt sie, »kann der Geist auf den Körper wirken, »matter cannot reply to spirit«, denn – Kopfsprung der Logik! – es gibt ja gar keinen Körper. Wir Menschen sind nicht Materie, sondern göttliche Substanz, »man is not matter, he is the composed idea of God«. Wir haben keinen Körper, sondern träumen nur, ihn zu haben, und unser irdisches Dasein ist nichts als ein »dream of life in matter«, ein Traum von einem Dasein innerhalb der Materie. Man kann also Krankheiten gar nicht medizinisch heilen, weil sie nicht vorhanden sind, und darum ist nach dem neuen Evangelium Mary Baker-Eddys alle irdische Wissenschaft, alle Knowledge, alle Medizin, Physik, Pharmakologie ein unnötiger Unsinn und Irrtum. Wir können getrost unsere höchst überflüssigen Krankenhäuser und Universitäten mit Dynamit in die Luft sprengen: wozu all dieser kostspielige Aufwand für die Bekämpfung eines Wahns, einer Autosuggestion der Menschheit! Nur die Science kann dem Menschen helfen, indem sie ihn über seinen »error« aufklärt, indem sie ihm beweist, daß Kranksein, Altern und Tod überhaupt nicht existieren. Sobald der Kranke diese »truth«, diese unerhört neue Wahrheit begriffen und in sich aufgenommen hat, sind ja Schmerz, Geschwür, Entzündung und Gebrest ohnehin sofort verschwunden. »When the sick are made to realize the lie of personal sense, the body is healed.«

Unser armer irdischer, unser leider allzu wissenschaftlich erzogener Verstand steht zunächst ein wenig verblüfft vor dieser »holy discovery«, vor dieser heiligen, vor dieser unerfindlich tiefen Entdeckung Mary Baker-Eddys. Nun, man kann uns getrost allerhand Überraschtheit zubilligen. Denn seit dreitausend Jahren wissen wir alle Weisen, alle Philosophen des Morgen- und Abendlands, alle Theologen aller Religionen rastlos leidenschaftlich beschäftigt, gerade diesem Problem der Probleme nachzusinnen, wie Seele und Leib zusammenhängen. In unendlichen Variationen, mit einem unausmeßbaren Aufwand geistig passionierter Denkkraft sahen wir erlauchteste Geister sich um bloß winzige Erhellungen dieses Urgeheimnisses bemühen, und siehe da, 1875 löst – ritsch, ratsch! – mit einem einzigen kühnen Saltomortale über alle Vernunft hinaus diese resolute Geschwindphilosophin die Frage des psychophysischen Zusammenhangs, indem sie diktatorisch feststellt: »Soul is not in the body«, die Seele hat mit dem Körper überhaupt nichts zu tun. Wie einfach, wie einfach, wie rührend einfach! Das Ei des Kolumbus ist gefunden, das End- und Urproblem aller Philosophie gelöst – jubilemus! – und dies so mirakulös simpel durch Kastration der Wirklichkeit. Eine radikale Roßkur des Denkens ist durchgeführt, die alles Leiden im Leibe beseitigt, indem sie den Leib einfach als nicht vorhanden erklärt – ein System, ungefähr so probat und unfehlbar, wie wenn man Zahnschmerzen damit erledigen wollte, daß man dem Zahnkranken den Kopf abhackt.

»Es gibt kein Kranksein« – eine so toll-verwegene Behauptung aufzustellen, immerhin, das ist nicht schwer. Wie aber einen derartigen Aberwitz beweisen? Sehr einfach, sagt Mary Baker-Eddy, hört nur ein wenig gläubig zu, es ist ja so schrecklich einfach: Gott hat den Menschen nach seinem Ebenbilde gemacht, und Gott ist, wie ihr wißt, das Prinzip des Guten. Folglich kann der Mensch nur göttlich sein, und da alles Göttliche gut ist, wie sollte da etwas so Böses wie Krankheit, Schwäche, Sterben und Altern in diesem Abbild Gottes Heimstatt finden können? Der Mensch kann sich höchstens einbilden, er kann sich allenfalls mit seinen lügnerischen Sinnen vorstellen, sein Körper sei krank, sein Leib werde schwach und alt, aber da er dies nur dank seiner Sinne vermag, die nicht unmittelbare Wahrnehmung des Göttlichen haben, so ist eben seine Meinung ein »error«, ein Irrtum, und nur dieser falsche Glaube verursacht seine Schmerzen, »suffering is self imposed a belief and not truth«. Gott selbst ist doch niemals krank, wie könnte da sein Ebenbild gebrestig sein, der lebende Spiegel der göttlichen Güte? Nein, die Menschen stehlen sich selber die Gesundheit durch den Unglauben an ihre Gottsubstanz. Kranksein bedeutet darum nicht bloß einen »error«, ein Fehldenken, es ist eigentlich sogar ein »Verbrechen«, weil ein Zweifel an Gott, eine Art Gotteslästerung, denn man unterstellt damit dem Allgütigen die Möglichkeit des Bösen, und Gott kann niemals etwas Böses verursachen, »God cannot be the father of error«. Und nun rollt das tolle Rad ihrer Logik sich wild überschlagend weiter: Seele ist mind, und mind ist God, und God ist spirit, und spirit ist wieder truth, und truth ist wieder God, und God ist wieder das Gute, und da es also nur das Gute gibt, gibt es kein Böses, keinen Tod, keine Sünde. Man sieht: die Beweistechnik Mary Bakers beruht einzig auf Rotation: es wird immer ein abstrakter Begriff neben den andern gesetzt, und die Wortbedeutungen werden so fakirhaft rasch und beharrlich im Kreise gedreht, daß man wie beim Roulette nicht mehr eins vom andern unterscheiden kann. Und dies Quidproquo wird durch die fünfhundert Seiten von »Science and Health« in so vielen behenden Umstellungen und Wiederholungen durcheinander gekurbelt, bis einem der Kopf wirbelt und man betäubt jeden Widerstand aufgibt.

Übertreibe ich? Trage ich am Ende böswilligerweise eine Illogik in ihr System, die in seinem innern Bau gar nicht enthalten ist? Nun, so will ich zur Probe den allerberühmtesten Satz, die sogenannte »unsterbliche These« Mary Baker-Eddys wortgetreu anführen, um deren »Entwendung« sie seinerzeit einen Schüler öffentlich vor Gericht verklagt hat. Dieser »unsterbliche« Satz lautet: »Es ist kein Leben, keine Wahrheit, keine Intelligenz und keine Substanz in der Materie. Alles ist unendliches Gemüt (mind) und seine unendliche Offenbarwerdung, denn Gott ist alles in allem. Geist ist unsterbliche Wahrheit, Materie ist ein sterblicher Irrtum. Geist ist das Wirkliche und Ewige, Materie ist das Unwirkliche und Zeitliche. Geist ist Gott und der Mensch sein Bild und Gleichnis, folglich ist der Mensch nicht materiell, er ist geistig.« Versteht man das? Nein? Um so besser. Denn gerade dies »credo quia absurdum« verlangt Mary Baker von uns, von der Menschheit. Gerade dies, daß wir endlich unseren verfluchten, unseren hochmütigen irdischen Verstand beiseite lassen. Unsere ganze dummdreiste »knowledge«, unsere vielgerühmte Wissenschaft, hat sie die Welt um einen einzigen Schritt weiter gebracht? Nein, die ganze Heilkunde seit Asklepios, Hippokrates und Galen hat null mal null geleistet. »Physiology has not improved mankind«, Diagnostik und Therapie hilft keinen Deut, zum Teufel mit ihr! »Physiology has never explained soul and had better done not to explain body.« Medizinwissenschaft bietet keine Erklärung für seelische Vorgänge und nicht einmal für die des Körpers. Deshalb sind nach der Meinung Mary Bakers Ärzte, diese »manufacturers of disease«, diese Krankheitsfabrikanten, wie sie sie höhnisch nennt, nicht nur unnütze, unnötige Gesellen, nein, sie sind im Gegenteil sogar Schädlinge der Menschheit, denn (sehr kompliziert diese Drehung!), indem sie sich anmaßen, Krankheiten behandeln zu wollen, wo es doch in Wahrheit, in der »truth«, gar keine Krankheiten gibt, verewigen diese Übeltäter den ansteckenden »error«, den schädlichen Irrwahn, daß es so etwas wie Krankheiten gäbe. Und – nochmalige Drehung! – indem die Menschen dank der berufsmäßigen Existenz solcher Krankheitsbehandler immer wieder ein Erinnerungsbild an Krankheit vor die Augen bekommen, glauben sie, krank werden zu können, und durch diesen Irrglauben fühlen sie sich wirklich krank. Also (nochmals: man bewundere diese kühne Wendung!) bringen eigentlich die Ärzte durch ihr Vorhandensein die Krankheit hervor, statt sie zu heilen: »Doctors fasten disease.« In der ersten, ursprünglichen und persönlichsten Phase der Christian Science lehnt Mary Baker-Eddy alle Ärzte, selbst die Chirurgen, als überflüssige Schädlinge der menschlichen Gesellschaft ab und erklärt ihnen entschlossen den Krieg: erst später, durch manche Mißerfolge und peinliche Prozesse belehrt, hat sie ihre Strenge gemildert und bei chirurgischen Fällen wie Beinbrüchen, Zahnextraktionen und schwierigen Geburten die gelegentliche Heranziehung solcher Krankheitsvermehrer geduldet. Im ersten und entscheidenden Anfang aber erkennt sie nur einen einzigen Arzt an und billigt seine Methode: Christus, »the most scientific man of whom we have any record«, er, der christliche Healer, der als erster ohne Drogen, Arzneien, Pinzetten und chirurgische Eingriffe die Blutflüssige und die Aussätzige heilte, er, der »niemals Krankheiten beschrieben und sie nur geheilt hat«, er, der den Gelähmten vom Siechenbette bloß durch das Wort emporrief: »Stehe auf und wandle!« Seine Methode war Heilung ohne Diagnose und Theorie einzig durch den Glauben. Seitdem haben achtzehnhundert Jahre diese einfachste und elementarste Heilungslehre verlacht und verkannt, bis eben sie, Mary Baker-Eddy, sein Werk dem Verständnis und der Ehrfurcht der Menschheit wiedergebracht habe. Deshalb gibt sie auch ihrer Wissenschaft den stolzen Namen »Christian Science«, weil sie als Ahnherrn und Meister nur Christus, als einziges Heilmittel nur Gott anerkennt. Je mehr einer ihrer Schüler, je mehr ein »healer« von dieser Methode Christi in sich verwirkliche, je weniger er sich um irdische Wissenschaft bekümmere, um so vollkommener werde seine Heilkraft sich offenbaren. »To be Christ-like is to triumph over sickness and death.« Es genügt, daß der Heiler dem Kranken den Leitgedanken der Christian Science als Überzeugung bis in die Seele suggeriert, nicht nur seine persönlich-individuelle Krankheit, sondern Krankheit überhaupt sei infolge der Gottähnlichkeit des Menschen in unserm Weltall nicht vorhanden – damit beginnt und endet schon seine ganze Tätigkeit. Gelingt es ihm, diese Überzeugtheit wirklich überzeugend zu übermitteln, dann macht dieser

Glaube wie ein Opiat sofort den Körper unfühlbar für alle Leiden und Schmerzen, die Suggestion zerstört mit dem Leidensbild auch dessen Symptome: »not to admit disease, is to conquer it« – »die Krankheit leugnen, heißt sie überwinden«. Der Heiler hat also keinesfalls wie der Arzt die Symptome zu untersuchen, noch sich irgendwie ernsthaft mit ihnen zu beschäftigen, im Gegenteil, seine einzige Aufgabe bleibt, sie *nicht* zu sehen, sie *nicht* ernst zu nehmen, sondern als Wahngebilde, und den Patienten dahin zu bringen, daß er sie gleichfalls nicht mehr sieht und glaubt. Dann sind sofort ohne jede Untersuchung, ohne jeden Eingriff, ohne Behandlung Schwindsucht oder Syphilis, Magenkrebs oder Beinbruch, Skrofulose oder Blutzersetzung, alle diese Scheinerscheinungen irdischen Wahnes, beseitigt, und zwar einzig dank dieser geistigen Narkose mit Christian Science, dieses unfehlbaren Universalheilmittels der Menschheit, dieses »great curative principle«.

Ein wenig erholt von dem furchtbaren Keulenschlag des Nichtvorhandenseins unseres Körpers und der Lügenhaftigkeit unserer Sinne, dem »error« des Siechtums, Alterns und Sterbens, rafft sich die niedergeprügelte Vernunft allmählich schüchtern auf und beginnt die geblendeten Augen zu reiben. Wie, fragt man, es gibt keine Krankheit? All das ist nur »error« und »bad habit«, eine schlechte Gewohnheit, und doch liegen in jeder Stunde unseres Daseins Millionen Menschen in Krankenhäusern und Lazaretten, vom Fieber geschüttelt, von Eiter zerfressen, sich krümmend in Schmerzen, taub, blind, gepeinigt und gelähmt! Und seit tausend Jahren müht sich in stupidem Eifer eine einfältige Wissenschaft mit Mikroskop und chemischer Analyse und den kühnsten Operationen, diese gar nicht vorhandenen Leiden zu lindern und zu ergründen, wo der einfache Glaube an das Nichtvorhandensein zur Heilung glattweg genügte? Ganz unnützerweise werden also Millionen mit Operationen, Kuren und Medikamenten genarrt, indes all diese Qualen, sei es Milzbrand oder Gallenstein, Rückenmarkschwindsucht oder Blutfluß, doch spielend leicht durch das neue »principle« auszurotten wären? Kann so titanisch gehäufter Schmerz, dies zum Himmel getürmte Leiden Unzählbarer wirklich nur Blendwerk sein und Wahn? Darauf hat Mary Baker-Eddy eine einfache Antwort. »Jawohl«, sagt sie, »es gibt noch immer furchtbar viele Scheinkranke, aber nur weil die Menschheit noch nicht von der Wahrheit der christlichen Wissenschaft durchdrungen ist und weil die allergefährlichste Krankheit, nämlich der Glaube an die Krankheit, als permanente Infektion immer neue Individuen zu Leiden und Sterben verleitet.« Keine Epidemie der Menschheit erweise sich so verhängnisvoll wie dieser »error« von Kranksein und Sterben, denn jeder Mensch, der sich krank glaubt und über sein Leiden klagt, steckt einen andern mit dieser verhängnisvollen Vorstellung an, und so schleppt sich die Plage von Geschlecht zu Geschlecht fort. »Aber (ich zitiere wörtlich) so wie die Pocken durch die Serumimpfung allmählich eingeschränkt wurden, so kann diesem ›Unfug‹, dieser ›schlechten Gewohnheit‹ des angeblichen Krankseins und vorgeblichen Sterbens sofort Schach geboten werden.‹« Ist erst einmal die ganze Menschheit mit dem Glaubensserum der Christian Science durchgeimpft, dann ist die Zeit des Gebrestes vorbei, denn je weniger dieser Toren es geben wird, die an ihre Krankheit glauben, um so weniger Krankheit wird auf Erden sich ereignen. Aber solange dieser verderbliche Wahn bei der Mehrzahl noch verhält, so lange steht noch die Menschheit unter der Geißel von Siechtum und Tod.

Abermals staunt man auf. – Wie, es gibt also auch keinen Tod? »Nein«, antwortet Mary Baker-Eddy entschlossen, »wir haben keinen Beweis dafür.« Man glaubt ja auch, argumentiert sie, wenn man ein Telegramm bekommt vom Tode eines Freundes, daß dieser wirklich gestorben sei, aber dieses Telegramm kann doch ein Irrtum, diese Nachricht falsch sein. Da unsere Sinne nur »error« vermitteln, nur Irrtum, so stellt unsere private Meinung vom Ableben des Leibes durchaus keinen gültigen Beweis dar. In der Tat spricht die Christian-Science-Kirche noch heute nie von Toten, sondern nur von »sogenannt« Toten, »so called dead«, und ein Verstorbener ist nach ihrer Auffassung nicht gestorben, sondern der Dahingegangene hat sich nur »our opinions and recognitions«, unserer irdischen Fähigkeit, ihn leiblich wahrzunehmen, entzogen. Ebenso entbehren wir noch heute jedes Beweises, verkündet Mary Baker des weitern in eiserner Konsequenz, daß Essen und Trinken dem Menschen zum Fortleben wirklich notwendig sei, und kein mitleidiges Lächeln der Physiologen kann ihren Starrsinn belehren. Führt man sie zu einem Leichnam, um sie von der Vergänglichkeit des Leibes zu überzeugen, so behauptet sie, bloß das »going out of belief« zu sehen, nur wahrzunehmen, daß dieses Individuum eben nicht stark genug an die Unmöglichkeit des Sterbens geglaubt habe. Tatsächlich sei ja auch der Glaube an unsere geistige Macht heute leider noch zu schwach, um aus der ganzen Menschheit diese »Epidemie« des Scheinkrankseins und Scheinsterbens auszurotten. Aber im Laufe der Jahrhunderte werde der Menschengeist durch immer leidenschaftlichere Anwendung der Christian Science, durch eine ungeheure potentielle Steigerung seiner Glaubensfähigkeit eine heute noch unausdenkbare Macht über unsere Leiblichkeit gewinnen: »When immortality is better understood, there will follow an exercise of capacity unknown to mortals.« Dann erst wird in der Menschheit dieser verderbliche Wahn von Krankheit und Tod erloschen und die Göttlichkeit auf Erden wiederhergestellt sein.

Mit dieser ebenso kühnen wie geschickten Drehung ins

Utopische klinkt Mary Baker eine Türe leise auf, um in gewissen peinlichen Fällen aus ihrer Theorie herausschlüpfen zu können: wie alle Religionen schiebt auch die ihre den idealen Zustand aus der Gegenwart sanft ins Himmelreich der Zukunft hinüber. Man sieht, Nonsens zwar, hat dieser Nonsens durchaus Methode, und seine schreiende Illogik wird mit einer derart hartstirnigen Logik vorgebracht, daß sie schließlich wirklich etwas Ähnliches wie ein System zeitigt.

Ein System freilich, das in der Geschichte der Philosophie kaum einen andern Platz einnehmen wird als im Kuriositätenkabinett, das sich aber doch für seinen Nutzzweck zur Ankurbelung einer Massenhypnose als ausgezeichnet konstruiert erwiesen hat. Für die unmittelbare Wirkung einer Lehre wird leider immer ihre psychotechnische Hochspannung entscheidender als ihre intellektuelle Hochwertigkeit; und wie es zur Hypnotisierung keines Diamanten bedarf – ein Splitter glitzernden Glases genügt zur völligen Bannung –, so ersetzt bei geistigen Massenbewegungen ein primitiver, aber intuitiver Instinkt reichlich die fehlende Wahrheit und Vernünftigkeit. Alles in allem – man soll sich Tatsachen nicht verschließen – ist trotz seiner logischen Defekte der religiöse Suggestionsapparat Mary Baker-Eddys bis heute von keiner späteren Glaubenslehre an Weite der Wirkung übertroffen worden: damit allein bezeugt ihre Instinktpsychologie ihren unbedingten Rang. Man fälschte gröblich, wollte man das unleugbare Faktum unterschlagen, daß Tausende und Tausende von Gläubigen durch diese Christian Science mehr Hilfe empfangen haben als von diplomierten Ärzten, daß, wie Dokumente unbestreitbar erweisen, unter ihrer Suggestion Frauen ohne Schmerzen geboren haben, daß narkosefreie Operationen ohne Schmerz durchgeführt worden sind, weil die gläubigen Szientisten statt durch Chloroform durch dies neue geistige Betäubungsmittel »irreality of evil« gegen Schmerz unempfindlich geworden waren und daß der ungeheure Kraftzuschuß dieser Lehre unnennbar vielen die Lebenskraft gesteigert, den Lebensmut erneuert hat. Mitten in ihrer Übertreibung hat diese bei aller Wirrnis geniale Frau gewisse seelische Grundgesetze sehr richtig erkannt und in ihrer Praxis verwertet, vor allem die unleugbare Tatsache, daß jede phantasiemäßige Vorstellung eines Gefühls, also auch eines Schmerzes, in sich die Tendenz trägt, sich in Wirklichkeit umzusetzen, daß darum eine vorbeugende Suggestion oft die Furcht vor Erkrankung beseitigt, die fast ebenso gefährlich ist wie die Krankheit selbst. »The ills we fear, are the only one that conquer us«, einzig die Krankheit, die wir fürchten, bekommt über uns Macht – hinter solchen Worten, mögen sie logisch anfechtbar und faktisch tausendmal widerlegbar sein, schimmert doch Ahnung seelischer Wahrheiten, und Mary Baker nimmt im Grunde Coués Lehre von der Autosuggestion vollkommen voraus, wenn sie sagt: »Die Kranken schädigen sich selbst, wenn sie sagen, sie seien krank.« Deshalb darf auch ein Practitioner ihrer Heilmethode niemals einem Patienten zugeben, daß er krank sei: »The physical affirmative should be met by a mental negative«, nie auch der Leidende sich selbst eingestehen, daß er Schmerzen empfinde, denn erfahrungsgemäß steigere die Selbstbeschäftigung mit dem Schmerze suggestiv den schon vorhandenen Schmerz. Ihre Lehre ist, ebenso wie jene Coués und Freuds, trotz der weiten geistigen Distanz doch aus demselben Reaktionsgefühl geboren, daß die moderne Medizin in ihrer physikalisch-chemischen Entwicklung die seelischen Heilkräfte, den psychischen »Gesundheitswillen« als Helfer zu lange mißachtet habe und daß nebst Arsen oder Kampfer dem menschlichen Organismus auch rein geistige Steigerungsmittel wie Mut, Selbstvertrauen, Gottvertrauen, tatkräftiger Optimismus als Vitalitätsinjektionen zugeführt werden könnten. Bei allem inneren Vernunftwiderstand gegen das therapeutisch Widersinnige einer Lehre, die Bazillen »by mind«, Syphilis mit »truth« und Arterienverkalkung mit »God« austreiben will, darf man nie – wie erklärten sich sonst ihre Erfolge? – den Energiekoeffizienten, der dieser Lehre erkenntnishaft zugrunde liegt, gänzlich außer Betracht lassen, und man handelte unredlich und wider die Wahrheit, wollte man die tonische Kraft gewaltsam wegleugnen, welche die Christian Science unzähligen Menschen in manchen Augenblicken der Verzweiflung durch ihre Glaubenstrunkenheit zugeführt hat. Mag sein, ein Rauschgift, bloß flüchtig wie Kampfer oder Koffein die Nerven belebend, nur vorübergehend der fortfressenden Kraft der Krankheit den Weg sperrend, aber oftmalig doch wirksam als Erleichterung, als von der Seele her dem Körper aufhelfende Macht. In Summa dürfte also die Christian Science ihren Anhängern mehr Hilfe gebracht haben als Schädigung. Und schließlich hat sie sogar der Wissenschaft geholfen, denn die Psychologie, je mehr und je ernster sie die erstaunlichen Wirkungen der Christian Science verfolgt, kann noch allerhand über Massensuggestion an ihren Wundern und Werken lernen: auch im geistigen Sinn war so dieses sonderbare Leben nicht vergebens gelebt.

Das allereigentlichste Wunder der Christian Science bleibt aber doch trotz allem und allem ihre erstaunlich rasche Ausbreitung, ihre für den nüchternen Verstand geradezu unfaßbare Lawinenwirkung des Erfolgs. Wie kommt es, muß man fragen, daß eine geistig so verschrobene, logisch dermaßen dünne und dilettantische Naturheillehre innerhalb eines Jahrzehnts sofort Hunderttausenden zum Himmelsgewölbe ihres Weltalls wurde? Welche Bedingtheiten befähigten gerade diese

Theorie unter den zahllosen Weltdeutungsversuchen, die sonst nach wenigen Weltminuten wie Seifenblasen zerplatzen, eine Millionengemeinschaft um sich zu formen? Wie vermochte ein solches verworrenes, kryptoprophetisches Buch für Unzählige zum Evangelium zu werden, während sonst die mächtigsten geistigen Bewegungen meist nach einem Jahrzehnt in ihrer Stoßkraft ermatten? Immer wieder fragt sich die überraschte Vernunft vor diesem fabelhaften Suggestionsphänomen: welche besonderen Mittel der Weltwirkung hat bewußt oder unbewußt gerade diese Gründerin ihrem Werke eingebaut, daß einzig diese eine Sekte unter tausend wesensähnlichen so sieghafte Kräfte entfaltet, wie sie die Geistesgeschichte des letzten Jahrhunderts in ähnlicher Unwiderstehlichkeit ein zweites Mal kaum kennt?

Ich versuche zu antworten: der entscheidende verbreitungstechnische Faktor der Christian Science besteht in ihrer Handlichkeit. Erste Voraussetzung jeder rasch und weit um sich greifenden Idee bleibt erfahrungsgemäß, daß sie primitiv und auch für Primitive ausdrückbar sei, daß ihre Formel spitz und schnell wie ein Nagel mit einem einzigen Hammerschlag jedem Menschen in den Kopf eingetrieben werden kann. In einer altbiblischen Legende fordert ein Ungläubiger von einem Propheten als Preis für seine Bekehrung, er solle ihm den Sinn seiner Religion in so knapper Zeit erklären, wie er selbst auf einem Bein zu stehen vermöge. Derart ungeduldiger Anforderung auf stenographisch knappe Übermittlungsfähigkeit entspricht die Lehre der Mary Baker-Eddy vortrefflich. Auch Christian Science kann im wesentlichen erklärt werden, solange man auf einem Bein zu stehen vermag: »Der Mensch ist göttlich, Gott ist das Gute, folglich kann es nichts Böses wirklich geben, und alles Böse, Krankheit, Altern und Sterben ist nicht Wirklichkeit, sondern trügerischer Schein, und wer dies einmal erkannt hat, den kann keine Krankheit mehr befallen, kein Schmerz mehr quälen.« In diesem Extrakt liegt alles enthalten, und eine so allverständliche Grundformel stellt keine intellektuellen Ansprüche. Damit war die Science von vornherein befähigt, ein Massenartikel zu werden, handlich wie ein Kodak, eine Füllfeder, sie stellt ein absolut demokratisches Geistesprodukt dar. Und erwiesenermaßen haben ja zahllose Schuhmacher, Wollagenten und Handlungsreisende die christliche Heilkunde in den vorgeschriebenen zehn Lektionen tadellos erlernt, also in geringerer Zeit, als man benötigt, um ein anständiger Hühneraugenoperateur, Korbflechter oder Raseur zu werden. Christian Science ist jedermann geistig sofort eingängig, sie fordert weder Bildung noch Intelligenz noch irgendwelche menschlich persönliche Gereiftheit: dank dieser Grobschlächtigkeit wird sie von vornherein breiten Massen zugänglich, eine Everyman-Philosophie. Dazu kommt nun ein zweiter, psychologisch wichtiger Faktor: die Lehre Mary Baker-Eddys verlangt nicht das geringste Opfer an persönlicher Bequemlichkeit von ihrem Anhänger. Und – jeder Tag bezeugt uns diese Binsenwahrheit – je geringere moralische oder materielle Anforderungen ein Glauben, eine Partei, eine Religion an das Individuum stellt, um so weiteren Kreisen wird sie willkommen sein. Christian Scientist zu werden, ist in keinem Bezuge opfervoll, sondern ein ganz unverpflichtender, gar nicht belastender Entschluß. Mit keinem Wort, mit keiner Zeile verlangt dieses Dogma von dem neugewonnenen Schüler, er solle sein äußeres Leben ändern: ein Christian Scientist braucht nicht zu fasten, zu beten, sich einzuschränken, selbst nicht einmal Wohltätigkeit wird von ihm gefordert. Innerhalb dieser amerikanischen Religion ist es erlaubt, schrankenlos Geld zu verdienen, reich zu werden, die Christian Science läßt ruhig Cäsar, was des Cäsars, und dem Dollar, was des Dollars ist, – im

Gegenteil, unter den Anpreisungen der Christian Science findet sich auch die seltsame, daß diese »holy Science« die Bilanz vieler kaufmännischer Unternehmungen vermehrt habe. »Men of business have said, this science was of great advantage from a secular point of view.« Selbst ihren Priestern und Heilern gestattet diese kulante Glaubenssekte, kräftig Kasse zu machen: so ist der stärkste materielle Trieb des Menschen, der Geldtrieb, sinnvoll mit seinen metaphysischen Neigungen zusammengehalftert. Und ich wüßte wahrhaftig nicht, wie man's zuwege bringen könnte, für diese weitmaschigste aller Sekten, für die Christian Science, zum Märtyrer zu werden.

Drittens aber – last not least –: schaltet die Christian Science durch ihre kluge Neutralität einerseits jeden Zusammenstoß mit Staat und Gesellschaft aus, so zieht sie anderseits auch stärksten Zufluß aus den lebendigen Quellen des Christentums. Dadurch, daß Mary Baker-Eddy mit genialem Blick ihr geistiges Heilmedizinieren auf den Felsen der öffentlich anerkannten Kirche stellt und ihre »Science« mit dem jederzeit in Amerika allmagischen Wort »Christian« bindet, deckt sie sich gewissermaßen den Rücken. Denn niemand wagt so leicht, eine Methode Humbug oder Schaumschlägerei zu nennen, für die Christus als Vorbild und die Erweckung des Lazarus als sprechendes Zeugnis angerufen wird. Eine dermaßen fromme Ahnenschaft skeptisch ablehnen, hieße das nicht zugleich, die Heilungen der Bibel und die Wundertaten des Heilands bezweifeln? Mit dieser genialen Bindung ihrer Glaubenstheorie an das mächtigste Glaubenselement der Menschheit, an das Christentum, erweist allein schon diese Hellseherin der Wirkung ihre später so erfolgreiche Überlegenheit über alle ihre Vorgänger, über Mesmer und Quimby, die in ihrer Redlichkeit versäumten, ihre Methoden als göttlich inspirierte dazustellen, während es Mary Baker-Eddy schon durch die Namensgebung gelang, die ganzen latent flutenden Kräfte des amerikanischen Christentums in ihre Sekte aufzunehmen.

So paßt sich diese auf Asphalt gewachsene Weltanschauung nicht nur dem materiellen und moralischen Unabhängigkeitsbedürfnis des Amerikaners an, sondern sie stützt sich auch auf seine ganz in die staatskirchlichen Formeln des Christentums gebannte Religiosität. Aber darüber hinaus erreicht mit geradem, herztreffendem Stoß die Christian Science noch die unterste und eigentliche Seelenschicht des amerikanischen Volkes, seinen hellgläubigen, naiven, seinen herrlich leicht zu entflammenden Optimismus. Dieser Nation, die erst vor hundert Jahren sich selbst entdeckte und dann mit einem einzigen Ruck und Riß technisch die ganze Welt überflügelte, die über ihr eigenes ungeahntes Wachstum mit einer echten und rechten Jungenfreude noch immer wieder selbst erstaunt, einer so sieghaft realistischen Rasse kann kein Unternehmen zu kühn, kein Zukunftsglaube zu abstrus erscheinen. Warum sollte, da man in zwei Jahrhunderten durch seinen Willen so wundervoll weit gekommen, es unmöglich (weg mit dem Wort!) sein, Krankheit durch den Willen zu besiegen, warum sollte man nicht fertig werden auch mit dem Tod? Gerade das Exzentrische einer solchen Herausforderung der Willenskraft entsprach vortrefflich dem amerikanischen Instinkt, der nicht wie der europäische sich an zwei Jahrtausenden Geschichte mit Zweifel und Skepsis übermüdet hat: in dieser Lehre, die nirgends dem demokratischen Bürger sein Privatleben, sein Geschäft, seine Kirchengläubigkeit stört und doch gleichzeitig die Seele mit erhabener Hoffnung beflügelt, fühlte er leidenschaftlicher als je seine Energie, seine unbändige Kampflust herausgefordert, das Unwahrscheinliche auf Erden wahrzumachen. Eben, weil sie verwegener war als alle vorausgegangenen, fand diese kühnste Hypothese der Neuzeit so willige Heimstatt im

Neuland der Welt, und Kirchen wuchsen in Marmor und Stein aus amerikanischer Erde, um diesen Glauben bis zum Himmel zu erheben. Denn allezeit bleibt es das liebste Geistspiel der Menschheit, sich das Unmögliche als möglich zu erdenken. Und wer immer sie anreizt zu dieser ihrer heiligsten Leidenschaft, der hat selber sein Spiel gewonnen.

Verwandlung in Offenbarung

Der Grundstein des Systems ist gelegt, nun kann sich der schöpferische Bau erheben, die neue Kirche, der ragende Turm mit den weithin hallenden Glocken. Aber in welchen liliputanischen Dimensionen, inmitten welcher lächerlichen Provinzquengeleien spielen sich die ersten formbildenden Jahre der jungen Lehre ab! Für den ungetreuen Kennedy ist ein Dutzend anderer Schüler eingesprungen, Uhrmachergehilfe der eine, Fabrikarbeiter der andere, dazu ein paar Spinsters, unverheiratete ältliche Mädchen, die mit ihrem Leben und ihrer Zeit nichts anzufangen wissen. Angestrengt sitzen sie vor den Pulten, die breitschultrigen, massigen Burschen und schreiben wie in einer Dorfschule mit schwerfälligen schwieligen Fingern die Leitsätze der »Science«, die ihnen die straffe, gebietende Frau von ihrem Holztisch her in die Feder diktiert; bewundernd lauschen sie, die Augen erhoben, den Mund halb offen, jeden Nerv vom Willen des Verstehens gespannt, ihrer heiß und zuckend von den Lippen fließenden Rede. Groteske Szenerie und rührend zugleich: in einer engen muffigen Stube, die nach abgetragenen Kleidern, nach grauer Mühsal und Armut riecht, in einem niedern ungeistigen Kreise gibt Mary Baker ihr »Geheimnis« zum erstenmal an die Menschheit weiter, und ein paar abgehalfterte proletarische Existenzen, die nichts wollen, als ihren zermürbenden Maschinendienst mit einem einträglicheren, bequemeren Beruf vertauschen, sie bilden die ersten Jünger, die noch ganz in Dunkel eingefaltete Keimzelle einer der mächtigsten Geistesbewegungen unserer neuzeitlichen Welt.

Dreihundert Dollar haben die simplen Jungen für ihre Lehrzeit zu zahlen, zwölf Lektionen zu nehmen, dann können sie ihren Hut über die Ohren stülpen und ihn Doktorhut nennen. Nach dieser Promotion könnte sich jeder seine Doktorei aufmachen und brauchte sich nicht länger um Mary Baker zu kümmern. Aber ein Unerwartetes ereignet sich: die Schüler kommen von ihrer Lehrerin nicht mehr los. Zum erstenmal offenbart sich die großartige Ausstrahlung, die von dieser Seelenaufrüttlerin, von dieser Seelenvergewaltigerin ausgeht, zum erstenmal die geheimnisvolle Magie, auch die beschränktesten und schwerblütigsten Naturen zu geistigen Leistungen aufzureißen, immer und überall Leidenschaft zu erwecken, grenzenlose Bewunderung oder erbitterten Haß. Ein paar Wochen nur, und ihre Schüler verfallen ihr mit Haut und Haar. Sie können nicht mehr reden, nicht mehr denken, nicht mehr handeln ohne ihre Seelenverwalterin, sie erhorchen Offenbarung aus jedem ihrer Worte, sie denken aus ihrem Willen. Allen Menschen, denen Mary Baker begegnet – dies ihre unerhörte Macht! –, ändert sie das Leben, immer und überall treibt sie aus der Überkraft ihres Daseins ein ungeahntes Spannungsübermaß in fremde Existenzen hinein, Anziehung oder Abstoßung, immer aber Intensität. Bald beginnt ein Wetteifern unter ihren Schülern, ihr mit der untersten Quellkraft der Seele zu dienen, ein Furioso der Willenshingabe an ihren Willen. Nicht nur Lehrerin der Wissenschaft soll sie ihnen sein, wünschen diese hingerissenen Seelen, sondern Leiterin ihres ganzen Lebens, – nicht nur die geistige, sondern auch die geistliche Führung drängen sie ihr zu. So geschieht es, daß am 6. Juni 1875 ihre Schüler zusammentreten und nachfolgende Entschließung dokumentarisch festlegen:

»Nachdem vor kurzem die unserer Zeit neue und allen anderen Verfahren weit überlegene Wissenschaft des Heilens durch ihre Entdeckerin Mary Baker-Glover in der Stadt Lynn eingeführt worden ist,

Und nachdem viele Freunde die gute Botschaft in der ganzen Stadt verbreitet und das Lebens- und Wahrheitsbanner, das vielen mit Krankheits- und Irrtumsketten Gefesselten die Freiheit erklärte, hochgehalten haben,

Und nachdem durch den boshaften und vorsätzlichen Ungehorsam eines einzelnen, der in der Liebe der Weisheit und der Wahrheit keinen Namen hat, das Licht durch Mißdeutungswolken und Geheimnisnebel verdunkelt und das Wort Gottes vor der Welt verborgen und auf den Straßen verlacht worden ist, so haben wir Schüler und Verteidiger dieser Philosophie, der Wissenschaft des Lebens, mit Mary Baker-Glover vereinbart, daß sie uns jede Woche am Sonntag predige und unsere Versammlungen leite. Und wir geloben einander hierdurch und erklären und geben bekannt, daß wir übereingekommen sind, für die Dauer eines Jahres die hinter unsere Namen gesetzte Summe zu bezahlen, vorausgesetzt jedoch, daß die von uns bezahlten Beiträge zu keinem andern Zweck verwendet werden als zur Unterstützung der genannten Mary Baker-Glover, unserer Lehrerin und Unterweiserin, ferner für die Miete eines geeigneten Saales.«

Nun folgen die Zeichnungen der acht Schüler: Elisabeth M. Newhall zeichnet 1.50 Dollar, Daniel H. Spofford 2 Dollar, andere meist nur 1 Dollar oder 50 Cent. Von dieser Summe werden wöchentlich 5 Dollar Mary Baker-Glover für ihre Predigten gezahlt.

Eine Stammtischrunde, wäre man versucht, lächelnd zu sagen, angesichts derart winziger Beträge. Aber dieser

6. Juni 1875 bildet einen Markstein in der Geschichte der Mary Baker, in der Historie der Christian Science; von diesem Tage an hat die Umfärbung einer persönlichen Weltanschauung in Religion begonnen. Aus Moral Science ist über Nacht Christian Science geworden, aus einer Schule eine Gemeinschaft, aus einer herumziehenden Heildoktorin eine göttliche Verkünderin. Sie ist von nun ab nicht mehr eine in Lynn zufällig etablierte Naturheilerin, sondern eine durch göttliche Fügung zur Erleuchtung der Seelen Gesandte. Abermals hat Mary Baker einen ungeheuren Schritt weiter nach vorwärts getan, indem sie ihre bisher bloß geistige Macht in eine geistliche verwandelt. Äußerlich geschieht zunächst ein kaum Wahrnehmbares: jeden Sonntag hält Mary Baker-Glover in einem gemieteten Zimmer Predigt für ihre Studenten, eine Stunde, zwei Stunden lang, dann wird auf dem Harmonium ein frommes Lied gespielt. Damit ist die fromme Morgenfeier zu Ende. Es scheint sich also kaum anderes ereignet zu haben, als daß zu den tausend und aber tausend winzigen Sekten Amerikas eine neue hinzugekommen ist. In Wahrheit bedingt aber diese Umfärbung einer ärztlichen Heilmethode in einen religiösen Glaubenskult eine völlige Verwandlung aller Voraussetzungen: ein Prozeß vollzieht sich am lichten Tage und in wenigen Monaten, der sonst bei allen Religionen Jahrzehnte und Jahrhunderte brauchte, nämlich ein irdischer Glaube setzt sich selbst als göttliches und darum unwiderlegliches Dogma ein – ein Mensch verwandelt sich bei lebendigem Leibe in Mythos, in prophetisch-überweltliche Gestalt. Denn vom Augenblicke an, da sich die bloße Mind Cure, die Heilung durch Suggestion mit Kirchendienst bindet, da Mary Baker aus einem »practitioner«, aus einem Arzt am Leibe gleichzeitig zu einer Seelenpriesterin wird, Heilhandlung zu Kulthandlung, von diesem Augenblick an muß alles Irdische und Rationale in der Entstehung der Christian

Science bewußt verschattet werden. Niemals darf eine Religion ihren Gläubigen als erfunden gelten von einem einzelnen irdischen Gehirn, immer muß sie von oberen, von unsichtbaren Welten niedergeschwebt, also »verkündet« worden sein; um des Glaubens willen muß sie behaupten, daß der von der Gemeinde Erwählte in Wahrheit ein von Gott selbst Erwählter sei. Die Kristallisation einer Kirche, die morphologische Verwandlung eines ursprünglich bloß hygienisch gedachten Gesetzes in göttliches Gebot, vollzieht sich hier so offen wie im chemischen Laboratorium. Zug um Zug können wir mitansehen, wie Legende die dokumentarische Geschichte der Mary Baker verdrängt, wie sich die Christian Science ihren Horeb der Verkündigung dichtet, ihren Tag von Damaskus, ihr Bethlehem und Jerusalem. Vor unsern Augen wird die »Entdeckung« der Science durch Mary Baker zu einer »Inspiration«, das von ihr verfaßte Buch zu einem heiligen, ihr atmendes Leben zu einem neuen Heilandswandel auf Erden.

Eine solche plötzliche Vergöttlichung erfordert selbstverständlich vor den Gläubigen einige nicht geringfügige Überarbeitungen in Mary Bakers Lebensbild: zunächst wird die Kindheit der zukünftigen Heiligen durch ein paar rührende Züge im Stil der Legenda aurea zielbewußt untermalt. Was muß eine echte und rechte Gottberufene schon als Kind gehört haben? Sie muß Stimmen gehört haben, wie Jeanne d'Arc und wie Maria die Botschaft des Engels. Mary Baker hat sie selbstverständlich (gemäß ihrer Selbstbiographie) vernommen, und zwar in ihrem achten Jahr. Nachts ertönt ihr der geheimnisvolle Anruf ihres Namens aus dem Weltall, und sie antwortet – die Achtjährige! – mit den Worten Samuels »Rede Herr, denn dein Knecht hört«. Eine zweite Analogie wird eingebaut zu Christi Gespräch mit den Schriftgelehrten: im zwölften Jahr vom Pastor geprüft, erschüttert das blonde, blasse

Kind die ganze Gemeinde durch ihre frühe Weisheit. So vorsichtig präludiert, kann dann die bisherige »Entdekkung« der Wissenschaft leicht in eine »Erleuchtung« umgedichtet werden. Lange hat Mary Baker geschwankt, auf welches Datum sie den Augenblick der Begnadung ansetzen soll, bis sie sich endgültig entschließt, diese »Erleuchtung« auf das Jahr 1866 (vorsichtigerweise nach dem Ableben Quimbys) festzulegen. »Im Jahre 1866 entdeckte ich die Christus-Wissenschaft oder die göttlichen Gesetze des Lebens, der Wahrheit und der Liebe, und nannte meine Entdeckung Christian Science. Gott hatte mich viele Jahre hindurch gnädig für die Empfängnis dieser endgültigen Offenbarung des absoluten göttlichen Prinzips wissenschaftlich mentalen Heilens vorbereitet.« Die »Erleuchtung« geschieht nun nach der neu eingebauten nachträglichen Version folgendermaßen: Am 3. Februar 1866 gleitet Mary Baker (damals noch Patterson) in Lynn auf dem Pflaster aus, fällt hin und wird bewußtlos aufgehoben. Man bringt sie in die Wohnung, der Arzt erklärt (angeblich) ihren Fall für verzweifelt. Am dritten Tage, sobald der Arzt weggegangen ist, lehnt sie die Arznei ab und erhebt (nach ihren eigenen Worten) »ihr Herz zu Gott«. Es ist ein Sonntag, sie schickt die im Zimmer Anwesenden hinaus, nimmt die Bibel und schlägt sie auf, ihr Blick fällt auf die Heilung des Gichtbrüchigen durch Jesus. Sofort empfindet sie »den verlorenen Klang der Wahrheit aus der göttlichen Harmonie«, ehrfurchtsvoll erkennt sie das Prinzip seines christlichen Beispiels am Kreuze, als er ablehnte, den Essig und die Galle zu trinken, um die Qualen der Kreuzigung zu lindern. Sie erkennt Gott von Angesicht zu Angesicht, sie »berührt und handhabt ungesehene Dinge«, sie versteht diesen ihren Zustand als Kind Gottes, sie hört, wie er ihr zuspricht: »Meine Tochter, stehe auf!« Und sofort steht Mary Baker auf, kleidet sich an, tritt in das Wohnzimmer, wo ein Geistlicher und einige Freunde warten, schon tragisch bereit, ihr den letzten Trost auf Erden zu bringen. Nun stehen sie bestürzt vor dem auferstandenen Lazarus. Erst an diesem selbsterlebten Wunder habe sie, Mary Baker, in blitzhafter Inspiration das Universalprinzip des schöpferischen Glaubens erkannt.

Dieser schönen Legende widerspricht leider das eidlich beim Amte beschworene Zeugnis des Arztes, und noch drastischer erledigt sie ein handschriftlicher Brief Mary Baker-Eddys aus dem Frühjahr 1866, in dem sie noch Wochen später dem Nachfolger Quimbys, Dr. Dresser, verzweifelt von jenem Sturz und den schrecklichen Folgen für ihre Nerven schreibt und in dem sie (die angeblich längst Geheilte) ihn stürmisch anfleht, ihr nach der Quimby-Methode zu helfen. Aber Quimby? Wer ist denn Quimby? Dieser Name ist seit der Umfabrikation der Christian-Science-Entdeckung in eine überirdische Sendung mit einmal verschwunden. In der ersten Ausgabe von »Science and Health« gilt ihrem Wohltäter und Lehrer noch eine matte zufällige Zeile, dann aber leugnet mit verbissenen Zähnen Mary Baker bis zum letzten Atemzug, jemals von Quimby irgendeine Anregung empfangen zu haben. Vergebens, daß man ihr mit ihren eigenen hymnischen Artikeln aus dem »Portland Courier« auf den Leib rückt, vergebens, daß man ihre Dankbriefe veröffentlicht und mit photographischen Proben nachweist, ihre ersten Lehrmanuskripte seien nichts als glatte Kopieen seiner Texte, – auf eine Frau, die unsere ganze Tatsachenwelt als »error« erklärt, macht kein Dokument Eindruck. Zuerst leugnet sie, überhaupt jemals seine Manuskripte verwertet zu haben. Und schließlich, in die Enge gedrängt, stellt sie die Tatsachen kühn auf den Kopf und behauptet, nicht Quimby habe sie, sondern sie habe Quimby über die neue Wissenschaft aufgeklärt. Nur Gott, nur seiner Gnade allein dankte sie ihre Entdeckung.

Und kein Gläubiger verdiene diesen Namen, der an diesem Dogma zu zweifeln wage.

Ein Jahr, zwei Jahre, und die verblüffendste Verwandlung hat sich vollzogen: aus einer Laienmethode, der ihre »Entdeckerin« noch vor wenigen Monaten naiv ehrlich nachrühmte, daß man »mit ihr in kurzer Zeit sich ein gutes Einkommen schaffen könne«, ist im Handumdrehen göttliche Botschaft geworden, aus der fünfzigprozentigen Teilhaberin des Kartonagedoktors Kennedy eine inspirierte Prophetin. Mary Bakers unersättliches Selbstgefühl stellt sich von nun ab hinter einen unangreifbaren Wall, indem sie fürderhin jeden ihrer Wünsche einfach als göttliches Diktat ausgibt und auch für das verwegenste Verlangen Gehorsam im Namen ihrer himmlischen Sendung fordert. Jetzt heißt es zum Beispiel nicht mehr, ein Lehrkurs bei ihr koste dreihundert Dollar in guten marktgängigen Banknoten, sondern (wörtlich!!) schreibt sie: »Als Gott mich veranlaßte, einen Preis für meinen Unterricht im christlich-wissenschaftlichen Gemütsheilen festzusetzen«, habe »eine seltsame Vorsehung sie dazu geführt, diese Gebühr anzunehmen«. Ihr Buch (dessen Autorrechte sie grimmig genau einfordert) dankt sie nicht ihrem eigenen irdischen Verstande, sondern göttlicher Eingebung. »Nie würde ich wagen, zu behaupten, ich hätte jenes Werk geschrieben.« Widerstand gegen ihre Person bedeutet folgerichtig von nun ab Auflehnung gegen das »Göttliche Prinzip«, das sie auserwählt. Durch diesen Machtzuwachs ist über Nacht die Wirkung ihrer Persönlichkeit unermeßlich gesteigert: riesenhaft kann sich nun ihre Autorität aufrecken. Berauscht von dem neuen Gefühl ihrer Sendung, berauscht sie immer heißer ihre Hörer. Weil sie an sich selbst als ein Wunder glaubt, schafft sie sich Glauben: ein knappes Jahrzehnt noch, und Hunderttausende werden ihrem Willen gewonnen sein.

Die letzte Krise

Jede religiöse Bewegung wird unter Krisen und Spannungen geboren, immer umfiebert gewittrige Atmosphäre ihre Niederkunft in die Welt. Auch Mary Baker bringen jene schöpferischen Stunden der ersten Glaubensgestaltung gefährliche, ja sogar lebensgefährliche Erschütterung der Nerven. Denn zu jäh hat sich der phantastische Umschwung vom Nichts zur Allmacht vollzogen, – gestern noch eine hoffnungslose Kranke, eine Almosenbettlerin, von Mansarde zu Mansarde gejagt, sieht sie sich plötzlich im Brennpunkt überschwenglicher Bewunderung, eine Heilbringerin, eine Heilige fast. Bestürzt, verwirrt, mit brennenden Nerven erfährt jetzt Mary Baker jenes merkwürdige Phänomen, von dem alle Nervenärzte und Psychologen zu berichten wissen, nämlich, daß bei jeder psychischen Behandlung die Patienten zunächst ihre eigene Unruhe, ihre Neurosen und Psychosen zurück auf den Arzt werfen und er die äußerste Gegenkraft aufbieten muß, um nicht selbst seelisch von diesen fremden Hysterieen überflutet zu werden. Mary Baker wird beinahe weggeschwemmt von diesem plötzlichen Erregungszudrang. Erschrocken, überrascht von dem zu großen, zu stürmischen Erfolg, sieht die Frau ihre Nerven so hohem Anspruch nicht gewachsen. Eine Atempause fordert sie darum, einen Augenblick Selbstbesinnens. Inbrünstig beschwört sie ihre Studenten, sie möchten von ihren unaufhörlichen Bekenntnissen, ihren Bitten und Fragen ablassen, sie ertrüge nicht dieses drückend nahe Herandrängen, dieses verzweifelte Sichanklammern. Sie möchten doch Mitleid haben, fleht sie – sie ginge sonst selbst zugrunde: »Those, who call on me mentally, are killing me.« Aber der geistige Überschwang, den sie erweckt, kennt keinen Halt mehr. Mit heißem, brennendem Mund saugen ihre Schüler sich an ihr fest und trinken ihr die Kraft aus dem Leibe. Vergebens wehrt sie ab, flüchtet sogar einmal aus Lynn, »driven into wilderness«, vor dieser unerwarteten, ungewohnten Liebe und schreibt dann von ihrem Zufluchtsort: »Wenn die Schüler weiter an mich denken und mich um Hilfe bitten, werde ich schließlich mich schützen müssen, und zwar so, daß ich mich im geistigen Sinne durch eine Brücke, die sie nicht werden überschreiten können, vollständig von ihnen trenne.« Wie ein Verhungernder plötzlich gebotene Nahrung, statt sie gierig zu schlingen, angewidert erbricht, weil sein Magen durch überlange Entbehrung gereizt und unaufnahmsfähig geworden ist, so antwortet hier ein jahrzehntelang an Einsamkeit gewöhntes Gefühl gegen so plötzliche Bewunderung zunächst mit verzweifeltem Schrecken, mit zuckender Abwehr. Noch hat sie selbst das Wunder ihrer Wirkung nicht verstanden, und schon verlangt man Wunder von ihr. Noch fühlt sie sich kaum heil, und schon will man, daß sie Heilige und Allheilhelferin sei. Diesem wilden Bedrängtsein halten ihre Nerven nicht stand: mit fiebrigen Augen blickt sie nach allen Seiten nach einem, der ihr selber helfen könnte.

Dazu kommt bei dieser Frau klimakterischen Alters noch eine persönliche Unsicherheit. Mehr als ein Jahrzehnt abseits von Männern lebend, immer Witwe oder verlassen, war schon der erste junge Mensch, der räumlich an sie nahekam, Kennedy, ihr trotz seiner Gleichgültigkeit Bedrängnis geworden. Nun steht sie plötzlich von morgens bis nachts in loderndem Kreis von Männern, jungen Männern, und alle diese Männer verwöhnen sie mit Ergebenheit, mit Hingabe, mit Bewunderung. Erschütterten Herzens, leuchtenden Blicks schauen und schauern sie alle auf, kaum daß ihr Kleid die Schwelle streift; jedes Wort, das sie sagt, nehmen sie als Wahrheit, jeden Wunsch als Befehl. Aber gilt – vielleicht nur im

Unbewußten gestellte Frage! – gilt diese männliche Verehrung ihr bloß als der geistigen Führerin, gilt sie vielleicht nicht auch der fleischlichen Frau? Unlösbarer Konflikt für ihre harte puritanische Natur, die seit Jahrzehnten sich selbst die Wünsche ihres Körpers verschwieg! Noch scheint, aufgestört durch Kennedy, das Blut der mehr als Fünfzigjährigen nicht völlig zur Ruhe gekommen: jedenfalls, ihr Verhalten zu den Studenten wird völlig gleichgewichtslos, ihr Benehmen wechselt, kalt und heiß, in einem fortwährenden Auf und Ab zwischen intimer Kameradschaft und hart abweisender Despotie. Etwas in ihrem sexuellen Leben ist bei Mary Baker nie ganz geradlinig gewesen: die Gleichgültigkeit, fast möchte man sagen, der Abscheu vor dem eigenen Kinde und der immer erneute Versuch, dieses fehlende Mütterlichkeitsgefühl durch Heirat oder Adoption von jüngern Männern auszugleichen, machen ihre Gefühlswelt sehr rätselhaft. Ihr ganzes Leben lang hat sie immer junge Männer um sich gebraucht, diese Nähe beruhigt und beunruhigt sie zugleich. Immer deutlicher von Woche zu Woche offenbart sich die unterirdische Verstörung in solchen geheim wünschenden Geboten, sich von ihr »abzuwenden«. Schließlich schreibt sie ihrem Lieblingsschüler Spofford, dem einzigen, den sie zärtlicher als die andern beim Vornamen »Harry« nennt, einen explosiven und sehr konfusen, einen in seiner verzweifelten Abwehr völlig verräterischen Brief: »Wollen Sie mich leben lassen, oder wollen Sie mich töten?« schreibt sie dem gänzlich Ahnungslosen, »nur Sie haben meinen Rückfall verschuldet, und ich werde nie davon genesen, wenn Sie sich nicht beherrschen und Ihre Gedanken von mir gänzlich abwenden. Kommen Sie nicht mehr zu mir zurück, ich werde nie einem Mann mehr glauben.«

»Ich werde nie einem Mann mehr glauben« – so schreibt die Überreizte am 30. Dezember 1876 an Spofford. Aber bereits vierundzwanzig Stunden später, am 31. Dezember, wird eben derselbe Spofford durch ein neues Billett überrascht, in dem Mrs. Baker ihm mitteilt, sie habe ihre Ansichten geändert. Sie werde sich morgen mit Asa Gilbert Eddy, einem anderen Schüler, vermählen. Innerhalb von vierundzwanzig Stunden hat sich Mary Baker in einen wilden Entschluß geworfen: vor dem völligen Zusammenbruch ihrer Nerven schauernd, klammert sie sich verzweifelt an einen Menschen, an irgendeinen, der ihr gerade zur Hand ist, nur um nicht in Irrsinn zu stürzen, und fordert sein Jawort heraus. An einen, an irgendeinen zufälligen unter ihren Schülern kettet sie sich fest, denn bisher hatte keiner in der Gemeinde das geringste Anzeichen einer besondern Neigung für den um elf Jahre jüngeren Studenten und vormaligen Nähmaschinenagenten, Asa Gilbert Eddy, diesen braven, etwas kranken Kerl mit klaren leeren Augen und einem hübschen Gesicht, bei ihr wahrgenommen und wahrscheinlich auch sie selber nicht. Jetzt aber, knapp vor dem Abgrund, reißt sie mit einem jähen Ruck diesen bescheidenen, unbedeutenden Mann an sich, einen Mann, der selbst bestürzt über die unverständliche Plötzlichkeit ihrer Neigung, dem gleichfalls verblüfften Spofford ehrlich erklärt: » I didn't know a thing about it myself until last night.« Aber selbstverständlich: wie wird ein Student sich gegen eine solche Auszeichnung durch die göttliche Meisterin auflehnen? Aus blinder Hörigkeit gehorcht er sofort ihrem ehrenden Antrag und holt noch selben Tags bei den Behörden die Heiratsbewilligung. Und einen Tag später – man erkennt Mary Bakers Willensungestüm an dem tollen Tempo, sich wieder zu verheiraten! –, am Neujahrstage 1877, wird bereits diese ihre dritte Ehe geschlossen und während der Zeremonie noch rasch der Wahrheit ein kleiner Stoß versetzt, indem Braut und Bräutigam ihr Alter einhellig mit vierzig Jahren angeben, obwohl Eddy bereits fünfundvierzig und Mary Baker nicht weniger als sechsundfünfzig zählen. Jedoch, was bedeutet »chronology«, was eine kleine eitle Zahlenlüge bei einer Frau, die großzügig-verschwenderisch mit Ewigkeiten und Äonen rechnet, die unsere ganze irdische Wirklichkeit als eine törichte Sinnestäuschung verachtet? Zum drittenmal steht sie, die in ihrem Lehrbuch die Heirat theoretisch verworfen, vor dem Traualtar: diesmal aber gehört der neue Name, den sie in dieser Stunde erwirbt, nicht ihr allein, sondern der Geschichte. Als Mary Glover, als Mary Patterson hat niemand diese Farmerstochter aus Virginia geehrt und gekannt, ihre früheren Gatten sind spurlos der Zeitgeschichte entschwunden. Diesen neuen Namen aber, Mary Baker-Eddy, wirft sie über fünf Kontinente unserer Welt und schenkt als Brautgabe einem kleinen Nähmaschinenagenten, namens Eddy, die Hälfte ihres Ruhms.

Derlei schußhafte, derlei stoßhafte Entschlüsse in wahrhaften Schicksalsaugenblicken sind charakterologisch unendlich kennzeichnend für Mary Baker-Eddy. Die wichtigsten Entscheidungen ihres Lebens entstehen bei ihr nie aus bewußt logischer Überlegung, sondern aus vulkanischen Energieausbrüchen, aus gleichsam krampfartigen Entladungen vom Unbewußten her. Geniehaft bald und bald wieder völlig wahnwitzig, entlädt sich ihre überreizte Nervenenergie immer in so jähen Entschlüssen, daß sie ihr waches Ich gar nicht dafür verantwortlich machen kann. Was natürlicher darum, als daß sie sich von einem Oben her inspiriert dünkt, daß sie ihre Nervenentladungen als Zündungen überirdischen Funkens ansieht und sich selbst als eine Auserwählte prophetischen Worts? Unablässig erlebt sie ja das Wunder, ihre schmerzhaftesten Unentschlossenheiten sich in einem plötzlichen Erkenntnisblitz lösen zu sehen, und zwar meist auf glücklichste Art. Denn fast immer trifft sie mit ihren Impulsivtaten und Improvisationen ins Schwarze: Mary Bakers Instinkt ist hundertmal klüger als ihre Vernunft, ihr Genie tausendmal größer als ihr Verstand. Auch in dieser entscheidenden Krise ihrer Weiblichkeit hätte sie bei sorgfältigster Vorausüberlegung keine therapeutisch klügere Nervenentlastung finden können als durch den Pistolenschuß und -entschluß, sich gerade einen so unselbständigen und stillen Menschen zum Lebensbegleiter zu wählen, einen Menschen, zwar dürr, aber gerade darum verläßlich wie ein fester Stock, auf den man sich beruhigt stützen kann. Ohne diesen ruhigen und beruhigenden Asa Gilbert Eddy, ohne diese sichere Rückendeckung hätte sie wahrscheinlich den Sturm der kritischen Jahre nicht überstanden.

Denn diese nächsten Jahre der Christian Science werden kritisch sein. Einen Augenblick hat es sogar den Anschein, als wollte die mühsam geschaffene Gemeinde sich auflösen, der Turm des Glaubens mitten im Bau noch einstürzen. Als Antwort auf ihre Heirat verläßt der in seinem Stolz getroffene Spofford, der Getreueste der Getreuen, der Mitarbeiter an »Science and Health«, den Kreis der Frommen und eröffnet wie Kennedy seinen eigenen Laden mit Christian Science in Lynn. Selbstverständlich schleudert die Meisterin – ihre herrische Natur vermag keinen Abfall zu ertragen – abermals die grimmigsten Bannflüche, auch ihm hängt sie Prozesse an den Hals. Auch gegen Spofford genau wie gegen Kennedy verbreitet sie die manische Anschuldigung, er übe telepathisch-böswilligen Ferneinfluß, er vergifte mit seinem M. a. M., seinem »malicious animal magnetism«, unschuldigen und ahnungslosen Menschen die Gesundheit. Mit allen Hunden des Hasses hetzt Mary Baker ja immer gerade am grimmigsten ihren entlaufenen Schülern nach, denn sie weiß, wie alle Kirchengründer – man erinnere sich an den Haß Luthers gegen den »säuischen« Zwingli, an die Verbrennung Servets durch Kalvin wegen einer einzigen theologischen Meinungsabweichung –, daß eben in der ersten Aufbaustunde einer Kirche jedes Schisma, jede Absplitterung von der Lehre das ganze Gebäude erschüttert. Aber alle diese historischen Überreiztheiten der ersten Kirchenkonzile muten noch gutmütig an gegen die Tollwut, gegen den rasenden Verfolgungsfanatismus einer Mary Baker-Eddy, dieser ewig Maßlosen. Unüberbietbar und unberechenbar in ihrer Passioniertheit, schreckt diese im Gefühl allezeit überdimensionale Frau auch vor offenen Irrwitzigkeiten nicht zurück, wenn sie einen Gegner vernichten will. Etwas Unglaubliches geschieht, eine Absurdität, wie sie seit hundert Jahren sich nicht in Amerika ereignet: ein regelrechter Hexenprozeß beschäftigt ein modernes Gericht. Denn so stark betäubt Mary Bakers Seelenübermacht den Verstand ihrer Anhänger, daß am 14. Mai 1878, mitten im neunzehnten Jahrhundert, eine der ihr mit Haut und Haar verfallenen und ihren Haß mithassenden Schülerinnen, daß die Szientistin Miß Lucretia Brown gegen Daniel H. Spofford öffentliche Klage einreicht, er habe ihr seit einem Jahre »durch seine Kraft und seine Kunst in unrechter und boshafter Weise und in der Absicht, ihr zu schaden, großes Leiden an Leib und Seele, heftige Rückgrat- und Nervenschmerzen und zeitweilige Geistesgestörtheit zugefügt«. Obwohl nun erwiesenermaßen Spofford die gute Jungfer Lucretia nie gesehen, nie gesprochen, nie ärztlich untersucht hat und es sich demnach einzig um den mittelalterlichen Zauberwahn telepathischer Verhexung des Malocchio hätte handeln können, wird dieser kurioseste Prozeß der Neuzeit doch bis vor den Richter gebracht. Der erklärt sich selbstverständlich in derlei kabbalistischen Dingen als unzuständig und schiebt lachend die Hexereianklage unter den Tisch. Nach dieser katastrophalen Blamage sollte, glaubt man, grenzenlose Heiterkeit die von »mentalem« Theologengezänk überhitzte Atmosphäre von Lynn entlüften. Aber Mary Baker-Eddy fehlt jeder Nerv für Lächerlichkeit, ihr ist es mit ihrem Glauben wie mit ihrem Haß verzweifelt ernst. Sie gibt nicht nach: Spofford und Kennedy müssen vernichtet werden. Plötzlich werden ihr Mann und ihr zweiter Lieblingsschüler Arens (gegen den sie übrigens später gleichfalls prozessierte) verhaftet unter der Anschuldigung, zwei Arbeitslose zu einem Attentat auf Spofford angestiftet zu haben. Vollkommen ist diese dunkle Angelegenheit niemals geklärt worden: jedenfalls beweist aber schon die bloße Tatsache einer gerichtlichen Mordanklage unmittelbar nach dem Hexereiprozeß, bis zu welcher tödlichen Erbitterung sich jene Glaubenszwistigkeiten hinaufsteigerten. Eine Klage jagt die andere, jeden Monat erscheint Mary Baker-Eddy in neuer Sache vor Gericht. Schließlich lächelt schon der Richter, sobald die hagere grauhaarige Frau erregt, mit verbissenen Lippen eine neue Beschwerde vorbringt: bald will ein Schüler nicht die rückständigen Dollars und Prozente zahlen, bald fordert ein Enttäuschter sein Lehrgeld zurück, bald hat man ihr einen Lehrsatz »entwendet«. Heute erklärt eine Schülerin, man habe sie nur blanken Unsinn gelehrt, und sie verlange Entschädigung, morgen klagt wieder Mary Baker einen abtrünnigen Szientisten auf Erlag der »inition« – kurzum: in der Enge dieser Kleinstadtwelt zerstößt sich die übermächtige Gefühlsenergie dieses Dämons der Seelenkraft an den lächerlichsten Geldquengeleien und Krähwinkeleien. Und schon droht eines der merkwürdigsten geistigen Schauspiele der Neuzeit zur simplen Kurpfuscherposse herabzusinken.

Das spüren jetzt endlich auch die Schüler. Sie wittern die Lächerlichkeit in diesen Hexenbeschuldigungen, in dieser pathologischen »Daemonophobia« ihrer Führerin. Allmählich beginnt bei den lange Betäubten der Nerv des common sense wieder zu erwachen. Heimlich tun sich acht ihrer bisher treuesten Anhänger zusammen und beschließen, diesem ganzen dummen Haßwahn »malicious animal magnetism« innerhalb der Lehre nicht mehr zuzustimmen. Sie seien in die Science eingetreten, stellen sie gemeinsam fest, weil sie ihnen als Botschaft von der Allgüte und Alleingegenwart Gottes erschienen sei; nun habe – wie jede Religion – Mary Baker nachträglich noch den Teufel zu dem Gott in das Weltall hineinpraktiziert. Und diesen lächerlichen Teufel malicious animal magnetism, verkörpert durch solche Jammergestalten wie Spofford und Kennedy, in der allgöttlichen Welt Gottes anzuerkennen, weigern sie sich. So veröffentlichen die acht Veteranen der »Science« am 21. Oktober folgende Erklärung:

»Während wir, die Unterzeichneten, das Verständnis der Wahrheit, zu dem unsere Lehrerin, Mrs. Mary Baker-Glover-Eddy, uns verholfen hat, anerkennen und schätzen, sind wir durch göttliche Intelligenz dazu geführt worden, ihre Abweichung vom geraden und schmalen Wege (der allein zum Wachstum in den christusähnlichen Tugenden führt) mit Bedauern zu erkennen, was sich in häufigen Entrüstungen, in Liebe zum Geld und in der Neigung zu Heuchelei kundtut; wir können uns daher einer solchen Führerschaft nicht mehr unterordnen. Aus diesem Grunde erklären wir ohne die geringste Spur von Haß, Rache oder kleinlichem Groll im Herzen, sondern nur aus dem Gefühl der Pflicht gegen sie, gegen die Sache und gegen uns selber, ehrerbietigst unsern Austritt aus dem Schülerverein und aus der Kirche christlicher Wissenschaftler.«

Diese Erklärung fällt auf Mary Baker-Eddy wie ein Genickschlag. Sofort stürzt sie zu jedem der Abtrünnigen und fordert Rücknahme des Austritts. Da alle acht aber unbeugsam bleiben, will sie wenigstens vor ihrem eigenen rasenden Stolz recht behalten. Flink dreht sie den Spieß um und trifft (wie die rosenrote Biographie schweifwedelnd schreibt) »eine meisterliche Entscheidung«, indem sie den Ausgetretenen das Recht, eigenmächtig die Gemeinschaft zu kündigen, abstreitet, also den acht Schülern, die die Tür hinter sich zugeschlagen haben, gewissermaßen noch über die Gasse nachschreit, sie befehle ihnen, das Haus zu verlassen. Aber solche kleine Triumphe ihrer Rechthaberei können die entscheidende Tatsache nicht mehr ändern – Mary Baker-Eddy hat in Lynn verspielt. Die Gemeinde zerfällt durch die ewigen Zänkereien, die Zeitungen reservieren der Christian Science bereits eine ständige Amüsierrubrik. Ihr Werk liegt in Trümmern. Als einzige Möglichkeit bleibt, es noch einmal aufzubauen an anderem Ort und auf festeren, breiteren Fundamenten. So wendet die verkannte Prophetin dem undankbaren Bethlehem den Rücken und siedelt nach Boston über, in das Jerusalem der amerikanisch-religiösen Geistigkeit.

Wieder einmal – zum wievielten Male? – hat Mary Baker-Eddy ihre Partie verloren. Aber gerade diese letzte Niederlage wird ihr größter Sieg, denn erst die erzwungene Übersiedlung bricht ihr freie Bahn. Von Lynn aus konnte ihre Lehre nicht ins Weite wachsen. Zu absurd in diesem engen Zirkel war das Mißverhältnis ihres Größenwahns und der Zwergigkeit des Widerstands. Ein Wille von der Größe Mary Bakers braucht Weite, um zu wirken, ein Glaube wie der ihre keinen Klüngel als Ackerboden, sondern eine ganze Nation: kein Heiland, erkennt sie, kann Wunder tun, wenn ihm tagtäglich die Nachbarn in die Werkstatt blicken, niemand Prophet bleiben im Eingewöhnten und Täglich-Vertrauten. Geheimnis muß das Wunderbare umschatten, immer kann Nimbus darum nur entstehen im Dämmerlicht der Abseitigkeit. Erst in einer Großstadt kann Mary Baker sich zu ihrer Wesensgröße entfalten.

Aber noch entschlossener will sie das Schicksal für diese entscheidende Aufgabe. Noch einmal, zum letztenmal, hämmert die alte harte Faust auf die Sechzigjährige los. Kaum wohnt sie sich in Boston ein, kaum legt sie das neue Fundament der Christian Science nun auf breiterem, tragkräftigerem Grunde, da trifft sie mörderischer Schlag. Von je war Asa Gilbert Eddy, ihr junger Gatte, brustleidend gewesen, einzig diese Gesundheitsschwäche hatte ihn erst Spofford und der Science zugetrieben; nun verschlechtert sich das Herzleiden rasch. Vergebens, daß Mary Baker-Eddy inbrünstiger als je ihre »Wissenschaft« an dem ihr wichtigsten Menschen anwendet, vergebens, daß sie die bei so viel Gleichgültigen erprobte »mentale« Kur gerade an diesem allernächsten versucht – das ermattende Herz, die verkalkten Gefäße wollen sich nicht gesundbeten lassen. Und vor den Augen der angeblichen Wunderwirkerin lischt er allmählich dahin. Die Tausenden und Zehntausenden Gesundheit gebracht und verkündet, sieht – tragisches Schicksal – sich ohnmächtig vor der Krankheit des eigenen Gatten.

In diesem dramatischen Augenblick begeht Mary Baker-Eddy – es ist für mich die menschlichste Sekunde ihres Lebens – Verrat an ihrer Wissenschaft. Denn in ihrer Seelennot tut sie, was sie sonst allen andern tyrannisch verbietet: sie versucht nicht länger, ihren Mann »by mind« zu retten, sondern ruft einen wirklichen Arzt, Dr. Rufus Neyes, einen jener »confectioners of decease«, an des Sterbenden Bett. Einmal, ein einziges Mal kapituliert diese unbändige Seele vor ihrem ewigen Feind, vor der Wirklichkeit. Dr. Neyes stellt ein vorgeschrittenes Herzleiden fest, verordnet Digitalis und Strychnin. Aber es ist zu spät. Mächtiger als die Wissenschaft, mächtiger als der Glaube ist das ewige Gesetz. Am 3. Juni 1882 stirbt Asa Gilbert Eddy in Gegenwart derselben Frau, die vor

Millionen von Menschen Krankheit und Tod für unmöglich erklärt hat.

Dieses eine und einzige Mal, am Sterbebett ihres eigenen Mannes, hat Mary Baker-Eddy ihren Glauben verleugnet: sie hat, statt ihrer eigenen Christian Science zu vertrauen, einen Arzt gerufen. Einmal hat vor dem gewaltigsten Gegner, vor dem Tod, auch diese Riesin des Willens die Waffe gesenkt. Aber nur eine knappe Sekunde lang. Kaum ist Asa Gilbert Eddy der letzte Atem von der Lippe geflossen, richtet die Witwe sich wieder auf, unbeugsamer, starrsinniger als je. Falsch nennt sie die durch Sezierung bestätigte Diagnose; nein, nicht durch eine Herzentartung sei Asa Gilbert Eddy gestorben, sondern durch »metaphysical arsenic«, durch ein »mental poison« vergiftet worden, und sie selber hätte ihn mit Hilfe der »Science« nur deshalb nicht retten können, weil damals durch mesmeristisch-telepathischen Einfluß Kennedys und Spoffords ihre eigenen Kräfte gelähmt gewesen seien. Wörtlich schreibt sie (um den peinlichen Effekt dieses Todes auf die Gläubigen abzuschwächen): »My husband's death was caused by malicious mesmerism... I know it was poison that killed him, but not material poison, but mesmeric poison... after a certain amount of mesmeric poison has been administered, it can not be averted. No power of mind can resist it.« Selbst auf dem Grabe ihres Gatten pflanzt sie noch die Fahne dieses fürchterlichen Unsinns vom magnetischen Ferngift auf, lächerlich und großartig absurd wie immer in ihren entscheidendsten Augenblicken.

Dies aber war ihre letzte Erschütterung. Den ersten Mann hat sie begraben, der zweite hat sie verlassen, nun liegt der dritte unter der Erde. Niemandem von nun ab mehr durch Liebe verbunden, keinem Ding der Welt durch Leidenschaft verschwistert, lebt sie seit dieser Stunde nur noch einer einzigen Sache: ihrem Werk. Nichts ist ihr geblieben aus sechzigjährigem Mühsal als dieser unerschütterliche, unbeugsame, dieser fanatische und phantastische Glaube an ihren Glauben. Und mit dieser ihrer unvergleichlichen Kraft erobert sie jetzt, eine Greisin, die Welt.

Christus und der Dollar

Einundsechzig Jahre zählt Mary Baker-Eddy, als sie vom Grab ihres dritten Mannes heimkehrt. Einundsechzig Jahre, Großmutteralter, in dem andere Frauen die schwarze Haube aufsetzen und still in einen Winkel schatten, ein Alter, da Menschen bereits erste Gleichgültigkeit und Müdigkeit überfließt, denn wie lange kann man noch wirken und für wen? Aber für diese erstaunliche Frau hat die Weltuhr anderen Schlag. Als Greisin kühner, klüger, hellsichtiger und leidenschaftlicher als jemals, beginnt Mary Baker-Eddy mit einundsechzig Jahren ihr wirkliches Werk.

Gegenkraft war immer ihre Kraft, einzig am Widerstand türmt sie ihre Stärke. Der Verzweiflung dankt sie ihre Gesundung, der Krankheit den Sinn ihres Lebens, der Armut den verbissenen Drang nach oben, dem Unglauben der andern ihren unzerbrechlichen Glauben an sich selbst. Daß Lynn, die Stadt ihrer Kirchengründung, sie verstieß, wird für den Hochbau ihrer Lehre sogar entscheidender Gewinn. Denn der Raum eines Schuhmacherstädtchens war zu eng für die Weite ihres Planens, dort konnte der ungeheure Hebel, mit dem sie die Welt aus den Angeln heben will, sich nicht genug tief eingraben in die Erde, dort war sie abgeschaltet von den großen Traktoren und Faktoren des Erfolgs. In Boston, beim Anblick der modernen geschäftlichen Stadt, wird ihr augenblicklich klar, daß man ihrer »mentalen« Idee alle materiellen und maschinellen Hilfsmittel der Technik, der Propaganda, der Reklame, der Presse und der geschäftsmäßigen Betriebsamkeit einbauen, dem geistigen Apparat gleichsam stählerne Räder unterlegen müsse, damit er wie Elias' feuriger Wagen die Herzen der Menschen himmelan reiße.

So stellt sie ihren Bau in Boston sofort auf breitere Grundlage. Ärmlichkeit, das hat sie erkannt, schadet in dieser irdischen Welt: einem Unscheinbaren glaubt man keine Kraft. Nicht wie in Lynn eine einstöckige, schäbige Holzbude mietet sie deshalb, sondern kauft im besten Teile der Stadt, in der Columbus-Avenue, aus dem in Lynn reichlich verdienten Gelde ein dreistöckiges, granitenes Haus mit Empfangsräumen, Bildern und Teppichen und einem hübschen Salon. Der Lehrsaal wird nicht wie einst mit gehobelten Holzpulten garniert, sondern schmuck herausgeputzt, denn in Boston erwarten sie keine Absatzflicker mehr als Schüler, nicht solch plumpe schwerhufige Gesellen, sondern »refined people«; diese neue Kundschaft darf man nicht durch Dürftigkeit abschrecken. Auch außen bezeichnet ein neues Firmenschild mit breiter, silberner Platte die Hebung des sozialen Niveaus. Ein Wort wie »Teacher of moral Science«, Lehrer moralischer Wissenschaft, das klingt für Boston zu dünn, zu leise, zu bescheiden. Zu leicht könnte man damit auf eine Linie mit Kartenaufschlägerinnen, Telepathen und Spiritualisten geschoben werden. Darum nimmt die höhere Schule von vornherein einen höheren Namen an: die Christian Science ernennt sich zur Universität, zum »Massachusetts Metaphysic College«, in dem nach ihrer Ankündigung mit staatlicher Erlaubnis Pathologie, Therapeutik, Philosophie, Metaphysik und deren praktische Anwendung auf Krankheiten gelehrt werden. Über Nacht ist mit amerikanischen Geschwindigkeiten aus einer Winkellehrerin ein Universitätsdozent, aus der

Doktorei eine Professur, aus dem »mentalen« Schnellsiederkurs eine staatlich bewilligte wissenschaftliche Pseudohochschule geworden.

Aber noch mehr als diese äußere Verwandlung ist die gleichzeitige Anpassung Mary Baker-Eddys an ihren eigenen Aufstieg zu bewundern: immer wächst diese Frau mit jedem Erfolg innerlich mit in die höheren geistigen und sozialen Sphären. Hier, wo sie als Hörerinnen Damen der Gesellschaft zu erwarten hat, gebildete – oder sagen wir vorsichtiger: halbgebildete – Leute, wirkt sie selbst in der besten »society« nicht eine Sekunde lang inferior oder provinzlerisch; schon bei der ersten Stufe wird ihre verblüffende Begabung zur Selbststeigerung sichtbar: sofort ist sie Lady und sogar für die gesellschaftlich Anspruchsvollsten eindrucksgebietend. Vornehm angezogen, empfängt in Boston, die vierzig Jahre sich in billiggeschneiderte Fetzen kleidete, die Gäste zum Tee in ihrem Salon. Jedem Gespräch weiß sie sich sieghaft gewachsen, und wenn sie Sonntags, weißseiden angetan, den Blick hell und stark unter dem langsam ergrauenden Haar, an das Rednerpult ihrer Kirche tritt, verstummt jeder Atem, so gebietend wirkt ihre majestätische Gestalt. Immer fühlen sich gleich nach den ersten Worten die Hörer von ihrer hinreißenden Beredsamkeit gepackt. In Rede und Schrift, in Lehre und Leben überspringt innerhalb eines Jahrzehnts diese Frau alle Hemmungen ihrer engen Herkunft, ihrer mangelhaften Bildung: sie lernt, ohne zu lernen, es strömt ihr wahrhaftig zu. Bald wächst Nimbus mit rauschendem Flügel um ihre Gestalt, immer leidenschaftlicher umdrängt sie Verehrung, aber aus den Erfahrungen von Lynn weiß die klug Beobachtende jetzt schon, daß man Nimbus einzig intakt erhält durch Distanz. Jetzt läßt Mary Baker-Eddy keinen Fremden mehr nah heran an ihr Leben, sie duldet nicht mehr, daß ihr Neugier in die Fenster blickt. Um so mächtiger dann die

Wirkung, wenn sie ihren Hörsaal betritt oder Sonntags an dem Pult der Kirche erscheint: dann ist es immer, als ob sie aus einer Wolke von Geheimnis trete; zwischen ihr selbst und der Welt bleiben aber von nun ab lebendige Puffer eingeschaltet, ein Privatsekretär und Unterbeamte, die alle geschäftlichen, alle peinlichen Verhandlungen von ihr weghalten. Durch diese Unsichtbarkeit wird es als außerordentliche Auszeichnung gewertet, wenn sie ausnahmsweise einmal einen Schüler privatim empfängt oder Gäste in ihren Salon bittet: mitten in der Millionenstadt, mitten im Donner der Straßenbahnen, neben dem Lärm der Börse und dem wirbelnden Strömen geschäftiger Massen erbaut sich so allmählich eine Legende um ihre Person. Noch in Boston wird Mary Baker-Eddy schon Mythos aus einer Gestalt.

Hellsichtig aber erkennt sie, daß, wenn Stille und Verborgenheit die psychische Wirkung eines Namens erhöhen, die Lehre selbst wiederum Lautsein braucht, eine tönende Lunge. Das Amerika von 1890, an dem Großstadtbetriebe erkennt sie dies sofort, ist kein Land für stilles, für leises, für langsames Sichauswirken. Was dort Erfolg haben soll, muß mit hartem Dreschflegel, mit den lauten, hallenden, immer und immer wieder ins Hirn fallenden Schlägen der Reklame ins Bewußtsein der Masse eingehämmert werden. Auch eine neue Sekte muß dort lanciert, propagiert und plakatiert werden wie eine neue Seife, eine neue Füllfeder, eine neue Whiskymarke. Zu weit, zu breit ist unsere Welt geworden, als daß eine Botschaft wie in den Tagen der Menschheitsfrühe von Mund zu Mund weitergetragen werden könnte. Hier muß man für jede Botschaft ein Sprachrohr, ein Megaphon zur Verfügung haben, damit die Verkündigung bis hinüber nach Kentucky und Kalifornien, bis zum Ufer des Pazifischen Meeres dröhne. Alles Neue braucht im Jahrhundert der Druckerschwärze die Zeitung, und da die großen Blätter sich ihrer Lehre gegenüber gleichgültig verhalten, beschließt sie, als erstes und wichtigstes Propagandamittel ein eigenes Organ zu gründen, das »Christian Science-Journal«. Damit ist zum erstenmal der Raum überwunden, die Reichweite des Wortes von Lippe zu Ohr bis ins Unendliche gesteigert. Diese Gründung des »Christian Science-Journals« entscheidet sofort den Sieg der Christian Science: zum erstenmal erfahren jetzt Kranke in der Provinz, die nirgends Heilung gefunden haben, durch die breit abgedruckten Wunderkuren von der neuen medizinischen Universalmethode in Boston. Und Verzweifelten ist kein Weg zu weit. Bald wagen die ersten den Versuch. Von New York, von Philadelphia kommen Patienten herübergefahren, einige gesunden, und diese Gesundeten tragen die Lehre weiter. Anderseits inserieren die Healer der verschiedenen Städte, die ersten Evangelisten Mary Baker-Eddys, im »Journal« ihre Adressen, und nun greift mit immer rascherem Schwung Rad und Rad ineinander bei diesem neuen Traktor des Erfolgs. Denn jeder Healer hat, um seine Verdienstmöglichkeiten zu verbessern, das allerdringlichste Interesse, die Lehre und den Glauben an die Lehre möglichst zu verbreiten; jeder neue »Doktor« wirkt als neuer Propagandist für das »Christian Science-Journal«, er wirbt Abonnenten, verkauft Exemplare von »Science and Health«. Dadurch dreht sich das Rad immer schneller: durch diese neu geworbenen Leser kommen neue Patienten an das Massachusetts College, von den Gesundgewordenen ergreifen manche wieder die gute Möglichkeit, selber Healer zu werden, diese neuen Heiler werben wieder neue Abonnenten und neue Patienten – so schwillt nach dem Schneeballsystem der praktisch ineinandergreifenden Interessen die Auflagenzahl der Zeitung, die Auflagenzahl der Bücher, die Summe der Gläubigen. Ist erst in einer Stadt irgendwo draußen ein erster Anhänger, so siedelt sich paar Monate später schon ein Healer an, dessen Patienten bilden eine Gemeinde, und dieserart geht es von Ort zu Ort: kurzum, das Kabel der Christian Science ist nun endgültig angeschlossen an die geistigen Nervenbahnen der Vereinigten Staaten. Deutlich kann man die unaufhaltsame Geschwindigkeit des Aufstiegs der Christian Science an den steigenden Zahlen und Zahlern nachmessen. 1883 drucken vierzehn Healer in »Christian Science-Journal« ihre Geschäftskarten ab, 1886 schon einhundertelf, 1890 bereits zweihundertfünfzig, außerdem treten in diesem Jahre schon dreiunddreißig Akademien, also Unterschulen, in Kolorado, Kansas, Kentukky, in allen Departements Amerikas an die Öffentlichkeit. In gleichem Tempo vermehren sich die Auflagen der Bibel; 1882 erscheint das dritte, 1886 das sechzehnte Tausend von »Science and Health«, um die Jahrhundertwende dürften bereits dreihunderttausend Exemplare überschritten sein. Und aus all diesen plötzlich aufgetanen Umsätzen aus Büchern, der Zeitung, den Inseraten, den Universitäten und ihren Kursen, beginnen immer breitere Geldströme zu fließen, die sich alle im Kassabuch der »Mother Mary« vereinigen; diese Ziffern schwellen im Kubus von Jahrzehnt zu Jahrzehnt. Tausende und Hunderttausende Dollar Honorar für Universitätsunterricht, Hunderttausende für Buchhonorar, Hunderttausende in Form von Geschenken und Millionen Dollar an Spenden für die zu erbauenden Kirchen.

Diesen unverhofften Zustrom des Mammons von sich wegzuhalten, hat Mary Baker-Eddy niemals versucht; im Gegenteil, seit diese knochige und harte Greisinnenfaust einmal den Griff der Pumpe zwischen den Fingern spürt, läßt sie nicht ab, das goldene Blut bis auf den letzten Tropfen aus ihren Gläubigen zu pressen. Mit dem ersten verdienten Gelde ist unter den vielen Begabungen, die ein halbes Jahrhundert lang unsichtbar in Mary Baker schlummerten, auch ein geradezu genialer Geschäftssinn, eine maßlose Geldfreude erwacht. Mit der gleichen zähen Verbissenheit, wie sie jede Macht der Erde in ihre durstige Seele reißt, rafft sie nun Geld, die sinnlich sichtbarste Machtform unserer Welt. Je einträglicher die Christian Science sich erweist, um so geschäftsmäßiger wird sie von der nun überraschend welttüchtigen Führerin organisiert. Wie in einem gutgängigen Warenhaus gliedert sie nach dem Trustsystem immer neue Abteilungen ihrem Unternehmen an. Kaum findet »Science and Health« reißenden Absatz, sofort erhöht Mary Baker-Eddy den Verkaufspreis um fünfzig Cent und sichert sich von jedem Exemplar einen blanken Dollar als Copyright. Außerdem wird beinahe jede Auflage umgestaltet, denn die gläubigen Anhänger kaufen zu den früheren auch die neueste »endgültige« Fassung: damit wird jeder Stillstand im Absatz vermieden. Immer sichtbarer wird die Finanzorganisation hinter der Glaubenssache, eine ganze Industrie von Christian-Science-Artikeln setzt ein, Bücher, Broschüren, Vereinsabzeichen, »authentische Photographieen« Mary Baker-Eddys zu fünf Dollars das Stück, »Christian Science spoons«, gräßlich geschmacklose Silberlöffel mit ihrem Emailbild. Zu diesen Gewinnen aus Fabrikaten kommen noch die Dankgaben der Gläubigen an ihre Führerin, die sorgfältig zu Weihnachten und Neujahr im Journal veröffentlicht werden, um die weniger Eifrigen zu Spenden anzutreiben: das große Diamantkreuz, den Hermelinmantel, die Spitzen und Juwelen der Mother Mary, all das dankt sie diesem sanften Drängen. Seit Menschengedenken war nie ein geistlicher Glaube besser und rascher auf Gewinn umgebogen worden als die Christian Science vom Finanzgenie ihrer Begründerin: zehn Jahre Boston verwandeln die metaphysische Lehre von der Immaterialität der Welt in eine der materiell einträglichsten Unternehmungen Amerikas.

Und Mary Baker-Eddy, vorgestern noch bettelarm, kann sich stolz zu Ende des Jahrhunderts schon Millionärin nennen.

Aber unvermeidbar: in je breitere Massen ein Gedanke einströmt, um so mehr verflüchtigt sich seine gleichsam radioaktive Substanz; jeder Glaube, der dem Geld oder der Macht dient, nimmt Schaden an seiner Seele. Verdienen hemmt überall das moralische Gewicht einer Leistung, so auch hier: mit dem Einschuß von Reklame, Geld und Propaganda und der dadurch bedingten Vergeschäftlichung der Christian Science hat Mary Baker-Eddy dem Teufel den kleinen Finger gereicht: bald hat er sie ganz in der Faust. Mit dieser sonderbaren Verkuppelung einer angeblichen Christusmethode mit vollgültigen Tausenddollarschecks beginnt ein Riß in der bisher fanatisch geraden Haltung Mary Baker-Eddys – immer schwerer hält es, an ihre Gläubigkeit zu glauben, seit sie mit dem Glauben so gute Geschäfte macht. Denn für jedes redliche Gefühl bleibt Frömmigkeit unlösbar von Selbstpreisgabe, von Verzicht auf Irdisches: Buddha, der sein Königshaus verläßt und als Bettler in die Welt geht, zu lehren, Franziskus, der sein Kleid zerreißt und den Armen schenkt, jeder kleine jüdische Bibelgelehrte, der Geld und Gewinn verachtet und mit einer Krume Brot über den heiligen Büchern sitzt, sie alle überzeugen durch das Opfer und nicht durch das Wort. Nur über Armut und Entbehrung ging bisher der Weg aller Religionen ins Göttliche. Hier aber, in dieser neuen amerikanischen Religion, im Dogma Mary Baker-Eddys erscheint zum erstenmal ein zinsenträchtiges Bankkonto dem Propheten kein Ärgernis und die Berufung auf Christus kein Hemmnis, kräftig den Dollar zu raffen. An dieser Stelle klafft ein Riß im theologischen Weltsystem, und hier hat auch Mark Twain, der große Satiriker Amerikas, energisch eingehakt, um das Gebäude Mary Baker-Eddys umzulegen. In seiner glänzenden Streitschrift stellt er eine Reihe peinlicher Fragen an die neue Prophetin, die aus ihrer Verachtung der Materie über eine Million Mark jährlich in höchst »materiellen« Dollars einscheffelt. Warum, fragt er, stelle sie eigentlich, da doch ihr Buch »Science and Health« nach ihrer eigenen Aussage nicht von ihr geschrieben sei, sondern höherem Diktate entstamme, dies fremde Geisteigentum unter gerichtlichen Copyrightschutz und beziehe so Tantiemen, die eigentlich Gott gehören? Und wenn sie sich mit ihrer Methode auf die Heilungen Christi berufe, möge sie doch auch in der Bibel den zweiten Teil ihrer Analogie nachweisen, nämlich, daß Christus, wie sie und ihre Healer, jemals Geld oder Geldeswert für seine Heilungen durch den Geist verlangt habe. In amüsanter Form veranschaulicht er den Zwiespalt zwischen Theorie und Praxis, etwa indem ein wackerer Healer mit viel Pathos seinen Patienten belehrt, daß alles irreal sei, das Geschwür irreal, das ihn auf dem Beine brenne, der Schmerz irreal, der von dem Geschwür ausgehe, das Bein irreal und der Körper selbst irreal, an dem es hänge, der Mensch in diesem Körper irreal und die Welt irreal – aber doch, wenn der Behandelte nicht sofort in baren und irdisch realen Dollars die Kur bezahlt, dann läuft der Healer unverweigerlich zu dem nächsten realen Bezirksgericht. Unerbittlich zergliedert Mark Twain die sonderbare Doppelliebe Mary Baker-Eddys sowohl zum Heiligenschein als zum Dollarschein und nennt schließlich eine Religion Heuchelei, die immer nur Geld für sich selbst einsackt, nie aber das Gebot der Wohltätigkeit lehrt oder ausübt. Sogar diesen geborenen und geschworenen Amerikaner, diesen Sohn eines Landes, wo Geschäftstüchtigkeit die Bürger nicht hindert, gleichzeitig gute Christen zu sein, widert dieser Geschäftstrust mit Glaubensartikeln an, diese allzu enge Verbindung zwischen Christus und Dollar, und er setzt seine ganze künstlerische Spottkraft ein, um mit dem Dynamit der Satire ihre Machtstellung rechtzeitig zu sprengen.

Aber was und wer kann eine Mary Baker-Eddy verwirren! Was sie sagt, bleibt Wahrheit, was sie tut, richtig. Niemals wird diese prachtvoll despotische Frau von irgendeinem Menschen dieser Erde Einspruch gegen ihr Tun und Denken anerkennen. So wie harte Hände für Machthalten und Raffen, so hat sie auch harte Ohren für jeden Widerspruch: über alles, was sie nicht hören will, weiß sie mit wirklicher Ehrlichkeit gut hinwegzuhören. An zwei Dinge insbesondere läßt ihr unerschütterlicher Eigenwille niemals rühren: an ihr Geld und an ihren Glauben. Nie wird sie deshalb ein Jota ihrer Überzeugung, nie einen Cent von ihren drei Millionen Dollar preisgeben. Und den ihr entgegengeschleuderten Vorwurf der Geldmacherei schnippt sie locker mit dem Finger weg. Ja, antwortet sie, es sei richtig, daß die Szientisten jetzt viel Geld verdienten, aber gerade dies beweise die Güte der Science. Daran erkenne man am besten die Notwendigkeit und den Triumph dieser Wissenschaft, daß ihre Verbreiter und Verkünder nicht mehr wie früher Mangel leiden müßten. »Now Christian Scientists are not indigent, and their comfortable fortunes are acquired by healing mankind morally, physically and spiritually.« Und wenn ihr damals Gott geboten habe, für Unterricht und Heilung Zahlung zu fordern, so habe sie nachträglich die Einsicht in dieses göttliche Gebot gefunden: nämlich dadurch, daß der Patient ein materielles Opfer bringe, steigere er erfahrungsgemäß seinen eigenen Glaubenswillen. Je schwerer das Opfer für ihn werde, um so mehr fördere er damit innerlich seine Heilung. Nein – Geld bedeutet Macht, und keinen Strohhalm Macht läßt Mary Baker-Eddy jemals freiwillig aus den Händen; unbedenklich gegen jeden Widerspruch schaltet sie den Motor der Science an den elektrischen Strom »publicity«

(Reklame), der alle Bewegungen und Unternehmungen unserer Gegenwart mit seiner unerschöpflichen Dynamik speist. Und tatsächlich gibt in Amerika ein beispielloser Erfolg ihrer gewaltsamen Seelenfängerei recht. Seit die Druckmaschinen in Hunderttausenden von Exemplaren ihre Worte verbreiten, seit eine Nachrichtenbelieferungsstelle die früher bloß persönliche Beeinflussung ins Anonyme steigert, seit in planhafter Organisation überall ins Nervennetz des Landes Umschaltungskontakte eingesetzt werden, wächst die Verbreitung der Lehre mit amerikanischen Geschwindigkeiten und überholt ihre kühnsten Erwartungen. Jede Woche, jeden Tag spannt sich der Radius weiter, längst umfaßt Mary Baker-Eddys geistiger Machtkreis nicht nur Boston, nicht bloß Massachusetts allein, sondern das ganze riesige Land vom Atlantischen bis zum Pazifischen Ozean. Wie im Jahre 1888, fünf Jahre nach der Eröffnung der »Universität«, Mary Baker-Eddy sich endlich entschließt, in Chicago eine öffentliche Heerschau ihrer Gläubigen abzuhalten, erlebt sie zum erstenmal den mystischen Rausch der Massenbegeisterung, den ersten vollgültigen, unbestreitbaren Sieg. Achthundert Abgeordnete der Christian Science hatte man erwartet, aber viertausend Menschen drängen in die Türen, um die »Bostoner Prophetin« (so nennt man sie bereits) leibhaftig zu sehen. Wie sie eintritt, erheben sich elektrisiert alle im Saal und jubeln ihr minutenlang zu. Einem solchen brausenden Begeisterungssturm kann sie kein hochmütiges Schweigen entgegenstellen. Obwohl es ursprünglich nicht in ihrer Absicht lag, muß sie doch dieser krampfig gespannten, dieser ehrfürchtigen Erwartung von viertausend Menschen etwas über den Sinn ihrer Lehre sagen. Zögernd betritt sie das Podium, sieht sinnend mit ihren grauen Augen in die Menge, dann beginnt sie unvorbereitet zu reden, langsam zuerst, aber der Überschwang der triumphalen Stunde reißt sie mit, und so leidenschaftlich, so begeistert und begeisternd entflammt sich ihr Wort, daß wie bei Lincolns berühmter Rede in Bloomington die Journalisten verabsäumen, mitzustenographieren. Niemals hat, so bezeugen einhellig ihre Getreuen, Mary Baker-Eddy großartiger zu ihren Hörern gesprochen, als da sie zum erstenmal den lebendigen Atem einer Masse bis an ihre Lippe fühlte, nie heißer und herrlicher als bei dieser ersten Heerschau. Atemlos horchen die Viertausend dieser immer höher, immer beschwingter aufrauschenden Rede, und dithyrambischer Tumult entsteht, kaum daß sie geendet. Hemmungslos stürzen die Menschen auf das Podium, Frauen strecken ihre gichtischen Arme aus und schreien: »Hilf mir!«, erwachsene Männer küssen ihre Hände, ihre Kleider, ihre Schuhe, und es bedarf äußerster Energie, damit Mary Baker-Eddy nicht von diesem Niedersturz besessener Begeisterung umgerissen und erdrückt werde. Die Situation wird gefährlich durch das Übermaß der Ekstase: man hört grelle Schreie des Schmerzes mitten im Jubel, seidene Kleider und Spitzen werden zerrissen, Juwelen verloren; wie Berauschte balgen sich die Gläubigen, ihre Hände oder nur den Saum oder eine Falte ihres Rockes zu berühren, um von dieser Berührung schon Genesung zu empfangen. Und nach dem offiziellen Bericht des »Christian Science-Journal« wurden elf Kranke in dieser Stunde bloß durch ihre Gegenwart vollkommen geheilt.

Dieses »Freudenfest des Geistes« im Juni des Jahres 1888 bringt Mary Baker den entscheidenden Sieg. Es erobert ihr Amerika. Nun aber verlangen ihre Gläubigen ein Denkmal dieses Triumphes. Sie verlangen, daß jetzt, da die unsichtbare Kirche so herrlich in den Seelen befestigt sei, sie sich auch äußerlich imposant in steinernen Quadern erhebe. Mit dieser geplanten Umwandlung einer geistigen Theorie in einen irdischen Tempel steht die Christian Science abermals vor einer neuen und gefährlichen Wendung. Und mit ihrem unfehlbaren Instinkt zögert Mary Baker-Eddy einige Zeit. In der ersten Ausgabe von »Science and Health«, in ihrer radikalen Epoche, hatte sie sich noch klar und ausdrücklich gegen sichtbare Gotteshäuser ausgesprochen und es sogar einen Fehler der Schüler Christi genannt, daß sie Organisationen und kirchliche Gebräuche einführten. »Churches' rites and Ceremonies draw us to material things.« Kirchlichkeiten ziehen uns ins Irdische hinab, und Anbetung im Tempel ist nicht die wahre Anbetung, so hatte sie damals, 1875, geschrieben. Aber wie man ihr jetzt, 1888, ein eigenes Heiligtum, eine eigene Kirche zu bauen vorschlägt, kann »Mother Mary« der Versuchung ihrer Vergöttlichung doch nicht widerstehen. Nach einigem Schwanken gibt sie die Erlaubnis. Eiligst sammeln ihre Jünger Geld für den Bau, und nun ersteht, ich glaube, zum erstenmal seit den römischen Spätkaisern, ein Heiligtum für einen lebendigen Menschen. Zum erstenmal kann man an einer christlichen Kirche über der Stirnfront, wo sonst Widmungen für Gott oder einen der Heiligen eingemeißelt werden, den Namen einer Privatperson lesen: »A testimonial to Our Beloved Teacher, the Rev. Mary Baker-Eddy, Discoverer and Founder of Christian Science.« Den inneren Raum schmücken Aussprüche aus zwei heiligen Schriften, aus der Bibel und den gleichfalls schon kanonisierten Evangelien Mary Baker-Eddys. Das absonderlichste Sanktuarium des heiligen Hauses aber bildet – unglaubhaft, aber wahr – »The mother's room«, eine mit kostbaren Hölzern ausgelegte, mit Onyx und Marmor geschmückte Kapelle, die ihr als Wohnraum dienen soll, wenn sie zu Besuch in dieser Kirche weilt, und die niemand außer ihr benützen darf. Ewiges Licht brennt in diesem Raume, Symbol der ewigen Dauer der Christian Science. Und das Fenstermosaik – in anderen Kathedralen Bilder aus dem Heiligenleben farbig veranschaulichend –

zeigt Mary Baker-Eddy in ihrer engen Mansarde sitzend, überleuchtet vom Sterne von Bethlehem. Gefährliche Vergötterung hat begonnen. Zum erstenmal in der Neuzeit haben gläubige Menschen einer lebenden Frau ein Heiligtum errichtet: kein Wunder, daß man sie bald selbst eine Heilige nennt.

Rückzug in die Wolke

In der Abendröte des neunzehnten Jahrhunderts schreitet noch ungebeugten Schritts eine alte Frau mit schlohweißen Haaren die höchsten Stufen zur Macht empor. Im sechzigsten Jahre ihres phantastischen Lebens hat sie den Aufstieg begonnen, im siebzigsten erreicht sie die goldene Höhe des Reichtums und des Ruhms. Aber noch lange ist der Gipfel nicht erreicht, unermüdlich, mit ehernem Herzen, strebt die maßlos Ehrgeizige höher empor und empor. Als sie von ihrem ersten öffentlichen Triumph, vom »Freudenfest des Geistes«, aus Chicago zurückkehrt, geht ein Schauer der Ehrfurcht durch die gläubige Gemeinde. Staunend scharen sich die Schüler um sie, fiebrige Erwartung hat sich aller bemächtigt: welche neue Wunder wird diese außerordentliche Frau noch vollbringen? Wird sie nicht in triumphaler Fahrt nun Stadt um Stadt des riesigen Amerika mit ihrer rauschenden Rede gewinnen, werden nicht Hunderte von Akademieen, Hunderte von Gemeinden im ganzen Lande auferstehen, ein Kongreß dem andern folgen? Alle Möglichkeiten, so fühlen sie, liegen jetzt offen in ihrer Hand. Sie braucht sie nur auszustrecken, um ganz Amerika an sich zu reißen.

Aber es beweist das außerordentliche psychologische Genie Mary Baker-Eddys, daß sie im entscheidenden Zeitpunkt immer das Unerwartetste und immer das Richtige tut. Im Augenblick, da die ganze Gemeinde von ihr neue Steigerung erwartet, gerade in dieser gespannten

Stunde legt sie in scheinbar grandiosem Verzicht freiwillig alle Macht zu Boden; sie legt, vom Siege heimkehrend, die Waffen, die so ruhmreich erprobten, plötzlich aus der Hand. Drei Edikte sausen nieder, ihre Freunde verblüffend, ihre Anhänger verwirrend, drei Befehle, die dem geblendeten Blick ihrer Getreuen völlig sinnwidrig, ja sogar töricht erscheinen. Denn hemmen sie nicht das Werk, zerstören sie nicht den herrlich emporgestuften Bau? Das erste Edikt, 1889, befiehlt, das stärkste Bollwerk der Christian Science zu schleifen, die Universität, das Massachusetts Metaphysical College, zu sperren, »damit der Geist Christi unter seinen Schülern freiern Lauf habe.« Gleichzeitig wird auch die sichtbare Organisation der Kirche aufgelöst. Mit dem zweiten Edikt, 1890, entäußert sie sich jeder persönlichen Einmengung und Einflußnahme auf die Gestaltung der Gemeinde: »Man soll mich weder mündlich noch schriftlich um Rat fragen, wer in die Liste der auswärtigen Vertreter aufgenommen oder nicht aufgenommen werden soll, was im Journal veröffentlicht werden soll, über Uneinigkeiten, wenn solche unter den Schülern der christlichen Wissenschaft entstehen sollten, über die Aufnahme oder Ausschließung der Mitglieder der christlichen wissenschaftlichen Kirche oder die Behandlung der Kranken. Ich werde jedoch die ganze Menschheit lieben und für ihr Wohl arbeiten.« Feierlich legt damit die alte Kämpferin die Rüstung ab. Und das dritte Edikt meldet sogar, daß sie die Walstatt gänzlich verlassen habe und auf alle Ämter und Würden verzichte. Im Mai 1889 veröffentlicht das Journal, das wie Napoleons Moniteur sonst nur Siege meldete, die große Botschaft ihres Rückzuges in die Wolke: »Da unsere teure Mutter in Gott sich aus unserer Mitte zurückzieht und auf den Berg begibt, höhere Verkündigung zu empfangen und uns und den kommenden Generationen den Weg unserer wahren Bewußtheit in Gott zu zeigen, laßt uns da in Ehren und Schweigen verharren.« Tatsächlich löst sie ihren Hausstand in Boston auf, kauft ein abgelegenes Landhaus bei Concord, »Pleasant View« genannt, und entschwindet.

Ihre Schüler ergreift ein frommer Schauer vor so viel Weisheit und unvermuteter Demut. Mit diesem Verzicht auf die Macht, so fühlen sie, hat reiner als je Mary Baker-Eddy der Welt die Gleichgültigkeit gegen alles Irdische dargetan; wie Kaiser Karl ins Kloster St. Just, um einzig Gott zu dienen, so geht sie in klösterliche Einsamkeit; wie Ignazius von Loyola sein Schwert auf den Altar von Montserrat hingelegt, so gibt sie alle sichtbare Größe um der unsichtbaren dahin. Welch zerschmetternde Warnung für alle Verleumder, die wagten, eine Mary Baker-Eddy ehrgeizig, machthungrig, geldgierig zu nennen! Nun ist ihre Reinheit unwiderlegbar erwiesen und mit dieser Großtat ihr Glaube erst wahrhaftig geheiligt.

Aber welcher Irrtum der Arglosen! Nie hat diese Frau der griffigen Faust jemals ernstlich daran gedacht, Macht aus der Hand zu geben, nie weniger als in dieser Stunde ihres vorgetäuschten Verzichts. In Wahrheit bedeutet dieser Scheinrückzug die genialste taktische Tat der erprobten Kriegerin. Wenn sie jetzt ihr Werk zerschlägt, so geschieht es einzig darum, weil es zu groß, zu weit geworden ist, als daß sie es noch fest und gefügig in den Fingern fühlte. Sie zerbricht nur die bisherige Organisation, um sie neuer, straffer und vor allem autokratischer in die Faust zu bekommen, um noch mehr Herrin und Herrscherin zu werden als vordem. Denn in dem Maße, wie die Kirche ins Breite wuchs, hatte sie sich ihrer Autorität entzogen; zu lose, zu unabhängig, in persönlich unerreichter Distanz hatten sich einzelne Gemeinden und Universitäten gebildet, jede unter der Obhut eines zufälligen Leiters und Priesters. Wie leicht konnte es da geschehen, daß einzelne Gemeinden absplitterten, daß wie Kennedy und Spofford auch andere Diadochen ihres geistigen Alexanderreichs sich frech gegen ihre Herrschaft empörten, daß Jünger und Heiler sich selbständig machten! So beschließt sie, lieber die bisherige Ordnung völlig zu zerstören und härter, dauerhafter neu aufzubauen. Der horizontale Aufbau der Christian Church wird nach dem neuen Plan gewissermaßen durch einen vertikalen ersetzt, die Demokratie des Glaubens durch eine Hierarchie, durch eine Pyramide der Macht, die unverrückbar in die oberste Spitze ihres Willens mündet. Alle Kirchen, alle Gemeinden der Christian Science verlieren mit einem einzigen Erlaß ihre Selbständigkeit, sie werden völlig einer neugeschaffenen »Mutterkirche«, der »Mother Church«, unterstellt, deren »pastor emeritus« (am besten übersetzt: deren Papst) selbstverständlich Mary Baker-Eddy wird. Entscheidungen trifft freilich ein Konsistorium, aber wer ernennt seine Beisitzer? Mary Baker-Eddy. Wer kann die ungebärdigen Teilnehmer jederzeit ausschließen? Mary Baker-Eddy. Wer die Wahl des Präsidenten durch ein Veto ungültig machen? Abermals Mary Baker-Eddy, die sich auf diese geschickte Weise hinter dem Begriff »Mother Church« unsichtbar, aber in verzehnfacht wirkender Autorität versteckt. Ein eherner Dekalog wird geschaffen, der jede Selbständigkeit innerhalb der Kirche von nun ab aufhebt, die Prediger, die bisher frei und nach eigenem Gutdünken den Hörern die Probleme der Christian Science erörtern durften, abschafft und durch simple »reader«, bloße Vorleser, ersetzt: in den Kirchen dürfen keine andern als die Bücher Mary Baker-Eddys verkauft und nur ihre eigenen Worte unter genauer Angabe der Textstelle gesprochen werden – damit ist von vornherein jede Ketzerei ausgeschlossen. Ebenso planvoll wird die Geldgebarung umgestellt. Alle Geldmittel wandern von nun ab in den Fonds der Mutterkirche, die zeitlebens niemand anders als sie selbst beherrschen kann. Zwar besteht auch hier pro forma ein sogenannter »board of directors« mit einem Präsidenten und Schatzmeister, aber wehe dem, der eigenen Willens sein wollte und nicht bedingungslos dem unsichtbaren und unwidersprechbaren der scheinbar Weltflüchtigen sich fügen! Sofort würde der große Bannfluch der Kirche auf ihn fallen aus jener Wolke, hinter der sich Mary Baker-Eddy unnahbar, unfaßbar verbirgt.

Von welchen Vorbildern Mary Baker-Eddy die Maße dieses völligen Neubaus ihrer christlichen Kirche genommen, liegt klar zutage: die angelsächsische Protestantin gliedert ihre Machtpyramide genau nach der Hierarchie der katholischen Kirche. Demzufolge fällt ihr im Lande der Demokratie mehr Macht zu als dem Präsidenten der Vereinigten Staaten, dem immer wieder neu zu wählenden. Sie aber hat sich die wichtigsten Attribute des Papsttums erzwungen, Unabsetzbarkeit und Unfehlbarkeit. Nach diesem erfolgreichen Staatsstreich braucht sie nicht mehr zu fürchten, durch Abtrünnige in ihrer Selbstherrlichkeit geschwächt, durch Revolten beunruhigt, durch Proteste irritiert zu werden. Frei kann sie jetzt das Innere ihres Wesensgebots erfüllen: zu befehlen, statt zu beraten. Den Blitz des Bannfluchs in den Händen, unbefragbar, unerreichbar außer durch fromme Pilgerscharen oder für einzelne Erwählte, wohnt sie jetzt in ihrem neuen Vatikan, Pleasant View, die Aura des Geheimnisvollen um das Haupt. Nun kann sie lebendigen Leibes ihren Gläubigen zum Mythos werden, zur Legende, zum Symbol.

Dieser Rückzug aus Boston, aus der Sichtbarkeit und Erreichbarkeit täglichen Umgangs, hat sich als psychologischer Kernschuß erwiesen. Denn diese Selbst-Unsichtbarmachung erhöht nämlich nicht nur ihre Macht, sondern schützt sie auch vor einer peinlichen Situation. Ganz langsam war nämlich Mary Baker-Eddy in den letzten

Jahren in einen der sonderbarsten Konflikte geraten, den man sich erdenken kann. Auf der Höhe des Erfolgs zählt sie siebzig bis achtzig, ein Alter, in dem man alt ist oder alt wird: unvermeidliches Geschehen. Und so erstaunlich frisch und tatkräftig Wille und Geist in ihr auch walten, so fügt sich doch der Körper der Heilmeisterin allmählich dem unumstößlichen Gesetz. Die Füße beginnen zu versagen, die Zähne fallen ihr aus, das Gehör ertaubt, manchmal erschlaffen die Nerven in plötzlichen Müdigkeiten – Gebrechlichkeiten dies alles, die jede andere Achtzigjährige als selbstverständliche Alterserscheinungen offen eingestehen darf. Aber Verhängnis der allzu laut verkündeten Lehre! Einer Frau, einer einzigen auf Erden, gerade ihr, Mary Baker-Eddy, der Erfinderin der Christian Science, ihr allein unter den unzähligen Millionen Menschen ist es nicht erlaubt, jemals krank zu sein, jemals alt zu erscheinen, denn hat sie nicht selbst gelehrt, Altern, Sterben sei Nichtmehrvertrauen auf Gott? Wenn man dreißig Jahre lang der Welt verkündet und in Millionen Ohren posaunt hat, es sei leicht, »by mind« alle Krankheiten zu besiegen, dem Irrtum des Alterns, dem »Unfug des Sterbens« durch die Christian Science sieghaft zu entgehen, darf man sich nicht selbst im Zustande des Ergreisens ertappen lassen. Schon in den letzten Jahren hatten bereits einige Vorwitzige unter den Zuhörern, sooft sie mit einer Brille am Pulte erschien, die peinliche Frage hervorgeholt, warum die Meisterin der mentalen Kur ihre Weitsichtigkeit mit einer Brille, also mit irdischen Mitteln korrigiere, statt sie »by mind« zu heilen. Wie peinlich würde da erst die Frage, warum sie beim Gehen einen Stock gebrauche, warum sie, die bittere Feindin der Doktoren, ihre Zähne einem Zahnarzt anvertraue statt dem »mind«, warum sie ihre Schmerzen und Krämpfe mit Morphium lindern lasse! – Um des Glaubens an ihren Glauben willen darf Mary Baker-Eddy, die große Entdeckerin der unfehlbaren Heilkunde, den alten Spruch nicht gegen sich sprechen lassen: »Medica, cura te ipsum«, Heilmeisterin, heile dich selbst! Darum also tut Mary Baker wie immer das Klügste, wenn sie von nun ab ihre Hinfälligkeit hinter der Legende frommer Weltflucht in Pleasant View verbirgt. Dort gönnen die herabgelassenen Fensterläden, der sorgfältig verschlossene Gartenzaun keinem fremden und profanen Blick Zugang in ihr persönliches Leben!

Hinter diesen abwehrenden Fensterläden von Pleasant View aber, hinter dem sorgfältig verriegelten Gitter, dem wunderschön geschorenen Rasen, der prunkvollen Säulenveranda, dieser »lieblichen Stätte der Abgeschlossenheit«, verbirgt sich in Wahrheit ein Heizhaus der Leidenschaften. Denn auch auf der Höhe des Triumphes findet dieser rastlos gespannte Geist keine Ruhe, noch immer geistert das alte Gespenst des Verfolgungswahns durch Tür und Wand, noch immer ist, die Tausende in ihrem Leben heilte, von den Schreckbildern des M. a. M., des Malicious animal Magnetism, nicht völlig geheilt. Auf lange Epochen der Nervenstille folgen immer wieder Nervenanfälle von besonderer Heftigkeit. Dann schmettern inmitten der Nacht die Klingeln durch das erschreckte Haus, Helfer müssen herbeistürzen und Mary Bakers Wahnvorstellungen oder Krämpfe mit freundlichem Zuspruch oder lindernden Injektionen beruhigen. Aber mehr noch als an diesen hysterischen Krisen des Körpers leidet diese Frau in der Seele an ihrer völligen und tragischen Einsamkeit. Ein ganzes Leben lang hat sich ihre selbstisch harte Natur nach einem Mann gesehnt, an den sie sich anlehnen, auf den sie sich stützen könnte, oder zumindest nach ein paar geistig hochwertigen Menschen angenehmen Umgangs. Aber tragisches Schicksal aller despotischen Naturen: immer wollen sie Menschen um sich haben, die sie selber schätzen können, und können doch nur Sklaven ertragen, gefügige Jasager, die sie selber verachten. So auch Mary Baker-Eddy. Allen ihren Trabanten und Vertrauten in Pleasant View fühlt sie sich fremd. »I and my folks here are distinct, I never take them into counsel.« Gehorsame Knechte, folgen sie ihren schroffen und sprunghaften Befehlen, ohne jemals zu widersprechen. Aber im geheimen sehnt sich die alte Kämpferin nach lebendigem Widerstand, es ekelt sie vor derart subalternen Naturen, und erschüttert schreibt sie einer Freundin, sie würde ein Vermögen darum geben, ein einziges Mal ein paar geistige, wirklich anregende Gefährten um sich sammeln zu können. Aber wer Kälte ausstrahlt, der kann nur Kälte erwarten, und restlos, rettungslos bleibt die alternde Frau allein mit sich selbst. »I am alone in the world like a solitary star«, sie weiß es schon, und doch immer wieder, immer aufs neue, bis zum letzten Stoß ihres Herzens hält sie Ausschau, die völlig Glücklose, nach einem Menschen, den sie lieben könnte. Dreimal hat sie es mit einem Gatten versucht, zwei sind ihr gestorben, einer hat sie verlassen. Dann erinnert sie sich im siebzigsten Jahr ihres Lebens mit einemmal, daß irgendwo weit in der Welt ein Sohn lebt, den sie aus ihrem eigenen Schoß geboren. Vielleicht kann sie in ihm den Siegelbewahrer ihres Willens finden: zu dieser Probe läßt sie ihn kommen. Aber nun rächt sich die alte Schuld liebloser Mutterschaft. Zu viele, zu verbrecherisch viele Jahre hatte sie dieses Kind gleichgültig und gleichmütig einer ungebildeten Dienstmagd überlassen, ohne sich jemals um seine Erziehung zu kümmern: nun steht ein breiter, schwerer Kleinfarmer aus dem Westen vor ihr und dreht den Hut verlegen in den Händen, ein Mann, ungebildet wie ein Karpfen, völlig ohne geistige Interessen, ein grob gesunder Klotz Mensch, der gutmütig, aber vollkommen unverständig seine stumpfen Augen aufhebt, wenn sie von ihrer christlichen Wissenschaft spricht. Widrig ist ihr sein dörfisches schlechtes Fuhrmannsenglisch, und nach ein paar Worten merkt sie schon, der kümmert sich den Teufel was um Metaphysik, er will eigentlich nichts von der plötzlich entdeckten Mutter, als daß sie ihm ein paar hundert Dollar zur Reparatur seiner Hütte leiht oder schenkt. Rasch verfliegt der mütterliche Traum, ernüchtert spürt sie, daß kein Gedanke und kein Gefühl ihr und diesem schweren Burschen gemeinsam sind oder jemals sein können. Und mit ihrer rauhen harten Hand beordert sie den so spät entdeckten Sohn eiligst wieder nach dem Westen zurück. Jedesmal wenn er späterhin den Besuch bei seiner millionenreichen Mutter erneuern will, weist sie ihn unerbittlich ab. »Ich muß in meinem Hause Ruhe haben«, schreibt sie grob, »es wird Dir in Boston nicht gefallen. Du bist nicht, wie ich Dich zu finden hoffte, und Du darfst nicht kommen.« Aber das verspätete Muttergefühl oder ein verschobenes erotisches Verlangen, einen jüngeren Mann um sich zu haben wie einst Kennedy, läßt in dieser unergründlichen gefühlskalten und gleichzeitig gefühlszerrissenen Frau noch immer nicht nach. Und da der eigene Sohn sie enttäuscht hat, sucht sie einen andern. Zur allgemeinen Überraschung adoptiert Mary Baker-Eddy im patriarchalischen Alter von siebzig Jahren einen jungen Arzt, Dr. Foster, als Sohn, der sich nun nach seiner neuen Mutter Dr. Foster-Eddy nennt: er soll das neue Kaiserreich des Glaubens mit der merkwürdigen Wahlmutter verwalten. Aber auch dieser hastig gewählte Kronprinz kann nicht lange die Übermacht ihres eifersüchtigen Herrscherwillens ertragen, auch er liebt zu sehr »das Leben im Fleische« und wird des wohl verständlichen Delikts beschuldigt, sich mit einer jungen Frau vergangen zu haben. Sofort schickt die neue Elisabeth, die neue Katharina auch diesen letzten Favoriten fort. So bleibt als einziger Getreuer ein gewisser Frye im Haus, gehorsamer Sklave, lautloses Faktotum, das die Kasse führt, die Geschäfte leitet, sich bei den Ausfahrten wie ein Diener auf den Kutschbock setzt und nachts ihr die Morphiuminjektionen verabreicht, ein Sklave ganz nach ihrem Sinn, nämlich ein blinder, gefügiger Automat ihres Willens, völlig ihr verfallen. Aber an ihm wieder haßt sie die Minderwertigkeit, die knechtische Dumpfheit und nennt ihn »the most disagreeable man that can be found«. Nein, Pleasant View ist nie, wie die rosenrote Biographie glauben machen will, eine Stätte des Friedens gewesen: selbst an Mary Baker-Eddys Schatten entzündet sich noch das Gras. Ewig herrscht Unruhe im Haus dieser ewig Unruhigen. Wie zwischen Schwertfisch und Polypen am lautlosen Grund des Meeres, unsichtbar und unerreichbar für die Welt, spielen sich hinter diesen verschlossenen Fensterläden die sonderbarsten Kämpfe ab. Nach außen Stätte der Weltflucht, Tempel der Stille, ein heiliger Pilgerort, verbirgt Pleasant View in Wahrheit wie das Haus Tolstois eine menschliche Hölle, bald lodernd in Leidenschaften, bald eisig von jener tragischen Einsamkeit, die jeden alternden Despoten umwittert.

Aber so elektrisch ihre Nerven bis zum Ende vibrieren, so ehern und unerschütterlich bleibt in dieser Frau der herrliche, der titanische Machtwille bestehen, den jeder Erfolg nur zu stärkerer Spannweite steigert. Nach jeder vulkanischen Erschütterung ihres Gefühlslebens schichtet sich der Krater ihrer eruptiven Natur höher und höher: mitten in Krisen und Krämpfen baut sie – eine ungeheure Leistung in dem knappen Zeitraum zwischen ihrem siebenten und achten Jahrzehnt – ihr unsichtbares Riesenreich über die Welt. Am Ende des Jahrhunderts hat die Bewegung der Christian Science bereits gigantischen Umfang angenommen. Schon nähert sich die Schülerzahl dem hundertsten Tausend, schon geht ihr Vermögen in die Millionen, und noch immer wächst das Werk, das in der Dachstube eines Absatzflickers vor vierzig Jahren begonnen; Kirchen in Marmor und Stein erstehen in den Städten, mit Sonderzügen, immer zehntausend Gläubige auf einmal, pilgern ihre Anhänger nach Concord, um nur eine Sekunde lang die verehrungswürdige Gestalt vom Balkon aus vor sich zu sehen. Aus England, aus Europa, aus Afrika melden sich neue Gemeinden an; nun braucht sie nichts mehr persönlich zu tun, alles tut ihr Nimbus für sie, die mechanisch weiterpumpende und Seelen an sich saugende Suggestion, die ihr Genie so weitschauend begründet hat. Ohne daß sie ein Wort spricht, ohne daß sie einen Finger zu rühren braucht, schleppt ihre Schülerin, Auguste Stetson, mit fanatischer Betriebsamkeit zu Jahrhundertanfang eine Million zweihundertfünfzigtausend Dollar zusammen, um in New York, gegenüber dem Zentralpark, auf dem kostspieligsten Grunde der Stadt, eine Riesenkirche der Christian Science aufzubauen, die Raum für fünftausend Personen in ihrem Marmorschiff und fünfundzwanzig Räume für Heiler enthält.

Aber gerade daß dies ohne ihre Hilfe geschehen, daß die Kirche in New York, dieses größte sichtbare Denkmal ihres Triumphs, ohne ihr Zutun entstanden, das reizt noch einmal Mary Baker-Eddys Ehrgeiz. Immer wütend gegen die Unfähigen unter ihren Schülern und Freunden, immer eifersüchtig auf die Begabten, gönnt sie Auguste Stetson nicht den Ruhm, sie, die Meisterin, überflügelt zu haben. Soll wirklich ihre ärmliche kleine Fünfzigtausend-Dollar-Kirche in Boston im Schatten bleiben dieses prächtigen Baues von New York? Soll man wahrhaftig schon meinen dürfen, Auguste Stetson sei Führerin und sie, Mary Baker-Eddy, bereits müde und abgedankt? Nein! Mary Baker-Eddy läßt sich nicht überbieten. Mit niemandem wird sie je Ruhm und Titel teilen, Tyrannin und Despotin bis zum letzten Hauch. Noch einmal soll die Welt die Macht und Kraft ihres Willens sehen!

So reckt, 1902, in ihrem einundachtzigsten Jahre, Mary

Baker noch einmal die Hand. Mit der harten Geste Mosis schlägt sie auf den Felsen und fordert von dem Kongreß ihrer Getreuen zwei Millionen Dollar für den Bau einer neuen Mutterkirche in Boston. Zwei Millionen Dollar fordert die Frau, die vor vierzig Jahren ihre Wochenmiete von einem Dollar fünfzig Cent nicht bezahlen konnte, zwei Millionen Dollar, eine Summe, größer als irgendeine Gabe eines Volkes an einen König oder Kaiser dieser Welt. Aber dennoch – Wunder ohnegleichen – Mary Baker-Eddy hat befohlen, und die Riesensumme ist in wenigen Wochen aufgebracht. Knapp drei Monate, nachdem diese einzelne Frau zehn Zeilen des Befehls auf ein Blatt geschrieben, beginnen bereits tausend Arbeiter an dem großzügigen Bauwerk. Wie der Marmordom von Florenz sein Urbild, den früheren Dom, das heutige Baptisterium, mächtig überhöht, so überwächst nun mit strahlender Kuppel ein Riesentempel aus schneeweißem Marmor nicht nur die kleine, mit einemmal ärmlich anmutende »Mother Church«, sondern alle nachbarlichen Gebäude und selbst die Türme der Stadt, zu jener Zeit das schönste Gebäude Bostons und zweifellos eines der herrlichsten der Neuzeit, vor allem aber großartig als Denkmal geistiger Energie, weil aus der Erde gestampft von einer einzigen Frau im fünfundachtzigsten Jahre ihres Lebens.

1906, in eben diesem fünfundachtzigsten Jahre Mary Baker-Eddys, wird der Riesentempel eingeweiht. Eine so majestätische Feier hat selbst das alte Boston nie erlebt. In Schiffen und Sonderzügen, aus allen Richtungen kommen die Gläubigen heran. Da der Saal nur fünftausend Personen faßt und dreißigtausend an der heiligen Handlung teilnehmen wollen, muß von fünf Uhr morgens an sechsmal die große Zeremonie der Einweihung wiederholt werden. Mit Fahnen und Wimpeln ziehen die Delegierten aller Städte herbei, aus Havanna, aus London, aus

Dresden, aus Paris, aus Kalifornien und Kanada. Dutzende von Rednern aus verschiedenen Ländern berichten in allen Sprachen und Idiomen der Welt von wunderbaren Heilungen der Christian Science; überwältigend wird Zeugenschaft abgelegt, wie viele Menschen von fern auf die eine Frau als die Retterin aus allen Nöten des Leibes und der Seele ehrfürchtig schauen; Tausende und Abertausende singen immer wieder die heilige, von Mary Baker-Eddy selbst gedichtete Hymne: »Shepherd, show me how to go«, Kinder heben in Chören ihre hellen begeisterten Stimmen, Boten eines neuen Geschlechts, Standarten wehen und Fahnen wie bei einem Sieg. Und in der Tat, seit Elisabeth von England und Katharina von Rußland hat keine Frau ähnlichen Triumph über die Welt erfochten, keine ein so sichtbares Monument ihrer Herrschaft auf Erden errichtet wie Mary Baker-Eddy, diese Königin durch ihren Willen, diese Herrscherin im eigenen Reiche und aus eigener Kraft.

Kreuzigung

Im fünfundachtzigsten Jahre steht – Aufstieg ohnegleichen! – Mary Baker-Eddy auf der höchsten Zinne ihrer Macht. Eine Riesenkirche in New York, ein Dutzend Kirchen und Universitäten in den Vereinigten Staaten, eine erste in Europa, im Herzen Londons, und nun noch, alle Häuser mit ihrer strahlenden Kuppel überragend, diese Zwei-Millionen-Dollar-Basilika in Boston – welche Frau auf Erden hat in unserem Jahrhundert mit zwei welken Händen solche napoleonische Macht an sich gerissen? Der Bau dieser neuen Peterskirche ist ein Erfolg ohnegleichen – aber vielleicht ein schon zu großer, ein zu herausfordernder Erfolg. Denn er lenkt mit einemmal die Aufmerksamkeit und vor allem das Mißtrauen eines ganzen Landes auf ihre Gestalt. Bisher hatte die breitere Öffentlichkeit Amerikas verhältnismäßig wenig auf Mary Baker-Eddy geachtet. Man redete ab und zu von ihrer Sekte, aber wie von hundert anderen, verwechselte die Christian Szientisten mit den Methodisten, den Baptisten und ähnlichen religiösen Kirchenanhängern. Vor diesem marmornen Riesenbau aber, der alle Zinnen und Dächer der Stadt hochmütig überragt, bleiben die Leute mit offenem Mund stehen: nichts imponiert ja in unserer Welt der Ziffern und Zahlen so sehr wie die arithmetische Mystik der Million. Mit einmal beginnt erregtes Flüstern und Fragen: wer ist diese rätselhafte Frau, die nur einen Finger zu rühren braucht, einen Aufruf zu schreiben, damit ihr in ein paar Wochen Millionen Dollar zuströmen? Wer ist diese Magierin, die im Nu solche Millionenkathedralen auf den schönsten und teuersten Plätzen Bostons und New Yorks wachsen läßt, wer ist sie? Die Zeitungen spüren dies Interesse und bringen große Beschreibungen, gleichzeitig schlägt das »Publicity office« der Christian Science kräftig die Trommel, um die allgemeine Neugier zu neuer Geldwerbung zu nützen. Gleichzeitig fahren aber auch die Feinde ihre Kanonen auf, die Ärzte erkennen die Gefahr, die ihrem Geschäft von einer weiteren Ausbreitung der Christian Science droht. Mark Twain veröffentlicht in Buchform seine Spottschrift und, aufgeweckt von dem Lärm, erfahren die Erben Quimbys, welche Summen die ehemalige Schülerin ihres Vaters und Großvaters durch seine Anregung gerafft. Sie veröffentlichen jene belastenden Briefe und Artikel, erklären die Idee der Christian Science für gestohlen, den Reichtum für usurpiert; ein Artikel, ein Angriff folgt dem andern. Plötzlich ist der Scheinwerfer der Öffentlichkeit grell auf ihre Person gerichtet und Mary Baker-Eddy die meistbesprochene Frau Amerikas.

Am Eröffnungstage der Basilika von Boston stehen

Hunderte von Reportern mit gezückten Füllfedern bereit, ihr Auftreten zu schildern, zwei Dutzend Photographen, ihr Bild zu schnappen. Aber Enttäuschung! An ihrem höchsten Triumphtage erscheint Mary Baker in Boston nicht in ihrer Kirche. Erst verwundert man sich, dann beginnt bösartig verdächtiges Raunen und Reden, jene Mary Baker-Eddy, in deren Namen alle diese Kirchen gebaut würden, sei längst gestorben, und irgendeine anonyme Gruppe nütze ihr Firmenschild zu eigenen Geschäften aus. Mary Baker-Eddys hartnäckige Unsichtbarkeit verstärkt diesen Verdacht, denn unter den verschiedensten Ausreden werden alle jene, die jetzt nach Pleasant View kommen, um sie zu sehen, an der Tür weggeschickt, kein einziger dringt in das Heiligtum ihrer Gegenwart. Bald behaupten ihre Hausleute, die Meisterin sei »too busy«, zu beschäftigt, zu sehr in Arbeit vertieft, um empfangen zu können, bald wieder, sie habe Besuch, bald wehren sie ab, die große Lehrerin befinde sich in religiöser Versenkung und dürfe nicht gestört werden. Da schließlich die Neugier immer wilder zudrängt, verkündet in ihrem Namen das »Christian Science-Journal« die verzweifelte Bitte an ihre Anhänger, »sich nicht mit ihrer Person zu beschäftigen« – »to look away from personality and fix their eyes on truth«. Tragische Umkehr – siebzig Jahre hat diese Frau nur eines gewollt, daß die Welt sich mit ihrer Person befasse; nun, da sie fünfundachtzig Jahre alt ist, müde und krank und zerfallen, nun, da sie sich zum erstenmal verbergen will, gerade jetzt fordert die Welt, sie zu sehen.

Seit dem Tage, da die Basilika über Boston leuchtet, ist Amerika neugierig auf Mary Baker-Eddy geworden. Und wie alle Sinne des Menschen hat auch die Neugier ein eigenes Organ: die Zeitung. Ein amerikanisches Daily Paper vom Range der »World« darf nicht dulden, daß ein einzelner Mensch in Amerika »Nein« sagt und sich weigert, seine Reporter zu empfangen, während die fünfhunderttausend Leser endlich doch schon wissen wollen, ob diese Frau lebt, ob sie schwachsinnig ist oder vollsinnig. Das Wort »unmöglich« billigt eine Redaktion dieses Ranges keinem Menschen der Erde zu; so wird zweien der verwegensten und gerissensten Auskundschafter der Auftrag gegeben, koste es, was es wolle, die verschlossenen Türen zum Allerheiligsten zu sprengen, sei es mit Dollars, sei es mit Dynamit, und genauen Bericht über Pleasant View und Mary Baker-Eddy zu liefern. Die beiden Geißelknechte reisen ab, zum Äußersten entschlossen. Sie wenden sich zunächst an die wichtigste Person des Hauses, an den Vermögensverwalter: der wehrt erschrocken ihrem Verlangen, aber sie drängen und drohen so lange, bis sie wenigstens einen flüchtigen Blick ins Haus tun dürfen. An dem ersten Tag ist ihnen überdies schon eine pikante Feststellung gelungen, nämlich, daß die verschleierte, weißhaarige Frau, die jeden Nachmittag im Wagen Mary Baker-Eddys die Spazierfahrten durch die Anlagen von Concord macht, gar nicht Mrs. Eddy ist, sondern eine untergeschobene Kammerzofe: herrliches Material! Als tüchtige Burschen blähen sie die paar gleichgültigen Einzelheiten zu einem Riesenskandal auf, in dem sie erzählen, Mary Baker-Eddy, die Meisterin der unfehlbaren Heilmethode und Besiegerin jeder Krankheit, sei vollkommen geistig und körperlich zusammengebrochen, ein willenloses Werkzeug in den Händen ihrer Umgebung.

Jetzt ist die Bombe explodiert. Verstört sammeln sich die Mitglieder des Christian-Science-Komitees zu einer Besprechung. Sie begreifen sofort, wie peinlich es für die Suggestivmacht der Science wäre, wenn sich tatsächlich durch das Megaphon der Blätter in ganz Amerika die Nachricht verbreitete, Mary Baker-Eddy, die Leugnerin der Krankheit und des Alters, sei geistig schwach und körperlich hinfällig. So flehen sie die Führerin an, den Glauben und die Kirchengemeinschaft zu retten, indem sie durch einen einmaligen Reporterempfang die Legende von ihrer Geistesschwäche und körperlichen Zerrüttung endgültig widerlege. In diesem Jahr 1906 ist Mary Baker-Eddy eine fünfundachtzigjährige Greisin. Sie hat dem Alter den unvermeidlichen Tribut gezahlt, sie sieht schlecht, sie hört schlecht, kein Zahn steht mehr in ihrem Munde, die Beine gehorchen ihr nicht: kein Gedanke muß dieser Stolzen und Selbstherrlichen darum schreckhafter ankommen, als solche Gebrechlichkeit vor fremden, vor feindseligen Menschen zu enthüllen. Aber in dieser verfallenen Ruine lebt noch urmächtig und unzerstörbar die alte Kraft, der dämonische Wille zur Selbstbehauptung. Da es um ihr Höchstes geht, um den Glauben an ihren Glauben, erklärt sie sich heroisch zur Folter bereit und stellt sich, fünfundachtzigjährig, freiwillig an den Marterpfahl eines Interviews.

Erschütternd rollt sich am 30. Oktober 1906 diese knappe Stunde ab: Die Journalisten haben mit dem »board of directors« vereinbart, bloß vier Fragen an Mary Baker-Eddy zu stellen:

1. Sind Sie in vollkommener Gesundheit?
2. Haben Sie einen andern Arzt als Gott?
3. Machen Sie täglich Ihre Ausfahrt?
4. Verwalten Sie selbst Ihr Vermögen, oder besorgt jemand anderes Ihre geschäftlichen Angelegenheiten?

Neun Reporter werden in den Salon geführt. Dort läßt man sie aufgeregt warten. Plötzlich wird ein Vorhang zum Nebenraum beiseite gezogen, und vor ihnen steht reglos (man wollte nicht das Schauspiel ihres mühseligen Gehens geben) Mrs. Eddy, sich festhaltend an der samtenen Portiere. Ihre eingefallenen Wangen sind bemalt, die pergamentene Haut gepudert, ein Hermelinmantel fällt um den fahlen Nacken, diamantene Kette umklirrt lose den faltigen Hals. Alle schauern vor diesem aufgezäumten Gespenst, vor diesem toten Cid in der Rüstung des lebendigen, vor dieser geschmückten und kolorierten Mumie. Einen Augenblick herrscht bedrücktes, beinahe mitleidiges Schweigen im Raume. Dann tritt eine Reporterin vor – man hat aus Rücksicht Sibyl Wilbur gewählt, die spätere rosenrote Biographin, – und die Geißelung beginnt mit der Frage:

»Sind Sie vollkommen gesund, Mrs. Eddy?«

Die Fünfundachtzigjährige macht ein angestrengtes Gesicht. Der Wortschall hat ihr ertaubtes Trommelfell nicht durchdrungen. Sie hat nicht verstanden.

»What... what?« fragt sie.

Noch einmal, lauter, beinahe schreiend wiederholt die Reporterin die vereinbarte Frage. Jetzt hat Mrs. Eddy verstanden und antwortet:

»Ja, ja, ich bin gesund.«

Bei der zweiten Frage: »Haben Sie keinen andern Arzt als Gott?« versagt abermals das Gehör. Lauter muß die Frage wiederholt werden. Dann stammelt sie leise (obwohl sie in der Behandlung eines Zahnarztes steht) mit energisch abwehrender Geste:

»Nein, nein! Seine allmächtigen Arme sind um mich.«

Die dritte Frage: ob sie täglich ausfahre, bejaht sie (gleichfalls unwahrhaftig) noch mit letzter Kraft. Aber bei der vierten Frage: ob jemand ihr Vermögen verwalte, vermag sie nicht mehr zu antworten. Ein nervöses Zittern überläuft ihren Leib, der Hut mit der großen Feder auf ihrem Kopf taumelt hin und her, die ganze Gestalt gerät ins Schwanken – ein Augenblick noch, und sie muß zusammenbrechen. Rasch springen die Freunde zu und führen sie weg. Diese eine Sekunde nützt einer der rücksichtslosen Folterer, um knapp an sie heranzutreten und von nah in das zerfallene, gepuderte und geschminkte Gesicht mit den gebrochenen Augen zu spähen – (dreißig Zeilen mehr für die Zeitung!). Er wird rasch zurückgestoßen. Damit ist das Interview zu Ende, Mary Baker-Eddy hat den ersten Grad der Folterung überstanden.

Aber man erspart ihr nicht den zweiten. Das Interview hat »eingeschlagen«. Nun weiß die Welt, daß Mary Baker-Eddy existiert: doppelt wild springt jetzt die Neugier sie an. Sofort will die Redaktion mehr von diesem schmackhaften Leserkaviar Mary Baker-Eddy und Christian Science für die unersättlichen Riesenspalten, sie will Material, Material, spannende, aufregende Details, packende Anekdoten über diese Frau, die selbst nur noch Ruhe will und Vergessenheit. Ein Dutzend Reporter, trefflich mit Scheckbüchern ausgerüstet, wird ins Land gesprengt, überall die Spur Mary Baker-Eddys in der Vergangenheit zu erforschen. Jede ihrer ehemaligen Wohnungen wird durchstöbert, jeder ihrer einstigen Schüler in Lynn photographiert, interviewt und vor den Notar geschleppt, damit er seine Angaben zu Protokoll gebe; verstaubte Gerichtsakten werden kopiert, ihre Feinde, ihre Freunde befragt, jeder Zeitungsartikel aus der grauen Quimby-Vorzeit triumphierend nachgedruckt. Bei dieser genauen Suche entdeckt nun ein Abgesandter unvermutet eine unüberbietbare Sensation, er entdeckt, daß die Heilige einen Sohn hat, einen verschollenen, ein Leben lang mißachteten und verlassenen leiblichen Sohn, George Glover, der irgendwo im Westen in ärmlichsten Verhältnissen lebt, während seine Mutter allein aus ihren Schriften vierhunderttausend Dollar im Jahre scheffelt. Welcher Fund für die Zeitung! Nun muß Mary Baker-Eddy mit Zins und Zinseszins die Schuld ihrer Unmütterlichkeit bezahlen, diesen Sohn fremden Leuten angehängt zu haben, ohne sich jahrzehntelang um ihn zu kümmern. Nun hat die vergeßliche Mutter allen Anlaß, zu bereuen, daß sie ihm seine bescheidenen Geldbitten abschlug. Denn ein gerissener Advokat, der Senator Chandler, saust eiligst im Expreßzug zu dem Sohn und hetzt ihn auf, seine Mutter, die ein Millionenvermögen besitze, lebe schwachsinnig in den Händen eines Clan. Er allein habe Anrecht auf ihr Geld, er solle doch Klage führen vor Gericht, es würde nichts kosten, er möge sich nur auf ihn verlassen. Dem armen Glover, der nie vom Reichtum seiner Mutter eine richtige Vorstellung hatte, fällt diese Botschaft wie Engelsmusik ins Haus. Natürlich wolle er diesen Banditen heimleuchten, die ihm den Weg zu seiner Mutter sperrten! Im vergangenen Jahr, als er sie um fünfhundert Dollar für seine kranke Frau ersucht, hätte gewiß einer dieser Lumpen seinen Brief unterschlagen. Und sofort schreibt er unter dem Diktat des Anwalts eine ruhige und höfliche Mitteilung, in der er seinen Besuch bei der geliebten Mutter ankündigt.

Dieser Brief wirkt in Pleasant View wie ein Erdbeben. Auf den ersten Blick sehen die führenden Männer im Christian-Science-Komitee die ungeheure Gefahr für den ganzen Glaubenstrust, wenn das hartherzige Verhalten Mother Marys öffentlich aufgerollt würde und jene sehr peinlichen und groben Briefe an ihren Sohn im Gerichtssaal zur Vorlesung gelangten. Donnerwetter, das würde den Heiligenschein ins Wanken bringen; eine Mutter, die sich jahrzehntelang nicht um ihr ehrlich eheliches Kind gekümmert! Nur keinen Prozeß! Lieber paktieren, lieber bezahlen! Sofort schickt man George Glover einen Boten entgegen, der ihm die so peinlich unmütterlichen Briefe abnehmen soll. Aber die hat vorsichtigerweise der gerissene Advokat in einem Safe deponiert: nein, jetzt muß der Clan von Pleasant View entlarvt werden, fordert er grimmig. Welches Angstfieber die leitenden Kreise schüttelt, kann man am Thermometer der Zahlen ablesen. Denn eben derselbe Vermögensverwalter Frye, der George Glover vor einem Jahr schäbige fünfhundert Dollar für seine kranke Frau verweigerte, will ihm nun plötzlich hundertfünfundzwanzigtausend Dollar – jawohl, 125 000 Dollar – blank auf den Tisch legen, wenn er seine Klage zurückziehe.

Aber schon ist es zu spät, die Zeitung und der Anwalt lassen sich den Prozeß nicht mehr entgehen. Abermals erneuert sich die Tragik der Umkehr: dreißig Jahre lang hat Mary Baker-Eddy aus tollem Trotz und krankhafter Rechthaberei Prozesse über Prozesse geführt, ganze Türme von Akten liegen in Lynn und Amesbury als Zeugnis ihrer unbändigen, ihrer unbeugsamen Streitlust: jetzt aber, da sie, todmüde und krank, um jeden Preis öffentlichen Streit vermeiden will, jetzt wird er ihr gewaltsam aufgezwungen und diese private Causa gleichzeitig zum Prozeß gegen die christliche Wissenschaft aufgezäumt. Der zweite Grad der Folterung wird eingeschraubt. Vor Gericht erklärt Senator Chandler in seiner Anklage, Mary Baker-Eddy, die Entdeckerin der Christian Science, der »pastor emeritus«, sei eine schwachsinnige Person, und als Argument für diese »Dementia« führt er grausamerweise nicht nur ihr vorgerücktes Alter an, sondern behauptet, die von ihr verbreitete Lehre der christlichen Wissenschaft sei in sich selbst schon das beste und augenfälligste Zeichen ihres Irrwitzes, ihrer »delusion«.

»Die Welt«, beginnt Mr. Chandler seine Begründung, »ist den Astronomen, den Geologen, den Physikern, Chemikern, Naturwissenschaftlern und den Gesetzgebern des Landes bekannt. Mrs. Eddy dagegen, unter dem Einfluß ihres Irrwahns (delusion), behauptet, daß die Welt nicht vorhanden sei.« Dieser Irrwahn, fährt er weiter fort, führe zu anderen Absurditäten, so etwa, daß sie behaupte, auf eine wunderbare und überirdische Weise von Gott auserwählt zu sein, göttliche Offenbarungen zu empfangen und der Welt eine neue und unfehlbare Art der Krankenheilung zu bringen. Er verspottet und verhöhnt ihren pathologischen Glauben an den »malicious animal magnetism«, ihre lächerliche Teufelsangst, und behauptet, gestützt auf viele Einzelheiten, diese »Dementia« sei mit den Jahren progressiv geworden. Zum erstenmal wird der Glaube Mary Baker-Eddys unter das juridische Messer genommen und unbarmherzig vor der breitesten Öffentlichkeit seziert. Das Gericht faßt zunächst keinen Beschluß. Es hält sich gerechterweise zurück, die Lehre der Christian Science von vornherein als Zeichen von »insanity« und Mary Baker-Eddy deshalb als Närrin zu betrachten, sondern beschließt korrekt, zunächst eine amtlich-psychiatrische Untersuchung ihres Geisteszustandes vorzunehmen. Zwei Richter werden zu Mrs. Eddy geschickt, zwei Richter und – furchtbarste Beleidigung! – ein Irrenarzt, der ex officio den Befund aufnehmen soll, ob die Begründerin der größten Religionsgemeinde Amerikas, die Entdeckerin der Christian Science eine Paranoikerin sei oder nicht.

Mary Baker-Eddy erwartet nun der dritte, der schmerzhafteste Grad der Folterung. Im März 1907 wird die Sechsundachtzigjährige genötigt, den Irrenarzt und die beiden Richter in ihrem Haus zu empfangen. Aber selbst in Zerfall und Niedergang erweist sich diese eherne Frau immer herrlich, sobald es um ihren Glauben, sobald es um ihr Werk geht. Immer reißt Gefahr aus ihrem kranken, hinfälligen Leib eine letzte unerwartete Energiereserve, und in dieser Entscheidungsstunde offenbart sie noch einmal volle Klarheit und Kraft. Eine ganze Stunde lang wird sie ausgefragt, und zwar nicht über geistige und metaphysische Probleme, sondern man stellt die typischen Psychiaterfragen, wieviel Bäume sie in ihrem Garten habe, man prüft sie auf Jahreszahlen und Daten, man fragt – furchtbarste Ironie! – die Verkünderin der Irrealität alles Irdischen, auf welche Art sie ihr Geld anlege, ob sie ein Bankkonto oder Stadtanleihe oder Gouvernementbonds vorziehe. Mary Baker-Eddy nimmt alle Kraft zusammen, sie antwortet fest und klar. Die Inquisitoren haben sie in einem starken Augenblick getroffen, und das Bewußtsein, sie rette oder zerstöre ihr Werk, konzentriert noch einmal ihr fahriges und verworrenes Gehirn. Ohne ein Votum abzugeben, verlassen sie der Irrenarzt und die Richter: wahrscheinlich wäre ihre endgültige Entscheidung zugunsten der Tapferen ausgefallen. Aber Mary Baker-Eddys Freunde wollen keinen neuerlichen Prozeß, sie drängen auf Vergleich. So setzen sich die Anwälte schließlich zusammen und handeln ein Abstandsgeld für George Glover aus. Die Vertreter Mrs. Eddys bieten ihrem Sohn zweihundertfünfzigtausend Dollar und dem angenommenen Sohn, Dr. Foster, fünfzigtausend Dollar, falls sie sofort die Klage zurückziehen. Mit dieser Viertelmillion Dollar erklärt sich George Glover glücklicherweise zufrieden; einzig dank diesem Ausgleich in zwölfter Stunde ist die Nachwelt um die groteske Entscheidung eines amerikanischen Gerichts gekommen, ob die Christian Science eine göttliche Inspiration oder ein Produkt von Paranoia sei.

Nach diesen drei furchtbaren Geißelungen bricht Mary Baker-Eddy vollkommen zusammen. Ihre Nerven brennen wie Zunder, die alten Wahnvorstellungen vom »malicious animal magnetism« flirren wieder auf, denn nicht auf natürliche Weise könne man die Menschen so gegen sie aufgereizt haben, behauptet sie. Hinter diesen Verfolgungen verberge sich der Haß der Mesmeristen, ihr bösartiger Magnetismus. Wieder faßt sie der alte pathologische Verfolgungswahn an der Kehle. Plötzlich erklärt Mary Baker-Eddy, sie könne es in ihrem Hause in Pleasant View nicht einen Tag mehr aushalten, sie könne nicht mehr atmen, nicht mehr schlafen, nicht mehr leben darin, sie müsse fort, unbedingt und unverzüglich fort aus diesem mit Magnetismus verseuchten Heim. Wenn Mary Baker-Eddy etwas verlangt, wird auch unsinnigster

Wunsch ihren Sklaven sofort Befehl. Mit Angst und geheimem Grauen fügen sie sich ihrem fieberigen Wahn. Für hunderttausend Dollar kaufen rasch ausgesandte Agenten eine neue Villa in Chestnut Hill bei Boston, und da Mary Baker-Eddy keinen Tag länger in ihrem »vergifteten« Haus von Pleasant View ausharren will, werden siebenhundert Arbeiter angenommen, die in Schichten Tag und Nacht wie die Tollen werken, nur um ein paar Stunden früher der von ihren Nerven Gequälten die Übersiedlung zu ermöglichen. Aber wie hat sich die Zeit gewandelt, wie anders vollzieht sich dieser Auszug von einer Residenz in die andere als jener einstige in Lynn, wo man der Hinausgejagten ihren hölzernen Koffer rücksichtslos hinaus in den Regen warf: jetzt wird ein Sonderzug bei der Verwaltung der Bahn bestellt, und mehr noch, diesem Sonderzug fährt – nur der Zar Rußlands hat von allen Monarchen der Erde diese Vorsicht, diesen Luxus gekannt! – eine leere Lokomotive voraus. Eine zweite Lokomotive folgt nach, um jede Möglichkeit eines Zusammenstoßes auszuschalten und dieses kostbare Leben der Welt möglichst lange zu erhalten. Denn in ihrem pathologischen Wahn vor dem animalischen Magnetismus fürchtet die Unselige selbst im Zuge eine tödliche Einwirkung ihrer Feinde. Abends langt sie in ihrem neuen Heim von Chestnut Hill an. Und seit diesem Tage bleibt der Vatikan von Pleasant View, die heilige Stätte, zu der Hunderttausende ehrfürchtig pilgerten, für immer verlassen.

Aber wunderbar: in Chestnut Hill weicht noch einmal die Wolke von ihren Sinnen, noch einmal sammelt sich die alte, unzerstörbare Kraft. Eine Leidenschaft bleibt bis zum letzten Atemzuge in dieser Frau lebendig, der riesenhafte Geltungswille. Wer sich gegen sie empört hat, der muß gebeugt werden! Eine Macht hat sich gegen ihre Macht erhoben, ein Wille gegen ihren Willen: die Zeitung, die Tageszeitung. Und sie duldet keine Macht außer sich und neben sich. Rache muß an den Reportern, Rache an den Redakteuren und Zeitungsbesitzern genommen werden. Sie sollen fühlen, daß eine Mary Baker-Eddy allein im Hundertmillionenland nicht von ihnen abhängig ist: sie wird sich ihre eigene Zeitung schaffen! Am 8. August 1908 ergeht an ihre Vermögensverwalter eine Bulle: »Es ist mein Wunsch, daß Sie sofort eine Tageszeitung herausgeben und sie ›Christian Science Monitor‹ nennen. Lassen Sie keine Verzögerung eintreten!« Wenn Mary Baker-Eddy Beschleunigung befiehlt, geschieht alles wie durch Zauberei. Am 19. September werden die christlichen Wissenschaftler aufgefordert, Beiträge zu zeichnen, ohne daß ihnen auch nur mit einem Wort gesagt wird, wofür. Aber ein Aufruf der Magierin genügt. Sofort strömen Gelder zu. Über Nacht werden die Miethäuser neben der Basilika niedergerissen, um einem mächtigen Neubau Platz zu machen, dem zukünftigen Zeitungshaus, und in wasserdichtes Segeltuch verhüllt, damit niemand das Geheimnis vorzeitig errate, werden die großen Rotationsmaschinen in den Riesenbau gebracht. Am 25. November dann, völlig unerwartet für alle, selbst für ihre Getreuen, erscheint die erste Nummer ihrer Tageszeitung, des »Christian Science Monitor«, der heute noch besteht, übrigens – um der Wahrheit die Ehre zu geben – eine ausgezeichnete, glänzend informierte, kulturell besonders hochstehende Zeitung, die über alle Angelegenheiten der irdischen Welt, über Politik, Literatur, Sport und Börse unparteiische Berichte bringt und ihre Zugehörigkeit zur Christian Science einzig durch die sehr sympathische Besonderheit bekundet, daß sie im Gegensatz zu den meisten Zeitungen häßliche und widrige Tatsachen, also Morde, Epidemieen, Skandalaffären, Verbrechen, möglichst aus dem Blickfeld schiebt und dafür alles Lebensfördernde, alles Gute und Erfreuende, betont – eine Tendenz, die aufs glücklichste den vitalitätssteigernden Charakter der Christian Science ohne die peinlichen Übertreibungen des Dogmas verwirklicht.

Nun ist das Reich gefestigt. Wenn die Siebenundachtzigjährige zurückblickt, kann sie zufrieden sein. Alle ihre Gegner sind besiegt oder verschwunden; Spofford und Kennedy und ihr abtrünniger Mann Patterson leben irgendwo im Dunkel, namenlos und unbekannt, indes ihr eigener Name täglich höher in die Glorie aufsteigt. Der Wissenschaft, die sie bekämpfte, hat sie eine eigene entgegengestellt, eine Universität gegen die Universität, eine Kirche gegen die Kirchen, eine Zeitung gegen die Zeitungen – was alle Welt für Wahn hielt, für ihre private Narrheit, lebt als Überzeugung in hunderttausend Seelen unlösbar verwurzelt. Alles hat sie erreicht, was zu erreichen war, alle Macht der Erde, der Zeit ist in ihre Hände gefallen. Und nur eine Frage besorgt noch die steinalte Frau: Wohin mit dieser Macht? Wer soll sie erben, wer sie verwalten? Die Blicke innerhalb der Gemeinde richten sich längst auf eine Gestalt, auf die treueste und hingebungsvollste ihrer Schülerinnen, auf Auguste Stetson, die mit ihrer unglaublichen Energie New York, die wichtigste Stadt, erobert und die meisten Millionen unter allen Heilern und Schülern für die heilige Sache gesammelt hat. Aber Mary Baker-Eddy ist eifersüchtig noch über ihr Leben hinaus. Gerade einer Frau, gerade einer Tüchtigen will sie ihr hohes Erbe nicht überlassen; kein Name darf und soll in der Christian Science gelten und bleiben als der ihre. So stößt sie, nur um die Wahl Auguste Stetsons für alle Zeit zu verhindern, nur damit jene nicht Erbin werden könne, im neunundachtzigsten Lebensjahre – jawohl, im neunundachtzigsten mit ganz welken und gelähmten Händen – hastig noch die treueste, die tüchtigste ihrer Schülerinnen aus der Kirche aus. Ein ganzes unerbittliches Leben lang hat ihr Selbstgefühl niemanden neben sich geduldet: so soll es bleiben in alle Ewigkeit! Darum wirft sie ihr Erbe lieber an Namenlose als an einen fremden Namen. Und tatsächlich, kein anderer gilt seitdem ihren Anhängern für heilig als der eine: Mary Baker-Eddy.

Bis zu ihrem neunundachtzigsten Jahre hat der Kampf dieser unbändigen Frau immer wieder Kraft gegeben. Aber nun hat sie gegen niemanden mehr zu kämpfen. Da endlich gewinnt das Alter, das vergeblich geleugnete, gewinnt das unzerstörbare Gesetz der Wirklichkeit Gewalt über sie. Sie schwindet hin, der greise Leib verfällt, oder, um in ihrem Sinn zu reden, »der sterbliche Traum von Leben, Substanz und Gemüt wird in der Materie schwächer«. Und am 4. Dezember liegt reglos auf den Kissen ihres Bettes »eine Körperhülle, die der Glauben verlassen hat«, die Leiche Mary Baker-Eddys. Einzig der Tod hat dieses eiserne Herz besiegt.

Aber für ihre Getreuen bedeutet jeder Tod nicht Fortsein, sondern nur Nicht-mehr-wahrnehmbar-Sein. Ohne Pathos und sichtliche Erschütterung, wie eine belanglose, nebensächliche Tatsache melden in den Christian-Science-Kirchen die Vorleser, daß Mary Baker-Eddy, neunzigjährig, »aus unserem Gesichtskreis geschieden sei«. Keine öffentliche Trauerfeier wird veranstaltet, keine pompöse Zeremonie. Und nur ganz wenige Auserlesene nehmen teil an der einfachen, gleichsam anonymen Bestattung, die durchaus unbetont und unbeachtet bleiben will, denn für den gläubigen Szientisten bedeutet der Tod kein Ende und die Verwandlung des Körpers keine wahrhafte Veränderung. Die »so called dead«, die sogenannte Tote, wird in einen stählernen Sarg getan, der Sarg in die Gruft und die Gruft mit Beton ausgefüllt. Zwei Tage lang, bis der Zement hart und undurchdringlich geworden ist, stehen besondere Wächter an dem Grabe: die Führer der Kirche haben sie eigens aufgestellt, um die überreizte Erwartung einiger Fanatiker zu widerlegen,

Mary Baker-Eddy werde wie Christus die Grabplatte sprengen und am dritten Tage auferstehen. Aber kein überirdisches Zeichen ereignet sich. Es war kein Wunder mehr vonnöten. Denn der mit Vernunft nie völlig erklärbare Erfolg ihres Lebens, ihrer Lehre gehört selbst schon zum Wunderbarsten unserer an Wundern armen und darum ungläubig gewordenen Zeit.

Die Nachfolge

Unter dem überwältigenden Eindruck des unvergleichlichen Triumphzuges der Christian Science schmettert um die Jahrhundertwende Mark Twain seinen verzweifelten Warnungsruf über Amerika hin. In ein paar Jahren werde, wenn man keinen Widerstand leiste, diese Irrlehre das ganze Land, die ganze Welt erobern, denn – so argumentiert, billig wie immer, der diesmal ernste Humorist – Christian Science sei eine typische Wissenschaftslehre für Einfältige, und da bekanntlich vier Fünftel aller Menschen zu den Armen im Geiste gehörten, werde diesem metaphysischen Humbug der Sieg gewiß sein. Selbstverständlich hat sich Mark Twains etwas zu voreilige Voraussage ebensowenig erfüllt wie der messianische Glaube der Szientisten, mit ihrem Dogma werde »im Fortschritt der Welt eine neue Ära anbrechen«. Weder hat die Christian Science gesiegt, noch ist sie besiegt worden, sie hat sich still und mit gesenktem Schwert der Welt und ihrer Wissenschaft angepaßt: typisches Schicksal aller Revolutionen im Geiste! Jede Glaubensbewegung tritt nach anfänglichem Überschwang unvermeidlich in das duldsamere Stadium, wo sich der Glaube nicht mehr bewegt, wo er starr wird, aus Gestaltung Gestalt, aus Organismus Organisation: so auch die Lehre Mary Baker-Eddys. Noch immer gehören Hunderttausende dieser Weltanschauung an, die Zahl ihrer Anhänger mag nach dem Tode Mary Baker-Eddys sogar noch gewachsen sein. Aber entscheidend ist, daß das Dasein und Dabeisein dieser Hunderttausende sich völlig wirkungslos für die andern Millionen und aber Millionen ereignet – ganz lautlos fließt, was unter Mary Baker-Eddy ein ungebärdig schäumender und die Gebiete der Wissenschaft gefährlich bedrohender Wildbach gewesen, nun innerhalb staatlich gedämmter Ufer geregelt dahin. Noch immer halten die Szientisten ihre frommen Meetings, noch immer werden dieselben Texte aus »Science and Health« in denselben Kirchen gelesen, noch immer erscheint in riesiger Auflage die Tageszeitung, der »Christian Science Monitor«, aber dieser Herold ruft nicht zum Streit gegen »physiology« mehr, er meidet in vornehmer Weise jeden Kampf, jede Streitigkeit. Man hört nichts mehr von Prozessen, von lauten Konflikten, auch der dröhnende Lautsprecher der »publicity« ist verstummt und stiller Werbung von Mund zu Mund gewichen; mit dem Tode der großen Konquistadorin hat das Dogma vollkommen das Kämpferische ihres Temperaments verloren. Friedlich wirkt heute der »healer«, der Christian-Science-Helfer, neben dem diplomierten Arzt, reibungslos ordnet sich das neue religiöse Suggestionsverfahren in die moderne Psychologie und Psychiatrie: gleich unzähligen andern revolutionierenden Thesen und Theorien hat auch diese sich klugerweise mit engerem Bezirke beschieden. Sie ist nicht weitergeflutet, die Christian Science, sie ist nicht versiegt: sie ist starr geworden, Formel aus feuerflüssiger Form. Nach ihrem ersten leidenschaftlichen Ausbruch aus der vulkanischen Seele Mary Baker-Eddys ist die Lava wieder abgeflutet, und friedlich siedelt heute unter dem erloschenen Krater eine ruhige Gemeinde.

Keine Kraft aber, die einmal massenpsychologische Bewegung erschaffen, geht in unserem geistigen Weltall völlig verloren, kein Gedanke der Menschheit, wenn auch über die Vernunft weit hinausgetrieben, verliert auf die Dauer seine schöpferische Macht. Die Idee Mary Baker-Eddys ist nicht völlig mit ihrer Gestalt gestorben. Schon hielt man in Amerika längst die Diskussion über Christian Science, über die Heilung durch den Glauben für völlig erledigt, da kehrt von unvermutetem Ufer, von Europa her, die langsam hinübergewanderte Welle zurück: noch einmal stellt sich das Problem Mary Baker-Eddys, ob man durch den eigenen Glauben das eigene Gebrest überwinden könne, in den Theorieen Coués neuerlich der Wissenschaft. Zweifellos beeinflußt von den Gedanken der Christian Science, legt der Apotheker von Nancy die Heilung jedem Menschen selbst in die Hand, er schaltet sogar noch den von Mary Baker-Eddy geforderten Zwischenkontakt, den Healer, den Heilhelfer zwischen dem Patienten und seinem Leiden aus, indem er durch eine Persönlichkeitsspaltung den Suggerierenden und den Suggerierten in dasselbe Individuum setzt. Aber indem Coué genau wie seine Vorgängerin gleichfalls den Heilungswillen ausschließlich dem menschlichen Willen anheimgibt, leistet er dieser kühnsten Pilotin ins Übersinnliche Heroldsdienst und Gefolgschaft. Mögen also Mary Baker-Eddys einseitige Formulierungen in Zukunft auch weiter verändert oder gänzlich abgelehnt werden, entscheidend bleibt für ihre weltpsychologische Bedeutung nur eins: daß jenes Problem der Heilung durch den Glauben, von dieser Frau so schroff in die Mitte der Menschheit geworfen, nicht mehr zur Ruhe kommt. Damit hat jenseits von Richtig und Unrichtig diese Außenseiterin aller Gelehrtheit sich dauernden Rang unter den Wegbereitern der Seelenkunde gesichert und wieder einmal erwiesen, daß innerhalb der Geistesgeschichte das unbelehrte und unbelehrbare Ungestüm eines Laien für die Fortgestaltung von Ideen ebenso wichtig sein kann wie alle Weisheit und Wissenschaft. Denn schöpferische Unruhe zu schaffen, dies allein ist jedes neugeformten Gedankens erste Probe und Pflicht. Auch der Übertreiber und gerade er treibt vorwärts. Auch der Irrtum fördert durch seinen Radikalismus den Fortschritt. Wahr oder falsch, Treffer oder Niete – jeder Glaube, den einmal ein Mensch dank der Wucht seines Wesens der Menschheit aufgezwungen, erweitert die Grenzen und verschiebt die Gemarkungen unserer geistigen Welt.

Sigmund Freud

Wenn sich das geheime Spiel der Begehrungskraft bei dem matteren Licht gewöhnlicher Affekte versteckt, so wird es im Zustand gewaltsamer Leidenschaft desto hervorspringender, kolossalischer, lauter: der feinere Menschenforscher, welcher weiß, wie viel man auf die Mechanik der gewöhnlichen Willensfreiheit eigentlich rechnen darf und wie weit es erlaubt ist, analogisch zu schließen, wird manche Erfahrung aus diesem Gebiet in seine Seelenlehre hinübertragen und für das sittliche Leben verarbeiten... Stünde einmal wie für die übrigen Reiche der Natur ein Linnäus auf, welcher nach Trieben und Neigungen klassifizierte, wie sehr würde man erstaunen... *Schiller*

Situation der Jahrhundertwende

> Wie viel Wahrheit *erträgt*, wie viel Wahrheit *wagt* ein Geist? Das wurde für mich immer mehr der eigentliche Wertmesser. Irrtum (– der Glaube ans Ideal –) ist nicht Blindheit, Irrtum ist *Feigheit*... Jede Errungenschaft, jeder Schritt vorwärts in der Erkenntnis *folgt* aus dem Mut, aus der Härte gegen sich, aus der Sauberkeit gegen sich.
> *Nietzsche*

Das sicherste Maß jeder Kraft ist der Widerstand, den sie überwindet. So wird die umstürzende und wiederaufbauende Tat Sigmund Freuds erst voll erkenntlich in ihrer Gegenstellung zur seelischen Situation der Vorkriegsanschauung – oder vielmehr Nichtanschauung – der menschlichen Triebwelt. Heute zirkulieren längst Freudische Gedanken – vor zwanzig Jahren noch Blasphemie und Ketzerei – völlig flüssig im Blut der Zeit und der Sprache; dermaßen selbstverständlich erscheinen die von ihm geprägten Formeln, daß es eigentlich größerer Anstrengung bedarf, sie wieder wegzudenken als sie mitzudenken. Gerade also weil unser zwanzigstes Jahrhundert nicht mehr begreifen kann, weshalb das neunzehnte sich so erbittert gegen die längst fällige Aufdeckung der seelischen Triebkräfte wehrte, tut es not, die Einstellung jener Generation in psychologischen Dingen zurückzubelichten und die lächerliche Mumie der Vorkriegssittlichkeit noch einmal aus ihrem Sarge zu holen.

Mit der Verachtung jener Moral – unsere Jugend hat zu

heftig an ihr gelitten, als daß wir sie nicht inbrünstig haßten! – sei an sich nichts gegen den Begriff der Moral und seiner Notwendigkeit gesagt. Jede Menschengemeinschaft, ob religiös oder volkshaft verbunden, sieht sich um ihrer Selbstbehauptung willen gezwungen, die aggressiven, die sexuellen, die anarchischen Tendenzen des einzelnen zurückzudrängen, sie abzustauen und überzuführen hinter jene Dämme, die man Sitte und Satzung nennt. Selbstverständlich auch, daß jede dieser Gruppen sich besondere Normen und Formen der Sitte schafft: von der Urhorde bis zum elektrischen Jahrhundert hat jede Gemeinschaft sich um die Rückdrängung der Ur-Instinkte mit andersartigen Methoden gemüht. Harte Zivilisationen übten harte Gewalt: die lazedämonische, die urjüdische, die kalvinistische, die puritanische Epoche suchen den panischen Lustwillen der Menschheit mit dem roten Eisen auszubrennen. Aber grausam in ihren Geboten und Verboten, dienten solche drakonische Zeitläufte immerhin noch der Logik einer Idee. Und jede Idee, jeder Glaube heiligt bis zu einem gewissen Grade die für ihn eingesetzte Gewalt. Wenn das Spartanertum Zucht bis zur Unmenschlichkeit fordert, geschieht es im Sinne der Züchtung der Rasse, eines männlichen, kriegstüchtigen Geschlechts: seinem Ideal der Polis, der Gemeinschaft, mußte freischweifende Sinnlichkeit als Kraftdiebstahl am Staate gelten. Das Christentum wiederum bekämpft die fleischliche Neigung des Menschen um der Vergeistigung, um der Seelenrettung der allzeit irrenden Natur willen. Gerade weil die Kirche, weiseste Psychologin, die Blutleidenschaft des ewig adamitischen Menschen kennt, setzt sie ihr Geistleidenschaft als Ideal gewalttätig entgegen; in Scheiterhaufen und Kerkern zerstört sie den Hochmut des Eigenwillens, um der Seele in ihre höhere Heimat zurückzuhelfen – harte Logik dies, aber Logik immerhin. Hier und überall entwächst Handhabung des moralischen Gesetzes noch dem Stamm einer gefestigten Weltanschauung. Sittlichkeit erscheint als sinnliche Form einer übersinnlichen Idee.

In wessen Namen aber, im Dienste welcher Idee fordert das längst nur noch scheinfromme neunzehnte Jahrhundert überhaupt noch eine kodifizierte Sittlichkeit? Selber genießerisch, grob materiell und geldverdienerisch, ohne einen Schatten der großen geschlossenen Gläubigkeit früherer frommer Jahrhunderte, Anwalt der Demokratie und der Menschenrechte, kann es seinen Bürgern das Recht auf freien Genuß gar nicht mehr ernsthaft verbieten wollen. Wer einmal Toleranz als Flagge auf dem First der Kultur gehißt, besitzt kein Herrenrecht mehr, sich in die Moralauffassung des Individuums einzumengen. In der Tat bemüht sich auch der neuzeitliche Staat bei seinen Untertanen keineswegs mehr um eine ehrliche innerliche Versittlichung wie einstens die Kirche; einzig das Gesellschaftsgesetz verlangt die Aufrechterhaltung einer äußern Konvention. Nicht ein wirklicher Moralismus also wird gefordert, ein Sittlichsein, sondern bloß ein Sichmoralischverhalten, ein Tun aller vor allen »als ob«. Inwieweit der einzelne dann wirklich sittlich handelt, bleibt seine Privatangelegenheit: er darf sich nur nicht bei einem Verstoß gegen die Schicklichkeit ertappen lassen. Es mag allerhand, sogar sehr viel geschehen, aber es darf nicht davon gesprochen werden. In strengem Sinn kann man also sagen: die Sittlichkeit des neunzehnten Jahrhunderts geht an das eigentliche Problem gar nicht heran. Sie weicht ihm aus und beschränkt ihren ganzen Kraftaufwand auf dieses Darüberhinwegsehn. Einzig mit diesem törichten Unvernunftsschluß, wenn man etwas verdecke, sei es nicht mehr vorhanden, hat sich die Zivilisationsmoral durch drei oder vier Generationen allen Sitten- und Sexualproblemen gegenübergestellt oder vielmehr entzogen. Und das grimmige Scherzwort erhellt am sinnlichsten die tatsächliche Situation: nicht Kant habe sittlich das neunzehnte Jahrhundert beherrscht, sondern der »cant«.

Wie aber konnte ein so hellsichtiges, vernünftiges Zeitalter sich in eine derart unwahrhaftige und unhaltbare Psychologie verirren? Wie ein Jahrhundert der großen Entdeckungen, der technischen Vollendungen seine Moral zu einem dermaßen durchsichtigen Taschenspielertrick herabwürdigen? Die Antwort ist einfach: eben aus diesem Stolz auf seine Vernunft. Eben aus dem Hochmut seiner Kultur, aus jenem überspannten Zivilisationsoptimismus. Durch die ungeahnten Fortschritte seiner Wissenschaft war das neunzehnte Jahrhundert in eine Art Vernunftrausch geraten. Alles schien sich ja dem Imperium des Intellekts sklavisch zu unterwerfen. Jeder Tag, jede Weltstunde meldete neue Siege der Geisteswissenschaften; immer neue widerspenstige Elemente des irdischen Raums und der Zeit wurden gebändigt, Höhen und Tiefen öffneten ihr Geheimnis der planhaften Neugier des bewaffneten Menschenblicks, überall wich die Anarchie der Organisation, das Chaos dem Willen rechnerischen Geistes. Sollte da die irdische Vernunft wirklich nicht imstande sein, der anarchischen Instinkte im eigenen Blut Herr zu werden, das zuchtlose Gesindel der Triebe leichthin zu Paaren zu treiben? Die Hauptarbeit in dieser Hinsicht sei ja längst geleistet, und was noch ab und zu dem modernen, dem »gebildeten« Menschen im Blute flamme, das wären nichts als matte kraftlose Blitze eines abziehenden Gewitters, verendende Zuckungen der alten, schon im Absterben befindlichen Tierbestialität. Aber nur ein paar Jahre noch, ein paar Jahrzehnte, und eine Menschheit, die vom Kannibalismus bis zur Humanität und zum sozialen Gefühl sich so herrlich emporerzogen, werde auch noch diese letzten trüben Schlacken in ihren ethischen Feuern läutern und aufzehren: darum tue es gar nicht not, ihre Existenz überhaupt zu erwähnen. Nur nicht die Menschen auf das Geschlechtliche aufmerksam machen, und sie werden vergessen. Nur die uralte, hinter den Eisenstäben der Sitte eingekerkerte Bestie nicht mit Reden reizen, nicht mit Fragen füttern, und sie wird schon zahm werden. Nur rasch, mit abgewendetem Blick überall an allem Peinlichen vorübergehen, immer so tun, als ob nichts vorhanden wäre: das ist das ganze Sittlichkeitsgesetz des neunzehnten Jahrhunderts.

Für diesen konzentrischen Feldzug gegen die Aufrichtigkeit rüstet der Staat alle von ihm abhängigen Mächte einheitlich aus. Alle, Kunst und Wissenschaft, Sitte, Familie, Kirche, Schule und Hochschule empfangen die gleiche Kriegsinstruktion: jeder Auseinandersetzung ausweichen, den Gegner nicht angehen, sondern in weitem Bogen umgehen, niemals sich in wirkliche Diskussion einlassen. Niemals mit Argumenten kämpfen, nur mit Schweigen, immer nur boykottieren und ignorieren. Und wunderbar folgsam dieser Taktik, haben sämtliche geistige Mächte und Knechte der Kultur sich wacker an dem Problem vorbeigeheuchelt. Ein Jahrhundert lang wird innerhalb Europas die sexuelle Frage unter Quarantäne gesetzt. Sie wird weder verneint noch bejaht, weder aufgeworfen noch gelöst, sondern ganz im stillen hinter eine spanische Wand geschoben. Eine ungeheure Armee von Wächtern, uniformiert als Lehrer, Erzieher, Pastoren, Zensoren und Gouvernanten, wird aufgestellt, um eine Jugend von ihrer Unbefangenheit und Körperfreude abzuzäunen. Kein freier Luftzug darf ihre Leiber, keine offene Rede und Aufklärung ihre keuschen Seelen berühren. Und während vordem und überall bei jedem gesunden Volk, in jeder normalen Epoche, der mannbar gewordene Knabe in die Erwachsenheit eintritt wie in ein Fest, während in der griechischen, der römischen, der jüdischen Kultur und sogar in jeder Unkultur der Dreizehnjährige, der Vierzehnjährige redlich aufgenommen wird in die Gemeinschaft der Wissenden, Mann unter Männern, Krieger unter Kriegern, sperrt ihn hier eine gottgeschlagene Pädagogie künstlich und widernatürlich von allen Offenheiten aus. Niemand spricht vor ihm frei und spricht ihn damit frei. Was er weiß, kann er nur in Hurengassen oder im Flüsterton von älteren Kameraden erfahren. Und da jeder diese Wissenschaft der natürlichsten Natürlichkeiten wieder nur flüsternd weiterzugeben wagt, so dient unbewußt jeder neu Heranwachsende der Kulturheuchelei als neuer Helfer.

Konsequenz dieses hundert Jahre beharrlich fortgesetzten Sichverbergens und Sichnichtaussprechens aller gegen alle: ein beispielloser Tiefstand der Psychologie inmitten einer geistig überragenden Kultur. Denn wie könnte sich gründliche Seeleneinsicht entwickeln ohne Offenheit und Ehrlichkeit, wie Klarheit sich verbreiten, wenn gerade diejenigen, die berufen wären, Wissen zu vermitteln, wenn die Lehrer, die Pastoren, die Künstler, die Gelehrten selber Kulturheuchler oder Unbelehrte sind? Unwissenheit aber erzeugt immer Härte. So wird ein mitleidsloses, weil ahnungsloses Pädagogengeschlecht gegen die Jugend entsandt, das in den Kinderseelen durch die ewige Befehlshaberei, »moralisch« zu sein und »sich zu beherrschen«, unheilbaren Schaden anrichtet. Halbwüchsige Jungen, die unter dem Druck der Pubertät, ohne Kenntnis der Frau die dem Knabenkörper einzig mögliche Entlastung suchen, werden von diesen »aufgeklärten« Mentoren seelengefährlich mit der weisen Warnung verwundet, daß sie ein fürchterliches gesundheitszerstörendes »Laster« üben und so gewaltsam in ein Minderwertigkeitsgefühl, ein mystisches Schuldbewußtsein gedrängt. Studenten auf der Universität (ich habe es selbst noch erlebt) bekommen von jener Art Professoren, die man damals mit dem blümeranten Wort

»gewiegte Pädagogen« zu bezeichnen liebte, Merkblätter zugeteilt, aus denen sie erfahren, daß jede sexuelle Erkrankung ausnahmslos »unheilbar« sei. Mit solchen Kanonen feuert der Moralkoller von damals rücksichtslos gegen die Nerven. Mit solchen eisenbeschlagenen Bauernstiefeln trampelt die pädagogische Ethik in der Welt der Halbwüchsigen herum. Kein Wunder, daß dank dieser planhaften Aufzüchtung von Angst in noch unsicheren Seelen jeden Augenblick ein Revolver kracht, kein Wunder, daß durch diese gewalttätigen Zurückdrängungen das innere Gleichgewicht Unzähliger erschüttert und jener Typus von Neurasthenikern serienweise erschaffen wird, die ihre Knabenängste als rückgestaute Hemmungen ein Leben lang mit sich herumtragen. Unberaten irren Tausende solcher von der Verheuchlungsmoral Verstümmelter von Arzt zu Arzt. Aber da damals die Mediziner diese Krankheiten nicht an der Wurzel aufzugraben wissen, nämlich im Geschlechtlichen, und die Seelenkunde der vorfreudischen Epoche sich aus ethischer Wohlerzogenheit nie in diese verschwiegenen, weil verschwiegenbleiben-sollenden Reviere wagt, stehen auch die Neurologen völlig ratlos vor solchen Grenzfällen. Aus Verlegenheit schicken sie alle Seelenverstörten als noch nicht reif für Klinik oder Narrenhaus in Wasserheilanstalten. Man füttert sie mit Brom und kämmt ihnen die Haut mit elektrischen Vibrationen, aber niemand wagt sich an die wirklichen Ursächlichkeiten heran.

Noch ärger hetzt der Unverstand hinter den abnorm Veranlagten her. Von der Wissenschaft als ethisch Minderwertige, als erblich Belastete gebrandmarkt, vom Staatsgesetz als Verbrecher, schleppen sie, hinter sich die Erpresser, vor sich das Gefängnis, ihr mörderisches Geheimnis ein Leben lang als unsichtbares Joch mit sich herum. Bei niemandem können sie Rat, bei niemandem Hilfe finden. Denn würde sich in der vorfreudischen Zeit ein homosexuell Veranlagter an den Arzt wenden, so würde der Herr Medizinalrat entrüstet die Stirn runzeln, daß der Patient wage, ihn mit solchen »Schweinereien« zu belästigen. Derlei Privatissima gehörten nicht ins Ordinationszimmer. Aber wohin gehören sie? Wohin gehört der in seinem Gefühlsleben verstörte oder abwegige Mensch, welche Tür öffnet sich diesen Millionen zur Beratung, zur Befreiung? Die Universitäten weichen aus, die Richter klammern sich an die Paragraphen, die Philosophen (mit Ausnahme des einen tapfern Schopenhauer) ziehen vor, diese allen frühern Kulturwelten durchaus selbstverständlichen Abweichungsformen des Eros in ihrem Kosmos überhaupt nicht zu bemerken, die Öffentlichkeit drückt die Augen krampfhaft zu und erklärt alles Peinliche als indiskutabel. Nur kein Wort davon in die Zeitung, in die Literatur, nur keine Diskussion innerhalb der Wissenschaft: die Polizei ist informiert, das genügt. Daß dann in der raffinierten Gummizelle dieser Geheimtuerei hunderttausend Eingekerkerte toben, ist dem hochmoralischen und toleranten Jahrhundert ebenso bekannt wie gleichgültig – wichtig nur, daß kein Schrei nach außen dringt, daß jener selbstfabrizierte Heiligenschein der Kultur, der sittlichsten aller Welten, vor der Welt gewahrt bleibt. Denn der moralische Schein ist jener Epoche wichtiger als das menschliche Sein.

Ein ganzes, ein entsetzlich langes Jahrhundert beherrscht diese feige Verschwörung des »sittlichen« Schweigens Europa. Da plötzlich durchbricht es eine einzelne Stimme. Ohne jede umstürzlerische Absicht erhebt sich eines Tages ein junger Arzt im Kreise seiner Kollegen und spricht, ausgehend von seinen Untersuchungen über das Wesen der Hysterie, von den Störungen und Stauungen der Triebwelt und ihrer möglichen Freilegung. Er gebraucht keine großen pathetischen Gesten, er verkündet nicht aufgeregt, es sei Zeit, die Moralanschauung auf eine neue Grundlage zu stellen, die Geschlechtsfrage frei zu erörtern, – nein, dieser junge, strengsachliche Arzt spielt keineswegs den Kulturprediger im akademischen Kreise. Er hält ausschließlich einen diagnostischen Vortrag über Psychosen und ihre Ursächlichkeiten. Aber gerade die unbefangene Selbstverständlichkeit, mit der er feststellt, daß viele, ja sogar eigentlich alle Neurosen von Unterdrückungen sexuellen Begehrens ihren Ausgang nehmen, erregt aschgraues Entsetzen im Kreise der Kollegen. Nicht etwa, daß sie diese Ätiologie für falsch erklärten – im Gegenteil, die meisten von ihnen haben derlei oft schon geahnt oder erfahren, ihnen allen ist privatim die Wichtigkeit des Sexus für die Gesamtkonstitution wohl bewußt. Aber doch, als Gefühlsangehörige ihrer Zeit, als Hörige der Zivilisationsmoral fühlen sie sich sofort von diesem offenen Hinweis auf eine wasserhelle Tatsache dermaßen verletzt, als wäre dieser diagnostische Fingerzeig selbst schon eine unanständige Geste. Verlegen blicken sie einander an – weiß denn dieser junge Dozent nicht um die ungeschriebene Vereinbarung, daß man über derlei heikle Dinge nicht spricht, am wenigsten in einer öffentlichen Sitzung der hochansehnlichen »Gesellschaft der Ärzte«? Über das Kapitel der Sexualia – diese Konvention sollte der Neuling doch kennen und achten – verständigt man sich unter Kollegen mit Augenzwinkern, man spaßt darüber am Tarocktisch, aber man bringt solche Thesen im neunzehnten Jahrhundert, in einem so kultivierten Jahrhundert, doch nicht vor ein akademisches Forum. Schon das erste öffentliche Auftreten Sigmund Freuds – die Szene hat sich tatsächlich ereignet – wirkt im Kreise seiner Fakultätskollegen wie ein Pistolenschuß in der Kirche. Und die Wohlmeinenden unter den Kollegen lassen ihn sofort merken, er täte schon um seiner akademischen Karriere willen gut, von diesen peinlichen und unreinlichen Untersuchungen in Zukunft lieber abzulassen. Das führe zu nichts oder wenigstens zu nichts, was zur öffentlichen Erörterung tauge.

Aber Freud ist es nicht um Anstand zu tun, sondern um Aufrichtigkeit. Er hat eine Spur gefunden und geht ihr nach. Und gerade das Aufzucken belehrt ihn, daß er unbewußt eine kranke Stelle gepackt, daß er gleich mit dem ersten Griff ganz nah heran an den Nerv des Problems gekommen ist. Er hält fest. Er läßt sich nicht abschrecken, weder von den gutgemeinten Warnungen der ältern und brav wohlwollenden Kollegen noch vom Wehklagen einer beleidigten Moral, die nicht gewohnt ist, so brüsk in puncto puncti angefaßt zu werden. Mit jener hartnäckigen Unerschrockenheit, mit jenem menschlichen Mut und jener intuitiven Kraft, die zusammen sein Genie bilden, läßt er nicht ab, gerade an der allerempfindlichsten Stelle fester und fester zuzudrücken, bis endlich das Geschwür dieses Schweigens platzt, bis die Wunde freigelegt ist und man die Heilung beginnen kann. Noch ahnt bei seinem ersten Vorstoß ins Unbekannte dieser einsame Arzt nicht, wieviel er in diesem Dunkel finden wird. Er spürt nur Tiefe, und immer zieht die Tiefe magnetisch den schöpferischen Geist an sich.

Daß gleich diese erste Begegnung Freuds mit seiner Generation trotz der scheinbaren Geringfügigkeit des Anlasses zum Zusammenstoß wurde, ist Symbol und keine Zufälligkeit. Denn nicht bloß eine beleidigte Prüderie, eine angewöhnte Moralitätswürde nimmt hier Ärgernis an einer einzelnen Theorie: nein, hier spürt sofort mit der nervösen Hellsichtigkeit des Bedrohten die abgelebte Verschweigemethode einen wirklichen Widerpart. Nicht *wie* Freud an diese Sphäre, sondern *daß* er überhaupt an sie rührt und zu rühren wagt, bedeutet schon Kampfansage zu einer Entscheidungsschlacht. Denn hier geht es vom ersten Augenblick an nicht um Verbesserungen, sondern um völlige Umstellung. Nicht um Lehrsätze, sondern um

Grundsätze. Nicht um Einzelheiten, sondern um das Ganze. Stirn an Stirn stehen sich zwei Denkformen, zwei Methoden gegenüber von so senkrechter Verschiedenheit, daß es zwischen ihnen eine Verständigung weder gibt noch jemals geben kann. Die alte, die vorfreudische Psychologie, eingebettet in die Ideologie von der Übermacht des Gehirns über das Blut, fordert vom einzelnen, vom gebildeten zivilisierten Menschen, er solle seine Triebe durch die Vernunft unterdrücken. Freud antwortet grob und klar: Triebe lassen sich überhaupt nicht unterdrücken, und es sei oberflächlich, anzunehmen, sie wären, wenn man sie unterdrücke, fort und aus der Welt verschwunden. Man könne Triebe bestenfalls zurückdrücken aus dem Bewußten ins Unbewußte. Aber dann stauen sie sich, gefährlich verkrümmt, in diesem Seelenraum und erzeugen durch ihre ständige Gärung nervöse Unruhe, Verstörung und Krankheit. Völlig illusionslos, fortschrittsungläubig, rücksichtslos und radikal, stellt Freud fest, daß die von der Moral geächteten Triebkräfte der Libido einen unzerstörbaren Teil des Menschen bilden, der mit jedem Embryo neu geboren werde, ein Kraftelement, das man niemals beseitigen könne, sondern bestenfalls durch Hinüberführung ins Bewußtsein zu ungefährlicher Tätigkeit umschalten. Gerade das also, was die alte Gesellschaftsethik für die Erzgefahr erklärte, die Bewußtmachung, betrachtet Freud als heilsam, gerade was jene als heilsam empfand, die Unterdrückung, beweist er als gefährlich. Wo die alte Methode Zudecken übte, fordert er Aufdecken. Statt des Ignorierens ein Identifizieren. Statt des Aus-dem-Wege-Gehens das Eingehen. Statt des Vorbeisehens ein Tiefhineinsehen. Statt der Vermäntelung die Entblößung. Triebe kann nur zügeln, wer sie erkennt, die Dämonen nur derjenige bändigen, der sie aus ihrer Tiefe holt und ihnen frei ins Auge blickt. Medizin hat mit Moral und Scham so wenig zu tun wie mit Ästhetik oder Philologie, ihre wichtigste Aufgabe ist nicht, das Geheimste des Menschen zum Schweigen, sondern im Gegenteil, es endlich zum Sprechen zu bringen. Ohne jede Rücksicht auf den Bemäntelungswillen des Jahrhunderts, wirft Freud diese Probleme des Selbsterkennens und Selbstbekennens des Verdrängten und Unbewußten in die Mitte der Zeit. Und damit beginnt er nicht nur die Kur an zahllosen einzelnen, sondern auch an der ganzen moralkranken Epoche durch Überführung ihres unterdrückten Grundkonflikts aus der Verheuchelung in die Wissenschaft.

Diese neugeforderte Methode Freuds hat nicht nur die Anschauung unserer Individualseele umgeschaffen, sondern alle Grundfragen unserer Kultur und ihre Genealogie in eine andere Richtung gewiesen. Jeder begeht darum grobe Herabsetzung und flachgeistigen Irrtum, der die Leistung Freuds noch immer von 1890 her als bloß medizinische Angelegenheit bewerten will, denn er verwechselt bewußt oder unbewußt den Ausgangspunkt mit dem Ziel. Daß Freud die chinesische Mauer der alten Seelenkunde zufällig von der ärztlichen Seite her durchstieß, ist historisch zwar richtig, aber nicht wichtig für seine Leistung. Denn nie entscheidet bei einem schöpferischen Menschen, von wo er ausgegangen, sondern einzig, wohin und wie weit er gelangt ist. Freud kam von der Medizin nicht anders als Pascal von der Mathematik und Nietzsche von der Altphilologie. Zweifellos, dieser Ursprung gibt seinem Werk eine gewisse Färbung, aber er bestimmt und begrenzt nicht seine Größe. Denn es wäre nachgerade heute, im fünfundsiebzigsten Jahre seines Lebens, Zeit, zu bemerken, daß sein Werk und Wert sich längst nicht mehr auf die Nebensächlichkeit gründet, ob alljährlich durch die Psychoanalyse ein Schock Neurotiker mehr oder weniger geheilt werden, längst auch nicht mehr auf einzelne seiner theoretischen Glaubensartikel und Hypothesen. Ob die Libido sexuell »besetzt« ist oder nicht, ob der Kastrationskomplex und die narzißtische Einstellung und, ich weiß nicht, welche kodifizierten Glaubensartikel für die Ewigkeit kanonisiert werden sollen oder nicht, all das ist längst Theologengezänk von Privatdozenten geworden und völlig belanglos für jene überdauernde geisteshistorische Entscheidung, die Freud mit seiner Entdeckung der seelischen Dynamik und seiner neuen Fragetechnik für unsere Welt erzwungen hat. Hier hat ein Mann mit schöpferischem Blick die innere Sphäre umgestaltet, und daß es dabei tatsächlich um ein Umstürzen ging, daß sein »Wahrheitssadismus« eine Weltanschauungsrevolution aller seelischen Fragen hervorgerufen hat –, dieses Gefährliche seiner Lehre (nämlich ihnen gefährliche) haben als erste die Vertreter der absterbenden Generation erkannt; sofort merkten sie alle mit Schrekken, die Illusionisten, die Optimisten, die Idealisten, die Anwälte der Scham und der guten alten Moral: hier tritt ein Mann ans Werk, der an allen Warnungstafeln vorübergeht, den kein Tabu schreckt und kein Widerspruch verschüchtert, ein Mann, dem tatsächlich nichts »heilig« ist. Instinktiv haben sie gefühlt, daß knapp nach Nietzsche, dem Antichrist, mit Freud ein zweiter, großer Zerstörer der alten Tafeln gekommen ist, der Antiillusionist, einer der alle Vordergründe mit unbarmherzigem Röntgenblick durchleuchtet, der hinter der Libido den Sexus, hinter dem unschuldigen Kinde den Urmenschen, im trauten Beisammensein der Familie uralte gefährliche Spannungen zwischen Vater und Sohn und in den arglosesten Träumen die heißen Wallungen des Blutes entdeckt. Ein solcher Mensch, der in ihren höchsten Heiligtümern, Kultur, Zivilisation, Humanität, Moral und Fortschritt nichts anderes sieht als Wunschträume, wird er nicht – so quält sie ein unbequemes Ahnen schon vom ersten Augenblick an – mit seiner grausamen Sondierung vielleicht noch weiter gehen? Wird nicht dieser Bilderstürmer seine schamlose analytische Technik von der Einzelseele schließlich noch auf die Massenseele übertragen? Am Ende gar die Fundamente der Staatsmoral und die so mühsam zusammengeleimten Komplexe der Familie mit seinem Hammer beklopfen und das Vaterlandsgefühl und sogar das religiöse mit seinen furchtbar fressenden Säuren zersetzen? Tatsächlich, der Instinkt der absterbenden Vorkriegswelt hat richtig gesehen: der unbedingte Mut, die geistige Unerschrockenheit Freuds hat nirgendwo und nirgends Halt gemacht. Gleichgültig gegen Einspruch und Eifersucht, gegen Lärm und Stille, hat er mit der planenden unerschütterlichen Geduld eines Handwerkers seinen archimedischen Hebel weiter und weiter vervollkommnet, bis er ihn schließlich gegen das Weltall ansetzen konnte. Im siebzigsten Jahre seines Lebens hat Freud schließlich noch jenes letzte unternommen, seine am Individuum erprobte Methode an der ganzen Menschheit und sogar an Gott zu versuchen. Er hat den Mut gehabt, weiter und weiter zu gehen, bis ins letzte Nihil und Nichts jenseits der Illusionen, in jenes großartig Grenzenlose, wo es keinen Glauben mehr gibt, keine Hoffnungen und Träume, nicht einmal jene vom Himmel oder von einem Sinn und einer Aufgabe der Menschheit.

Sigmund Freud hat die Menschheit – herrliche Tat eines einzelnen Menschen – klarer über sich selbst gemacht: ich sage klarer, nicht glücklicher. Er hat einer ganzen Generation das Weltbild vertieft: ich sage vertieft und nicht verschönert. Denn das Radikale beglückt niemals, es bringt nur Entscheidungen. Aber es gehört nicht zur Aufgabe der Wissenschaft, das ewige Kinderherz der Menschheit in immer neue beschwichtigende Träumereien einzuwiegen; ihre Sendung ist, die Menschen zu lehren, gerade und gerecht auf unserer harten Erde zu gehen. An dieser unerläßlichen Arbeit hat Sigmund Freud sein vorbildliches Teil getan: im Werke ist seine Härte zu Stärke, seine Strenge unbeugsames Gesetz geworden. Niemals hat Freud um der Tröstung willen dem Menschen einen Ausweg ins Behagliche gezeigt, eine Flucht in irdische oder himmlische Himmelreiche, immer nur den Weg in sich hinein, den gefährlichen Weg in die eigne Tiefe. Seine Einsicht ist ohne Nachsicht gewesen: nicht um einen Zoll hat seine Denkart den Menschen das Leben leichter gemacht. Wie ein Nordwind scharf und schneidend, hat sein Einbruch in eine dumpfe Atmosphäre viele goldene Nebel und rosige Wolken des Gefühls zerblasen, aber vor den gereinigten Horizonten liegt nun ein neuer Ausblick ins Geistige klar. Mit andern Augen, freier, wissender und ehrlicher sieht eine neue Generation dank seiner Leistung in eine neue Zeit. Daß die gefährliche Psychose der Heuchelei, die ein Jahrhundert lang die europäische Sitte eingeschüchtert hat, endgültig gewichen ist, daß wir gelernt haben, ohne falsche Scham in unser Leben hineinzuschauen, daß uns Wörter wie »Laster« und »Schuld« ein Grauen erwecken, daß die Richter, über die Triebübermächtigkeit der menschlichen Natur belehrt, manchmal mit Schuldsprüchen zögern, daß die Lehrer heute Natürliches schon mit Natürlichkeit nehmen und die Familie Offenes mit Offenheit, daß in die Sittlichkeitsauffassung mehr Aufrichtigkeit gekommen ist und mehr Kameradschaft in die Jugend, daß sich die Frauen freier zu ihrem Willen und ihrem Geschlecht bekennen, daß wir die Einmaligkeit jedes Einzelwesens zu achten gelernt haben und das Geheimnis in unserem eigenen geistigen Wesen schöpferisch zu begreifen – all diese Elemente besseren und sittlicheren Geradegewachsenseins danken wir und unsere neue Welt in erster Linie diesem einen Manne, der den Mut hatte, zu wissen, was er wußte, und den dreifachen Mut, dies sein Wissen einer unwilligen und feige sich wehrenden Zeitmoral aufzuzwingen. Manche Einzelheiten seiner Leistung mögen bestreitbar sein, aber was zählt das einzelne! Gedanken leben ebenso von der Bestätigung wie vom Widerspruch, ein Werk nicht minder von der Liebe wie vom Haß, den es erregt. Ins Lebendige überzugehen, bedeutet den einzig entscheidenden Sieg einer Idee und den einzigen auch, den wir heute noch zu ehren bereit sind. Denn nichts erhebt in unserer Zeit schwankender Gerechtigkeit so sehr den Glauben an die Übermacht des Geistigen wie das atmend erlebte Beispiel, daß es immer wieder genügt, wenn ein einziger Mensch den Mut zur Wahrheit hat, um die Wahrhaftigkeit innerhalb des ganzen Weltalls zu vermehren.

Charakterbildnis

> Aufrichtigkeit ist die Quelle aller Genialität.
> *Boerne*

Die strenge Tür eines Wiener Miethauses verschließt seit einem halben Jahrhundert Sigmund Freuds Privatleben: beinahe wäre man versucht zu sagen, er habe überhaupt keines gehabt, so bescheiden hintergründig verläuft seine persönliche Existenz. Siebzig Jahre in der gleichen Stadt, mehr als vierzig Jahre in dem gleichen Haus. Dort wieder die Ordination in demselben Raume, die Lektüre auf demselben Sessel, die literarische Arbeit vor demselben Schreibtisch. Pater familias von sechs Kindern, persönlich völlig bedürfnislos, ohne andere Passionen als die des Berufs und der Berufung. Kein Gran seiner gleichzeitig sparsamen und verschwenderisch ausgewerteten Zeit jemals vertan an eitles Sichzeigen, an Ämter und Würden, niemals ein agitatorisches Vortreten des schöpferischen Menschen vor das geschaffene Werk: bei diesem Manne unterwirft sich der Lebensrhythmus völlig und einzig dem pausenlosen, gleichmäßig und geduldig strömenden Rhythmus der Arbeit. Jede Woche der tausend und aber tausend seiner fünfundsiebzig Jahre umschreibt den gleichen runden Kreis geschlossener Tätigkeit, jeder Tag verläuft zwillingshaft ähnlich dem andern: in seiner akademischen Zeit einmal in der Woche Vorlesung an der Universität, immer einmal am Mittwoch abends nach sokratischer Methode ein geistiges Symposion in der Runde der Schüler, einmal am Samstagnachmittag eine Kartenpartie – sonst nur von morgens bis abends, oder vielmehr bis spät in die Mitternacht, jede Minute bis zur letzten Sekunde ausgenützt für Analyse, Behandlung, Studium, Lektüre und gelehrte Gestaltung. Dieser unerbittliche Arbeitskalender kennt kein leeres Blatt, der weitgespannte Tag Freuds innerhalb eines halben Jahrhunderts keine ungeistig verbrachte Stunde. Ständiges Tätigsein ist diesem immer motorischen Hirn so selbstverständlich, wie dem Herzen der blutumschaltende Schlag; Arbeit erscheint bei Freud nicht als willensunterworfenes Tun, sondern durchaus als natürliche, als ständige und strömende Funktion. Eben aber diese Pausenlosigkeit der Wachheit und Wachsamkeit ist zugleich das Erstaunlichste seiner geistigen Erscheinung: hier wird Normalität zum Phänomen. Seit vierzig Jahren nimmt Freud täglich acht, neun, zehn, manchmal sogar elf Analysen vor, das will sagen: neun-, zehn-, elfmal konzentriert er je eine ganze Stunde lang sich mit äußerster, mit einer beinahe bebenden Spannung in einen Fremden hinein, behorcht und wägt jedes Wort, während gleichzeitig sein nie versagendes Gedächtnis die Aussagen dieser Psychoanalyse mit jenen aller früheren Sitzungen vergleicht. Er lebt also ganz innen in dieser fremden Persönlichkeit, während er sie gleichzeitig von außen seelendiagnostisch betrachtet. Und mit einem Ruck muß er sich sofort am Ende der Stunde aus diesem einen in einen andern Menschen, den nächsten Patienten, umstellen, achtmal, neunmal an einem Tage, – hundert und aber hundert Schicksale also ohne Notizen und Erinnerungshilfen in sich gesondert bewahrend und bis in die feinsten Verästelungen überschauend. Eine so ständig sich umschaltende Arbeitsumformung erfordert eine geistige Wachheit, eine seelische Bereitschaft und Nervenspannung, der ein anderer nach zwei oder drei Stunden nicht mehr gewachsen wäre. Aber die erstaunliche Vitalität Freuds, diese seine Überkraft innerhalb der geistigen Kraft, kennt kein Erschlaffen und Ermüden. Ist spät abends die analytische Tätigkeit, der Neun- oder Zehnstundendienst am Menschen beendet, dann erst beginnt die denkerische Ausgestaltung der Resultate, jene Arbeit, welche die Welt für seine einzige hält. Und all diese riesenhafte, diese pausenlose an Tausenden von Menschen praktisch wirkende und zu Millionen von Menschen fortwirkende Leistung geschieht ein halbes Jahrhundert lang ohne Helfer, ohne Sekretär, ohne Assistenten; jeder Brief ist mit der eigenen Hand geschrieben, jede Untersuchung allein zu Ende geführt, jedes Werk allein zur Form gestaltet. Nur diese grandiose Gleichmäßigkeit der schöpferischen Kraft verrät hinter der banalen Außenfläche seines Daseins die wahrhafte Dämonie. Erst aus der Sphäre des Geschaffenen enthüllt dies anscheinend normale Leben seine Einmaligkeit und Unvergleichlichkeit.

Ein solches nie versagendes, innerhalb von Jahrzehnten nie aussetzendes und abweichendes Präzisionsinstrument der Arbeit ist nur denkbar bei vollendetstem stofflichen Material. Wie bei Händel, bei Rubens und Balzac, den gleichfalls strömend Schaffenden, stammt bei Freud das geistige Übermaß aus einer urgesunden Natur. Dieser große Arzt war bis zu seinem siebzigsten Jahre niemals ernstlich krank, dieser feinste Beobachter des Nervenspiels niemals nervös, dieser hellsichtige Durchforscher aller Seelenabnormitäten, dieser vielverschrieene Sexualist in allen seinen persönlichen Lebensäußerungen ein Leben lang unheimlich einlinig und gesund. Von eigener Erfahrung her kennt dieser Körper nicht einmal die gewöhnlichsten, die alltäglichsten Störungen geistiger Arbeit und fast nie Kopfschmerzen und Müdigkeit. Jahrzehntelang hat Freud nie einen ärztlichen Kollegen zu Rate ziehen, nie eine einzige Stunde wegen Unpäßlichkeit absagen müssen – erst im patriarchalischen Alter versucht eine tückische Krankheit diese geradezu polykratische Gesundheit zu brechen. Aber vergebens! Sofort und völlig unvermindert setzt mit kaum vernarbter Wunde die alte Tatkraft wieder ein. Gesundsein ist für Freud identisch mit Atmen, Wachsein mit Arbeiten, Schaffen mit Leben. Und genau so intensiv und dicht wie seine Spannung bei Tag, so vollkommen ist bei diesem eisern gehämmerten Körper die Entspannung in der Nacht. Ein kurzer, aber fest in sich geschlossener Schlaf erneuert von Morgen zu Morgen diese großartig normale und gleichzeitig großartig übernormale Spannkraft des Geistes. Freud schläft sehr tief, wenn er schläft, und er ist unerhört wach in seinem Wachsein.

Diesem völligen Ausgewogensein der innern Kräfte widerspricht auch nicht das äußerliche Wesensbild. Auch hier eine vollkommene Proportion in jedem Zuge, eine durchaus harmonische Erscheinung. Nicht zu groß, nicht zu klein die Figur, nicht zu schwer, nicht zu locker der Körper: immer und überall zwischen Extremen geradezu vorbildliche Mitte. Jahre und Jahre verzweifeln vor seinem Antlitz alle Karikaturisten, denn nirgends finden sie in diesem völlig ebenmäßig ausgeformten Oval rechten Ansatz für die zeichnerische Übertreibung. Vergebens legt man sich Bild um Bild seiner jüngeren Jahre nebeneinander, ihnen irgendeinen vorherrschenden Zug, etwas charakterologisch Wichtiges abzuspähen. Aber die Züge des Dreißigjährigen, Vierzig- und Fünfzigjährigen sagen nicht mehr als: ein schöner Mann, ein männlicher Mann, ein Herr mit regelmäßigen, beinahe allzu regelmäßigen Zügen. Wohl deutet das dunkle, gesammelte Auge den geistigen Menschen an, aber beim besten Willen findet man in diesen verblaßten Photographieen nicht mehr als eben eines jener von gepflegtem Bart umrahmten Arztantlitze idealisch männlicher Art, wie sie Lenbach und Makart zu malen liebten, dunkel, weich und ernst, aber im letzten nicht aufschlußreich. Und schon meint man jeden charakterologischen Versuch vor diesem in seine eigene Harmonie eingeschlossenen Antlitz aufgeben zu müssen. Da beginnen plötzlich die letzten Bilder zu sprechen. Erst das Alter, das sonst bei den meisten Menschen die individuellen Wesenszüge auflöst und zu grauem Lehm zerbröckelt, erst die patriarchalische Zeit setzt bei Freud den bildnerischen Meißel an, erst Krankheit und Greisenjahre meißeln unwidersprechlich eine Physiognomie aus einem bloßen Gesicht. Seit das Haar ergraut, der Bart nicht mehr so voll das harte Kinn, nicht mehr so dunkel den scharfen Mund verschattet, seit der knochig plastische Unterbau seines Antlitzes zutage tritt, enthüllt sich etwas Hartes, unbedingt Offensives, der unerbittlich und fast verbissen vordringende Wille seiner Natur. Von tiefer her, düsterer, dringlicher, schraubender bohrt sich einem jetzt der früher bloß betrachtende Blick entgegen, eine bittere Mißtrauensfalte schneidet wie eine Wunde scharf die freigelegte, furchige Stirn hinab. Und gespannt wie über einem »Nein« oder »Das ist nicht wahr« schließen sich die schmalen Lippen. Zum erstenmal spürt man die Wucht und die Strenge des Freudischen Wesens in seinem Antlitz und spürt auch: nein, dies ist kein good grey old man, sanft und umgänglich geworden im Alter, sondern ein harter unerbittlicher Prüfer, der sich von nichts täuschen läßt und über nichts täuschen lassen will. Ein Mensch, vor dem man Furcht hätte zu lügen, weil er mit diesem argwohnumschatteten, gleichsam aus dem Dunkel treffenden Pfeilschützenblick jede ausweichende Wendung verfolgt und jeden Schlupfwinkel im voraus sichtet – ein bedrückendes Antlitz vielleicht mehr als ein befreiendes, aber prachtvoll belebt von erkennerischer Intensität, Antlitz nicht eines bloßen Betrachters, sondern eines unbarmherzigen Durchdringers.

Diesen Einschuß von alttestamentarischer Härte, dieses grimmig Inkonziliante, das aus dem beinahe drohenden Auge des alten Kämpfers spricht, versuche man nicht dem Charakterprofil dieses Mannes wegzuschmeicheln. Denn hätte jemals Freud diese scharf geschliffene, diese offen und unbarmherzig zustoßende Entschiedenheit gefehlt, so fehlte auch das Beste und Entscheidendste seiner Tat. Wenn Nietzsche mit dem Hammer, so hat Freud ein Leben lang mit dem Skalpell philosophiert: derlei Instrumente taugen nicht in milde und nachgiebige Hände. Verbindlichkeiten, Höflichkeiten, Mitleid und Nachsicht wären völlig unvereinbar mit der radikalen Denkform seiner schöpferischen Natur, deren Sinn und Sendung einzig die Verdeutlichung der Extreme war, nicht ihre Bindung. Die kämpferische Entschiedenheit Freuds will immer nur ein glattes Dafür oder Dagegen, ein Ja oder Nein zu seiner Sache, kein Einerseits und Anderseits, kein Dazwischen und Vielleicht. Wo es im Geistigen Recht und Rechthaben gilt, kennt Freud keine Rücksicht, keinen Rückhalt, kein Paktieren und keinen Pardon: wie Jahve verzeiht er einem lauen Zweifler noch weniger als einem Abtrünnigen. Halbwahrscheinlichkeiten sind ihm wertlos, ihn lockt nur die reine, die hundertprozentige Wahrheit. Jede Verschwommenheit, sowohl die in den persönlichen Beziehungen von einem Menschen zum andern als auch jene erhabenen Denkunklarheiten der

Menschheit, die man Illusionen nennt, fordern seine ungestüme und beinahe erbitterte Lust zum Abteilen, Abgrenzen, Ordnen ganz selbsttätig heraus, – immer will oder muß sein Blick mit der Schärfe ungebrochenen Lichts auf den Erscheinungen ruhen. Dieses Klarsehen, Klardenken und Klarmachen bedeutet für Freud aber keine Anstrengung, gar keinen Willensakt, Analysieren ist die eigentliche, die eingeborene und unhemmbare Instinkthandlung seiner Natur. Wo Freud nicht sofort und unbedingt versteht, kann er sich nicht verständigen, was er aus sich nicht völlig klar sieht, kann ihm niemand erklären. Sein Auge wie sein Geist sind autokratisch und völlig inkonziliant; und gerade im Krieg, im Alleinsein gegen die Übermacht entspannt sich erst die volle Vorstoßlust dieses von der Natur zur durch und durch dringenden Schneide gehämmerten Denkwillens.

Aber hart, streng und unerbittlich gegen andere, zeigt sich Freud nicht minder hart und mißtrauisch gegen sich selbst. Geübt, auch der verstecktesten Unwahrhaftigkeit eines Menschen bis ins geheimste Gespinst des Unbewußten nachzuspüren, hinter jeder Schicht noch eine tiefere, hinter jedem Bekenntnis noch ein aufrichtigeres, hinter jeder Wahrheit noch eine wahrhaftigere zu entlarven, übt er auch gegen sich die gleiche analytische Wachsamkeit der Selbstkontrolle. Darum will mir das so oft angewandte Wort vom »kühnen Denker« bei Freud sehr schlecht gewählt erscheinen. Freuds Ideen haben nichts von Improvisationen, kaum von Intuitionen. Weder leichtfertig noch leicht fertig mit seinen Formulierungen, zögert Freud oft Jahre, ehe er eine Vermutung offen als Behauptung ausspricht; völlig widersinnig wären einem konstruktiven Genie wie dem seinen jähe Denksprünge oder voreilige Zusammenfassungen. Immer nur stufenhaft niedersteigend, vorsichtig und völlig unekstatisch bemerkt Freud als erster jede unsichere Stelle; unzählige

Male begegnet man innerhalb seiner Schriften solchen Selbstwarnungen, wie »Dies mag eine Hypothese sein« oder »Ich weiß, daß ich in dieser Hinsicht wenig Neues zu sagen habe«. Freuds wahrer Mut beginnt spät, erst mit der Selbstgewißheit. Nur wenn dieser unbarmherzige Desillusionist sich selber restlos überzeugt und sein eigenes Mißtrauen niedergekämpft hat, er könnte die Weltillusion um einen neuen Wunschtraum vermehren, legt er seine Auffassung vor. Hat er aber eine Idee einmal erkannt und öffentlich bekannt, dann wird sie ihm vollkommen zu Fleisch und Blut, eingewachsenes Teil seiner geistigen Lebensexistenz, und kein Shylock vermöchte ihm auch nur eine Faser davon aus dem lebendigen Leibe herauszuschneiden. Freuds Sicherheit kommt immer erst spät: aber einmal errungen, ist sie nicht mehr zu brechen.

Dieses harte Festhalten an seinen Anschauungen haben die Gegner Freuds ärgerlich seinen Dogmatismus genannt und sogar seine Anhänger manchmal laut oder leise beklagt. Aber diese Unbedingtheit Freuds ist vom Charakterologischen seiner Natur nicht zu lösen: sie stammt nicht aus willensmäßiger Einstellung, sondern aus spontaner, aus der besonderen Optik seines Auges. Was Freud schöpferisch anblickt, sieht er so, als hätte es vor ihm niemand angesehen. Wenn er denkt, vergißt er alles, was andere vor ihm über diesen Gegenstand gedacht. Naturhaft und zwanghaft sieht er seine Probleme, und wo immer er das sibyllinische Buch der menschlichen Seele aufschlägt, blättert sich ihm eine neue Seite auf; und ehe sein Denken sie kritisch anfaßt, hat sein Auge schon die Schöpfung getan. Eine Meinung aber kann man belehren über ihren Irrtum, niemals ein Auge über seinen schaffenden Blick: Vision steht jenseits jeder Beeinflußbarkeit, das Schöpferische jenseits des Willens; was aber nennen wir wahrhaft schöpferisch, wenn nicht dies, jedes der uralt unveränderlichen Dinge so zu schauen, als hätte es nie der

Stern eines irdischen Auges belichtet, ein tausendmal Ausgesagtes noch einmal so jungfräulich neu auszusprechen, als hätte es nie ein menschlicher Mund gesagt. Weil unerlernbar, ist diese Magie des intuitiven Forscherblicks auch nie belehrbar und jedes Beharren einer genialen Natur auf ihrer erstmaligen und einmaligen Schau keineswegs Trotz, sondern tiefe Nötigung.

Darum versucht auch Freud niemals, seinen Leser, seinen Hörer zu seinen Anschauungen zu überreden, zu beschwätzen, zu überzeugen. Er legt sie nur vor. Seine unbedingte Redlichkeit verzichtet vollkommen, selbst die ihm wichtigsten Gedanken in poetisch bestechender Form zu servieren und gewisse harte und bittere Bissen für empfindliche Gemüter durch Konzilianz des Ausdrucks mundgerechter zu machen. Mit der Rauschprosa Nietzsches verglichen, die immer die verwegensten Feuerwerke der Kunst und Artistik aufsprühen läßt, scheint die seine zunächst nüchtern, kalt und farblos. Freuds Prosa agitiert nicht, sie wirbt nicht, sie verzichtet völlig auf dichterische Untermalung, auf jede Rhythmisierung durch Musik (zu der ihm, wie er selbst bekennt, jede innere Neigung fehlt – offenbar im Sinne Platos, der sie anschuldigt, das reine Denken zu verwirren). Dieses aber strebt Freud allein an, er handelt nach Stendhals Wort »Pour être bon philosophe, il faut être sec, clair, sans illusion«. Klarheit ist ihm wie in allen menschlichen Äußerungen auch im sprachlichen Ausdruck das Optimum und Ultimum; dieser höchsten Lichthaftigkeit und Deutlichkeit ordnet er alle Kunstwerte als nebensächlich unter, und einzig der so erzielten Diamantschärfe der Umrisse dankt seine Sprache ihre unvergleichliche vis plastica. Völlig prunklos, straff sachlich, eine römische, eine lateinische Prosa, umschweift sie niemals dichterisch ihren Gegenstand, sondern sagt ihn hart und kernig aus. Sie schmückt nicht, sie häuft nicht, sie vermengt und bedrängt nicht; bis zum Äußersten spart sie mit Bildern und Vergleichen. Setzt sie dann aber einen Vergleich ein, so trifft er immer durch seine überzeugende Schlagkraft wie ein Schuß. Manche sprachbildnerische Formulierungen Freuds haben das durchleuchtend Sinnliche von geschnittenen Steinen, und sie wirken inmitten seiner gläsern klaren Prosa wie in Kristallschalen eingesetzte Kameen, unvergeßlich jede einzelne. Nicht ein einziges Mal aber verläßt Freud in seinen philosophischen Darstellungen den geraden Weg – Abschweifungen im Sprachlichen sind ihm so verhaßt wie Umwegigkeiten im Denken –, und innerhalb seines ganzen weiträumigen Werkes findet sich kein Satz, der nicht mühelos auch einem Ungebildeten eindeutig faßbar wäre. Immer zielt sein Ausdruck wie sein Denken zu geradezu geometrisch genauer Bestimmtheit: darum konnte nur eine Sprache scheinbarer Unscheinbarkeit, in Wirklichkeit aber höchster Lichthaftigkeit seinem Klarheitswillen dienen.

Jedes Genie, sagt Nietzsche, trägt eine Maske. Freud hat eine der schwerdurchschaubarsten gewählt: die der Unauffälligkeit. Sein äußeres Leben verbirgt dämonische Arbeitsleistung hinter nüchterner, beinah philiströser Bürgerlichkeit. Sein Antlitz den schöpferischen Genius hinter ebenmäßig ruhigen Zügen. Sein Werk, umstürzlerisch und verwegen wie nur irgendeines, verschattet sich nach außen hin bescheiden als naturwissenschaftlich exakte Universitätsmethode. Und seine Sprache täuscht durch farblose Kälte über das Kristallinisch-Kunstvolle ihrer Bildnerkraft. Genie der Nüchternheit, liebt er nur das Nüchterne in seinem Wesen offenbar zu machen, nicht das Genialische. Nur das Maßvolle wird zunächst sichtbar, erst in der Tiefe dann sein Übermaß. Überall ist Freud mehr, als er von sich sehen läßt, und doch in jedwedem Ausdruck seines Wesens eindeutig derselbe. Denn wo immer in einem Menschen das Gesetz höherer

Einheit schöpferisch waltet, tritt es in allen Elementen seines Wesens, in Sprache, Werk, Erscheinung und Leben gleich sinnlich und sieghaft zutage.

Der Ausgang

»Eine besondere Vorliebe für Stellung und Tätigkeit des Arztes habe ich in den Jugendjahren nicht verspürt, übrigens auch später nicht«, gesteht Freud mit der für ihn so charakteristischen Selbstunerbittlichkeit in seiner Lebensdarstellung unverhohlen ein. Jedoch dieses Bekenntnis ergänzt sich höchst aufschlußreich: »Eher bewegte mich eine Art Wißbegierde, die sich aber mehr auf die menschlichen Verhältnisse als auf natürliche Objekte bezog.« Dieser seiner innersten Neigung kommt kein eigentliches Lehrfach entgegen, denn der medizinische Studienkatalog der Wiener Universität kennt keinen Unterrichtsgegenstand »Menschliche Verhältnisse«. Und da der junge Student an baldigen Broterwerb denken muß, darf er nicht lange Privatneigungen nachhängen, sondern muß mit andern Medizinern geduldig über das Pflaster der vorgeschriebenen zwölf Semester marschieren. Freud arbeitet schon als Student ernst an selbständigen Untersuchungen, den akademischen Pflichtkreis dagegen erledigt er nach seinem eigenen freimütigen Geständnis »recht nachlässig« und wird erst »mit ziemlicher Verspätung« im Jahre 1881 als Fünfundzwanzigjähriger zum Doctor medicinae promoviert.

Schicksal Unzähliger: in diesem wegunsichern Menschen ist eine geistige Berufung ahnungshaft vorbereitet, und er muß sie zunächst vertauschen mit einem gar nicht ersehnten praktischen Beruf. Denn von vornherein zieht das Handwerkliche der Medizin, das Schulhafte und Heiltechnische diesen ganz auf das Universelle hin gerichteten Geist wenig an. Im tiefsten Wesensgrund geborener Psychologe – er weiß es nur noch lange nicht – sucht instinktiv der junge Arzt sein theoretisches Wirkungsfeld wenigstens in die Nachbarschaft des Seelischen zu drängen. Er wählt also als Spezialfach die Psychiatrie und betätigt sich in der Gehirnanatomie, denn eine individualisierende Psychologie, diese für uns heute längst unentbehrliche Wissenschaft von der Seele, wird damals in den medizinischen Hörsälen noch nicht gelehrt und geübt: Freud wird sie uns erst erfinden müssen. Alles seelisch Unregelmäßige gilt der mechanistischen Auffassung jener Zeit bloß als Entartung der Nerven, als eine krankhafte Veränderung; unerschütterlich herrscht der Wahn vor, es könne gelingen, dank einer immer genaueren Kenntnis der Organe und mit Versuchen aus dem Tierreich einmal die Automatik des »Seelischen« genau zu errechnen und jede Abweichung zu korrigieren. Darum erhält die Seelenkunde damals im physiologischen Laboratorium ihre Arbeitsstätte, und man glaubt, erschöpfende Seelenwissenschaft zu treiben, wenn man mit Skalpell und Lanzette, mit Mikroskop und elektrischen Reaktionsapparaten die Zuckungen und Schwingungen der Nerven mißt. So muß auch Freud sich zunächst gleichfalls an den Seziertisch setzen und mit allerhand technischen Apparaturen nach Ursächlichkeiten suchen, die sich in Wahrheit niemals in der groben Form sinnlicher Sichtbarkeit offenbaren. Jahrelang arbeitet er im Laboratorium bei Brücke und Meynert, den berühmten Anatomen, und beide Meister ihres Faches erkennen bald in dem jungen Assistenten die eingeborene selbständig-schöpferische Finderbegabung. Beide suchen sie ihn für ihr Spezialgebiet als dauernden Mitarbeiter zu gewinnen, Meynert bietet dem jungen Arzt sogar an, ersatzweise statt seiner Vorlesungen über Gehirnanatomie zu halten. Aber völlig unbewußt widerstrebt bei Freud eine innere Tendenz. Vielleicht hat schon damals sein Instinkt die Entscheidung vorausgefühlt, jedenfalls: er lehnt den ehrenden Antrag ab. Jedoch seine bisher geleisteten, schulmäßig exakt durchgeführten histologischen und klinischen Arbeiten reichen schon vollends aus, ihm die Dozentur für Nervenlehre an der Universität in Wien zuzuerkennen.

Dozent der Neurologie, das bedeutet zu jener Zeit in Wien einen vielbegehrten und auch einträglichen Titel für einen neunundzwanzigjährigen jungen, unbegüterten Arzt. Freud müßte jetzt nur jahraus, jahrein seine Patienten unentwegt nach der brav erlernten, schulmäßig vorgeschriebenen Methode behandeln, und er könnte außerordentlicher Professor und am Ende gar Hofrat werden. Aber schon damals tritt jener für ihn so besonders charakteristische Instinkt der Selbstüberwachung zutage, der ihn sein ganzes Leben lang immer weiter und tiefer führt. Denn dieser junge Dozent gesteht ehrlich ein, was alle andern Neurologen ängstlich vor den andern und sogar vor sich selbst verschweigen, nämlich, daß die ganze Technik der Nervenbehandlung psychogener Phänomene, so wie sie um 1885 gelehrt wird, vollkommen hilflos und vor allem nicht helfend in einer Sackgasse steckt. Aber wie eine andere üben, da doch in Wien keine andere gelehrt wird? Was dort 1885 (und noch lange nachher) den Professoren abzusehen war, das hat der junge Dozent bis in die letzte Einzelheit gelernt, saubere klinische Arbeit, trefflich exakte Anatomie und dazu noch die Haupttugenden der Wiener Schule: strenge Gründlichkeit und unerbittlichen Fleiß. Was ist darüber hinaus weiterzulernen bei Männern, die nicht mehr wissen als er selbst? Deshalb fällt ihn die Nachricht, daß seit einigen Jahren in Paris Psychiatrie von ganz anderer Richtung her betrieben werde, mächtig und als unwiderstehliche Versuchung an. Er hört staunend und mißtrauisch, aber doch verlockt, daß dort Charcot, obwohl selbst ursprünglich Gehirnanatom, eigenartige Versuche mit Zuhilfenahme jener verruchten und verfemten Hypnose vornehme, die in Wien, seit man Franz Anton Mesmer glücklich aus der Stadt vertrieben, in siebenfachem Banne steht. Von der Ferne aus, bloß durch Berichte medizinischer Zeitungen, das erkennt Freud sofort, kann man von diesen Versuchen kein sinnliches Bild gewinnen, man muß sie selber sehen, um sie zu beurteilen. Und sofort drängt der junge Gelehrte mit jener geheimnisvollen innern Witterung, die schöpferische Menschen immer die wahre Zielrichtung ihres Weges ahnen läßt, nach Paris. Sein Lehrer Brücke unterstützt die Bitte des unbegüterten jungen Arztes um ein Reisestipendium. Es wird ihm gewährt. Und um noch einmal neu anzufangen, um zu lernen, ehe er lehrt, reist der junge Dozent im Jahre 1886 nach Paris.

Hier tritt er sofort in eine andere Atmosphäre. Zwar kommt auch Charcot so wie Brücke von der pathologischen Anatomie her, aber er ist über sie hinausgekommen. In seinem berühmten Buch »La foi qui guérit« hat der große Franzose die vom medizinischen Wissenschaftsdünkel bisher als unglaubwürdig abgelehnten religiösen Glaubenswunder auf ihre seelischen Bedingtheiten hin untersucht und gewisse typische Gesetzmäßigkeiten in ihren Erscheinungen festgestellt. Statt Tatsachen zu leugnen, hat er sie zu deuten begonnen, und mit derselben Unbefangenheit ist er allen andern Heilwundersystemen, darunter dem berüchtigten Mesmerismus, nahegetreten. Zum erstenmal begegnet Freud einem Gelehrten, der die Hysterie nicht wie seine Wiener Schule von vornherin verächtlich als Simulation abtut, sondern an dieser interessantesten, weil plastischesten aller Seelenkrankheiten nachweist, daß ihre Anfälle und Ausbrüche Folge von inneren Erschütterungen sind und deshalb nach geistigen Ursächlichkeiten gedeutet werden müssen. Im offenen Hörsaal zeigt Charcot an hypnotisierten Patienten, daß jene bekannten typischen Lähmungen jederzeit mit Hilfe der Suggestion im Wachschlaf ebenso erzeugt wie abgestellt werden können, daß sie also nicht grobphysiologische Reflexe, sondern dem Willen unterworfene seien. Wenn auch die Einzelheiten seiner Lehre auf den jungen Wiener Arzt nicht immer überzeugend wirken, so dringt doch mächtig auf ihn die Tatsache ein, daß in Paris innerhalb der Neurologie nicht bloß körperhafte, sondern psychische und sogar metapsychische Ursächlichkeiten anerkannt und gewürdigt werden; hier ist, so spürt er beglückt, Psychologie der alten Seelenkunde wieder nah, und er fühlt sich von dieser geistigen Methode mehr als von den bisher erlernten angezogen. Auch in seinem neuen Wirkungskreise hat Freud das Glück – aber darf man Glück nennen, was im Grunde nur die ewige wechselseitige Instinktwitterung überlegener Geister ist? –, bei seinen Lehrern besonderes Interesse zu finden. So wie Brücke, Meynert und Nothnagel in Wien, erkennt auch Charcot sofort in Freud die schöpferisch denkende Natur und zieht ihn in seinen persönlichen Umgang. Er überträgt ihm die Übersetzung seiner Werke in die deutsche Sprache und zeichnet ihn oft durch sein Vertrauen aus. Als Freud dann nach einigen Monaten nach Wien zurückkehrt, ist sein inneres Weltbild geändert. Auch der Weg Charcots, dies spürt er dumpf, ist noch nicht der ihm vollkommen gemäße, auch diesen Forscher beschäftigt noch zu sehr das körperliche Experiment und zu wenig, was es seelisch beweist. Aber schon diese wenigen Monate haben einen neuen Mut und Unabhängigkeitswillen in dem jungen Gelehrten zur Reife gebracht. Nun kann seine selbständig schöpferische Arbeit beginnen.

Zuvor bleibt freilich noch eine kleine Formalität zu erfüllen. Jeder Stipendiat der Universität ist verpflichtet, nach seiner Rückkehr über seine wissenschaftlichen Erfahrungen im Ausland Bericht zu erstatten. Dies tut Freud in der Gesellschaft der Ärzte. Er erzählt von Charcots neuen Wegen und schildert die hypnotischen Experimente der Salpêtrière. Aber noch steckt von Franz Anton Mesmer her der Wiener Ärzteschaft ein grimmiges Mißtrauen gegen jedwedes suggestive Verfahren im Leibe. Mit überlegenem Lächeln wird Freuds Nachricht, es sei möglich, die Symptome der Hysterie künstlich zu erzeugen, abgetan, und seine Mitteilung, es gäbe sogar Fälle männlicher Hysterie, erregt unverhohlene Heiterkeit bei seinen Kollegen. Erst klopft man ihm wohlwollend auf die Schulter, was für Bären er sich in Paris habe aufbinden lassen; aber da Freud nicht nachgibt, wird dem Abtrünnigen der geheiligte Raum des Gehirnlaboratoriums, wo man – Gott sei Dank! – Seelenkunde noch auf »ernst wissenschaftliche Art« betreibt, als einem Unwürdigen versperrt. Seit jener Zeit ist Freud die bête noire der Wiener Universität geblieben, er hat den Raum der Gesellschaft der Ärzte nicht mehr betreten, und nur dank der privaten Protektion einer hochvermögenden Patientin (wie er heiter selbst eingesteht) erlangt er nach Jahren den Titel eines außerordentlichen Professors. Höchst ungern aber erinnert sich die erlauchte Fakultät seiner Zugehörigkeit zum akademischen Lehrkörper. An seinem siebzigsten Geburtstag zieht sie es sogar vor, sich ausdrücklich daran *nicht* zu erinnern und vermeidet jeden Gruß und Glückwunsch. Ordinarius ist er niemals geworden, nicht Hofrat und Geheimrat und nur geblieben, was er dort von Anfang war: ein außerordentlicher Professor unter den andern ordentlichen.

Mit seiner Auflehnung gegen das in Wien geübte mechanistische Verfahren der Neurologie, das ausschließlich vom Hautreiz her oder durch medikamentöse Einwirkung seelisch bedingte Erkrankungen zu heilen versuchte, hat sich Freud nicht nur seine akademische Karriere verdorben, sondern auch seine ärztliche Praxis.

Er muß jetzt allein gehen. Noch weiß er in diesem Anfang kaum mehr als das Negative, nämlich, daß entscheidende psychologische Entdeckungen sich weder im Laboratorium der Gehirnanatomie noch am Meßapparat der Nervenreaktionen erhoffen lassen. Nur eine ganz andersartige und von anderer Stelle einsetzende Methode kann sich den geheimnisvollen Verstricktheiten des Seelischen nähern – sie zu finden oder vielmehr zu erfinden, wird nunmehr die leidenschaftliche Bemühung seiner nächsten fünfzig Jahre sein. Gewisse den Weg deutende Winke haben ihm Paris und Nancy gegeben. Aber genau wie in der Kunst genügt auch in der wissenschaftlichen Sphäre niemals ein einziger Gedanke zu endgültiger Gestaltung; auch in der Forschung geschieht wirkliche Befruchtung immer nur durch die Überschneidung einer Idee mit einer Erfahrung. Der geringste Anstoß noch, und die schöpferische Kraft muß zur Entladung gelangen.

Diesen Anstoß nun gibt – so dicht ist die Spannung schon geworden – das persönliche freundschaftliche Beisammensein mit einem älteren Kollegen, Dr. Josef Breuer, dem Freud schon vordem in Brückes Laboratorium begegnet war. Breuer, ein sehr beschäftigter Familienarzt, wissenschaftlich äußerst tätig, ohne selbst entscheidend schöpferisch zu sein, hatte Freud schon vor dessen Pariser Reise über einen Fall von Hysterie eines jungen Mädchens berichtet, bei dem er auf merkwürdige Weise Heilungserfolge erzielt habe. Dieses junge Mädchen produzierte die schulmäßig bekannten Erscheinungen dieser plastischesten aller Nervenerkrankungen, also Lähmungen, Zerrungen, Hemmungen und Bewußtseinstrübungen. Nun hatte Breuer die Beobachtung gemacht, daß jenes junge Mädchen sich jedesmal entlastet fühlte, sobald es ihm viel von sich erzählen durfte. Und der kluge Arzt ließ darum geduldig die Kranke sich aussprechen, da er dabei gewahr wurde, daß jedesmal, wenn die Kranke in Worten ihrer affektiven Phantasie Ausdruck geben konnte, eine zeitweilige Besserung einsetzte. Das Mädchen erzählte, erzählte, erzählte. Aber bei all diesen abrupten, zusammenhanglosen Selbstgeständnissen spürte Breuer, daß die Kranke immer am Eigentlichen, an dem für die Entstehung ihrer Hysterie ursächlich Entscheidenden, geflissentlich vorbeierzählte. Er merkte, daß dieser Mensch etwas von sich wußte, was er durchaus nicht wissen wollte und deshalb unterdrückte. Um nun den verschütteten Weg zu dem vorenthaltenen Erlebnis freizulegen, verfällt Breuer auf den Gedanken, das junge Mädchen regelmäßig in Hypnose zu versetzen. In diesem willensentbundenen Zustand hofft er, alle »Hemmungen« (man fragt sich, welches Wort man hier verwenden könnte, hätte die Psychoanalyse dieses Wort nicht erfunden) dauernd wegräumen zu können, die der endgültigen Erhellung des Tatbestandes entgegenstehen. Und tatsächlich, sein Versuch gelingt; in der Hypnose, wo jedes Schamgefühl gleichsam abgeblendet ist, sagt das Mädchen frei heraus, was es bisher so beharrlich dem Arzt und vor allem sich selbst verschwiegen hatte, nämlich, daß es am Krankenbett des Vaters gewisse Gefühle empfunden und unterdrückt habe. Diese aus Schicklichkeitsgründen zurückgedrängten Gefühle hatten also als Ablenkung sich jene krankhaften Symptome gefunden oder vielmehr erfunden. Denn jedesmal, wenn das Mädchen in der Hypnose diese Gefühle frei bekennt, verschwindet sofort ihre Ersatzerscheinung: das hysterische Symptom. Breuer setzt nun systematisch in diesem Sinne die Behandlung fort. Und in dem Maße, wie er die Kranke über sich selbst aufklärt, weichen die gefährlichen hysterischen Erscheinungen – sie sind unnötig geworden. Nach einigen Monaten kann die Patientin als völlig geheilt und gesundet entlassen werden.

Diesen sonderbaren Fall hatte Breuer gelegentlich als

einen besonders auffälligen dem jüngeren Kollegen erzählt. Ihn befriedigte an dieser Behandlung vor allem die geglückte Rückführung einer neurotisch Kranken zur Gesundheit. Freud aber mit seinem Tiefeninstinkt ahnt sofort hinter dieser von Breuer aufgedeckten Therapie ein viel weiter gültiges Gesetz, nämlich, daß »seelische Energieen verschiebbar sind«, daß im »Unterbewußtsein« (auch dieses Wort ist damals noch nicht erfunden) eine bestimmte Umschaltungsdynamik tätig sein müsse, welche die von ihrer natürlichen Auswirkung zurückgedrängten (oder wie wir seither sagen, »nicht abreagierten«) Gefühle umwandle und überleite in andere seelische oder körperliche Handlungen. Gleichsam von einer andern Seite her erlichtet der von Breuer gefundene Fall die aus Paris heimgebrachten Erfahrungen, und um die hier aufgehellte Spur tiefer ins Dunkel zu verfolgen, schließen sich die beiden Freunde zur Arbeit zusammen. Die von ihnen gemeinsam verfaßten Werke »Über den psychischen Mechanismus hysterischer Phänomene«, 1893, und die »Studien über die Hysterie«, 1895, stellen die erste Niederlegung dieser neuen Ideen dar, in ihnen schimmert zum erstenmal die Morgenröte einer neuen Psychologie. In diesen gemeinsamen Untersuchungen ist erstmalig festgestellt, daß die Hysterie nicht, wie bisher angenommen, auf einer organisch körperlichen Erkrankung beruht, sondern auf einer Verstörung durch einen inneren, dem Kranken selbst nicht bewußten Konflikt, dessen Druck schließlich jene »Symptome«, jene krankhaften Veränderungen herausformt. Wie Fieber durch eine innere Entzündung, so entstehen seelische Verstörungen durch eine Gefühlsüberstauung. Und wie im Körper sofort, wenn die Eiterung ihren Abfluß findet, das Fieber sinkt, so löst sich diese gewaltsame Verschiebung und Verkrampfung der Hysterie, sobald es gelingt, dem bisher zurückgedrängten und zurückgestauten Gefühl Abfluß zu schaffen, »den zur Erhaltung des Symptoms verwendeten Affektbetrag, der auf falsche Bahnen geraten und dort gleichsam eingeklemmt war, auf normale Wege zu leiten, wo er zur Abfuhr kommen kann«.

Als Werkzeug für diese seelische Entlastungsaktion verwenden Breuer und Freud anfänglich die Hypnose. Sie bedeutet in jener prähistorischen Epoche der Psychoanalyse aber keineswegs das Heilmittel an sich, sondern nur ein Hilfsmittel. Sie soll bloß die Verkrampfung des Gefühls lösen helfen: sie stellt gleichsam die Narkose für die vorzunehmende Operation dar. Erst wenn die Hemmungen des wachen Bewußtseins wegfallen, spricht der Kranke frei das Verschwiegene aus, und schon dadurch, daß er beichtet, läßt der verstörende Druck nach. Einer gepreßten Seele ist Abfluß geschaffen, jene Spannungserlösung tritt ein, welche schon die griechische Tragödie als ein befreiendes und beglückendes Element preist, weshalb Breuer und Freud, im Sinne der Katharsis des Aristoteles, ihre Methode zunächst die »kathartische« nennen. Durch Erkenntnis, durch Selbsterkenntnis wird die künstliche, die krankhafte Fehlleistung überflüssig, das Symptom entschwindet, das nur symbolischen Sinn hatte. Aussprechen bedeutet also gewissermaßen auch Ausführen, Erkenntnis wird zur Befreiung.

Bis zu diesen wichtigen, ja entscheidenden Voraussetzungen waren Breuer und Freud gemeinsam vorgedrungen. Dann trennt sich ihr Weg. Breuer, der Arzt, wendet sich wieder, von manchen Gefährlichkeiten dieses Abstiegs beunruhigt, dem Medizinischen zu; ihn beschäftigen im wesentlichen die Heilungsmöglichkeiten der Hysterie, die Beseitigung der Symptome. Freud aber, der jetzt erst den Psychologen in sich entdeckt hat, fasziniert gerade das hier vorleuchtende Geheimnis dieses Umwandlungsprozesses, der seelische Vorgang. Ihn reizt die neugefundene Tatsache, daß Gefühle zurückgedrängt und durch Symptome ersetzt werden können, zu immer ungestümerer Fragelust; an dem einen Problem ahnt er die ganze Problematik des seelischen Mechanismus. Denn wenn Gefühle zurückgedrängt werden können, wer drängt sie zurück? Und vor allem, wohin werden sie zurückgedrängt? Nach welchen Gesetzen schalten sich Kräfte aus dem Geistigen ins Körperliche um, und in welchem Raum spielen sich diese unablässigen Umstellungen ab, von denen der wache Mensch nichts weiß und doch anderseits sofort weiß, sobald man ihn zwingt, davon zu wissen? Eine unbekannte Sphäre, in welche die Wissenschaft bisher sich nicht vorgewagt hatte, beginnt sich schattenhaft vor ihm abzuzeichnen, eine neue Welt wird ihm von fern in schwankendem Umriß gewahr: das Unbewußte. Und dieser »Erforschung des unbewußten Anteils im individuellen Seelenleben« gilt von nun ab seine Lebensleidenschaft. Der Abstieg in die Tiefe hat begonnen.

Die Welt des Unbewußten

Es fordert immer besondere Anstrengung, etwas vergessen zu wollen, was man weiß, von einer höhern Stufe der Anschauung noch einmal sich künstlich zur naiveren zurückzuschrauben – so auch heute schon, sich zurückzuversetzen in die Vorstellungsart, mit der die wissenschaftliche Welt von 1900 den Begriff des Unbewußten handhabte. Daß unsere seelische Leistung mit der bewußten Vernunfttätigkeit keineswegs gänzlich erschöpft sei, daß dahinter noch eine andere Macht gleichsam im Schatten unseres Seins und Denkens wirke, dies hat selbstverständlich auch die frühere, die vorfreudische Seelenkunde schon gewußt. Nur verstand sie mit diesem Wissen nichts anzufangen, denn nie versucht sie, jenen Begriff wirklich in Wissenschaft und Forschung umzusetzen. Die Philosophie jener Zeit befaßt sich mit seelischen Erscheinungen nur insofern, als sie in den Lichtkreis des Bewußtseins treten. Aber es erscheint ihr widersinnig – eine contradictio in adjecto –, etwas Unbewußtes zum Gegenstand des Bewußtseins machen zu wollen. Gefühl gilt ihr erst als Gefühl, sobald es deutlich fühlbar wird, Wille erst, sobald er tätig will; solange seelische Äußerungen sich aber nicht über die Oberfläche des bewußten Lebens erheben, schaltet die Psychologie sie als nicht wägbar aus der Geisteswissenschaft aus.

Freud nimmt den Terminus technicus »unbewußt« in die Psychoanalyse hinüber, aber er gibt ihm einen völlig andern Sinn als die Schulphilosophie. Für Freud ist nicht einzig das Bewußte ein seelischer Akt und demzufolge das Unbewußte eine völlig andere oder gar untergeordnete Kategorie, sondern er betont entschlossen: alle seelischen Akte sind zunächst unbewußte Geschehnisse; diejenigen, die bewußt werden, stellen keine andersgeartete noch übergeordnete Gattung dar, sondern ihr Ins-Bewußtsein-Treten ist nur eine Eigenschaft, die von außen dazukommt wie das Licht auf einen Gegenstand. Ein Tisch bleibt ebenso ein Tisch, ob er in einem dunklen Raum unsichtbar steht oder die eingeschaltete elektrische Kerze ihn wahrnehmbar macht. Das Licht macht sein Vorhandensein nur sinnlich erkennbarer, aber es erzeugt nicht sein Vorhandensein. Zweifellos: man kann ihn in diesem Zustand erhöhter Wahrnehmbarkeit genauer messen als im Dunkel, obwohl auch dort mit einer anderen Methode, jener des Tastens und Befühlens, eine gewisse abgrenzende Wesensfeststellung möglich gewesen wäre. Aber logisch gehört der im Dunkel unsichtbare Tisch ebenso zur Körperwelt wie der sichtbare und in der Psychologie daher das Unbewußte ebenso in den Seelenraum wie das Bewußte. »Unbewußt« heißt demnach bei Freud zum erstenmal nicht mehr unwißbar und tritt in diesem neuen Sinn in den Kreis der Wissenschaft. Durch diese überraschende Forderung Freuds, mit einer neuen Aufmerksamkeit und einer andern methodologischen Apparatur, der Taucherglocke seiner Tiefenpsychologie, unter den Bewußtseinsspiegel hinabzutasten und nicht nur die Oberfläche der seelischen Erscheinungen, sondern auch ihren untersten Grund zu erleuchten, wird die Schulpsychologie endlich wieder wahrhafte Seelenkunde, praktisch anwendbare und sogar heiltätige Lebenswissenschaft.

Diese Entdeckung eines neuen Forschungsraumes, diese fundamentale Umstellung und ungeheure Erweiterung des seelischen Kräftefeldes bedeutet die eigentliche Genietat Freuds. Mit einem Schlage ist die erkennbare Seelensphäre auf ein Vielfaches ihres bisherigen Inhalts ausgeweitet und zu der Oberflächendimension für die Forschung auch eine Welt der Tiefe freigelegt. Durch diese eine, scheinbar geringfügige Umschaltung – immer erscheinen die entscheidenden Ideen nachträglich als einfache und selbstverständliche – verändern sich innerhalb der seelischen Dynamik alle Maße. Und wahrscheinlich wird eine künftige Geistesgeschichte diesen schöpferischen Augenblick der Psychologie jenen großen und weltwendenden zuordnen, wie sie bei Kant und Kopernikus mit einer einzigen Verschiebung des geistigen Blickwinkels die ganze Denkanschauung der Zeit veränderten. Denn schon heute empfinden wir das Seelenbild der Universitäten zu Anfang des Jahrhunderts so holzschnitthaft plump, so falsch und eng wie eine ptolemäische Landkarte, die einen armen Bruchteil des geographischen Weltalls schon unsern ganzen Kosmos nennt. Ganz wie jene naiven Kartographen bezeichnen die vorfreudischen Psychologen jene unerforschten Kontinente einfach als Terra incognita, »unbewußt« gilt ihnen als Ersatzwort für unwißbar und unerkennbar. Irgendein dunkles, dumpfes

Reservoir des Seelischen muß irgendwo sein, so vermuten sie, in das unsere ungenutzten Erinnerungen abfließen, um dort zu verschlammen, ein Lagerraum, in dem das Vergessene und Ungenützte eigentlich zwecklos herumliegt, ein Materialdepot, aus dem sich allenfalls ab und zu die Erinnerung irgendeinen Gegenstand ins Bewußtsein herüberholt. Die Grundanschauung der vorfreudischen Wissenschaft aber ist und bleibt: diese unbewußte Welt sei an sich völlig passiv, völlig untätig, nur abgelebtes, abgestorbenes Leben, eine abgetane Vergangenheit und somit ohne jeden Einfluß, ohne jede Kraft auf unsere geistige Gegenwart.

Gegen diese Auffassung setzt Freud die seine: das Unbewußte ist durchaus nicht Abfall des seelischen Lebens, sondern der Urstoff selbst, von dem nur ein winziger Teil die Lichtfläche des Bewußtseins erreicht. Aber der nicht in Erscheinung tretende Hauptteil, das sogenannte Unbewußte, ist darum keineswegs abgestorben oder undynamisch. Es wirkt in Wahrheit genau so aktiv und lebendig auf unser Denken und Fühlen, ja es stellt vielleicht sogar den lebensplastischeren Teil unserer seelischen Existenz dar. Wer deshalb das unbewußte Wollen nicht bei allen Entschließungen mit einrechnet, der sieht irrig, weil er damit den wesentlichsten Antrieb unserer inneren Spannungen aus der Berechnung läßt; so wie man die Stoßkraft eines Eisbergs nicht nach dem Bruchteil einschätzen darf, der von ihm oberhalb der Wasserfläche zutage tritt (die eigentliche Wucht bleibt unter dem Spiegel verdeckt), so narrt sich selbst, wer vermeint, unsere taghellen Gedanken, unsere wissenden Energieen bestimmten allein unser Fühlen und Tun. Unser ganzes Leben schwebt nicht frei im Element des Rationalen, sondern steht unter dem ständigen Druck des Unbewußten; jeder Augenblick schwemmt von scheinbar vergessenen Vergangenheiten eine Welle hinein in unseren lebendigen Tag. Nicht in dem allherrlichen Maße, wie wir es vermeinen, gehört unsere Oberwelt dem wachen Willen und der planenden Vernunft, sondern aus jener dunklen Wolke zucken die Blitze der eigentlichen Entscheidungen, aus der Tiefe jener Triebwelt kommen die jähen Erdstöße, die unser Schicksal erschüttern. Dort unten haust geballt nebeneinander, was in der bewußten Sphäre durch die gläsernen Grenzen der Kategorieen Raum und Zeit getrennt ist; Wünsche einer verschollenen Kinderzeit, die wir längst begraben meinen, gehen dort gierig um und brechen manchmal heiß und hungrig in unsern Tag hinein; Schreck und Angst, längst vergessen im wachen Sinn, schmettern ihre Schreie plötzlich unvermutet die Leitung der Nerven hinauf, Begierden und Wünsche nicht nur der eigenen Vergangenheit, sondern vermoderter Geschlechter und barbarischer Ahnen verstricken sich dort wurzelhaft in unserem Wesen. Aus der Tiefe kommen die eigentlichsten unserer Taten, aus dem uns selbst Geheimen die plötzlichen Erhellungen, das Übermächtige über unsere Macht. Unkund uns selbst, wohnt dort im Dämmer jenes uralte Ich, von dem unser zivilisiertes Ich nicht mehr weiß oder nicht wissen will; plötzlich aber reckt es sich auf und durchstößt die dünnen Schichten der Kultur, und seine Instinkte, die urtümlichen und unzähmbaren, strömen dann gefährlich ein in unser Blut, denn es ist der Urwille des Unbewußten, aufzusteigen gegen das Licht, bewußt zu werden und sich in Taten zu entladen: »Dieweil ich bin, muß ich auch tätig sein.« In jeder Sekunde, bei jedem Wort, das wir sprechen, bei jeder Tat, die wir tun, müssen wir unbewußte Regungen unterdrücken oder vielmehr zurückdrücken; unablässig hat sich unser ethisches oder zivilisatorisches Gefühl zu wehren gegen den barbarischen Lustwillen der Instinkte. Und so erscheint – großartige Vision, von Freud zum erstenmal beschworen – unser ganzes seelisches Leben als ein unablässiger und pathetischer, ein nie endender Kampf zwischen bewußtem und unbewußtem Wollen, zwischen verantwortlichem Tun und der Unverantwortlichkeit unserer Triebe. Aber auch das scheinbar Unbewußte hat in jeder seiner Äußerungen, selbst wenn sie uns unverständlich bleiben, einen bestimmten Sinn; diesen Sinn seiner unbewußten Regungen nun erkennbar zu machen für jedes Individuum, fordert Freud als die zukünftige Aufgabe einer neuen und notwendigen Seelenkunde. Erst wenn wir die unterweltlichen Bezirke eines Menschen erhellen können, wissen wir um seine Gefühlswelt: erst wenn wir bis zum Untergrund einer Seele hinabsteigen, können wir den eigentlichen Grund ihrer Störungen und Verstörungen ermitteln. Was der Mensch bewußt weiß, braucht ihn der Psychologe und der Psychotherapeut nicht zu lehren. Nur dort, wo er sein Unbewußtes nicht kennt, kann der Seelenarzt ihm wahrhaft Helfer werden.

Wie aber hinab in diese Dämmerreiche? Die zeitgenössische Wissenschaft weiß keinen Weg. Sie verneint schroff die Möglichkeit, Phänomene des Unterbewußtseins mit ihren auf mechanische Exaktheit eingestellten Apparaten erfassen zu können. Nur im Taglicht, nur in der Bewußtseinswelt konnte darum die alte Psychologie ihre Untersuchungen führen. Am Sprachlosen oder bloß traumhaft Sprechenden aber ging sie gleichgültig und ohne Blick vorbei. Freud nun bricht diese Auffassung wie ein morsches Holz und wirft sie in den Winkel. Nach seiner Überzeugung ist das Unbewußte nicht stumm. Es spricht, freilich in andern Zeichen und Symbolen als die Bewußtseinssprache. Darum muß, wer von seiner Oberfläche hinab will in seine eigene Tiefe, zunächst die Sprache jener neuen Welt erlernen. Wie die Ägyptologen an der Tafel von Rosette, beginnt Freud einzeln Zeichen um Zeichen zu übertragen, ein Vokabular und eine Grammatik jener Sprache des Unbewußten sich auszuarbeiten, um jene Stimmen verständlich zu machen, die hinter unsern Worten und unserm Wachsein mahnend oder verlockend mitschwingen und denen wir meistens verführter verfallen als unserm lauten Willen. Wer aber eine neue Sprache versteht, begreift auch einen neuen Sinn. So eröffnet Freuds neues Verfahren der Tiefenpsychologie eine unerkannte geistige Welt: erst durch ihn wird wissenschaftliche Psychologie aus bloßer erkenntnistheoretischer Beobachtung der Bewußtseinsvorgänge zu dem, was sie immer hätte sein müssen: zu Seelenkunde. Nicht länger liegt mehr die eine Hemisphäre des innern Kosmos unbeachtet im Mondschatten der Wissenschaft. Und in dem Grade, wie sich die ersten Umrisse des Unbewußten deutsam erhellen, offenbart sich immer untrüglicher ein neuer Einblick in die großartig sinnvolle Struktur unserer geistigen Welt.

Traumdeutung

> Comment les hommes ont-ils si peu réfléchi jusqu'alors aux accidents du sommeil, qui accusent en l'homme une double vie! N'y aurait-il pas une nouvelle science dans ce phénomène?... il annonce au moins la désunion fréquente de nos deux natures. J'ai donc enfin un témoignage de la supériorité qui distingue nos sens latents de nos sens apparents.
> *Balzac, Louis Lambert, 1833.*

Das Unbewußte ist das tiefste Geheimnis jedes Menschen: dies ihm aufdecken zu helfen, setzt sich die Psychoanalyse als Aufgabe. Wie aber offenbart sich ein Geheimnis? Auf dreierlei Art. Man kann einem Menschen, was er verhehlt, mit Gewalt abzwingen: nicht umsonst haben

Jahrhunderte gezeigt, wie man mit der Folter auch hartnäckig verpreßte Lippen löst. Man kann ferner auf kombinatorische Weise das Versteckte erraten, indem man die ganz kurzen Augenblicke nutzt, da sein flüchtiger Umriß – gleich dem Rücken eines Delphins über dem undurchdringlichen Spiegel des Meeres – für eine Sekunde aus dem Dunkel taucht. Und man kann schließlich mit großer Geduld die Gelegenheit abwarten, wo im Zustand gelockerter Wachsamkeit das Verschwiegene sich selber ausplaudert.

Alle diese drei Techniken übt abwechselnd die Psychoanalyse. Zuerst versuchte sie das Unbewußte durch Willenszwang in der Hypnose gewaltsam zum Reden zu bringen. Daß der Mensch mehr von sich selber weiß, als er bewußt sich und andern eingesteht, war von je der Psychologie wohlbekannt, doch sie verstand nicht, an dieses Unterbewußtsein heranzukommen. Erst der Mesmerismus zeigte, daß im künstlichen Dämmerschlaf oft mehr aus einem Menschen herausgeholt werden kann als im Wachzustande. Da der Willensbetäubte im Trancezustand nicht weiß, daß er vor andern spricht, da er in dieser Schwebe mit sich im Weltenraum allein zu sein glaubt, plaudert er ahnungslos seine innersten Wünsche und Verschwiegenheiten aus. Darum schien die Hypnose zunächst das aussichtsreichste Verfahren; bald aber (aus Gründen, die zu weit ins einzelne führen würden) gibt Freud diese Art, gewaltsam ins Unbewußte einzubrechen, als eine unmoralische und unergiebige auf: wie die Justiz in ihrem humaneren Stadium auf die Folter freiwillig Verzicht leistet, um sie durch die feinmaschigere Kunst des Verhörs und des Indizienbeweises zu ersetzen, so geht die Psychoanalyse von der ersten gewaltübenden Epoche des Geständniserzwingens zu jener des kombinatorischen Erratens über. Jedes Wild, so flüchtig und leichtfüßig es sei, hinterläßt Spuren. Und genau wie der Jäger am winzigsten Fußtapfen die Gangart und Gattung des gesuchten Wildes abliest, so wie der Archäologe aus dem Splitter einer Vase den Generationscharakter einer ganzen verschütteten Stadt feststellt, so übt in ihrer fortgeschritteneren Epoche die Psychoanalyse ihre Detektivkunst an jenen spurhaften Gegenwartszeichen, in denen sich das unbewußte Leben innerhalb des bewußten verrät. Schon bei den ersten Nachforschungen nach solchen kleinen Andeutungen entdeckte Freud eine verblüffende Fährte: die sogenannten Fehlleistungen. Unter Fehlleistungen (immer findet Freud zu dem neuen Begriff auch das wie ein Herzschuß treffende Wort) faßt die Tiefenpsychologie alle jene sonderbaren Phänomene zusammen, welche die größte und älteste Meisterin der Psychologie, die Sprache, längst als einheitliche Gruppe erkannt und deshalb einheitlich durch die Silbe »ver«gekennzeichnet hatte, also das Ver-sprechen, das Ver-lesen, Ver-schreiben, Ver-wechseln, Ver-gessen, Ver-greifen. Winzige Tatsachen, zweifellos: man verspricht sich, man sagt ein Wort für ein anderes, man nimmt ein Ding für das andere, man verschreibt sich, man schreibt ein Wort für das andere – jedem stößt solcher Irrtum dutzendemal am Tage zu. Aber wie kommt es zu diesen Druckfehlerteufeleien des täglichen Lebens? Was ist die Ursache dieser Auflehnung der Materie gegen unsern Willen? Nichts – Zufall oder Ermüdung, antwortete die alte Psychologie, sofern sie überhaupt derlei unbeträchtliche Irrtümer des Alltags ihrer Aufmerksamkeit würdigte. Gedankenlosigkeit, Zerstreutheit, Unachtsamkeit. Aber Freud greift schärfer zu: was heißt Gedankenlosigkeit anderes als eben dies, die Gedanken nicht dort zu haben, wo man sie haben will? Und wenn man schon die gewollte Absicht nicht verwirklicht, wieso springt dann eine andere ungewollte für sie ein? Warum sagt man ein anderes Wort als das beabsichtigte? Da bei der Fehlleistung statt der gewünschten eine andere Leistung ausgelöst wird, so muß sich jemand eingedrängt haben, der sie so unerwartet vollbringt. Ein Irgend-Jemand muß da sein, der dieses falsche Wort hervorholt für das richtige, der den Gegenstand versteckt, den man finden will, der das falsche Ding für das bewußt gesuchte einem heimtückisch in die Hand steckt. Nun erkennt Freud (und diese Idee beherrscht seine ganze Methodik) nirgendwo im Seelischen ein Sinnloses, ein bloß Zufälliges an. Für ihn hat jedes psychische Geschehnis einen bestimmten Sinn, jedes Tun seinen Täter; und da in diesen Fehlleistungen nicht das Bewußte eines Menschen handelnd in Erscheinung tritt, sondern verdrängt wird, was kann diese verdrängende Kraft anderes sein als das Unbewußte, das lang und vergeblich gesuchte? Fehlleistung bedeutet also für Freud nicht Gedankenlosigkeit, sondern das Sichdurchsetzen eines zurückgedrängten Gedankens. Ein Etwas spricht sich im »Ver«sprechen, »Ver«schreiben, »Ver«greifen aus, das unser wacher Wille nicht zu Wort kommen lassen wollte. Und dieses Etwas spricht die unbekannte und erst zu erlernende Sprache des Unbewußten.

Damit ist ein Grundsätzliches geklärt: erstens, in jeder Fehlleistung, in allem scheinbar falsch Getanem drückt sich ein untergründig Gewolltes aus. Und zweitens: in der bewußten Willenssphäre mußte ein Widerstand gegen diese Äußerung des Unbewußten tätig gewesen sein. Wenn zum Beispiel (ich wähle Freuds eigene Beispiele) ein Professor auf einem Kongreß von der Arbeit eines Kollegen sagt: »Wir können diesen Fund gar nicht genug unterschätzen«, so wollte seine unbewußte Absicht zwar »überschätzen« sagen, aber gedacht hat er im Innersten »unterschätzen«. Die Fehlleistung wird nun zum Verräter seiner wahrhaften Einstellung, sie plaudert zu seinem eigenen Entsetzen das Geheimnis aus, daß er die Leistung seines Kollegen innerlich lieber herabsetzen als hervorheben wollte. Oder wenn jene touristisch ausgebildete Dame auf einer Dolomitenpartie klagt, sie habe Bluse und Hemd durchgeschwitzt, und dann fortfährt: »Wenn man aber dann nach Hose kommt und sich umziehen kann« – wer versteht da nicht, daß sie ursprünglich die Erzählung vollständiger geben wollte und naiv berichten, daß sie Bluse, Hemd und Hose durchgeschwitzt habe! Der Begriff Hose war nahe daran, sich zum Wort zu formen, – da wird ihr im letzten Moment die Ungehörigkeit der dargestellten Situation bewußt, dieses Bewußtsein stellt sich vor das Wort und drängt es zurück. Aber der unterirdische Wille ist nicht ganz zu Boden geschlagen, und so springt, die momentane Verwirrung benützend, das Wort als »Fehlleistung« in den nächsten Satz. Man sagt beim Versprechen das, was man eigentlich nicht hatte sagen wollen, aber was man wirklich gemeint hat. Man vergißt, was man innerlich eigentlich vergessen wollte. Man verliert, was man zu verlieren wünschte. Fast immer bedeutet eine Fehlleistung Geständnis und Selbstverrat.

Diese im Vergleich zu seinen eigentlichen Funden geringfügige psychologische Entdeckung Freuds ist, weil die amüsanteste und unanstößigste, unter allen seinen Beobachtungen am einhelligsten anerkannt worden: innerhalb seiner Lehre entwickelt sie nur überleitende Kraft. Denn diese Fehlleistungen ereignen sich verhältnismäßig selten, sie liefern nur atomhafte Splitter des Unterbewußten, zu wenige und im Zeitraum zu sehr versprengte, als daß man aus ihnen ein Gesamtmosaik zusammensetzen könnte. Aber selbstverständlich tastet Freuds beobachtende Neugier von hier aus die ganze Fläche unseres Seelenlebens weiter ab, ob nicht andere solcher »sinnloser« Phänomene vorhanden und in diesem neuen Sinne deutbar seien. Und er braucht nicht weit zu suchen, um auf ein Allerhäufigstes unseres Seelenlebens zu stoßen, das gleichfalls als sinnlos gilt, ja sogar als der Typus des

Sinnlosen. Selbst der Sprachgebrauch bezeichnet ja den Traum, diesen täglichen Gast unseres Schlafes, als konfusen Eindringling und phantastischen Vaganten auf unserer sonst logisch klaren Gehirnbahn: Träume sind Schäume! Sie gelten als hohles, farbig aufgeblasenes Nichts ohne Zweck und Sinn, eine Fata Morgana des Bluts, und ihre Bilder haben nichts zu »bedeuten«. Man hat nichts zu tun mit seinen Träumen, man ist unschuldig an diesen einfältigen Koboldspielen seiner Phantasie, argumentiert die alte Psychologie und lehnte jede Vernunftdeutung ab: mit diesem Lügner und Narren sich in ernste Rede einzulassen, hat für die Wissenschaft weder Sinn noch Wert.

Wer aber spricht, bildert, schildert, handelt und gestaltet in unseren Träumen? Daß hier jemand anderes spreche, handle und wolle als unser waches Ich, ahnte schon die früheste Vorzeit. Bereits das Altertum erklärte von den Träumen, sie seien »eingegeben«, von etwas Übermächtigem in uns hineingetan. Ein überirdischer oder – wenn man das Wort wagen darf – ein überichlicher Wille trete hier in Erscheinung. Für jeden außermenschlichen Willen aber wußte die mythische Welt nur eine Deutung: die Götter! – denn wer außer ihnen besaß die verwandelnde Kraft und die obere Gewalt? Sie waren es, die sonst unsichtbaren, die in symbolischen Träumen den Menschen nahten, ihnen Botschaft einflüsterten und den Sinn mit Schrecknis oder Hoffnung erfüllten und an die schwarze Wand des Schlafes mahnend oder beschwörend jene bunten Bilder hinzeichneten. Da sie heilige, da sie göttliche Stimme in diesen nächtlichen Offenbarungen zu hören glaubten, wandten alle Völker der Urzeit ihre äußerste Inbrunst daran, diese Göttersprache »Traum« menschlich zu verstehen, um aus ihr den göttlichen Willen zu erkennen. So steht im Anfang der Menschheit als eine der frühesten Wissenschaften die Traumdeutung:

vor jeder Schlacht, vor jeder Entscheidung, an jedem Morgen einer durchträumten Nacht werden von den Priestern und Weisen die Träume geprüft und ihre Geschehnisse als Symbole eines kommenden Guten oder drohenden Bösen gedeutet. Denn die alte Traumdeutekunst meint, sehr im Gegensatz zu jener der Psychoanalyse, welche damit die Vergangenheit eines Menschen entschleiern will, in diesen Phantasmagorieen verkündeten die Unsterblichen den Sterblichen die Zukunft. So blüht in den Tempeln der Pharaonen und den Akropolen Griechenlands und den Heiligtümern Roms und unter dem brennenden Himmel Palästinas jahrtausendelang diese mystische Wissenschaft. Für Hunderte und Tausende von Geschlechtern und Völkern war der Traum der wahrhafteste Erklärer des Schicksals.

Die neue, die empirische Wissenschaft bricht selbstverständlich schroff mit dieser Auffassung als einer abergläubischen und naiven. Da sie keine Götter und kaum das Göttliche anerkennt, sieht sie in Träumen weder Sendung von oben noch sonst einen Sinn. Für sie sind Träume ein Chaos, wertlos, weil sinnlos, ein bloßer physiologischer Akt, ein atonales, dissonanzhaftes Nachschwingen der Nervenerregungen, Blasen und Blähungen des blutüberstauten Gehirns, ein letzter wertloser Abhub der am Tage unverdauten Eindrucksreste, den die schwarze Welle des Schlafes mit sich schwemmt. Einem solchen lockeren Gemengsel fehle natürlich jeder logische oder seelische Sinn. Darum billigt die Wissenschaft den Bilderfolgen der Träume weder Wahrheit noch Zweck, Gesetz oder Bedeutung zu; darum versucht ihre Psychologie sich gar nicht an der Sinngebung eines Sinnlosen, an der Deutung eines Bedeutungslosen.

Erst mit Freud beginnt wieder – nach zwei- oder dreitausend Jahren – eine positive Einschätzung des Traumes als eines schicksalverräterischen Akts. Abermals hat die Tiefenpsychologie dort, wo die andern nur ein Chaos, ein regelloses Getriebe annahmen, geregeltes Walten erkannt: was ihren Vorgängern verworrenes Labyrinth ohne Ausgang und ohne Ziel, erscheint ihr als die Via regia, die Hauptstraße, welche das unbewußte Leben dem bewußten verbindet. Der Traum vermittelt zwischen unserer hintergründigen Gefühlswelt und der unserer Einsicht unterworfenen: durch ihn können wir manches wissen, was wir uns weigern, wach zu wissen. Kein Traum, behauptet Freud, ist völlig sinnlos, jeder hat, als ein vollgültiger seelischer Akt, einen bestimmten Sinn. Jeder ist Kundgebung zwar nicht eines höheren, eines göttlichen, eines außermenschlichen Wollens, aber oftmals des innersten, geheimsten Willens im Menschen.

Allerdings, dieser Bote spricht nicht unsere gewöhnliche Sprache, nicht jene der Oberfläche, sondern die Sprache der Tiefe, der unbewußten Natur. Darum verstehen wir seinen Sinn und seine Sendung nicht sofort: wir müssen erst lernen, sie zu deuten. Eine neue, erst zu schaffende Wissenschaft muß uns lehren, was dort in Bildern mit kinematographischen Geschwindigkeiten auf der schwarzen Schlafwand vorbeiflitzt, festzuhalten, zu agnoszieren, ins Verständliche zurückzuübersetzen. Denn wie alle primitiven Ursprachen der Menschheit, wie jene der Ägypter und Chaldäer und Mexikaner, drückt sich die Traumsprache ausschließlich in Bildern aus, und wir stehen jedesmal vor der Aufgabe, ihre Bildsymbole in Begriffe umzudeuten. Dieses Umsetzen von Traumsprache in Denksprache unternimmt die Freudsche Methode in einer neuen, in einer charakterologischen Absicht. Wollte die alte, die prophetische Traumdeutung die Zukunft eines Menschen ergründen, so sucht die werdende, die psychologische Traumdeutung vor allem die seelenbiologische Vergangenheit des Menschen aufzudecken und damit seine innerste Gegenwart. Denn nur scheinbar ist das Ich, das man im Traum ist, das gleiche unseres Wachens. Da im Traum keine Zeit gilt (wir sagen nicht zufällig »traumhaft schnell«), sind wir im Traum alles zugleich, was wir jemals waren und jetzt sind, Kind und Knabe, der Mensch von gestern und heute, das gesamte Ich also, die volle Summe nicht nur unseres Lebens, sondern auch Gelebthabens, während wir im Wachen einzig unser Augenblick-Ich empfinden. Alles Leben ist also Doppelleben. Unten im Unbewußten sind wir unsere Ganzheit, das Einst und Heute, Urmensch und Kulturmensch im wirrgemengten Gefühl, archaische Reste eines naturverbundenen weiteren Ich, oben im klaren, schneidenden Licht nur das bewußte Zeit-Ich. Und von diesem universellen, aber dumpferen Leben geht zu unserem bloß zeitlichen Sein Nachricht fast nur nachts herüber durch diesen geheimnisvollen Boten im Dunkel – den Traum: das Wesentlichste was wir von uns ahnen, wissen wir durch ihn. Ihn zu erlauschen, seine Sendung zu verstehen, heißt darum von unserer eigentlichsten Eigenheit erfahren. Nur wer seinen Willen nicht bloß im Wachraum, sondern auch in den Tiefen seiner Träume kennt, weiß wahrhaftig um jene Summe aus erlebtem und zeitlichem Leben, die wir unsere Persönlichkeit nennen.

Wie aber ein Lot hinabsenken in solche undurchdringliche und unmeßbare Tiefen? Wie deutlich erkennen, was sich nie klar zeigt, war nur maskenhaft wirr durch die Schattengänge unseres Schlafes flackert, was bloß orakelt, statt zu reden? Hier einen Schlüssel zu finden, die entzaubernde Chiffre, welche die unfaßbare Traumbildsprache in Wachsprache übersetzt, scheint Magie zu erfordern, eine geradezu hellseherische Intuition. Aber Freud besitzt in seiner psychologischen Werkstatt einen Dietrich, der ihm alle Türen aufsperrt, er übt eine fast unfehlbare Methodik: überall, wo er das Allerkomplizierteste erreichen will, geht er vom Allerprimitivsten aus. Immer setzt er die Urform neben die Endform; immer und überall tastet er, um die Blüte zu begreifen, zuerst zu den Wurzeln hinab. Deshalb beginnt Freud seine Traumpsychologie statt bei dem hochkultivierten Wachmenschen beim Kinde. Denn im kindlichen Bewußtsein liegen noch wenig Dinge im Vorstellungsraum nebeneinander, der Denkkreis ist noch beschränkt, die Assoziation noch schwächlich, das Traummaterial also übersichtlich. Im Kindtraum ist nur ein Minimum von Deutungskunst nötig, um bei so dünner Denkschicht die seelische Gefühlsunterlage zu durchschauen. Ein Kind ist an einem Schokoladengeschäft vorübergegangen, die Eltern haben sich geweigert, ihm etwas zu kaufen – so träumt das Kind von Schokolade. Vollkommen unfiltriert, vollkommen ungefärbt, verwandelt sich im Kindergehirn Begierde in Bild, Wunsch in Traum. Noch fehlt jede geistige, jede moralische, jede schamhafte, jede intellektuelle Hemmung, jede Voraussicht und jede Rücksicht. Mit der gleichen Unbefangenheit, mit der das Kind sein Äußeres, seinen Körper nackt und schamunkundig jedem Menschen darbietet, zeigt es auch unverhüllt seine inneren Wünsche im Traum.

Damit ist einer künftigen Deutung schon einigermaßen vorgearbeitet. Die Symbolbilder des Traums verbergen also meistens unerfüllte, zurückgedrängte Wünsche, die sich am Tage nicht verwirklichen konnten und nun auf der Traumstraße in unser Leben zurückstreben. Was aus irgendwelchen Gründen bei Tag nicht Tat oder Wort werden konnte, spricht sich dort bildernd und schildernd in farbigen Phantasieen aus; nackt und sorglos können in der unbewachten Flut des Traums alle Begehrungen und Strebungen des innern Ich sich spielend umtummeln. Scheinbar völlig ungehemmt – bald wird Freud diesen Irrtum korrigieren – lebt sich dort aus, was im realen Leben nicht zur Geltung kommen kann, die dunkelsten Wünsche, die gefährlichsten und verbotensten Begierden;

in diesem unzugänglichen Revier kann endlich die tagsüber eingehürdete Seele sich all ihrer sexuellen und aggressiven Tendenzen entlasten: im Traum kann der Mann die Frau umarmen und mißbrauchen, die sich im Wachen ihm verweigert, der Bettler Reichtum an sich raffen, der Häßliche sich ein schönes Fell umhängen, der Alte sich verjüngen, der Verzweifelte glücklich, der Vergessene berühmt, der Schwache stark werden. Hier allein kann der Mensch seine Widersacher töten, seinen Vorgesetzten unterjochen, endlich einmal göttlich frei und ungebunden seinen innersten Gefühlswillen ekstatisch ausleben. Jeder Traum bedeutet also nichts anderes, als einen tagsüber unterdrückten oder sogar vor sich selbst unterdrückten Wunsch des Menschen: so scheint die Anfangsformel zu lauten.

Bei dieser ersten provisorischen Feststellung Freuds ist die breitere Öffentlichkeit stehen geblieben, denn diese Formel: Traum ist gleich unausgelebter Wunsch, handhabt sich so denkeinfach und bequem, daß man mit ihr spielen kann wie mit einer Glaskugel. Und tatsächlich meinen gewisse Kreise, ernstlich Traumanalyse zu treiben, wenn sie sich mit dem unterhaltsamen Gesellschaftsspiel amüsieren, jeden Traum auf seine Wunsch- und womöglich Sexualsymbolik abzutasten. In Wirklichkeit hat niemand ehrfurchtsvoller als gerade Freud die Vielmaschigkeit des Traumgewebes und die kunstvolle Mystik seiner verschlungenen Muster betrachtet und immer wieder gerühmt. Sein Mißtrauen gegen allzu rasche Ergebnisse brauchte nicht lange, um gewahr zu werden, daß jene übersichtliche Einstrebigkeit und sofortige Verständlichkeit nur für den Kindertraum gelte, denn beim Erwachsenen bedient sich die bildnerische Phantasie bereits eines ungeheuren symbolischen Materials von Assoziationen und Erinnerungen. Und jenes Bildervokabular, das im Kinderhirn höchstens ein paar hundert gesonderte

Vorstellungen umfaßt, webt hier mit unbegreiflicher Fertigkeit und Geschwindigkeit Millionen und vielleicht Milliarden von Erlebnismomenten zu den verwirrendsten Gespinsten zusammen. Vorbei ist im Traum des Erwachsenen jene schamunbewußte Nacktheit und Unverhülltheit der Kinderseele, die ihre Wünsche ungehemmt zeigte, vorbei die unbesorgte Plauderhaftigkeit jener frühen nächtlichen Bilderspiele, denn nicht nur differenzierter, sondern auch raffinierter, hinterhältiger, unaufrichtiger, heuchlerischer gebärdet sich der Traum des Erwachsenen als jener des Kindes: er ist halbmoralisch geworden. Selbst in dieser privaten Scheinwelt hat der ewige Adam im Menschen das Paradies der Unbefangenheit verloren, er weiß um sein Gut und Böse bis tief in den Traum hinab. Die Tür zum sozialen, zum ethischen Bewußtsein ist sogar im Schlaf nicht mehr völlig zugeschlossen, und mit geschlossenen Augen, mit schwanken Sinnen ängstigt sich die Seele des Menschen, von ihrem innern Zuchtmeister, dem Gewissen – dem Über-Ich, wie Freud es nennt –, auf unstatthaften Wünschen, auf verbrecherischen Traumtaten ertappt zu werden. Nicht auf freier Bahn, offen und unverhüllt, bringt also der Traum seine Botschaften aus dem Unbewußten empor, sondern er schmuggelt sie auf geheimen Wegen in den absonderlichsten Verkleidungen durch. Ausdrücklich warnt darum Freud, das, was der Traum erzählt, schon als seinen wirklichen Inhalt gelten zu lassen. Im Traum des Erwachsenen *will* ein Gefühl sich aussprechen, aber es *wagt* nicht, sich *frei* auszusprechen. Es spricht aus Angst vor dem »Zensor« nur in beabsichtigten und sehr raffinierten Entstellungen, es schiebt immer Unsinniges vor, um seinen eigentlichen Sinn nicht erraten zu lassen: wie jeder Dichter, so ist der Traum Wahrheitslügner, das heißt: er beichtet »sub rosa«, er enthüllt, aber nur in Symbolen, ein inneres Erlebnis. Zwei Schichten sind also sorgfältig zu unterscheiden: das, was der Traum »erdichtet« hat, um zu verschleiern, die sogenannte »Traumarbeit«, und das, was er an wahrhaftigen Erlebniselementen hinter diesen bunten Schleiern verbirgt: den »Trauminhalt«. Aufgabe der Psychoanalyse wird nun, das verwirrende Gespinst der Entstellungen aufzulösen und in jenem Schlüsselroman – jeder Traum ist »Dichtung und Wahrheit« – die Wahrheit, das wirkliche Geständnis und damit den Tatsachenkern freizulegen. Nicht was der Traum sagt, sondern was er eigentlich sagen *wollte*, dies erst führt in den unbewußten Raum des Seelenlebens hinein. Nur dort ist die Tiefe, der die Tiefenpsychologie zustrebt.

Wenn Freud aber der Traumanalyse besondere Wichtigkeit für die Erkundung der Persönlichkeit zumißt, so redet er damit keineswegs einer vagen Traumdeuterei das Wort. Freud fordert einen wissenschaftlich genauen Untersuchungsprozeß, ähnlich jenem, mit dem der Literaturforscher an ein dichterisches Gebilde herantritt. Wie der Germanist versucht, die phantasievolle Zutat vom eigentlichen Erlebnismotiv abzugrenzen, und fragt, was den Dichter gerade zu dieser Gestaltungsform veranlaßt habe – so wie er etwa in der Gretchenepisode das verschobene Friederikenerlebnis als Impuls erkennt, ebenso sucht der Psychoanalytiker in der Traumdichtung und -verdichtung den treibenden Affekt seines Patienten. Das Bild einer Persönlichkeit ergibt sich ihm am deutlichsten aus ihren Gebilden; hier wie immer erkennt Freud den Menschen am tiefsten im produktiven Zustand. Da aber Persönlichkeitserkennung das eigentliche Ziel des Psychoanalytikers sein muß, so liegt es ihm ob, sich der dichterischen Substanz jedes Menschen, seines Traummaterials sichtend zu bedienen: hütet er sich dabei vor Übertreibungen, widerstrebt er der Versuchung, selbst einen Sinn hineinzudichten, so kann er in vielen Fällen wichtige Anhaltspunkte zur innern Lagerung der Persönlichkeit gewinnen. Zweifellos verdankt die Anthropologie Freud für diese produktive Aufdeckung der seelischen Sinnhaftigkeit mancher Träume wertvolle Anregung; darüber hinaus ist ihm aber im Lauf seiner Untersuchung noch ein Wichtigeres gelungen, nämlich zum erstenmal den biologischen Sinn des Traumphänomens als einer seelischen Notwendigkeit auszudeuten. Was der Schlaf im Haushalt der Natur bedeute, hatte die Wissenschaft längst festgestellt: der Schlummer erneuert die von der Tagesleistung erschöpften Kräfte, er erneuert die verbrauchte und verbrannte Nervensubstanz, er unterbricht die ermüdende Bewußtseinsarbeit des Gehirns durch eine Feierschicht. Demgemäß müßte eigentlich ein völlig schwarzes Nichts, ein todähnliches Versinken, ein Abstoppen aller Gehirntätigkeit, Nichtsehen, Nichtwissen, Nichtdenken die vollendetste hygienische Form des Schlafes sein: warum also hat die Natur den Menschen nicht diese scheinbar zweckmäßigste Form der Entspannung zugeteilt? Warum hat sie, die immer sinnvolle, auf diese schwarze Wand so erregendes Bilderspiel hingezaubert, warum unterbricht sie das völlige Nichts, dies Einfluten ins Nirwana, allnächtlich mit flackerndem und seelenversucherischem Wesensschein? Wozu die Träume? Unterbinden, verwirren, stören, hemmen sie nicht eigentlich die so weise ersonnene Entspannung, sind sie, die angeblich sinnlosen, nicht sogar ein Widersinn der sonst allzeit zweckhaften und weithin planenden Natur? Auf diese sehr natürliche Frage wußte die Lebenskunde bisher keine Antwort. Erst Freud stellt zum ersten Male fest, daß die Träume zur Stabilisierung unseres seelischen Gleichgewichts notwendig sind. Der Traum ist ein Ventil unserer Gefühlskraft. Denn zu übermächtiges Begehren, eine Unermeßlichkeit an Lustgier und Lebenssehnsucht ist ja in unsern engen irdischen Leib getan, und wie wenig von diesen myriadenhaften Wünschen kann der durchschnittliche Mensch innerhalb des bürgerlich eingezirkelten Tages wahrhaft befriedigen? Kaum ein Tausendstel seines Lustwillens kommt in jedem von uns zur Verwirklichung; und so drängt ein aufs Unendliche hin zielendes, ungestilltes und unstillbares Begehren selbst in des armseligsten Kleinrentners, Pfründners und Taglöhners Brust. Schlimme Gelüste gären geil in jedem und jedem, machtloser Machtwille, rückgestoßenes und feige verkrümmtes anarchisches Verlangen, verbogene Eitelkeit, Inbrunst und Neid. Von unzähligen Frauen reizt täglich im Vorübergehen jede einzelne eine kurze Gier, und all das unausgelebte Wollen und Habenwollen staut sich, schlangenhaft verstrickt und giftzüngig, im Unterbewußtsein vom frühen Glockenschlag bis in die Nacht. Würde die Seele nicht zerbersten müssen unter solchem atmosphärischen Druck oder plötzlich ausfahren in mörderische Gewaltsamkeiten, wenn nicht nächtens der Traum allen diesen gestauten Wünschen einen Abfluß schaffte? Indem wir unsere tagsüber eingesperrten Begehrlichkeiten in die unverfänglichen Reviere des Traums freilassen, lösen wir den Alp von unserem Gefühlsleben, wir entgiften unsere Seelen in dieser Selbstentwandlung von ihrer Überdrängtheit, so wie wir den Körper von der Intoxikation der Müdigkeit im Schlummer erlösen. In die nur uns allein einsichtige Scheinwelt reagieren wir alle unsere im sozialen Sinne verbrecherischen Akte statt in strafpflichtige Taten in unverpflichtende Scheintaten ab. Traum bedeutet Tatersatz, er erspart uns oftmals die Tat, und darum ist die Formel Platos so herrlich meisterhaft: »Die Guten sind jene, die sich begnügen, von dem zu träumen, was die andern wirklich tun.« Nicht als Lebensstörer, Schlafstörer, sondern als Schlafhüter besucht uns der Traum; in seinen erlösenden Phantasieen halluziniert sich die Seele den Überdruck ihrer Spannungen weg – (»Was sich zutiefst im Herzen anstaut, niest sich im Traume aus«

– sagt plastisch ein chinesisches Wort) –, so daß am Morgen der erfrischte Körper eine gereinigte, frei atmende statt einer überfüllten Seele in sich findet.

Diese druckentlastende, kathartische Wirkung hat Freud als den langvermißten und verleugneten Sinn des Traumes für unser Leben erkannt, und sie gilt, diese erlösende Lösung, ebenso für den nächtlichen Schlafgast wie für die höheren Formen alles Phantasierens und Tagträumens, also auch für Dichtung und Mythos. Denn was meint und will Dichtung anders, als im Symbol den überfüllten Menschen erlösen von seinen innern Spannungen, das Drängende aus ihm herausstellen in eine unverfängliche, nicht mehr die eigene Seele überflutende Zone! In jedem echten Kunstwerk wird Gestalten ein »Von-Sich-Weggestalten«, und wenn Goethe bekennt, Werther habe sich für ihn getötet, so drückt er damit wunderbar plastisch aus, daß er durch Abstoßung des beabsichtigten Selbstmords auf eine geträumte Spiegelgestalt sein eigenes Leben gerettet habe, – er hat also, psychoanalytisch gesprochen, seinen Selbstmord in jenen Werthers abreagiert. Wie der einzelne aber seine private Last und Lust im Traum, so erlösen sich die Furchtgefühle und Wünsche ganzer Völker in jenen plastischen Gebilden, die wir Mythen und Religionen nennen: auf den Opferaltären reinigt sich das ins Symbol geflüchtete innere Blutgelüst, in Beichte und Gebet verwandelt sich psychischer Druck in das erlösende Wort. Immer hat sich die Seele der Menschheit – was wüßten wir sonst von ihr? – nur in Dichtung offenbart, als schaffende Phantasie. Nur ihren in Religionen, Mythen und Kunstwerken gestalteten Träumen danken wir ein Ahnen ihrer schöpferischen Kraft. Keine Seelenkunde – diese Erkenntnis hat Freud unserer Zeit aufgeprägt – kann darum das WahrhaftPersönliche eines Menschen erreichen, die nur sein waches und verantwortliches Tun betrachtet: auch sie muß hinab in die Tiefe, wo sein Wesen Mythos ist und gerade im flutenden Element der unbewußten Gestaltung das wahrste Bildnis seines innern Lebens schafft.

Die Technik der Psychoanalyse

> Sonderbar, daß das Innere des Menschen nur so dürftig betrachtet und so geistlos behandelt worden ist. Wie wenig hat man noch die Physik für das Gemüt und das Gemüt für die Außenwelt benutzt. *Novalis*

An manchen seltenen Stellen unserer vielgestaltigen Erdkruste bricht ungerufen in plötzlicher Eruption das kostbare Erdöl aus der Tiefe, an manchen zeigt sich Gold freiliegend im Flußsand, an manchen liegt Kohle offen zutage. Aber die menschliche Technik wartet nicht, bis da und dort solche unzulängliche Vorkommnisse sich gnädig offenbaren. Sie verläßt sich nicht auf den Zufall, sondern bohrt selbst die Erde auf, um Quellen zum Strömen zu bringen, sie treibt Stollen in die Tiefe, immer tausend vergebliche, um nur einmal an das kostbare Erz zu gelangen. Ebenso darf eine tätige Seelenkunde sich nicht mit jenen zufälligen Geständnissen begnügen, wie sie der Traum und die Fehlleistungen doch nur spurhaft offenbaren; auch sie muß, um an die eigentliche Schicht des Unbewußten heranzukommen, Psychotechnik anwenden, eine Tiefbaukunst, die bis in das innerste Erdreich in zielstrebiger und systematischer Arbeit vordringt. Eine solche Methode hat Freud gefunden und Psychoanalyse genannt.

Diese Methode erinnert in nichts an irgendeine vorausgegangene der Medizin oder Seelenkunde. Sie ist völlig autochthon und neu, ein Verfahren selbständig neben allen andern, eine Psychologie neben und gleichsam unterhalb jeder früheren, und darum von Freud selbst Tiefenpsychologie genannt. Der Arzt, der sie handhaben will, benötigt dafür seine Hochschulkenntnisse in so geringem Maß, daß bald die Frage entstehen konnte, ob eine medizinisch fachärztliche Ausbildung für den Psychoanalytiker überhaupt nötig sei; und tatsächlich hat Freud nach längerem Zögern die sogenannte »Laienanalyse«, das heißt die Behandlung durch nichtgraduierte Ärzte, freigegeben. Denn der Seelenhelfer im Freudischen Sinn überläßt die anatomische Untersuchung dem Physiologen, seine Anstrengung will nur ein Unsichtbares sichtbar machen. Da nicht mechanisch Faßbares oder Tastbares gesucht wird, erübrigt sich für ihn jedwede Apparatur; der Sessel, auf dem der Arzt sitzt, stellt ebenso wie bei der Christian Science das ganze ärztliche Handwerkzeug dieser Seelentherapie dar. Aber die Christian Science verwandte bei ihren Kuren immerhin noch geistige Narkotika und Anästhetika, sie impfte zur Beseitigung des Leidens gewisse Kräftigungsmittel wie Gott und Gläubigkeit der beunruhigten Seele ein. Die Psychoanalyse dagegen vermeidet jeden Eingriff, den seelischen ebenso wie den körperlichen. Denn ihre Absicht ist nicht, in den Menschen etwas Neues *hineinzutun,* weder ein Medikament, noch einen Glauben, sondern sie versucht, etwas aus ihm *herauszuholen,* was schon in ihm steckt. Nur Erkenntnis, nur tätige Selbsterkenntnis bringt Heilung im Sinne der Psychoanalyse; nur wenn der Kranke zu sich selbst zurückgeführt wird, in seine Persönlichkeit (und nicht in einen dutzendmäßigen Gesundheitsglauben hinein), wird er Herr und Meister seiner Krankheit. So geschieht die Arbeit eigentlich nicht von außen am Patienten, sondern gänzlich innerhalb seines seelischen Elements.

Der Arzt bringt in diese Art der Behandlung nichts mit

als seine überwachende, vorsichtig lenkende Erfahrung. Er hat nicht wie der Praktiker seine Heilmittel schon bereit und nicht wie der Christian Scientist eine mechanische Formel: sein eigentliches Wissen ist nicht vorgeschrieben und fertig, sondern wird erst aus dem Erlebnisinhalt des Kranken herausdestilliert. Der Patient wieder bringt in die Behandlung nichts mit als seinen Konflikt. Aber er bringt ihn nicht offen, nicht einsichtig, sondern in den sonderbarsten, in den täuschendsten Verpackungen, Entstellungen, Verhüllungen, so daß das Wesen seiner Verstörung zunächst weder für ihn noch für den Arzt erkenntlich wird. Was der Neurotiker vorzeigt und bekennt, ist nur ein Symptom. Aber Symptome zeigen im Seelischen niemals klar die Krankheit, im Gegenteil, sie verstecken sie, denn nach der (völlig neuartigen) Auffassung Freuds besitzen Neurosen in sich gar keinen Inhalt, sie haben nur jede eine Ursache. Was ihn eigentlich verstört, weiß der Neurotiker nicht, oder er will es nicht wissen, oder er weiß es nicht bewußt. Er schiebt seit Jahren seinen innern Konflikt in so viel verschiedenen Zwangshandlungen und Symptomen hin und her, daß er schließlich selber nicht mehr weiß, wo er eigentlich steckt. Hier greift nun der Psychoanalytiker ein. Seine Aufgabe ist, dem Neurotiker bei der Aufdeckung des Rätsels zu helfen, dessen Lösung er selber ist. In »tätiger Erkenntnis zu zweien« tastet er mit ihm gemeinsam die Spiegelwand der Symptome nach den eigentlichen Urbildern der Verstörung ab, Schritt für Schritt gehen die beiden das ganze seelische Leben des Kranken zurück bis zur endgültigen Erkennung und Erlichtung des inneren Zwiespalts.

Dieser technische Einsatz der psychoanalytischen Behandlung erinnert zunächst mehr an die kriminalistische Sphäre als an die ärztliche. Bei jedem Neurotiker, jedem Neurastheniker liegt nach der Auffassung Freuds ein irgendwann und irgendwo geschehener Einbruch in die Einheit der Persönlichkeit vor, und die erste Maßnahme muß eine möglichst genaue Erkundung des Tatbestandes sein; Ort, Zeit und Erscheinungsform jenes vergessenen oder verdrängten innern Geschehnisses müssen im Seelengedächtnis möglichst genau rekonstruiert werden. Aber schon bei diesem ersten Schritte steht das psychoanalytische Verfahren vor einer Schwierigkeit, wie es das juridische nicht kennt. Denn im psychoanalytischen Verfahren ist der Patient bis zu einem gewissen Grade alles zugleich. Er ist der, an dem die Tat getan wurde, und zugleich der Täter. Er ist durch seine Symptome Ankläger und Belastungszeuge und gleichzeitig der ingrimmigste Verhehler und Verdunkler des Tatbestandes. Er weiß irgendwo tief unten in sich um jenen Vorgang und weiß doch gleichzeitig nicht von ihm; was er vom Ursächlichen aussagt, ist nicht die Ursache; was er weiß, will er nicht wissen, und was er nicht weiß, weiß er irgendwie doch. Aber noch phantastischer! – dieser Prozeß beginnt gar nicht erst jetzt vor dem Nervenarzt, er ist eigentlich seit Jahren schon im Neurotiker ununterbrochen im Gange, ohne zu einem Ende gelangen zu können. Und was das psychoanalytische Eingreifen als letzte Instanz erreichen soll, ist nichts anderes, als diesen Prozeß zu beendigen; zu dieser Lösung, zu dieser Auflösung beruft (unbewußt) der Kranke den Arzt.

Die Psychoanalyse versucht aber nicht, den Neurotiker, den Menschen, der in seinem seelischen Labyrinth den Weg verloren hat, durch eine rasche Formulierung sofort aus seinem Konflikt herauszuführen. Im Gegenteil: sie drängt, sie lockt den Verstörten durch all die eigenen Erlebnisgänge und Irrgänge zunächst erst zurück bis an jenen entscheidenden Punkt, wo die gefährliche Abweichung begonnen hat. Denn um in einem fehlerhaften Gewebe den falschen Einschuß zu korrigieren, den Faden neu einzuknüpfen, muß der Weber immer die Maschine da wiedereinstellen, wo der Faden gerissen ist. Ebenso muß unvermeidlich (es gibt da keine Geschwindarbeit mit Intuitionen, keine Hellseherei) der Seelenarzt, um die Kontinuität des innern Lebens restlos zu erneuern, immer wieder zurück bis auf die Stelle, wo durch jene geheimnisvolle Gewalttat der Knick und Bruch entstanden ist. Schon Schopenhauer hatte bei einem nachbarlichen Gebiet die Vermutung ausgesprochen, eine völlige Heilung bei Geistesstörung wäre denkbar, wenn man bis zu dem Punkt vordringen könnte, wo sich der entscheidende Schock im Vorstellungsleben ereignete; um das Welke an der Blüte zu begreifen, muß die Untersuchung bis an die Wurzeln hinab, bis ins Unbewußte. Und das ist ein weiter und umwegiger, ein labyrinthischer Gang voll Verantwortung und Gefahr; wie ein Chirurg immer vorsichtiger und behutsamer bei der Operation wird, je mehr er sich im zarten Gewebe dem Nerv nähert, so tastet sich in dieser allerverletzlichsten Materie die Psychoanalyse mühselig-langsam von einer Erlebnisschicht in die tiefere hinab. Jede ihrer Behandlungen dauert nicht Tage und Wochen, sondern immer Monate, zuweilen Jahre, und sie erfordert eine in der Medizin bisher nicht annähernd gekannte Dauerkonzentration in der Seele des Arztes, eine langfristige Zusammenfassung, vergleichbar vielleicht nur den Willensexerzitien der Jesuiten. Alles geschieht innerhalb dieser Kur ohne Aufzeichnung, ohne jedes Hilfsmittel, einzig durch eine über weite Zeiträume verteilte Beobachtungskunst. Der Behandelte legt sich auf ein Sofa, und zwar so, daß er den hinter ihm sitzenden Arzt nicht sehen kann (dies, um die Hemmungen der Scham und der Bewußtheit zu hindern), und erzählt. Er erzählt aber nicht, wie meistens irrig angenommen wird, in geschlossener Folge, er legt keine Beichte ab; durch das Schlüsselloch gesehen, würde die Behandlung das groteskeste Schauspiel bieten, denn es geschieht in vielen Monaten äußerlich nichts, als daß von zwei Menschen einer spricht und der andere lauscht. Ausdrücklich schärft der Psychoanalytiker seinem Patienten ein, bei diesem Erzählen auf jedes bewußte Nachdenken zu verzichten und nicht als Anwalt, Kläger oder Richter in das schwebende Verfahren einzugreifen, also überhaupt nichts zu wollen, sondern einzig den ungewollten Einfällen gedankenlos nachzugeben (denn diese Einfälle fallen ja nicht von außen, sondern von innen aus dem Unbewußten in ihn hinein). Gerade das, wovon er meint, daß es zur Sache gehöre, soll er nicht heranholen, denn was bedeutet im tiefsten seine Seelenverstörung anders, als daß eben dieser Mensch nicht weiß, was seine »Sache« ist, seine Krankheit. Wüßte er dies, so wäre er ja seelisch normal, er schüfe sich keine Symptome und müßte nicht zum Arzt. Die Psychoanalyse lehnt darum alle vorbereiteten Berichte, alles Schriftliche ab und mahnt den Patienten nur, möglichst viel an seelischen Lebenserinnerungen ganz locker zu produzieren. Der Neurotiker soll sich ausreden, aus sich herausreden, monologisch drauflos erzählen, kreuz und quer, Kraut und Rüben durcheinander, alles, was ihm gerade durch den Kopf geht, das scheinbar Belangloseste, denn gerade die spontanen, die nicht bewußt gewollten, die zufälligen Einfälle sind für den Arzt die wichtigsten. Nur durch solche »Nebensächlichkeiten« kann der Arzt der Hauptsache nahekommen. Darum, ob falsch oder wahr, ob wichtig oder unwichtig, ob theatralisch oder ehrlich: dem Patienten liegt als Hauptpflicht ob, viel zu erzählen, möglichst viel Erlebnismaterial, also biographische und seelencharakteristische Substanz heranzuschaffen.

Nun setzt die eigentliche Aufgabe des Analytikers ein. Aus dem allmählich in hundert Schüben herangekarrten gewaltigen Schutthaufen abgetragenen Lebensbaus, aus diesen Tausenden von Erinnerungen, Bemerkungen und Traumerzählungen muß der Arzt im psychologischen Sieb die Schlacke des Belanglosen absondern und durch einen langwierigen Umschmelzungsprozeß das eigentliche Erz der Beobachtung herausholen: die psychoanalytische Materie aus dem bloßen Material. Niemals darf er gutgläubig den bloßen Rohstoff des Erzählten als vollgültig anerkennen, immer muß er dessen eingedenk bleiben, »daß die Mitteilungen und Einfälle des Kranken nur Entstellungen des Gesuchten sind, gleichsam Anspielungen, aus denen zu erraten ist, was sich dahinter verbirgt«. Denn nicht das Erlebte des Patienten ist für die Erkenntnis der Krankheit wichtig (das ist längst von seiner Seele abgeladen), sondern das *noch nicht Ausgelebte* des Neurotikers, jenes überschüssige Gefühlselement, das in ihm noch unverwertet liegt wie ein unverdauter Brocken im Magen und wie jener zur Abfuhr drückt und drängt, aber jedesmal durch einen Gegenwillen zurückgekrampft wird. Dieses Gehemmte und seine Hemmung muß der Arzt mit »gleichschwebender Aufmerksamkeit« innerhalb der einzelnen psychischen Äußerungen zu bestimmen suchen, um allmählich zu einem Verdacht und vom Verdacht zur Sicherheit zu gelangen. Aber solches ruhiges, sachliches, gleichsam von außen Beobachten wird ihm durch den Patienten besonders im Anfang der Behandlung gleichzeitig erleichtert und erschwert durch jene fast unvermeidliche Gefühlseinstellung des Kranken, die Freud »die Übertragung« nennt. Der Neurotiker, ehe er zum Arzt kommt, trägt jenen Überschuß unverwendeten, unausgelebten Gefühls lange mit sich herum, ohne ihn jemals abstoßen zu können. Er rollt ihn durch Dutzende von Symptomen hin und her, er spielt sich selbst in den merkwürdigsten Spielen seinen eigenen unbewußten Konflikt vor; sofort aber, da er im Psychoanalytiker zum erstenmal einen aufmerksamen, einen berufsmäßigen Zu-

hörer und Mitspieler findet, wirft er seine Last wie einen Ball zunächst auf ihn, er versucht seine unverwertbaren Affekte auf den Arzt abzustoßen. Ob Liebe oder Haß, er gerät in einen bestimmten »rapport« zu ihm, in eine intensive Gefühlsbeziehung. Zum erstenmal gelangt, was bisher in der Scheinwelt sinnlos verzuckte und sich niemals ganz zu entladen vermochte, wie auf einer photographischen Platte bildhaft zum Niederschlag. Mit dieser »Übertragung« ist erst die psychoanalytische Situation gegeben: jeder Kranke, der ihrer nicht fähig ist, muß für die Kur als ungeeignet betrachtet werden. Denn der Arzt muß den Konflikt in emotioneller, in lebenshafter Form vor sich entwickelt sehen, um ihn zu erkennen: der Patient und der Arzt müssen ihn gemeinsam *erleben*.
Diese Gemeinsamkeit in der psychoanalytischen Arbeit besteht darin, daß der Kranke den Konflikt produziert oder vielmehr reproduziert und der Arzt seinen Sinn deutet. Bei dieser Sinngebung und Deutung hat er aber keineswegs (wie man eilfertig annehmen möchte) auf die Hilfe des Kranken zu zählen; in allem Seelenhaften waltet Zwiespältigkeit und Doppelwertigkeit der Gefühle. Derselbe Patient, der zum Psychoanalytiker geht, um seine Krankheit – von der er nur das Symptom kennt – loszuwerden, klammert sich gleichzeitig unbewußt an sie an, denn diese seine Krankheit stellt ja keinen Fremdstoff dar, sondern sie ist seine eigenste Leistung, sein Produkt, ein tätiger charakteristischer Teil seines Ich, den er gar nicht hergeben will. So hält er hart an seiner Krankheit fest, weil er lieber ihre unangenehmen Symptome auf sich nimmt als die Wahrheit, vor der er sich fürchtet und die ihm der Arzt (eigentlich gegen seinen Willen) erklären will. Da er doppelt fühlt und argumentiert, einmal vom Bewußten und einmal vom Unbewußten aus, ist er in einem der Jäger und der Gejagte; nur ein Teil des Patienten ist also Helfer des Arztes, der andere sein erbittertster

Gegner, und während die eine Hand ihm zum Schein willig Geständnisse zusteckt, verwirrt und versteckt die andere gleichzeitig den wirklichen Tatbestand. Bewußt kann also der Neurotiker seinem Helfer gar nicht helfen, er kann ihm »die« Wahrheit gar nicht sagen, weil dies Nicht-Wissen oder Nicht-Wissenwollen der Wahrheit ja eben das ist, was ihn aus dem Gleichgewicht und in die Verstörung geworfen hat. Und selbst in den Augenblicken seines Ehrlichseinwollens lügt er über sich. Hinter jeder Wahrheit verbirgt sich immer eine tiefere Wahrheit, und wo einer gesteht, geschieht es oft nur, um ein noch Geheimeres hinter diesem Geständnis zu verbergen. Geständnislust und Scham spielen hier geheimnisvoll miteinander und gegeneinander, bald gibt und bald verbirgt sich der Erzählende im Wort, und mitten im Geständniswillen setzt unvermeidlich die Geständnishemmung ein. Wie ein Muskel krampft sich etwas in jedem Menschen zusammen, wenn ein anderer sich seinem letzten Geheimnis nähern will: jede Psychoanalyse ist im Wirklichen darum Kampf!

Aber das Genie Freuds versteht immer, gerade aus dem erbittertsten Feind den besten Helfer zu gewinnen. Gerade dieser Widerstand wird oft der eigentliche Verräter für das ungewollte Geständnis. Zwiefach verrät sich ja immer für einen feinhörigen Beobachter der Mensch im Gespräch, einmal in dem, was er sagt, und ein zweites Mal in dem, was er verschweigt; die Freudische Detektivkunst wittert die Nähe des entscheidenden Geheimnisses darum am sichersten dort, wo sie spürt, daß das Gegenüber sprechen will und nicht sprechen kann: die Hemmung wird da verräterisch zum Helfer, sie gibt den Weg deutenden Wink. Wo der Kranke zu laut spricht oder zu leise, wo er zu rasch redet und wo er stockt, da will das Unbewußte selbst sprechen. Und diese vielen kleinen Widerstände, diese winzigen Schwankungen, Stockungen, dies Zulaut-

oder Zuleisesprechen, sobald ein bestimmter Komplex angenähert wird, zeigen mit der Hemmung endlich deutlich das Hemmende und das Gehemmte, kurzum den gesuchten, den versteckten und verdeckten Konflikt.

Denn immer handelt es sich im Verlauf einer Psychoanalyse um infinitesimal kleine Erkenntnisse, um Erlebnissplitter, aus denen sich dann allmählich als Mosaik das innere Erlebnisbild zusammensetzt. Nichts Einfältigeres als die in Salons und an Kaffeehaustischen seßhafte Vorstellung, man werfe in den Psychoanalytiker wie in einen Automaten seine Träume und Geständnisse ein, kurble ihn mit ein paar Fragen an, und sofort käme die Diagnose heraus. In Wahrheit ist jede psychoanalytische Behandlung ein ungeheuer komplizierter, ein durchaus unmechanischer und sogar kunstvoller Prozeß, vergleichbar am ehesten der stilgerechten Restauration eines alten verschmutzten, von plumper Hand übermalten Gemäldes, das in bewundernswerter Geduldarbeit millimeterhaft innerhalb einer verletzlichen und kostbaren Materie Schicht um Schicht erneuert und wieder verlebendigt werden muß, ehe nach Ablösung des Übertünchten das ursprüngliche Bild endlich in seinen natürlichen Farben zutage tritt. Obwohl unablässig mit Einzelheiten beschäftigt, zielt die aufbauende Arbeit der Psychoanalyse immer nur auf das Ganze, auf die Erneuerung der Gesamtpersönlichkeit: darum kann in einer wahrhaftigen Analyse niemals bloß ein einzelner Komplex einzeln herausgegriffen werden, jedesmal muß vom Fundament aus das ganze seelische Leben eines Menschen wieder aufgebaut werden. Geduld ist also die erste Eigenschaft, welche diese Methode erfordert, eine tätige Geduld bei ständiger und gleichzeitig doch nicht demonstrativ gespannter Aufmerksamkeit des Geistes, denn, ohne es sich merken zu lassen, muß der Arzt sein unvoreingenommenes Zuhören neutral verteilen auf das, was der Patient erzählt und was er nicht erzählt, und überdies wach auf die Nuancen blicken, mit denen er erzählt. Er muß den jedesmaligen Bericht jeder Sprechstunde mit allen früheren konfrontieren, um zu merken, welche Episoden sein Gegenüber auffällig oft wiederholt, an welchen Punkten seine Erzählung sich widerspricht, und darf bei dieser Wachsamkeit nie das Absichtsvolle seiner Neugierde verraten. Denn sobald der Patient spürt, daß man ihm auflauert, verliert er seine Unbefangenheit, – gerade jene Unbefangenheit, die allein zu dem kurzen phosphoreszierenden Aufleuchten des Unbewußten führt, in dem der Arzt die Konturen dieser fremden Seelenlandschaft erkennt. Aber auch diese seine eigene Deutung darf er dann seinem Patienten nicht aufdrängen, denn gerade das ist ja der Sinn der Psychoanalyse, daß die Selbsterkenntnis im Kranken von innen wachse, daß das Erlebnis sich auslebe. Der ideale Fall der Heilung tritt erst ein, wenn der Patient sein neurotisches Demonstrieren endlich selbst als überflüssig erkennt und seine Gefühlsenergieen nicht mehr an Wahn und Träume verschwendet, sondern in Leben und Leistung erlöst. Dann erst entläßt die Analyse den Kranken.

Wie oft aber – gefährliche Frage! – gelingt der Psychoanalyse solche vollkommene medizinische Lösung? Ich fürchte, nicht allzu häufig. Denn ihre Frage- und Lauschekunst benötigt eine ungemeine Feinhörigkeit des Herzens, eine hohe Hellsichtigkeit des Gefühls, eine so besondere Legierung kostbarster geistiger Substanzen, daß nur ein wahrhaft Prädestinierter, ein wirklich zum Psychologen Berufener hier als Heilhelfer zu wirken vermag. Die Christian Science, die Coué-Methode dürfen es sich erlauben, bloße Mechaniker ihres Systems heranzubilden. Dort genügt es, ein paar allgültige Formeln zu lernen: »Es gibt keine Krankheit«, »Ich fühle mich besser mit jedem Tag«; mit diesen grob gehämmerten Begriffen dreschen ohne sonderliche Gefahr selbst harte Hände so lange auf schwache Seelen los, bis der Krankheitspessimismus total zertrümmert ist. Bei der psychoanalytischen Behandlung aber steht der wahrhaft verantwortliche Arzt vor der Pflicht, in jedem individuellen Fall sich sein System selbständig zu erfinden, und derartige schöpferische Anpassungsfähigkeit läßt sich nicht mit Fleiß und Verstand erlernen. Sie erfordert einen geborenen und geübten Seelenerkenner, von Natur aus befähigt, sich einzudenken, sich einzufühlen in fremdeste Schicksale, gepaart mit menschlichem Takt und stillbeobachtender Geduld; darüber hinaus müßte aber von einem wirklich schöpferischen Psychoanalytiker noch ein gewisses magisches Element ausgehen, ein Strom von Sympathie und Sicherheit, dem sich jede fremde Seele willig und leidenschaftlich dienstwillig anvertraut, – unerlernbare Qualitäten dies alles und nur im Falle der Gnade in einem einzigen Menschen versammelt. In der Seltenheit solcher wirklicher Seelenmeister will mir die Beschränkung liegen, warum Psychoanalyse immer nur Berufung von einzelnen und niemals – wie es leider heute zu oft geschieht – Beruf und Geschäft werden kann. Aber hier denkt Freud merkwürdig nachsichtig, und wenn er sagt, die erfolgreiche Handhabung seiner Deutekunst erfordere zwar Takt und Übung, sei aber »unschwer zu erlernen«, so möge da am Rande ein dickes und beinahe grimmiges Fragezeichen gestattet sein. Denn schon der Ausdruck »Handhabung« scheint mir unglücklich für einen die geistigsten, ja sogar inspirativen Kräfte seelischen Wissens erfordernden Prozeß und der Hinweis auf allgemeine Erlernbarkeit sogar gefährlich. Denn so wenig die Kenntnis der Verstechnik einen Dichter, so wenig schafft das emsigste Studium der Psychotechnik einen wirklichen Psychologen, und keinem andern als ihm allein, dem geborenen, einfühlungsfähigen Seelendurchschauer, dürfte jemals Eingriff in dieses feinste, subtilste und empfindlichste aller Organe gestattet sein. Nur mit Grauen kann man sich vorstellen, wie gefährlich ein inquisitorisches Verfahren, das ein schöpferischer Geist wie Freud in höchster Feinheit und Verantwortung ausdachte, in plumpen Händen werden könnte. Nichts hat wahrscheinlich dem Ruf der Psychoanalyse so sehr geschadet wie der Umstand, daß sie sich nicht auf einen engen, aristokratisch ausgewählten Seelenkreis beschränkte, sondern das Unerlernbare in Schulen lehrte. Denn in dem raschen und unbedenklichen Von-Hand-zu-Hand-Gehen sind manche ihrer Begriffe vergröbert und nicht eben sauberer geworden; was sich heute in der Alten und mehr noch in der Neuen Welt als psychoanalytische Behandlung fachmännisch oder dilettantisch ausgibt, hat oft nur traurig parodistische Ähnlichkeit mit der ursprünglichen, auf Geduld und Genie eingestellten Praxis Sigmund Freuds. Gerade wer unabhängig urteilen will, muß feststellen, daß nur infolge jener Schulanalysen heute jede ehrliche Übersicht fehlt, was die Psychoanalyse eigentlich heilmäßig leistet, und ob sie jemals zufolge des Einbruchs zweifelhafter Laien die absolute Gültigkeit einer klinisch exakten Methode wird behaupten können; hier gehört die Entscheidung nicht uns, sondern der Zukunft.

Freuds psychoanalytische Technik, nur das ist gewiß, bedeutet lange noch nicht das letzte und entscheidende Wort innerhalb der seelischen Heilkunde. Aber dies bleibt ihr Ruhm für alle Zeiten, das erste Blatt dieses allzulange versiegelten Buches gewesen zu sein, der erste methodologische Versuch, das Individuum aus seinem eigenen Persönlichkeitsmaterial heraus zu erfassen und zu heilen. Mit genialem Instinkt hat ein einzelner Mann das Vakuum inmitten der zeitgenössischen Heilkunde erkannt, die unfaßbare Tatsache, daß längst das geringste Organ des Menschen verantwortliche Pflege gefunden hatte – Zahnpflege, Hautpflege, Haarpflege –, während die Not der

Seele noch keine Zuflucht in der Wissenschaft hatte. Bis zum Erwachsensein halfen die Pädagogen dem unfertigen Menschen, dann ließen sie ihn gleichgültig mit sich allein. Und vollkommen wurden jene vergessen, die auf der Schule mit sich noch nicht fertig geworden waren, die ihr Pensum noch nicht bewältigt hatten und ratlos ihre unausgetragenen Konflikte mit sich schleppten. Für diese In-sich-selbst-Zurückgebliebenen, für die Neurotiker, die Psychotiker, für die in ihrer Triebwelt Verhafteten hatte eine ganze Generation keinen Raum, keine Beratungsstelle; die kranke Seele irrte hilflos auf den Gassen und suchte vergeblich nach Rat. Diese Instanz hat Freud geschaffen. Er hat die Stelle, wo in antikischen Tagen der Psychagoge, der Seelenhelfer und Weisheitslehrer und in den Zeiten der Frömmigkeit machtvoll der Priester stand, einer neuen und neuzeitlichen Wissenschaft zugewiesen, die ihre Grenzen sich selbst erst erobern muß. Aber die Aufgabe ist großartig gestellt, die Türe aufgetan. Und wo immer der menschliche Geist Weite spürt und unerkundete Tiefen, da ruht er nicht mehr, sondern spannt sich empor und entfaltet seine unermüdbaren Schwingen.

Die Welt des Sexus

> Auch das Unnatürliche ist Natur. Wer sie nicht allenthalben sieht, sieht sie nirgend recht.
> *Goethe*

Daß Sigmund Freud der Begründer einer heute gar nicht mehr entbehrlichen Sexualwissenschaft wurde, ist eigentlich ohne seine eigene Absicht geschehen. Aber es scheint zur geheimen Gesetzmäßigkeit seines Lebensganges zu gehören, daß ihn jedesmal der Weg über das ursprünglich Gesuchte hinausführt und Gebiete eröffnet, die er aus freiem Antrieb nie zu betreten gewagt hätte. Der Dreißigjährige würde wahrscheinlich noch ungläubig gelächelt haben, hätte ihm jemand geweissagt, es wäre ihm, dem Neurologen, vorbehalten, die Traumdeutung und die biologische Schichtung des Geschlechtslebens zum Gegenstand einer Wissenschaft zu erheben, denn nichts deutet in seinen privaten wie in seinen akademischen Neigungen von vornherein das geringste Interesse für so abwegige Betrachtungskreise an. Daß Freud zum sexuellen Problem gelangte, geschah nicht, weil er es suchte; sondern es kommt ihm auf der Gedankenlinie seiner Untersuchungen von selbst entgegen.

Es kommt ihm entgegen, zu seiner eigenen Überraschung, völlig ungerufen und völlig unerwartet, aus jener Tiefe, die er mit Breuer erschlossen hatte. Gemeinsam hatten sie, ausgehend von der Hysterie, die aufdeckende Formel gefunden, daß Neurosen und die meisten Seelenverstörungen entstehen, wenn ein Trieb an seiner ursprünglichen Entladungsform verhindert und unerfüllt ins Unterbewußtsein zurückgedrängt wird. Welcher Gattung aber gehören die Begehrungen an, die der Kulturmensch hauptsächlich zurückdrängt, die er, als seine intimsten und sich selbst peinlichsten, vor der Welt und sogar vor sich selbst versteckt? Es dauert nicht lange, bis sich Freud unüberhörbare Antwort gibt. Die erste psychoanalytische Behandlung einer Neurose zeigt unterdrückte erotische Affekte. Die zweite gleichfalls, die dritte ebenso. Und bald weiß Freud: immer oder fast immer verschuldet die Neurose ein Sexualtrieb, der sein eigenes Lustobjekt nicht erreichen kann und nun, in Hemmungen und Stauungen verwandelt, auf das seelische Leben drückt. Das erste Gefühl Freuds bei diesem ungewollten Fund mag Erstaunen gewesen sein, daß eine derart offenliegende Tatsache allen seinen Vorgängern entgangen war. Ist denn wirklich niemandem diese geradlinige Ursächlichkeit aufgefallen? Nein, sie steht in keinem Lehrbuch. Aber dann erinnert sich Freud plötzlich gewisser Andeutungen und Gespräche seiner berühmten Lehrer. Als Chrobak ihm eine Hysterikerin zur Nervenbehandlung überwies, hatte er ihn gleichzeitig diskret informiert, diese Frau sei, weil mit einem impotenten Manne verheiratet, trotz achtzehnjähriger Ehe Jungfrau geblieben, und grob spaßend fügt er seine persönliche Meinung bei, mit welchem sehr physiologischen und gottgewollten Eingriff diese Neurotikerin eigentlich am besten zu kurieren wäre. Ebenso hatte sein Lehrer Charcot in Paris bei ähnlichem Anlaß die Ursächlichkeit einer Nervenverstörung gesprächsweise bestimmt: »Mais c'est toujours la chose sexuelle, toujours!« Freud erstaunt. Sie hatten es also gewußt, seine Lehrer und wahrscheinlich unzählige ärztliche Kapazitäten vor ihnen! Aber – so fragt seine naive Redlichkeit – wenn sie es wußten, warum haben sie es geheim gehalten und nur gesprächsweise und nie öffentlich mitgeteilt?

Bald wird der junge Arzt energisch belehrt werden, warum jene erfahrenen Männer ihr Wissen vor der Welt zurückhielten. Denn kaum teilt Freud ruhig und sachlich sein Resultat in der Formel mit: »Neurosen entstehen, wo durch äußere oder innere Hindernisse die Befriedigung der erotischen Bedürfnisse in der Realität versagt ist«, so bricht von rechts und links erbitterter Widerstand gegen ihn los. Die Wissenschaft, damals noch unentwegte Fahnenträgerin der Moral, weigert sich, diese sexuelle Ätiologie öffentlich anzuerkennen; sogar sein Freund Breuer, der ihm doch selber die Hand lenkte, um das Geheimnis aufzuschließen, zieht sich eilig von der Psychoanalyse zurück, sobald er entdeckt, welche Büchse der Pandora er hier öffnen geholfen. Es dauert nicht lange, und Freud muß gewahr werden, daß man mit dieser Art Feststellungen Anno 1900 an einen Punkt rührt, wo die Seele genau wie der Körper am empfindlichsten und kitzlichsten ist, und daß die Eitelkeit des Zivilisationszeitalters lieber jede geistige Herabsetzung erträgt, als daran erinnert zu werden, daß noch immer die geschlechtliche Triebkraft in jedem einzelnen formbestimmend weiterwaltet und an den höchsten kulturellen Schöpfungen entscheidend beteiligt ist. »Die Gesellschaft glaubt an keine stärkere Bedrohung ihrer Kultur, als ihr durch die Befreiung der Sexualtriebe und deren Wiederkehr zu ihren ursprünglichen Zielen erwachsen würde. Die Gesellschaft liebt es also nicht, an dieses heikle Stück ihrer Begründung gemahnt zu werden. Sie hat gar kein Interesse daran, daß die Stärke der Sexualtriebe anerkannt und die Bedeutung des Sexuallebens für den einzelnen klargelegt werde. Sie hat vielmehr in erziehlicher Absicht den Weg eingeschlagen, die Aufmerksamkeit von diesem ganzen Gebiet abzulenken. Darum verträgt sie das gesamte Forschungsresultat der Psychoanalyse nicht und möchte es am liebsten als ästhetisch abstoßend, moralisch verwerflich oder als gefährlich brandmarken.«

Dieser Widerstand einer ganzen Zeitanschauung wirft sich Freud gleich beim ersten Schritt in den Weg. Und es gehört zum Ruhm seiner Redlichkeit, nicht nur, daß er den Kampf entschlossen aufgenommen hat, sondern daß er sich ihn durch seine eingeborene Unbedingtheit noch erschwerte. Denn Freud hätte alles oder beinahe alles ohne viel Ärgernis aussprechen können, was er sagte, wenn er sich nur bereit gefunden hätte, seine Genealogie des Geschlechtslebens vorsichtiger, umwegiger, verbindlicher zu formulieren. Nur ein Wortmäntelchen hätte er seinen Überzeugungen umzuhängen brauchen, sie ein wenig poetisch zu überschminken, und sie würden sich ohne arge Auffälligkeit in die Öffentlichkeit eingeschmuggelt haben. Vielleicht hätte es genügt, den wilden phallischen Trieb, dessen Wucht und Stoßkraft er in seiner Nacktheit der Welt zeigen wollte, statt Libido höflicher Eros zu nennen oder Liebe. Denn daß unsere seelische Welt vom Eros beherrscht sei, das hätte allenfalls platonisch geklungen. Aber Freud, der Unhold und allen Halbheiten abholde, nimmt harte, kantige, unverkennbare Wörter, er drückt sich an keiner Deutlichkeit vorbei: geradezu sagt er Libido, Lusttrieb, Sexualität, Geschlechtstrieb, statt Eros und Liebe. Freud ist immer zu ehrlich, um vorichtig zu umschreiben, wenn er schreibt. »Il appelle un chat un chat«, er nennt alle geschlechtlichen und abwegigen Dinge bei ihren deutschen natürlichen Namen mit derselben Unbefangenheit wie ein Geograph seine Berge und Städte, ein Botaniker seine Pflanzen und Kräuter. Mit klinischer Kaltblütigkeit untersucht er alle – auch die als Laster und Perversitäten gebrandmarkten – Äußerungen des Geschlechtlichen, gleichgültig gegen die Entrüstungsausbrüche der Moralischen und die Schreckensschreie der Schamhaften; gewissermaßen mit verstopften Ohren dringt er geduldig und gelassen in das unvermutet aufgetane Problem ein und beginnt systematisch die erste seelengeologische Untersuchung der menschlichen Triebwelt.

Denn im Triebe erblickt Freud, der bewußt diesseitige und zutiefst antireligiöse Denker, die unterste, feurig flüssige Schicht unseres innern Erdreichs. Nicht die Ewigkeit will der Mensch, nicht ein Leben im Geiste begehrt nach seiner Auffassung die Seele vorerst: sie begehrt nur triebhaft blind. Universelles Begehren ist alles psychischen Lebens erster Atemzug. Wie der Körper nach Nahrung, so lechzt die Seele nach Lust; Libido, dieser urhafte Lustwille, dieser unstillbare Hunger der Seele, treibt sie der Welt entgegen. Aber – und hierin besteht Freuds eigentlicher Urfund für die Sexualwissenschaft – diese Libido hat zunächst keinen bestimmten Inhalt, ihr Sinn ist nur, Trieb aus sich heraus und über sich hinaus zu treiben. Und da nach Freuds schöpferischer Feststellung seelische Energieen immer verschiebbar sind, kann sie ihre Stoßkraft bald diesem, bald jenem Gegenstand zuwenden. Nicht immer also muß Lust sich im Widerspiel von Mann zum Weib und Weib zum Mann ereignen, sie drängt nur blind zur Entladung, sie ist die Spannung des Bogens, der noch nicht weiß, wohin er zielt, die stürzende Kraft des Stromes, der noch nicht die Mündung kennt, in die er sich ergießt. Sie treibt nur ihrer Entspannung entgegen, ohne zu ahnen welcher. Sie kann sich in reinen, normalen Geschlechtsakten auslösen und erlösen und ebenso zu sublimierten Leistungen in künstlerischer und religiöser Tätigkeit vergeistigen. Sie kann sich fehlbesetzen und abwegig werden, jenseits des Genitalischen die unerwartetsten Objekte mit ihrer Begierde »besetzend« und durch zahllose Zwischenschaltungen den ursprünglich geschlechtlichen Antrieb ganz von der körperlichen Sphäre wegleiten. Von der tierischen Brunst bis zu den feinsten Schwingungen des menschlichen Geistes vermag sie sich in alle Formen zu verwandeln, selbst formlos und unfaßlich und doch überall mit im Spiel. Immer aber, in allen niedern Verrichtungen und höchsten Dichtungen erlöst sie den einen und ursprünglichen Willen des Menschen nach Lust.

Mit dieser fundamentalen Umwertung Freuds ist die Einstellung zum Geschlechtsproblem mit einem Schlage völlig geändert. Da bisher die Psychologie, in Unkenntnis der Umwandlungsfähigkeit aller seelischen Energieen, das Geschlechtliche grob gleichbedeutend setzte mit den Funktionen der Geschlechtsorgane, galt Sexualität der Wissenschaft als Erörterung von Unterleibsfunktionen und darum als peinlich und unreinlich. Indem Freud den Begriff der Sexualität von der physiologischen Geschlechtsbetätigung ablöst, erlöst er ihn zugleich von seiner Enge und von der Diffamierung als »niedere«

seelisch-körperliche Leistung; das vorahnende Wort Nietzsches »Grad und Art der Geschlechtlichkeit eines Menschen reicht bis in die letzten Gipfel seines Geistes hinauf« wird durch ihn als biologische Wahrheit enthüllt. In unzähligen Einzelfällen beweist er, wie diese stärkste Spannungskraft des Menschen in geheimnisvoller Fernleitung über Jahre und Jahrzehnte hinweg sich in ganz unvermuteten Äußerungen seines seelischen Lebens entlädt, wie durch unzählige Verwandlungen und Verstellungen, in den merkwürdigsten Ersatzhandlungen und Wunschformen die besondere Gebarung der Libido immer wieder durchschlägt. Wo also eine auffällige Sonderheit des Seelischen, eine Depression, eine Neurose, eine Zwangshandlung vorliegt, darf darum der Arzt in den meisten Fällen getrost auf eine Sonderheit oder Absonderlichkeit im Sexualschicksal schließen; dann liegt ihm, gemäß der Methode der Tiefenpsychologie, die Pflicht ob, den Kranken in seinem innern Leben bis an jenen Punkt zurückzuführen, wo durch ein Erlebnis jene Abweichung vom geraden normalen Triebgang erfolgt ist. Diese neue Art der Diagnostik bringt nun Freud abermals zu einer unvermuteten Entdeckung. Schon die ersten Psychoanalysen hatten ihm dargetan, daß jene verstörenden und sexuellen Erlebnisse des Neurotikers weit zurückliegen, und nichts war natürlicher, als sie in der Frühzeit des Individuums, der wahrhaft seelenplastischen Zeit zu suchen, denn einzig, was sich zur Wachstumszeit der Persönlichkeit in die noch weiche und darum klar aufnehmende Platte des werdenden Bewußtseins einschreibt, bleibt immer das eigentlich Unauslöschbare und Schicksalbestimmende für jeden Menschen: »Niemand meine, die ersten Eindrücke seiner Jugend verwinden zu können« (Goethe). Immer tastet sich also in jedem Krankheitsfalle Freud bis zur Pubertät zurück – eine frühere Zeit als diese scheint ihm zunächst nicht in Frage zu kommen:

denn wie sollten geschlechtliche Eindrücke entstehen können vor der Geschlechtsfähigkeit? Völlig widersinnig scheint ihm damals selbst noch der Gedanke, sexuelles Triebleben über jene Grenzzone bis in die Kindheit hinein zu verfolgen, die, selig unbewußt, noch nichts von den Spannungen der drängenden, nach außen drängenden Säfte ahnt. Freuds erste Untersuchungen halten also bei der Mannbarkeit inne.

Aber bald kann sich Freud, angesichts mancher merkwürdiger Geständnisse, der Erkenntnis nicht mehr entziehen, daß bei mehreren seiner Kranken durch die Psychoanalyse Erinnerungen an viel frühzeitigere, gleichsam prähistorische Sexualerlebnisse mit unanfechtbarer Deutlichkeit zutage treten. Sehr klare Bekenntnisse seiner Patienten führten ihn dem Verdacht entgegen, auch die Epoche vor der Mannbarkeit, also die Kindheit, müsse bereits Geschlechtstrieb oder gewisse Vorstellungen davon enthalten. Immer dringlicher wird in der vorgetriebenen Untersuchung der Verdacht; Freud erinnert sich, was Kinderfrau und Schullehrer von solchen Frühmanifestationen geschlechtlicher Neugier zu berichten wissen, und mit einemmal klärt ihm seine eigene Entdeckung vom Unterschied bewußten und unbewußten seelischen Lebens lichthaft die Situation. Freud erkennt, daß nicht etwa erst im Zeitalter der Pubertät – denn woher könnte es kommen? – das Geschlechtsbewußtsein plötzlich in den Körper hineinfiltriert wird, sondern daß – wie die Sprache, tausendmal psychologischer als alle Schulpsychologen, es längst prachtvoll plastisch ausgedrückt hatte – der Geschlechtstrieb im halbreifen Menschen nur »erwacht«, daß er also schlafend (das will sagen: latent) längst schon im Kindeskörper vorhanden gewesen sein muß. Wie das Kind das Gehen in seinen Beinen hat als potentielle Kraft, ehe es zu gehen weiß, und den Sprachwillen, ehe es sprechen kann, so liegt die Sexualität – natürlich ohne eine

Ahnung zielhafter Betätigung – längst in dem Kinde bereit. Das Kind weiß – entscheidende Formel! – um seine Sexualität. Es versteht sie nur nicht.

Hier vermute ich bloß, statt zu wissen: aber mir ist, als müßte Freud im ersten Augenblick vor dieser seiner eigenen Entdeckung erschrocken sein. Denn sie stürzt die geläufigsten Auffassungen in einer beinahe lästerlichen Weise um. Wenn es schon verwegen war, die seelische Wichtigkeit des Geschlechtlichen im Leben des Erwachsenen zu betonen und, wie alle andern behaupten: überzubetonen – welche Herausforderung der Gesellschaftsmoral erst diese revoltierende Auffassung, im Kinde, mit dem die Menschheit ja sprichwörtlich die Vorstellung der absoluten Reinheit, der Engelhaftigkeit und Trieblosigkeit verbindet, Spuren geschlechtlichen Gefühls entdecken zu wollen! Wie, auch dieses zarte, lächelnde blütenhafte Leben sollte schon von Lust wissen oder zumindest träumen? Absurd, widersinnig, frevelhaft, sogar antilogisch scheint zuerst dieser Gedanke, denn da die Organe des Kindes der Fortpflanzung gar nicht fähig sind, so müßte sich ja die furchtbare Formel ergeben: »Wenn das Kind überhaupt ein Sexualleben hat, so kann es nur von perverser Art sein.« Ein solcher Wort in der Welt von 1900 auszusprechen, war wissenschaftlicher Selbstmord. Aber Freud spricht es aus. Wo dieser unerbittliche Forscher einmal sichern Grund fühlt, da dringt er mit seiner konsequent bohrenden, sich Zug um Zug einschraubenden Kraft unaufhaltsam bis in die unterste Tiefe hinab. Und zu seiner eigenen Überraschung entdeckt er gerade in der unbewußtesten Form des Menschen, im Säugling, die gesuchte Ur- und Allform der Trieblust am sinnvollsten ausgeprägt. Gerade weil dort an der untersten Lebensgrenze noch kein einziger Lichtschein moralischen Bewußtseins in die ungehemmte Triebwelt hinableuchtet, stellt ihm dieses winzige Lebewesen Säugling die plastische Urform der Libido dar: Lust an sich zu saugen, Unlust von sich wegzustoßen. Von überallher schlürft dieses winzige Menschentier Lust in sich ein, von seinem eigenen Körper und der Umwelt, von der Mutterbrust, von Finger und Zehe, von Holz und Stoff, von Fleisch und Kleid; hemmungslos traumtrunken begehrt es, alles, was ihm wohltut, in seinen kleinen weichen Leib hineinzuziehen. In dieser Urlustform unterscheidet das dumpfe Wesen Kind noch nicht das ihm später angelernte Mein und Dein, es spürt die Grenzen noch nicht, weder die körperlichen noch die sittlichen, die ihm später die Erziehung errichtet: ein anarchisches, panisches Wesen, das mit unstillbarer Sauglust das All in sein Ich ziehen will, führt es alles, was seinen winzigen Fingern erreichbar ist, an die ihm einzig bekannte Lustquelle, an den saugenden Mund (weshalb Freud diese Epoche die orale nennt). Unbefangen spielt es mit seinen Gliedern, ganz aufgelöst in sein lallendes und saugendes Begehren und gleichzeitig erbittert alles ablehnend, was ihm dieses traumhaft wilde Einschlürfen stört. In dem Säugling, dem »Noch-nicht-Ich«, dem dumpfen »Es«, lebt sich einzig und allein die universale Libido des Menschen noch ziellos und objektlos aus. Dort trinkt das unbewußte Ich noch gierig alle Lust von den Brüsten der Welt.

Dieses erste autoerotische Stadium dauert aber nicht lange. Bald beginnt das Kind zu erkennen, daß sein Körper Grenzen habe; ein kleines Leuchten zuckt auf in dem winzigen Gehirn, ein erstes Unterscheiden setzt ein zwischen Außen und Innen. Zum erstenmal spürt das Kind den Widerstand der Welt und muß erfahren, daß dieses Außen eine Macht ist, von der man abhängig wird. Strafe belehrt es bald schmerzhaft über ein ihm unfaßbares Gesetz, das nicht duldet, Lust aus allen Quellen unbeschränkt zu schöpfen: es wird ihm verboten, sich nackt zu zeigen, seine Exkremente anzufassen und sich an ihnen zu freuen; unbarmherzig wird es gezwungen, die amoralische Einheit des Gefühls aufzugeben und gewisse Dinge als erlaubte, andere als unerlaubte zu unterscheiden. Die Kulturforderung beginnt, dem kleinen wilden Menschen ein soziales, ein ästhetisches Gewissen einzubauen, einen Kontrollapparat, mit dessen Hilfe er seine Handlungen in gute und böse scheiden kann. Und mit dieser Erkenntnis ist der kleine Adam aus dem Paradiese der Unverantwortlichkeit vertrieben.

Gleichzeitig aber setzt von innen ein gewisser Rücklauf des Lustwillens ein: er tritt im heranwachsenden Kinde zurück gegenüber dem neuen Trieb der Selbstentdeckung. Aus dem »Es«, dem unbewußt triebhaften, formt sich ein »Ich«, und diese Entdeckung seines Ich bedeutet für das Gehirn eine so starke Anspannung und Beschäftigung, daß die ursprünglich panisch vortretende Lustbegier darüber vernachlässigt wird und in einen Zustand der Latenz tritt. Auch dieser Zustand der Selbstbeschäftigung geht dem später Erwachsenen als Erinnerung nicht vollkommen verloren, bei manchem bleibt er sogar als narzißtische Tendenz (wie Freud sich ausdrückt) bestehen, als gefährliche egozentrische Neigung, sich einzig mit sich selbst zu befassen und jede Gefühlsbindung mit der Welt abzulehnen. Der Lusttrieb, der im Säugling seine All- und Urform zeigt, wird im Heranwachsenden wieder unsichtbar, er verkapselt sich. Zwischen der autoerotischen und panerotischen Form des Säuglings und der Geschlechtserotik des Mannbaren liegt ein Winterschlaf der Leidenschaften, ein Dämmerzustand, während dessen sich die Kräfte und Säfte zu zielvoller Entladung vorbereiten.

Wenn dann in dieser zweiten, wieder sexuell betonten Epoche, jener der Pubertät, der schlummernde Trieb allmählich aufwacht, wenn die Libido sich wieder weltwärts wendet, wenn sie wieder eine »Besetzung« sucht, ein Objekt, auf das sie ihre Gefühlspannung übertragen kann – in diesem entscheidenden Augenblick lenkt der biologische Wille der Natur mit entschlossenem Fingerzeig den Neuling in die natürliche Richtung der Fortpflanzung. Unverkennbare Veränderungen am Körper in der Pubertätszeit weisen den jungen Mann, das reifende Mädchen darauf hin, daß die Natur mit ihnen etwas vor habe. Und diese Merkzeichen deuten klar auf die Genitalzone. Sie zeigen damit den Weg, von dem die Natur will, daß der Mensch ihn gehe, um ihrer geheimen und verewigenden Absicht zu dienen: der Fortpflanzung. Nicht mehr spielhaft wie einstmals im Säugling soll die Libido gleichsam sich selber genießen, sondern sich zweckdienlich dem unfaßbaren Weltplan unterordnen, der sich im zeugenden und gezeugten Menschen immer neu erfüllt. Versteht und gehorcht das Individuum diesem gebietenden Fingerzeig der Natur, bindet sich der Mann im schöpferischen Akt des Geschlechts an die Frau, die Frau an den Mann, hat er alle andersartigen Lustmöglichkeiten seiner einstigen panischen All-Lust vergessen, so ist die geschlechtliche Entwicklung dieses Menschenwesens richtig und regelhaft vor sich gegangen, und sein individueller Trieb wirkt sich in der normalen, natürlichen Zielrichtung aus.

Dieser »zweizeitige Rhythmus« bestimmt die Entwicklung des ganzen menschlichen Geschlechtslebens, und für Millionen und aber Millionen ordnet sich derart der Lusttrieb spannungslos diesem gesetzmäßigen Ablauf ein: All-Lust und Selbstlust im Kinde, Zeugungsdrang im Erwachsenen. Völlig selbstverständlich dient der Normale der Absicht der Natur, die ihn ausschließlich zu ihrem metaphysischen Endzweck der Fortpflanzung verwerten will. Aber in einzelnen, verhältnismäßig seltenen Fällen, gerade in jenen aber, die den Seelenarzt beschäftigen, wird eine verhängnisvolle Störung dieses geraden und gesunden Ablaufs erkennbar. Eine Anzahl von Menschen kann sich, aus einem jedesmal nur individuell aufzudeckenden Grunde, nicht enschließen, ihren Lusttrieb in die von der Natur anempfohlene Form restlos überzuleiten; bei ihnen sucht sich die Libido, die geschlechtliche Energie immer eine bestimmte andere Zielrichtung als die normale zu ihrer lustvollen Auslösung. Bei diesen Anomalen und Neurotikern hat sich durch eine Fehlstellung innerhalb der Erlebnisstrecke die sexuelle Neigung auf ein falsches Geleise verschoben und kommt von dieser Einstellung nicht mehr los. Perverse, andersartig Eingestellte sind also nach Freuds Auffassung nicht erblich Belastete oder Kranke oder gar seelische Verbrecher, sondern meist Menschen, die sich an irgendeine andere Form des Lustgewinns aus ihrer vorgenitalischen Epoche verhängnisvoll treu erinnern, an ein Lusterlebnis ihrer Entwicklungszeit und nun aus tragischem Wiederholungszwang immer und einzig Lust in dieser einen Richtung suchen. So stehen, unglückliche Gestalten, Menschen als Erwachsene mit eigentlich infantilen Begehrungsformen mitten im Leben und finden infolge jenes Erinnerungszwanges keine Lust an der ihrem Alter normalen und von der Gesellschaft als selbstverständlich eingesetzten Geschlechtsbetätigung; immer wollen sie wieder jenes (meist ihnen längst unbewußt gewordene) Erlebnis lustvoll wiederleben und suchen dieser Erinnerung Ersatz in der Realität. Den Schulfall einer solchen Pervertierung durch ein einziges Kindheitserlebnis hatte in der Literatur Jean Jacques Rousseau in seiner mitleidslosen Selbstdarstellung längst klassisch gezeichnet. Seine strenge und heimlich geliebte Lehrerin hatte ihn als Kind grimmig und oft mit der Rute gezüchtigt, aber zu seinem eigenen Erstaunen hatte der Knabe bei diesem Züchtigungsschmerz durch seine Erzieherin deutlich Lust empfunden. In dem (von Freud so großartig festgestellten) Latenzzustand vergißt er vollkommen diese Episode, aber sein

Körper, seine Seele, sein Unbewußtes vergißt dieses Erlebnis nicht. Und wie dann der Herangereifte mit Frauen in normalem Verkehr Befriedigung sucht, gelangt er niemals zu einer körperlichen Erfüllung. Damit er einer Frau sich vereinen könne, muß sie zuvor jenen historischen Züchtigungsvorgang mit einer Rute erneuern, und so bezahlt Jean Jacques Rousseau die verhängnisvolle und abwegige Früherweckung seines Sexualempfindens zeitlebens mit einem unheilbaren Masochismus, der ihn trotz seines innern Protestes immer wieder auf jene ihm einzige Lustform verweist. Perverse (unter diesem Begriff faßt Freud alle jene zusammen, die Lustbefriedigung auf anderm Wege als dem der Fortpflanzung dienenden suchen) sind also weder kranke noch anarchisch eigenwillige Naturen, die in bewußt frechem Aufruhr die allgemeinen Satzungen überschreiten, sondern Gefangene gegen ihren Willen, festgekettet an ein Erlebnis ihrer Frühzeit, in einem Infantilismus Zurückgebliebene, die überdies das gewaltsame Niederkämpfenwollen ihres abseitigen Triebwillens noch zu Neurotikern und Psychotikern macht. Eine Loslösung von dieser Zwangseinstellung kann darum nie der Justiz gelingen, die mit ihrer Drohung den Abwegigen noch tiefer in seine innere Verstrickung treibt, und ebensowenig der Moral, die an die »Vernunft« appelliert, sondern einzig dem Seelenarzt, der durch teilnehmende Freilegung das ursprüngliche Erlebnis dem Kranken verständlich macht. Denn nur durch Selbsterkenntnis des innern Konflikts – dies ist Freuds Axiom in der Seelenlehre – kann dessen Erledigung gelingen: um sich zu heilen, muß man vorerst den Sinn seiner Krankheit wissen.

Jede seelische Verstörung beruht also nach Freud auf einem – meist erotisch bedingten – Persönlichkeitserlebnis, und selbst, was wir Veranlagung und Vererbung nennen, stellt nichts anderes dar als in die Nerven eingekerbte Erlebnisse vorangegangener Geschlechter; Erlebnis ist darum für die Psychoanalyse das Formentscheidende jeder Seelengestaltung, und darum sucht sie jeden einzelnen Menschen immer nur individuell aus seiner erlebten Vergangenheit zu verstehen. Für Freud gibt es keine andere als Individualpsychologie und Individualpathologie: alles innerhalb des seelischen Lebensraumes darf nie von einer Regel, von einem Schema her betrachtet, sondern jedesmal müssen die Ursächlichkeiten in ihrer Einmaligkeit aufgedeckt werden. Das schließt natürlich nicht aus, daß die meisten sexuellen Früherlebnisse von einzelnen, obwohl sie selbstverständlich persönlich gefärbt sind, untereinander doch gewisse typische Ähnlichkeitsformen aufweisen; so wie im Traum immer wieder Unzählige die genaue gleiche Gattungsform von Träumen erleben, etwa den Flugtraum, den Prüfungstraum, den Verfolgungstraum, so glaubt Freud im frühen Sexualerleben gewisse typische Gefühlseinstellungen als beinahe zwanghaft erkennen zu müssen, und um die Aufdeckung und Anerkennung dieser Typenformen, dieser »Komplexe«, hat er sich mit besonderer Leidenschaft bemüht. Der berühmteste unter ihnen – auch der berüchtigtste – ist der sogenannte Ödipuskomplex geworden, den Freud sogar als einen der Grundpfeiler seines psychoanalytischen Lehrgebäudes bezeichnet (während er mir nicht mehr als einer jener Stützpfeiler erscheint, der nach vollendetem Bau ohne Gefahr entfernt werden kann). Er hat inzwischen so verhängnisvolle Popularität erlangt, daß es kaum not tut, ihn ausführlich zu erläutern: Freud nimmt an, daß jene verhängnisvolle Gefühlseinstellung, die sich in der griechischen Sage an Ödipus tragisch verwirklicht, nämlich daß der Sohn den Vater tötet und die Mutter besitzt, daß diese für unser Gefühl barbarisch anmutende Situation noch heute in jeder Kinderseele wunschhaft vorhanden ist, weil – dies Freuds meist umstrittene Annahme! – die erste erotische Gefühlseinstellung des Kindes immer auf die Mutter, seine erste aggressive Tendenz gegen den Vater zielt. Dieses Kräfteparallelogramm von Mutterliebe und Vaterhaß glaubt Freud als natürliche und unausweichliche erste Gruppierung in jedem kindlichen Seelenleben nachweisen zu können, und ihm zur Seite stellt er eine Reihe anderer unterweltlicher Gefühle wie die Kastrationsangst, den Inzestwunsch – Gefühle, die gleichfalls in den Urmythen der Menschheit bildnerische Gestaltung erfahren haben (denn Mythen und Legenden der Völker sind nach Freuds kulturbiologischer Auffassung nichts anderes als »abreagierte« Wunschträume ihrer Frühzeit). Alles also, was die Menschheit längst als unkulturell von sich zurückgestoßen hat, Mordlust und Inzest und Vergewaltigung, alle diese finstern Verirrungen ihres Hordenlebens, all das zuckt noch einmal wunschhaft in der Kindheit, dieser seelischen Urstufe des Menschen, wieder auf: jedes einzelne Individuum muß in seiner ethischen Entwicklung die ganze Kulturgeschichte der Menschheit symbolisch wiederholen. Unsichtbar, weil unbewußt, tragen wir alle in unserem Blute versenkt noch alte barbarische Instinkte in uns weiter, und keine Kultur schützt den Menschen völlig vor einem unvermuteten Aufleuchten solcher ihm selbst fremder Instinkte und Gelüste: geheimnisvoll führen in unserm Unbewußten immer wieder Strömungen zurück in jene Urzeiten vor aller Satzung und Sitte. Und mögen wir alle Kraft einsetzen, diese Triebwelt von unserm wachen Tun fernzuhalten – wir können sie bestenfalls nur im geistigen und sittlichen Sinne fruchtbar machen, niemals aber uns völlig von ihr ablösen.

Um dieser angeblich »zivilisationsfeindlichen« Anschauung willen, die in gewissem Sinne das tausendjährige Bemühen der Menschheit um eine völlige Triebbeherrschung als vergeblich betrachtet und die Unbesiegbarkeit der Libido unablässig betont, haben Freuds Gegner seine ganze Geschlechtslehre Pansexualismus genannt. Er überschätze, so beschuldigen sie ihn, den Geschlechtstrieb als Psychologe dadurch, daß er ihm einen so überwiegenden Einfluß auf unser seelisches Leben zuerkenne, und er übertreibe als Arzt, indem er versuche, jede psychische Verstörung einzig auf diesen Punkt zurückzuführen und von ihm aus zu heilen. In diesem Einwand ist nach meinem Empfinden Wahres mit Unwahrhaftigem undeutlich gemischt. Denn tatsächlich hat Freud zwar niemals das Lustprinzip als die einzige weltbewegende Seelenkraft monistisch bezeichnet. Er weiß wohl, daß alle Spannung und Bewegung – und was ist Leben anderes als dies? – einzig dem Polemos, dem Widerstreit, entstammt. Darum hat er von allem Anfang an der Libido, dem zentrifugalen, dem über das Ich hinausbegehrenden, dem Bindung suchenden Trieb, einen andern Trieb theoretisch entgegengestellt, den er zuerst Ichtrieb, dann Aggressionstrieb und schließlich Todestrieb nennt – jenen Trieb, der statt zur Zeugung zur Vernichtung, statt zum Schöpferischen zur Zerstörung, statt ins All ins Nichts drängt. Nur – und bloß in diesem Sinne haben seine Gegner nicht völlig unrecht – ist es Freud nicht gelungen, diesen Gegentrieb mit so beweisender und bildnerischer Kraft darzustellen wie den Sexualtrieb: das Reich der sogenannten »Ichtriebe« ist in seinem weltphilosophischen Bilde ziemlich schattenhaft geblieben, denn wo Freud nicht ganz deutlich sieht, überall also im rein spekulativen Raum, fehlt ihm das Herrlich-Plastische seiner abgrenzenden Darstellungsfähigkeit. So mag tatsächlich eine gewisse Überwertung des Sexuellen in seinem Werke und seiner Therapie vorwalten, aber dieses starke Betonen war historisch bedingt durch die von den andern jahrzehntelang systematisch geübte Verschweigung und Unterwertung des Geschlechtlichen.

Ein Übertreiben tat not, um die Zeit für den Gedanken zu erobern; und indem Freud den Damm des Verschweigens mit Gewalt durchbrach, hat er die Diskussion überhaupt erst in Fluß gebracht. In Wirklichkeit hat diese vielbeschrieene Überbetonung des Geschlechtlichen niemals eine wirkliche Gefahr bedeutet, und was an Übertreibungen den ersten Versuchen innewohnte, ist längst überwunden durch den ewigen Regulator aller Werte: die Zeit. Heute, fünfundzwanzig Jahre seit Beginn der Darlegungen Freuds, kann auch der Ängstlichste darüber beruhigt sein, daß durch unser neues, ehrliches, besseres und wissenschaftlicheres Wissen um das Problem der Sexualität die Welt durchaus nicht sexueller, geschlechtswütiger und amoralischer geworden ist, sondern daß im Gegenteil die Freudische Lehre nur ein seelisches Gut zurückerobert hat, das die vorhergegangene Generation mit ihrer Prüderie vertan: die Unbefangenheit des Geistes vor allem Körperlichen. Ein ganzes neues Geschlecht hat gelernt – und schon wird es in den Schulen gelehrt –, den innern Entscheidungen nicht mehr auszubiegen, nicht die wichtigsten, die persönlichsten Probleme zu verstecken, sondern gerade das Gefährliche und Geheimnisvolle der innern Krisen sich selbst mit möglichster Klarheit bewußt zu machen. In allem Wissen um sich aber ist schon Freiheit gegen sich selbst, und zweifellos wird diese neue freiere Geschlechtsmoral sich für die kommende Kameradschaft der Geschlechter sittlich schöpferischer bewähren als die alte Verschweigemoral, deren endgültige Erledigung beschleunigt und bereinigt zu haben zu den unleugbaren Verdiensten dieses einen kühnen und freien Mannes gehört. Immer dankt ein ganzes Geschlecht seine äußere Freiheit der inneren Freiheit eines einzelnen Menschen, immer beginnt jede neue Wissenschaft mit einem Ersten, der allen andern das Problem erst bewußt gemacht.

Abendlicher Blick ins Weite

> Jedes Ansehen geht über in ein Betrachten, jedes Betrachten in ein Sinnen, jedes Sinnen in ein Verknüpfen, und so kann man sagen, daß wir schon bei jedem aufmerksamen Blick in die Welt theoretisieren.
> *Goethe*

Herbst ist die gesegnete Zeit der Überschau. Da sind die Früchte geerntet, das Tagwerk getan: rein und klar lichtet in die Landschaft des Lebens der Himmel und alle Ferne herein. Wenn nun Freud, siebzigjährig, zum erstenmal prüfend zurückblickt auf die gestaltete Tat, kann er sich wohl selbst eines Staunens nicht erwehren, wie weit ihn der schaffende Weg geführt. Ein junger Nervenarzt geht einem neurologischen Problem nach, der Deutung der Hysterie. Rascher, als er vermutet, führt es ihn hinab in seine Tiefe. Aber dort auf dem Grunde des Brunnenschachtes blinkt schon ein neues Problem: das Unbewußte. Er hebt es empor und siehe: es erweist sich als magischer Zauberspiegel. Auf welchen geistigen Gegenstand immer sein Licht fällt, er ist erleuchtet in einem neuen Sinn. Und so, mit einer deutenden Kraft ohnegleichen bewehrt, von innerer Sendung geheimnisvoll geführt, gelangt Freud von einer Erkenntnis zur andern, von jeder geistigen Schau zu immer höheren und weiteren empor – una parte nasce dall' altra successivamente, nach Leonardos Wort –, und jeder dieser spiralisch erhobenen Kreise fügt sich ungezwungen zusammen in ein einheitliches Bild der seelischen Welt. Längst ist das Reich der Neurologie, der Psychoanalyse, der Traumdeutung, der Sexualforschung überschritten, und noch immer neue Wissenschaften bieten sich zur Erneuerung entgegen. Die Pädagogik, die Religionswissenschaft, die Mythologie, die Dichtung und die Kunst danken seinen Anregungen namhafte Bereicherung: kaum kann von der Höhe seines Alters der greise Forscher selbst überschauen, wie weit hinein ins Zukünftige seine eigene unvermutete Wirksamkeit reicht. Wie Moses vom Berge, sieht Freud am Abend seines Lebens für seine Lehre noch unendlich viel ungepflügtes und fruchtträchtiges Land.

Fünfzig Jahre lang war dieser Forscher unentwegt auf dem Kriegspfad gewesen, Geheimnisjäger und Wahrheitssucher; unermeßlich ist seine Beute. Wie viel hat er geplant, geahnt, gesehen, geschaffen, geholfen – wer kann sie zählen, diese Taten auf allen Gebieten des Geistes? Nun könnte er ruhen, der alte Mann. Und tatsächlich, etwas in ihm begehrt nach linderer, unverantwortlicherer Schau. Sein Auge, das streng und prüfend in viele, in zu viele dunkle Seelen geblickt, nun möchte es einmal unverbindlich in einer Art geistigen Träumens das ganze Weltbild umfassen. Der immer nur die Tiefen durchpflügt, jetzt begehrt er einmal die Höhen und Weiten des Daseins zu betrachten. Der ein Leben lang als Psychologe nur rastlos forschte und fragte, nun möchte er als Philosoph versuchen, sich selbst eine Antwort zu geben. Der unzählige Analysen an einzelnen unternommen, er möchte nun einmal den Sinn der Gemeinschaft zu ergründen wagen und seine Deutekunst erproben an einer Psychoanalyse der Zeit.

Alt ist diese Lust, einmal in reiner Schau des Geistes durchaus nur denkerisch das Weltgeheimnis zu betrachten. Aber die Strenge seiner Aufgabe hat Freud ein Leben lang spekulative Neigungen verboten; erst mußten die Gesetze des seelischen Aufbaus an unzähligen einzelnen erforscht sein, ehe er wagen durfte, sie auf das Allgemeine anzuwenden. Immer noch schien es dem allzu Verantwortungsbewußten zu früh am Tage. Jetzt aber, da es Abend wird, da fünfzig Jahre unermüdlicher Arbeit ihm Anrecht geben, einmal denkträumend über das einzelne hinauszusehen, jetzt tritt er noch einmal hinaus, einen Blick in die Ferne zu tun und die Methode, die er an Tausenden von Menschen erprobt, an der ganzen Menschheit zu versuchen.

Ein wenig zag, ein wenig ängstlich geht er, der sonst so sichere Meister, an dieses Beginnen. Fast möchte man sagen, mit schlechtem Gewissen wagt er sich hinaus über sein exaktes Wissenschaftsreich der Tatsachen in jenes des Unbeweisbaren, denn gerade er, der Entlarver vieler Illusionen, gerade er weiß, wie leicht man philosophischen Wunschträumen verfällt. Hart hatte er bisher jede spekulative Verallgemeinerung abgewehrt: »Ich bin gegen die Fabrikation von Weltanschauungen.« Nicht leichten Herzens also, und nicht mit der alten, unerschütterlichen Sicherheit wendet er sich hinüber in die Metaphysik – oder wie er es vorsichtiger nennt: in die Metapsychologie – und entschuldigt gleichsam vor sich selbst dieses späte Wagnis: »In meinen Arbeitsbedingungen ist eine gewisse Veränderung eingetreten, deren Folgen ich nicht verleugnen kann. Früher einmal gehörte ich nicht zu jenen, die eine vermeintliche Neuheit nicht eine Weile bei sich behalten können, bis sie Bekräftigung gefunden hat... Aber damals dehnte sich die Zeit unübersehbar vor mir aus, oceans of time, – wie ein liebenswürdiger Dichter sagt –, und das Material strömte mir so reichlich zu, daß ich mich der Erfahrungen kaum erwehren konnte... Das ist nun alles anders geworden. Die Zeit vor mir ist begrenzt, sie wird nicht vollständig von der Arbeit ausgenützt, die Gelegenheit, neue Erfahrungen zu machen, kommt also nicht so reichlich. Wenn ich etwas Neues zu sehen glaube, bleibt es mir unsicher, ob ich die Bestätigung abwarten kann.« Man sieht: im voraus weiß der strengwissenschaftliche Mann, daß er sich diesmal allerhand verfängliche Probleme vorlegen wird. Und gleichsam nur monologisch, in einer Art geistigen Selbstgesprächs erörtert er vor sich selbst einige der ihn bedrükkenden Fragen, ohne Antwort zu fordern, ohne vollkommene Antwort zu geben. Diese seine Spätbücher, die »Zukunft einer Illusion« und »Das Unbehagen in der Kultur« sind vielleicht nicht so dicht mehr wie die früheren; aber sie sind dichterischer. Sie enthalten weniger beweisbare Wissenschaft, aber mehr an Weisheit. Statt des unerbittlichen Zerlegers enthüllt sich endlich der groß zusammenfassende Geist, statt des exakt naturwissenschaftlichen Mediziners der solange gefühlte Künstler. Und es ist, als ob zugleich hinter dem forschenden Auge jetzt zum ersten Male der ganze langverborgene Mensch Sigmund Freud vorträte.

Aber es ist ein düsteres Auge, das hier die Menschheit anblickt, ein Auge, das dunkel geworden, weil es zuviel Dunkles gesehen. Nur mit ihren Sorgen, ihren Nöten, ihren Qualen und Verstörungen sind fünfzig Jahre lang die Menschen ununterbrochen zu ihm gekommen, klagend, fragend, eifernd, erregt, hysterisch und wild, immer nur Kranke, Bedrückte, Gequälte, Verrückte; nur die melancholische, die tatunkräftige Seite der Menschheit war diesem Manne ein Leben lang mitleidslos zugewandt. Vermauert in den ewigen Schacht seiner Arbeit, hat er selten das andere, das helle, das freudige, das gläubige Antlitz der Menschheit gesehen, die Hilfsbereiten, die Sorglosen, die Heiteren, die Leichtsinnigen, die Frohmütigen, die Glücklichen und Gesunden: immer nur Kranke, Unlustige, Verstörte, immer nur dunkle Seelen. Er ist zu lange und zu viel Arzt gewesen, Sigmund Freud, um nicht allmählich auch die ganze Menschheit wie einen Kranken anzusehen. Und sein erster Eindruck, als er aus seiner Forscherstube in die Welt blickt, stellt aller weiteren Untersuchung schon eine furchtbar pessimistische Diagnose voran: »Wie für den einzelnen, so ist auch für die ganze Menschheit das Leben schwer zu ertragen.«

Verhängnisvoll düsteres Wort, das wenig Hoffnung

verheißt, mehr ein Seufzer von tiefinnen her als eine Erkenntnis! Man sieht: wie an das Bett eines Kranken tritt Freud an seine kulturbiologische Aufgabe heran. Und gewohnt, als Seelenarzt zu betrachten, meint er deutliche Symptome einer Seelenverstörung in unserer Zeit zu gewahren. Da seinem Auge die Freude fremd ist, sieht er nur Unfreude in unserer Kultur und beginnt analytisch dieser Neurose der Zeitseele nachzuforschen. Wie kommt es, fragt er sich selbst, daß so wenig wirkliches Behagen unsere Zivilisation beseelt, die doch die Menschheit weit über alles Ahnen und Hoffen früherer Geschlechter emporgehoben hat? Haben wir denn nicht tausendfach den alten Adam in uns übersprungen, sind wir nicht schon Gott ähnlicher als ihm? Hört nicht das Ohr dank der telephonischen Membran in die entferntesten Kontinente, sieht das Auge nicht dank des Teleskops in die Myriadenwelt der Sterne und mit Hilfe des Mikroskops einen Kosmos im Wassertropfen? Überschwingt nicht unsere Stimme Zeit und Raum in einer Sekunde, spottet sie nicht der Ewigkeit, festgebannt auf der Platte eines Grammophons, trägt uns nicht der Aeroplan sicher durch das seit Tausenden von Jahren dem Sterblichen versagte Element? Warum aber trotz dieser Gottähnlichkeit kein rechtes Siegesgefühl in der Seele des Menschen, sondern bloß das drückende Bewußtsein, daß wir nur Herren dieser Herrlichkeit auf Borg, nur »Prothesengötter« sind (durchschlagendes Wort!) und daß doch keine dieser technischen Errungenschaften unser tiefstes Ich befriedet und beglückt? Wo ist der Ursprung dieser Hemmung, dieser Verstörung, wo die Wurzel dieser Seelenkrankheit? – so fragt sich Freud in die Menschheit hinein. Und ernst, streng und sachlich, als gelte es einen einzelnen Fall seiner Ordination, geht Freud daran, die Ursachen unseres Kulturunbehagens, dieser Seelenneurose der gegenwärtigen Menschheit, zu erforschen.

Nun beginnt Freud immer jede Psychoanalyse mit einer Aufdeckung der Vergangenheit: so auch jene der seelenkranken Kultur mit einem Rückblick auf die Urformen der menschlichen Gesellschaft. Im Anfang steht für Freud der Urmensch (gewissermaßen der Kultursäugling), aller Sitten und Gesetze unbewußt, tierhaft frei und völlig hemmungslos. In zusammengefaßter, ungebrochen egoistischer Kraft entlädt er seine aggressiven Triebe in Mord und Kannibalismus, seinen Sexualtrieb in Pansexualismus und Inzest. Aber kaum, daß sich dieser Urmensch zu einzelnen Horden, zum Clan zusammentut, muß er gewahr werden, daß seine Gier an Grenzen stößt, an den Gegenwillen der Gefährten: alles soziale Leben, selbst auf der frühesten Stufe, erfordert Beschränkung. Der einzelne muß sich bescheiden, gewisse Dinge als verboten anerkennen, Recht und Sitte, gemeinsame Konventionen werden eingesetzt, die Strafen heischen für jedes Vergehen. Dieses Wissen um das Verbotene, diese Furcht vor der Strafe verschiebt sich aber bald nach innen und schafft in dem bisher tierisch dumpfen Gehirn eine neue Instanz, ein Über-Ich, gewissermaßen einen Signalapparat, der rechtzeitig warnt, die Geleise der Sitte zu überschreiten, um nicht von der Strafe erfaßt zu werden. Mit diesem Über-Ich, dem Gewissen, beginnt die Kultur und zugleich die religiöse Idee. Denn alle Grenzen, welche die Natur dem menschlichen Lusttrieb von außen entgegenstellt, Kälte, Krankheit, Tod, sie begreift die blinde Urangst der Kreatur immer nur als von einem unsichtbaren Gegner gesandt, von einem Gott-Vater, der alle Macht hat, zu strafen und zu belohnen, von einem Fürchtegott, dem man gehorchen und dienen muß. Gleichzeitig höchstes Ich-Ideal als Urbild aller Machtvollkommenheit und doch Angstgestalt, weil Urheber alles Schreckens, treibt die vermeinte Gegenwart eines allschauenden, alles könnenden Gott-Vaters durch den Büttel des Gewissens den ungebärdigen Menschen in seine Grenzen zurück; durch diese Selbstbeschränkung, durch diesen Verzicht, durch Zucht und Selbstzucht fängt das wilde barbarische Wesen allmählich an, sich zu zivilisieren. Indem sich aber die ursprünglich kampfwütigen Menschenkräfte zu gemeinsamer und schöpferischer Tätigkeit vereinen, statt bloß mörderisch und blutlüstern gegeneinander zu fahren, steigert sich die geistige, die ethische und technische Fähigkeit der Menschheit, und allmählich nimmt sie ihrem eigenen Ideal, dem Gotte, ein gut Teil seiner Macht. Der Blitz wird eingefangen, die Kälte geknechtet, die Entfernung überwunden, durch Waffen die Gefährlichkeit der Raubtiere gebändigt, alle Elemente, Wasser, Luft, Feuer werden allmählich der Kulturgemeinschaft untertan. Immer höher steigt die Menschheit dank ihrer schöpferischen, organisierten Eigenkräfte die Himmelsleiter zum Göttlichen empor, und, Herrin über Höhen und Tiefen, Überwinderin des Raums, wissend und beinahe allwissend, darf sie sich, die vom Tier aufgestiegene, selbst schon als gottähnlich empfinden.

Aber, fragt Freud, der unheilbare Desillusionist, – genau wie Jean Jacques Rousseau mehr als hundertfünfzig Jahre früher – in diesen schönen Zukunftstraum von der allbeglückenden Kultur hinein: warum ist die Menschheit trotz dieser Gottähnlichkeit nicht glücklicher und froher geworden? Warum fühlt unser tiefstes Ich sich nicht bereichert, befreit und erlöst durch all diese zivilisatorischen Triumphe der Gemeinschaft? Und er antwortet darauf selbst mit seiner harten und eindringlichen Unbarmherzigkeit: weil uns diese Besitzbereicherung durch die Kultur nicht einfach geschenkt wurde, sondern gleichzeitig bezahlt ist mit einer ungeheuren Einschränkung unserer Triebfreiheit. Die Rückseite alles Kulturzuwachses der Gattung ist Glücksverlust bei dem einzelnen (und Freud nimmt immer die Partei des Individuums). Dem

Gewinn an gemeinschaftlicher Zivilisation der Menschheit steht eine Freiheitseinbuße, eine Gefühlskraftverminderung jeder Einzelseele entgegen. »Unser heutiges Gefühl des Ich ist nur ein eingeschrumpfter Teil eines weitumfassenden, ja allumfassenden Gefühls, welches einer innigeren Verbundenheit des Ich mit der Umwelt entspricht.« Wir haben zuviel an die Gesellschaft, an die Gemeinschaft abgegeben von der Ungebrochenheit unserer Kraft, als daß unsere Urtriebe, der Sexualtrieb und der Aggressionstrieb, noch die alte einheitliche Gewalt aufweisen könnten. In um so feinere und verästeltere Kanäle sich unser seelisches Leben verteilt, um so mehr verliert es sein stromhaft Elementares. Die durch die Jahrhunderte immer strenger werdenden sozialen Beschränkungen verengen und verkrümmen unsere Gefühlskraft, und insbesondere »das Sexualleben des Kulturmenschen ist schwer geschädigt. Es macht mitunter den Eindruck einer in Rückbildung begriffenen Funktion, wie es unsere Organe, unser Gebiß und unsere Kopfhaare zu sein scheinen«. In geheimnisvoller Weise läßt sich aber die Seele des Menschen nicht darüber betrügen, daß ihr für die Unzahl neuer, höherer Lustbefriedigungen, wie sie die Künste, Wissenschaften, die Technik, die Naturbeherrschung und die anderen Lebensbequemlichkeiten tagtäglich vortäuschen, irgendeine andere, vollere, wildere, naturhafte Art der Lust entzogen worden ist. Etwas in uns, vielleicht biologisch versteckt in irgendeinem Winkel der Gehirngänge und mitströmend in den Adern unseres Blutes, erinnert sich in jedem von uns mystisch an jenen Urzustand höchster Ungehemmtheit: alle die längst von der Kultur überwundenen Instinkte, Inzest, Vatermord, Pansexualität, geistern noch in unseren Wünschen und Träumen. Und selbst im wohlgepflegten Kind, das im bakterienfreien, elektrisch erhellten, wohldurchwärmten Luxusraum einer Privatklinik auf zarteste und schmerzloseste Weise von einer hochkultivierten Mutter geboren wird, erwacht noch einmal der alte Urmensch; noch einmal muß es die ganze Jahrtausendreihe von den panischen Urtrieben bis zur Selbstbeschränkung stufenweise durchschreiten und an seinem kleinen wachsenden Leib die ganze Erziehungsarbeit zur Kultur noch einmal erleben und erleiden. So bleibt ein Erinnern der alten Selbstherrlichkeit unzerstörbar in uns allen, und in manchen Augenblicken sehnt sich unser ethisches Ich ganz wild ins Anarchische, nach dem nomadisch Freien, nach dem Tierhaften unseres Anfangs zurück. Ewig hält sich in unserm Lebensgefühl Gewinn und Verlust die Waage, und je weiter sich die Spanne zieht zwischen der immer engeren Bindung zur Gemeinschaft und der ursprünglichen Ungebundenheit, um so stärker wird das Mißtrauen der Einzelseele werden, ob sie durch diesen Fortschritt nicht eigentlich beraubt und durch die Sozialisierung des Ichs um ihr innerstes Ich betrogen sei.

Wird es nun der Menschheit jemals gelingen, fragt Freud, angestrengt in die Zukunft blickend, diese Unruhe, dieses gleichzeitig Hin- und Hergerissensein ihrer Seele endgültig zu bemeistern? Wird sie, die zwischen Gottesangst und Tierlust wirr hintaumelnde, von Verboten umstellte, von der Zwangsneurose der Religion bedrückte, sich aus dem Kulturdilemma selbst einen Ausweg finden? Werden die beiden Urmächte, der Aggressionstrieb und der Geschlechtstrieb, sich nicht endlich freiwillig der sittlichen Vernunft unterwerfen und wir nicht schließlich die »Hilfshypothese« des strafenden und richtenden Gottes als überflüssig entbehren können? Wird die Zukunft – psychoanalytisch gesprochen – durch Bewußtmachung dieses ihres geheimsten Gefühlskonfliktes ihn auch endgültig überwinden, wird sie jemals völlig gesunden? Gefährliche Frage dies! Denn mit dieser Frage, ob die Vernunft einmal Herrin unseres Trieblebens werden könnte, gerät Freud in einen tragischen Zwiespalt. Einerseits leugnet ja die Psychoanalyse die Übermacht der Vernunft über das Unbewußte »Die Menschen sind Vernunftsgründen wenig zugänglich, sie werden von Triebwünschen bewegt«, und doch behauptet sie: »daß wir kein anderes Mittel haben zur Beherrschung unserer Triebhaftigkeit als unsere Intelligenz«. Als theoretische Lehre verficht die Psychoanalyse die Übermacht der Triebe und des Unbewußten – als praktische Methode wendet sie die Vernunft als einziges Heilmittel des Menschen und somit der Menschheit an. Hier versteckt sich schon lange in der Psychoanalyse ein geheimer Widerspruch, und er wächst jetzt gemäß den Dimensionen der Betrachtung ins Gewaltige hinaus: jetzt müßte Freud endlich die endgültige Entscheidung treffen, gerade hier im philosophischen Raum müßte er entweder der Vernunft oder der Triebhaftigkeit in der menschlichen Natur die Vorherrschaft zuerkennen. Aber diese Entscheidung wird ihm, der nicht lügen kann und nie sich selber belügen will, furchtbar schwer. Denn wie entscheiden? Mit erschüttertem Blick hat der alte Mann seine Lehre von der Triebübermacht über die bewußte Vernunft durch die Massenpsychose des Weltkriegs eben bestätigt gesehen: niemals war grauenhafter sichtbar geworden als in diesen vier apokalyptischen Jahren, wie dünn der Überwurf der Humanität noch immer den hemmungslosesten, haßvollsten Blutrausch der Menschheit deckt, und daß ein einziger Ruck aus dem Unbewußten genügt, um alle die kühnen Kunstbauten des Geistes und alle Tempel der Sittlichkeit einstürzen zu lassen. Die Religion, die Kultur, alles, was die Bewußtheit des Menschen adelt und erhöht, hatte er in diesem einen Augenblick preisgegeben gesehen für die wildere und urtümlichere Lust des Zerstörens; all die heiligen und heiliggesprochenen Mächte hatten sich abermals wieder als kindlich schwach erwiesen gegen den dumpfen, blutgierigen Trieb des Urmenschen in der Menschheit. Aber doch weigert sich etwas in Freud, diese moralische Niederlage der Menschheit im Weltkrieg als gültig anzuerkennen. Denn wozu die Vernunft und sein eigener jahrzehntelanger Dienst an der Wahrheit und Wissenschaft, wenn schließlich doch alle erziehliche Bewußtmachung der Menschheit ohnmächtig bleiben sollte gegen ihr Unbewußtes? Unbestechlich redlich, wagt Freud nicht, die Wirkungskraft der Vernunft zu verneinen und ebensowenig die unberechenbare des Triebs. So schiebt er schließlich die Antwort auf die selbstgestellte Frage vorsichtig in ein »Vielleicht«, in ein »Vielleicht irgend einmal«, in ein ganz weites drittes Reich der Seele hinüber, denn nicht ganz ungetröstet möchte er von dieser späten Wanderung zu sich selbst zurückkehren. Und es ist für mich ergreifend, wie seine sonst so strenge Stimme nun, da er am Abend seines Lebens der Menschheit noch ein kleines Lichtlein Hoffnung ans Ende ihres Weges stellen möchte, weich und versöhnlich wird: »Wir mögen noch so oft betonen, der menschliche Intellekt sei kraftlos im Vergleich zum menschlichen Triebleben und recht damit haben. Aber es ist doch etwas Besonderes um diese Schwäche; die Stimme des Intellekts ist leise, aber sie ruht nicht, ehe sie sich Gehör verschafft hat. Am Ende, nach unzählig oft wiederholten Abweisungen findet sie es doch. Das ist einer der wenigen Punkte, in denen man für die Zukunft der Menschheit optimistisch sein darf, aber er bedeutet in sich nicht wenig. Das Primat des Intellekts liegt gewiß in weiter, aber wahrscheinlich doch nicht unerreichbarer Ferne.«

Das sind wunderbare Worte. Aber dies kleine Lichtlein im Dunkel flackert doch zu fern und ungewiß, als daß die fragende, die an der Wirklichkeit frierende Seele sich daran erwärmen könnte. Jedes »Wahrscheinliche« ist nur dünner Trost, und kein »Vielleicht« befriedigt den unstillbaren Glaubensdurst nach höheren Gewißheiten. Aber hier stehen wir vor der eigentlichen und unübersteigbaren Grenze der Psychoanalyse: wo das Reich der innern Gläubigkeiten, der schöpferischen Zuversicht beginnt, da endet ihre Macht, – in diese obern Sphären hat sie, die bewußt desillusionistische und jeden Wahn befeindende, keine Schwinge. Ausschließlich Wissenschaft vom Individuum, von der Einzelseele, weiß sie nichts und will sie nichts von einem gemeinschaftlichen Sinn oder einer metaphysischen Sendung der Menschheit wissen: darum erlichtet sie nur seelische Tatsachen, aber sie erwärmt nicht die menschliche Seele. Nur Gesundheit kann sie geben, jedoch Gesundheit, sie allein ist nicht genug. Um glücklich, um schöpferisch zu werden, bedarf die Menschheit immer wieder der Bestärkung durch den Glauben an einen Sinn ihres Daseins. Die Psychoanalyse aber hat keine Opiate wie die Christian Science, keine Rausch-Ekstasen wie Nietzsches dithyrambische Verheißungen, sie verheißt und verspricht nichts, sie schweigt lieber, statt zu trösten. Diese ihre Wahrhaftigkeit, ganz dem strengen und redlichen Geiste Sigmund Freuds entstammend, ist im moralischen Sinne wunderbar. Aber allem bloß Wahrhaften ist unvermeidlich ein Senfkorn Bitternis und Skepsis beigemengt, über allem bloß vernunfthaft Aufklärenden und Analysierenden schattet eine gewisse tragische Düsternis. Etwas Entgötterndes haftet unleugbar an der Psychoanalyse, etwas, was nach Erde und Vergängnis schmeckt, was wie alles Nurmenschliche nicht frei und froh macht; Redlichkeit kann den Geist großartig bereichern, nie jedoch das Gefühl völlig erfüllen, nie die Menschheit jenes Hinausstürzenwollen über den eigenen Rand lehren, diese ihre törichteste und doch notwendigste Lust. Der Mensch aber – wer hat dies großartiger bewiesen als Freud? – kann selbst im leiblichen Sinne nicht leben ohne den Traum, sein enger

Körper würde zerbersten unter der Übermacht der unausgelebten Gefühle – wie sollte da die Seele der Menschheit es ertragen, ohne die Hoffnung eines höhern Sinns, ohne gläubige Träume zu bestehen? Mag auch alle Wissenschaft immer wieder den Widersinn dieses ihres gottschaffenden Spieles beweisen, immer wird sich ihre Bildnerlust wieder an einem neuen Weltsinn mühen müssen, um nicht in Nihilismus zu verfallen, denn diese Mühelust ist selbst schon alles geistigen Lebens ureigenster Sinn.

Für diesen Hunger der Seele nach Gläubigkeit hat die harte, die streng sachliche, die kaltklare Nüchternheit der Psychoanalyse keine Nahrung. Sie gibt Erkenntnis und nicht mehr, und weil ihr alle Weltgläubigkeit fehlt, kann sie immer nur eine Wirklichkeitsanschauung bleiben und nie Weltanschauung werden. Hier ist ihre Grenze. Sie vermochte näher als irgendeine geistige Methode vor ihr den Menschen bis an sein eigenes Ich heranzubringen, aber nicht – und dies wäre zur Ganzheit des Gefühls notwendig – über dies eigene Ich wieder hinaus. Sie löst und teilt und trennt, sie zeigt jedem Leben seinen eigenen Sinn, aber sie weiß nicht dies tausendfach Vereinzelte zu einem gemeinsamen Sinne zu binden. Darum müßte, um sie wahrhaft schöpferisch zu ergänzen, zu ihrer Denkform, der zerteilenden und erhellenden, noch eine andere treten, eine verbindende und verschmelzende – die Psychosynthese zur Psychoanalyse: diese Vereinigung wird vielleicht die Wissenschaft von morgen sein. Soweit Freud auch gelangt ist, über ihn hinaus sind noch weite Räume der Betrachtung frei. Und nachdem seine Deutekunst der Seele ihre geheimen Gebundenheiten gezeigt, dürften jetzt andere sie wieder ihre Freiheit lehren, ihr Strömen und Überströmen aus dem eigenen Wesen ins Weltall hinein.

Geltung in die Zeit

> Wir wollen das Individuum – das aus dem Einen und dem Vielen entsteht und sowohl das Bestimmte wie das Unbestimmte von Geburt in sich trägt – nicht eher ins Grenzenlose verschwimmen lassen, bevor wir nicht alle seine Vorstellungsreihen überblickt haben, die zwischen dem Einen und dem Vielen vermitteln.
> *Plato*

Zwei Entdeckungen von symbolischer Gleichzeitigkeit ereignen sich im letzten Jahrzehnt des neunzehnten Jahrhunderts: in Würzburg erweist ein bisher wenig bekannter Physiker namens Wilhelm Röntgen durch ein unerwartetes Experiment die Möglichkeit, den bisher undurchdringlich vermeinten menschlichen Körper zu durchleuchten. In Wien entdeckt ein ebenso unbekannter Wiener Arzt, Sigmund Freud, die gleiche Möglichkeit für die Seele. Beide Methoden ändern nicht nur die Grundlagen ihrer eigenen Wissenschaft, sondern befruchten alle Nachbargebiete; in merkwürdiger Überkreuzung zieht gerade aus der Entdeckung des Physikers die Medizin Gewinn, aus dem Fund des Mediziners wiederum die Psychophysik, die Lehre von den seelischen Kräften.

Durch Freuds großartige und heute in ihrer Wirkung noch lange nicht erschöpfte Entdeckung überschreitet endlich die wissenschaftliche Seelenkunde ihre akademische und theoretische Abgeschlossenheit und mündet in das praktische Leben. Durch ihn wird Psychologie als Wissenschaft zum erstenmal anwendbar auf alle Formen des schöpferischen Geistes. Denn die Psychologie von vordem, was war sie? Ein Schulfach, eine theoretische Spezialforschung, eingesperrt auf Universitäten, eingekapselt in Seminare, Bücher zeitigend in unerträglicher und unlesbarer Formelsprache. Wer sie studierte, wußte nicht mehr von sich und seinen individuellen Gesetzen, als ob er Sanskrit studiert hätte oder Astronomie, und mit gutem Instinkt empfand die Allgemeinheit ihre Laboratoriumsresultate als belanglos, weil völlig abstrakt. Indem Freud die Seelenforschung mit entschlossener Umstellung vom Theoretischen auf das Individuum wendet und die Kristallisation der Persönlichkeit zum Gegenstand der Untersuchung erhebt, schiebt er sie aus dem Seminar in die Wirklichkeit und macht sie dem Menschen lebenswichtig, weil anwendbar. Nun erst kann Psychologie dem Aufbau des werdenden Menschen in der Pädagogik, der Heilung des Kranken in der Medizin, der Beurteilung des Irrenden in der Justiz, dem Verständnis des Schöpferischen in der Kunst mithelfend dienen; indem sie die immer einmalige Individuation eines jeden einzig ihm selber zu erklären sucht, hilft sie zugleich allen andern. Denn wer einmal in sich den Menschen verstehen gelernt hat, der versteht ihn in allen.

Mit dieser Wendung der Seelenforschung auf die Einzelseele hat Freud unbewußt den innersten Willen der Zeit erlöst. Nie war der Mensch neugieriger auf sein eigentliches Ich, auf seine Persönlichkeit, als in diesem unseren Jahrhundert der fortschreitenden Monotonisierung des äußern Lebens. Immer mehr vereinheitlicht und entpersönlicht das technische Zeitalter seinen Bürger zum farblosen Typus; in gleiche Gehaltsklassen abgeteilt, in denselben Häusern wohnend, dieselben Kleider tragend, dieselben Arbeitsstunden an der gleichen Maschine abwerkend und dann hinaus in dieselbe Form des Vergnügens flüchtend, vor das gleiche Radio, dieselbe Schallplatte, in denselben Sport, werden alle einander äußerlich in erschreckender Weise ähnlicher, die Städte mit denselben Straßen immer uninteressanter, die Nationen immer homogener; der ungeheure Schmelztiegel der Rationalisierung zerkocht alle offenbaren Unterschiede. In dem Maße aber, wie unsere Oberfläche immer mehr ab und auf gleich geschliffen wird, je serienhafter und dutzendmäßiger sich die Menschen ins Massenphysiognomische gliedern, um so wichtiger wird inmitten der fortschreitenden Entpersönlichung der Daseinsformen jedem einzelnen die einzige von außen nicht erreichbare und beeinflußbare Erlebnisschicht: seine einmalige, unwiederholbare Persönlichkeit. Sie ist das höchste und fast das einzige Maß des Menschen geworden, und man nenne es nicht Zufall, daß alle Künste und Wissenschaften jetzt so leidenschaftlich dem Charakterologischen dienen. Die Typenlehre, die Deszendenzwissenschaft, die Erbmassentheorie, die Untersuchungen über die individuelle Periodizität bemühen sich, das Persönliche vom Generellen immer systematischer abzugrenzen; in der Literatur erweitert die Biographie die Kenntnis der Persönlichkeitskunde, und längst abgestorben vermeinte Methoden zur Erforschung der innern Physiognomie, wie Astrologie, Chiromantie, Graphologie, gelangen in unseren Tagen zu unvermuteter Blüte. Von allen Rätseln des Daseins ist keines dem Menschen von heute wichtiger als das Wissen um sein eigenes Sein und Gewordensein, um das besonders Bedingte und Nur-Ihm-Gehörige seiner Persönlichkeit.

Diesem innern Lebenszentrum hat Freud die schon abstrakt gewordene Seelenkunde wieder zugeführt. Er hat zum erstenmal das Dramatische im Persönlichkeitsaufbau jedes Menschen beinahe dichterisch groß entwickelt, dies glühende und drängende Durcheinander im Zwielichtreich zwischen Bewußt und Unbewußt, wo der winzigste Anstoß die weitesten Wirkungen zeitigt und in wundersamsten Verstrickungen sich Vergangenes mit Gegenwärtigem bindet – eine Welt, wahrhaft welthaft im engen Blutkreis des Leibes, unübersehbar in ihrer Ganzheit und doch lustvoll wie ein Kunstwerk zu betrachten in ihrer unergründlichen Gesetzmäßigkeit. Das Gesetzhafte eines Menschen aber – dies die entscheidende Umschaltung seiner Lehre – kann niemals schulhaft schematisch beurteilt, sondern nur erlebt, mitgelebt, nachgelebt und aus diesem Erleben als das einzig hier Gültige erkannt werden. Nie mit einer starren Formel, sondern immer nur aus der eigenen erlebnisgeprägten Form eines Schicksals kann man eine Persönlichkeit begreifen: alles Heilen im medizinischen, alles Helfen im moralischen Sinne setzt deshalb bei Freud Erkenntnis voraus, und zwar eine jasagende, mitfühlende und dadurch wahrhaft wissende Erkenntnis. Ehrfurcht vor der Persönlichkeit, vor diesem im Goethischen Sinne »offenbaren Geheimnis« ist darum für ihn aller Seelenkunde und aller Seelenheilkunst unumgänglichster Anbeginn, und diese Ehrfurcht hat Freud wie kein anderer als moralisches Gebot wieder achten gelehrt. Erst durch ihn haben Tausende und Hunderttausende zum erstenmal die Verletzlichkeit der Seele, insbesondere der Kinderseele begriffen und haben angesichts der von ihm aufgedeckten Verwundungen zu ahnen begonnen, daß jedes grobe Zufassen, jedes brutale Hineinfahren (oft nur mit einem Wort!) in diese überempfindliche, mit einer verhängnisvollen Kraft des Sicherinnerns begabte Materie ein Schicksal zerstören kann, daß also jedes unbesonnene Strafen, Verbieten, Drohen und Züchtigen den Strafenden mit einer bisher ungekannten Verantwortung belädt. Ehrfurcht vor der Persönlichkeit, selbst in ihren abwegigen Besonderheiten, sie hat er immer tiefer in das Bewußtsein der Gegenwart, in Schule, Kirche, Gerichtssaal, diese Stätten der Starre und Strenge, neueingeführt und durch diese bessere Einsicht ins Seelische auch eine höhere Rücksicht und Nachsicht in der Welt verbreitet. Die Kunst des gegenseitigen Sichverstehens, diese wichtigste innerhalb der menschlichen Beziehungen, die immer notwendigere zwischen den Nationen, diese einzige Kunst, die uns zum Aufbau einer höheren Humanität helfen kann, sie hat von keiner geistigen Methode unserer Zeit so viel Förderung erfahren wie von Freuds Persönlichkeitslehre; durch ihn ist die Wichtigkeit des Individuums, der unersetzbar einmalige Wert jeder Menschenseele, in einem neuen und tätigen Sinn unserer Gegenwart erst gewahr geworden. Es gibt keinen einzigen namhaften Menschen in Europa auf allen Gebieten der Kunst, der Forschung und der Lebenskunde, dessen Anschauungen nicht direkt oder indirekt durch Freuds Gedankenkreise in Anziehung oder Gegenwehr schöpferisch beeinflußt worden wären: überall hat dieser Außenseiter die Mitte des Lebens – das Menschliche – erreicht. Und während die Fachleute sich noch immer nicht damit abfinden können, daß dieses Werk weder im medizinischen noch naturwissenschaftlichen noch philosophischen Schulsinn sich streng regelhaft gebärdet, während um Einzelheit und Endwert Geheimräte und Gelehrte noch ingrimmig streiten, hat sich längst schon Freuds Lehre als unwiderleglich wahr bewiesen – als wahr in jenem schöpferischen Sinne, den uns Goethe geprägt hat mit dem unvergeßlichen Wort: »Was fruchtbar ist, allein ist wahr.«

Nachbemerkungen des Herausgebers

»Psychologe aus Leidenschaft, Gestalter aus gestaltendem Willen, treibe ich meine Bildnerkunst nur, wohin sie mich treibt, nur den Gestalten entgegen, denen ich mich zutiefst verbunden fühle«, hatte Stefan Zweig 1925 im Vorwort zum zweiten Teil seiner »Reihe« »Die Baumeister der Welt, eine Typologie des Geistes« programmatisch bekannt. Er suchte keine »Formeln des Geistigen«, sondern wollte »Formen des Geistes« gestalten; er schränkte das Spektrum folglich von vornherein nicht allein auf das Künstlerische, Schöpferische ein, wie sich vermuten ließe, da die drei von ihm ausdrücklich in diese »Reihe« genommenen Bände jeweils drei Dichter, Romanciers, Philosophen und Autobiographen (im weitesten Sinne) aus jeweils anderem Blickwinkel zusammenführen. Vielmehr wollte er, soweit ihm dies möglich sein würde, die »interessantesten Episoden der Kulturgeschichte« synchronoptisch, die zeit- und erkenntnisbedingten Unterschiede überwindend, darstellen. Hierzu gehörte selbstverständlich auch »die Frage nach ›dem Geist, der sich den Körper baut‹«, ohne daß ihre Beantwortung vom »Fanatismus der Überzeugung« bestimmt sein durfte. Ein möglichst weiter Bogen war zu spannen, in ihren Ansätzen unterschiedliche »Heilmeister« waren, dem ›Baumeister‹-Prinzip folgend, in ihren Gemeinsamkeiten zu sehen.

Im März 1930 fuhr Stefan Zweig zur Vorbereitung der in mehreren Städten gleichzeitig stattfindenden Uraufführung seiner Tragikomödie ›Das Lamm des Armen‹

nach Berlin und von dort nach Hannover. Auf der Fahrt schrieb er seiner Frau Friderike im Zug: »Also – ich fahre eben nach Hannover, dann geht es noch einmal nach Berlin, und zwar nur weil Einstein erfahren hatte, daß ich da bin und zu meinem Erstaunen ein leidenschaftlicher Leser meiner Bücher ist. Er hat, um eine Begegnung möglich zu machen, eigens eine Einladung abgesagt – so bin ich Sonntag um fünf bei ihm und fahre abends direkt nach Salzburg.« Das Gespräch mit dem Physiker muß Stefan Zweig tief beeindruckt haben. Ob es Einfluß auf das Konzept der ›Heilung durch den Geist‹ genommen hat, ist nicht bekannt; der Eindruck aber spiegelt sich in der Tatsache, daß er das Buch »Albert Einstein verehrungsvoll« widmete.

In einem Brief vom 7. März 1930 an Otto Heuschele hieß es: »Die anderen Arbeiten« – nach Abschluß der Tragikomödie – »Mesmer, Eddy, Freud, die gemeinsam ein neues Buch bilden sollen, sind scharf im Gange.« Diese »außergewöhnlichen und faszinierenden Geschichten« Mesmers und der Begründerin der Christian Science, Mary Baker-Eddy, wurden nach relativ kurzer Arbeitszeit beendet, so daß Stefan Zweig Anfang Juli Friderike mitteilen konnte: »Ich habe mit meiner ›Freud‹-Arbeit angefangen und hoffe damit energisch fortzukommen.« Jedoch bereits wenige Tage später, am 9. Juli, meldete er ihr, »die Freud-Arbeit geht schwer vorwärts«. Die alte »Hemmung, über einen Lebenden zu schreiben«, 1921 bei der Romain Rolland-Biographie schon einmal festgestellt, trat wieder ein; wieder ging es um einen, »dem ich vieles zu verdanken habe«; später, nach Abschluß dieser Arbeit, gestand er auch Richard Strauss, dem er nach Hofmannsthals Tod von seinem Verleger Anton Kippenberg als möglicher Librettist für weitere Opern vorgeschlagen worden war, am 29. Oktober 1931 in seinem ersten Brief an den Komponisten rückblickend und vorausdenkend: »Aber wo ich verehre, bin ich immer beklommen.« Außerdem mag die Vorankündigung seines neuen Buches durch die Wiener ›Neue Freie Presse‹ mit der Behauptung, Zweig wolle »einen Überblick über die gesamte Psychotherapie« geben, eine die Arbeit lähmende Verärgerung bei ihm hervorgerufen haben. Seine Frau mahnte: »Dagegen mußt Du Dich irgendwo – Vorwort oder Vorbemerkung – verwahren. Diese Literatur und ihre Bewegung überhaupt ist ja unabsehbar, und die Sache des Outsiders ist es zwar, selber hier alles zu überblicken, aber zu diesem Überblick nur anzuregen.«

Im Juli 1930 reiste Friderike zu ihrer Tochter Susanne in die Schweiz; im August, als sie zurückkam, fuhr Stefan Zweig nach Hamburg. Dort mietete er am Alsterglacis eine Wohnung in einem Haus, »in dem Hans v. Bülow sieben Jahre wohnte«. »Die Besitzerin, eine feine alte Dame, vorkriegsreich. Eine gute Bibliothek in den Zimmern, Philosophie, Geschichte, Literatur und unermeßlich viel Rücksicht und Stille.« Die richtige Atmosphäre zur Konzentration. »Wichtig für mich ist, daß ich im September den Freud-Aufsatz und die Einleitung zu dem Buch endgültig hinter mich werfe«, schrieb er Friderike am 19. August. Es gelang ihm offenbar, denn am 19. Oktober konnte sie auf die fertige Arbeit reagieren: »Noch warm von der gleich nach Deiner Abreise begonnenen Lektüre des ›Freud‹ möchte ich Dir schreiben, nachdem ich heute nochmals den Anfang gelesen habe. Ich finde es ausgezeichnet und möchte Dir, wie alle Leser es tun werden, danken... Dort, wo Du persönliche Werturteile gibst, habe ich aber wieder die alten Einwände. Diese Urteile wirken in ihrer Superlativität der geradezu edlen Sachlichkeit gegenüber wie Formfehler... So interessant und neu die zwei anderen Essays sind, so überragt dieses sie, nicht nur weil der Stoff größer und schwieriger war.« Stefan Zweig selbst wird das Neue dieser Trias nicht viel anders empfunden haben: schließlich hat er sie trotz der Analogie nicht in seine Reihe der »Baumeister« aufgenommen, sondern sie als ein Werk eigener Art vorgelegt. Im Dezember 1930 charakterisierte er sich dem Berliner Kunst- und Theaterkritiker Franz Servaes gegenüber: »Dies ist meine Leidenschaft, immer um eine andere Ecke zu kommen, als man erwartet und dadurch, daß die Gebiete so weit auseinanderspannen, durch das Studium mehr vom Leben zu erfahren.« Man kann und darf diesen Satz wohl mit »und zu vermitteln« ergänzen, »Sendezeichen von Persönlichkeit zu Persönlichkeit« weiterzugeben.

›Die Heilung durch den Geist‹ erschien im Frühjahr 1931 im Insel-Verlag, Leipzig, und erreichte dort im darauffolgenden Jahr, das zugleich seine ›Marie Antoinette‹ brachte, mit neuem Einband das 25. Tausend. Es wurden seine letzten Bücher in diesem Hause, das seit 1904 fast alle seine Nachdichtungen, Gedichte, Dramen, Erzählungen, Essays und Biographien herausgebracht hatte. In der Nacht vom 10. auf den 11. Mai 1933 fanden in allen deutschen Universitätsstädten nach sorgfältiger Vorbereitung durch einen zentralen Ausschuß Berliner Bibliothekare die ersten öffentlichen Bücherverbrennungen statt – am 16. Mai 1933 stand im ›Börsenblatt für den deutschen Buchhandel‹ in Leipzig die erste sogenannte »schwarze Liste« mit Bezeichnungen aller Bücher und aller Autoren, »die bei der Säuberung der *Volksbüchereien* entfernt werden *können*«: der Name Stefan Zweig stand auf dieser Liste – am 14. Oktober 1933 druckte das ›Börsenblatt‹ in einer ›Erklärung der Reichsstelle zur Förderung des deutschen Schrifttums‹ einen privaten Brief Stefan Zweigs vom 26. September 1933 an seinen Verleger Anton Kippenberg ab, in dem er seinem Befremden darüber Ausdruck gab, daß Klaus Manns Zeitschrift ›Die Sammlung‹, die in

Amsterdam erschien, durchaus nicht, wie ursprünglich beabsichtigt, rein literarische, sondern auch politische Inhalte vermittelte. Der Brief war, während Kippenbergs Abwesenheit, durch eine Indiskretion des Insel-Verlags der Reichsstelle zur Verfügung gestellt worden. Die meisten Emigranten sahen wie Klaus Mann in dieser Äußerung Stefan Zweigs den Versuch, »Goebbels nicht zu kränken«. Stefan Zweig fand sich gezwungen, einen Verleger außerhalb Deutschlands zu suchen: er wandte sich an den ihm seit längerem bekannten Herausgeber und Verleger der »Monatsschrift für Bücherliebhaber« ›Philobiblon‹, Herbert Reichner, und schloß mit ihm zunächst einen Vertrag über sein nächstes Buch, ›Triumph und Tragik des Erasmus von Rotterdam‹. Anton Kippenberg gegenüber erklärte Stefan Zweig hierzu am 20. Dezember 1934 aus London, wohin er sich im Februar 1934 nach einer Durchsuchung seines Salzburger Hauses nach Waffen zurückgezogen hatte: »Wenn ich Reichner wähle, so ist es, weil *ich* dort die Bedingungen stellen kann, vor allem die, daß nie bei ihm ein Buch erscheint, das auch nur im entferntesten mißdeutet werden könnte. Lieber in einem strikt bibliophilen und kleinen Verlag als Zwischenpause als in irgend einem, der mit einem Accent belastet ist.« Ab Anfang 1935 übertrug Stefan Zweig Herbert Reichner in mehreren Einzelverträgen die Rechte an Werken, die bisher urheberrechtlich an den Insel-Verlag gebunden waren. Dieser Verlag war in die Handelsregister von Wien, Leipzig und Zürich eingetragen. So konnte 1936 hier u. a. noch eine Neuausgabe der ›Heilung durch den Geist‹ in 3000 Exemplaren erscheinen.

Im Herbst 1935 forderte Will Vesper in der Nazi-Zeitschrift ›Die Neue Literatur‹ jedoch bereits: »Es muß künftig verhindert werden, daß etwa der jüdische Verlag

Reichner (Wien und Zürich) mit Prospekten, die die Werke Stefan Zweigs und anderer Juden anpreisen, Deutschland überschwemmt (mit Bestellkarte nach Wien).« Er lenkte seine Hetzkampagne vor allem auf Wien, wo es zum Beispiel den Herbert Reichner-Verlag gebe, »dessen Hintermann Stefan Zweig ist und der hinter Geschmäcklertum sein Judentum verbirgt«. Die Drohung war deutlich genug. Im März 1936 wurden sämtliche Bücher Stefan Zweigs im Bücherlager des Herbert Reichner-Verlags in Leipzig von der Reichsschrifttumskammer beschlagnahmt und eingezogen, aber im Juli aufgrund des Protests des Verlegers wieder freigegeben; in der Folge wurden sie aber wieder und wieder mit Beschlag belegt. Als am 11. März 1938 deutsche Truppen in Österreich einmarschierten, flüchtete Herbert Reichner (nach Auskunft seiner Witwe) noch am gleichen Abend mit seiner Familie nach Zürich. Stefan Zweig erwartete, daß er nach Wien zurückkehren und seine Bücher retten würde, aber dies war ihm aus politischen Gründen unmöglich. Für diesen Fall hatte Stefan Zweig in sämtliche mit dem Herbert Reichner-Verlag geschlossenen Verträge folgenden Paragraphen aufgenommen: »Falls der Verlag bei noch vorhandenen Vorräten trotzdem auf die Weiterverbreitung freiwillig verzichtet oder durch staatliche Eingriffe irgendwelcher Art dazu gezwungen wird, so ist der Verfasser berechtigt, vom Vertrag zurückzutreten und eventuellen Stehsatz, Stereos und Klischees sowie die noch vorrätigen Exemplare oder rohen Bogen des Werkes zum halben Gestehungspreise des Verlags zu übernehmen.« Nachdem der Verlag »von einem staatlichen Kommissar besetzt, alle Papiere beschlagnahmt« worden waren und »an den Verlag gelangende Bestellungen und Briefe nicht mehr erledigt« wurden, »der ganze Vertrieb und Verkauf eingestellt« worden waren, hielt Stefan Zweig in einem undatierten »Memorandum« fest:

»Daraufhin sandte ich, nachdem dies eindeutig klargestellt war, am 20. April an den Rechtsvertreter des Reichner Verlages in Wien die mir nach obigem Paragraphen zustehende Kündigung ein, die vom Verlag wie alle anderen Briefe nicht beantwortet wurde, während der Rechtsanwalt erklärte, er könne auf Anweisung des Herrn Reichner die Kündigung nicht annehmen.

Inzwischen hat der nach Zürich geflüchtete Herr Reichner sich dort der beim Schweizerischen Vereinssortiment und den andern Auslandssortimenten erliegenden Exemplare bemächtigt und erklärt, daß sie nun Eigentum des Herbert Reichner Verlags Zürich sind, einer bloß nominellen, im Jahre 1935 eingetragenen Vertretung, die verlegerisch nie die geringste Tätigkeit ausgeübt hat und keinerlei Lokal besitzt, sondern nur bei einem als Prokurist ernannten Anwalt angemeldet ist. Herr Reichner behauptet nun, die Bedingung der Kündigung sei nicht erfüllt, weil er den Vertrieb ungehindert fortführe, verweigert aber gleichzeitig die Rechnungslegung über die ganzen am 1. März im Ausland befindlichen Exemplare unter der vagen Behauptung, alle Exemplare seien Kommissionsexemplare gewesen und diese bereits mit honoriert worden... Die Verweigerung der Rechnungslegung ist nun eine neuerliche Berechtigung für mich, den Vertrag zu kündigen. Außerdem erkenne ich den Züricher Verlag, wo Herr Reichner selbst nach den Landesgesetzen nicht tätig sein darf, wo keine Bücher geführt werden und die im Verlagsgesetz vorgesehenen Bedingungen zu einer Verlagstätigkeit fehlen, nicht als den Verlag Herbert Reichner, Wien–Leipzig–Zürich an, mit dem ich in Wien einen Vertrag abgeschlossen habe.« Stefan Zweig war im Recht, aber unter diesen Umständen wieder gezwungen, sich einen neuen Verleger zu suchen. Seine Wahl fiel auf Gottfried Bermann Fischer. »Er hatte mich«, berichtet dieser, »zu sich nach London gebeten und empfing mich in seiner kleinen Wohnung ... Ich war ihm bis dahin nur einmal ganz flüchtig begegnet. Aber ich wußte von seiner uneigennützigen Bereitschaft, seinen jungen Schriftstellerkollegen zu helfen und sie mit Rat und Tat zu unterstützen. Ich hatte mir schon lange gewünscht, diesen Mann kennenzulernen, der bei seiner eigenen umfangreichen Arbeit immer Zeit für andere hatte und seinen ererbten Reichtum zur Unterstützung weniger Begünstigter benutzte.

Er war ein Grandseigneur: mit peinlicher Sorgfalt gekleidet, von unauffälliger Eleganz, wie sie zu seiner eher zarten Konstitution paßte, und von hoher Intelligenz. Schon lange vor der Okkupation hatte er Österreich verlassen, sein Haus in Salzburg aufgegeben, tief enttäuscht und verzweifelt über die politische Entwicklung ... Mit seiner Sekretärin, die er nach der Scheidung von seiner ersten Frau heiratete, setzte ich den Verlagsvertrag über seine früheren und zukünftigen Bücher auf, die nun zusammen mit dem Werk von Thomas Mann, Hugo von Hofmannsthal, Franz Werfel und Carl Zuckmayer die Grundlage für die Weiterentwicklung des neuen Verlages bildeten.« Stefan Zweig hatte seinen endgültigen Verleger gefunden; die »Zwischenpause«, von der er Anton Kippenberg geschrieben hatte, war für ihn beendet, für Gottfried Bermann Fischer, der seinen Verlag im Exil neu hatte gründen müssen, freilich noch nicht. Er hatte nach der Teilung des S. Fischer Verlags 1936 in eine Hälfte mit in Deutschland geduldeten Autoren, die Peter Suhrkamp, seit 1933 als Redakteur der ›Neuen Rundschau‹ und kurz darauf in der Leitung des Verlages verpflichtet, treuhänderisch übernahm, und eine Hälfte mit hier unerwünschten Autoren, die er selbst ins Exil mitnahm, unter seinem Namen in Wien einen neuen Verlag gegründet. 1938 mußte er – ähnlich wie Herbert Reichner – über Nacht fliehen und gründete nach Absagen in London und Zürich in Schweden sein Haus neu. Mit dem Roman ›Ungeduld des Herzens‹ begann der Bermann-Fischer Verlag in Stockholm im November 1938 eine neue Ausgabe der Gesammelten Werke von Stefan Zweig. Die Bände trugen zwar keinen Kollektivtitel, waren aber gleich ausgestattet, in schwarzem Leinen mit rotem Rückenschild und Prägung des Namenszuges auf dem Deckel. Innerhalb dieser neuen Edition, die nach der Wiedergründung des alten S. Fischer Verlags in Frankfurt am Main dort fortgesetzt wurde, kam 1952 auch die ›Heilung durch den Geist‹ in einer Auflage von 10 000 Exemplaren neu heraus und wurde 1966 mit 6000 Exemplaren noch einmal nachgedruckt.

Liegt es nun am Gegenstand, an den Porträtmodellen und ihren Ideen, daß vor allem von diesen drei Lebens- und Leistungsbildern der »Geist-Heiler und Heiler durch den Geist« etwas Suggestives ausgeht? Oder ist es das Einfühlungsvermögen Stefan Zweigs in ihre individuellen Persönlichkeiten und Zielsetzungen, denen er mit seiner Wortwahl und seinem Satzbau zu entsprechen weiß? Sein Sinn ist im wesentlichen auf das Historische, auf das Abgeschlossene hin gestellt, das durch erzählende Darstellung und Engführung in unser Bewußtsein zurückgeholt werden will und kann. Dies liegt seinem stets assoziierenden Stil, erlaubt ihm das weitläufig bekannte Zitat und auch die Alliteration der Begriffe. Hier kann er wählen und zuordnen, Betonungen setzen und uns mit einer vergangenen Zeit in ihrem Denken und Empfinden ungleich intensiver vertraut machen. Unverhältnismäßig schwerer hat er es im Aufzeigen zeitgenössischer, in ihrer Entwicklung und tatsächlichen Bedeutung sich erst abzeichnender Theorien, Lehren und Methoden: sie sind an ihren noch nicht endgültigen Konturen nicht ohne weiteres abzulesen, sie wollen erfahren, erahnt und mitentwikkelt sein – wie aber kann der intellektuelle Dilettant geistesgeschichtlicher Sphäre, der verstandesstarke, begeisterte Laie etwa philosophischer oder kulturgeschichtlicher Bildung eine naturwissenschaftlich begründete Disziplin darstellen und in ihren zukünftigen Möglichkeiten en detail mit vorausdenken und ausloten? Versucht er es, setzt er sich unweigerlich der Kritik sowohl der Kollegen als vor allem natürlich des Porträtierten aus. Richard Strauss bekannte ihm am 24. Januar 1933 in einem Brief: »Ich habe soeben Ihre ›Heilung durch den Geist‹ gelesen, sehr interessant und ebenso wundervoll klar geschrieben, wie all Ihre Bücher...«, um in einem Nachsatz hinzuzufügen: »Über S. Freud müssen wir uns einmal mündlich unterhalten! Ganz so unbekannt war vor ihm doch der im Künstler producierende Eros nicht!« Und Sigmund Freud selbst, seit 1908 mit Stefan Zweig als hilfreicher Kritiker seiner Arbeit in gelegentlichem Briefwechsel und von ihm durch die Widmung des Bandes ›Der Kampf mit dem Dämon‹ auf eine andere, sehr persönliche Weise geehrt, schrieb Stefan Zweig nach der ersten Lektüre der ›Heilung durch den Geist‹:

Wien IX, Berggasse 19, 7. Februar 1931
Sehr geehrter Herr Doktor
Ich habe Ihr letztes Werk erhalten und von neuem gelesen, diesmal natürlich mit mehr persönlicher Anteilnahme als an Ihren früheren fesselnden Produktionen. Wenn ich Ihnen meine Eindrücke in kritischer Weise mitteilen darf, möchte ich sagen: am meisten harmonisch, gerecht und vornehm erschien mir der Mesmer. Ich denke auch wie Sie, daß das eigentliche Wesen seines Fundes, also der Suggestion, bis heute nicht festgestellt ist, und daß hier Raum für etwas Neues bleibt.

An der Mary Baker-Eddy stört mich, daß Sie die Intensität so sehr herausgearbeitet haben. Diese imponiert unsereinem, der den pathologischen Gesichtspunkt nicht loswerden kann, viel weniger. Wir wissen, daß der Tobsüchtige im Anfall Kräfte entbindet, die ihm normalerweise nicht zu Gebote stehen. Das Verrückte und das Frevelhafte der Begebenheit mit Mary Baker-Eddy kommt in Ihrer Darstellung nicht zur Geltung, auch nicht das unsäglich Betrübliche des amerikanischen Hintergrundes.

Daß einem das eigene Portrait nicht gefällt, oder daß man sich in ihm nicht erkennt, ist eine gemeine und altbekannte Tatsache. Darum eile ich, meiner Befriedigung Ausdruck zu geben, daß Sie das Wichtigste an meinem Fall richtig erkannt haben. Nämlich, daß soweit Leistung in Betracht kommt, diese nicht so sehr Sache des Intellekts als des Charakters war. Das ist der Kern Ihrer Auffassung, und das glaube ich auch selbst. Sonst könnte ich es beanstanden, daß Sie das kleinbürgerlich korrekte Element an mir allzu ausschließlich betonen, der Kerl ist doch etwas komplizierter; zu Ihrer Schilderung stimmt nicht, daß ich doch meine Kopfschmerzen und Müdigkeiten gehabt habe, wie ein anderer, daß ich leidenschaftlicher Raucher war (ich wollt ich wär es noch), der der Zigarre den größten Anteil an seiner Selbstbeherrschung und Ausdauer in der Arbeit zugestand, daß ich bei aller gerühmten Anspruchslosigkeit viel Opfer für meine Sammlung griechischer, römischer und ägyptischer Antiquitäten gebracht und eigentlich mehr Archäologie als Psychologie gelesen habe, daß ich bis zum Krieg und einmal nachher wenigstens einmal im Jahr für Tage oder Wochen in Rom sein mußte, und dergleichen. Ich weiß von der Kleinkunst her, daß das Format den Künstler zu Vereinfachungen und Weglassungen nötigt, aber dann entsteht leicht ein falsches Bild.
Ich gehe wahrscheinlich nicht irre in der Annahme, daß Ihnen der Inhalt der psychoanalytischen Lehre bis zur

Abfassung des Buches fremd war. Umsomehr Anerkennung verdient es, daß Sie sich seither so viel zu eigen gemacht haben. An zwei Stellen kann man Sie kritisieren. Sie erwähnen fast gar nicht die Technik der freien Assoziation, die vielen als die bedeutsamste Neuerung der Psychoanalyse erscheint, der methodische Schlüssel zu den Ergebnissen der Analyse ist, und Sie lassen mich das Verständnis der Träume vom Kindertraum her gewinnen, was historisch nicht zutrifft, nur in didaktischer Absicht so dargestellt wird.

Auch Ihr letzter Zweifel, ob sich die Analyse zur Ausübung für gewöhnliche Menschenkinder eignet, führt sich auf solche Unkenntnis der Technik zurück. Zur Zeit da das Mikroskop ein neues Instrument in den Händen des Arztes war, konnte man in den Handbüchern der Physiologie lesen, welche selten vorhandene[n] Eigenschaften der Mikroskopiker zu besitzen verpflichtet sei. Dieselben Anforderungen stellte man später an den Chirurgen, heute lernt jeder Student mikroskopieren, und gute Chirurgen werden in Schulen gezüchtet. Daß es jeder nicht gleich gut macht, dagegen gibt es auf keinem Gebiet Abhilfe.

Mit herzlichen Grüßen in Ihre Ferien   Ihr Freud

Anderthalb Jahre später kam er noch einmal auf dieses Buch, d. h. auf einen dort erwähnten Fall zu sprechen.

Wien, Hohe Warte, Khevenhüllerstraße 6,
2. Juni 1932

Lieber Herr Doktor

Wenn ich eine Arbeit der Öffentlichkeit übergeben habe, bin ich eine lange Zeit nachher nicht gewillt, mich mit ihrem Zufall [zu] beschäftigen. Ich müßte es bedauern, wenn es Ihnen ähnlich ergeht, denn ich beabsichtige Ihre Aufmerksamkeit auf jenes Ihrer Bücher zurückzuwenden, von dem Sie ein Drittel mir und meinem Werk gewidmet haben.

Ein Freund von mir war dieser Tage in Venedig, hat dort in einem Buchladen die italienische Übersetzung der ›Heilung durch den Geist‹ gesehen und sie mir zum Geschenk gemacht. Das war ein Anlaß, Teile Ihres Aufsatzes wieder zu lesen. Dabei entdeckte ich auf Seite 272 einen Irrtum der Darstellung, der nicht gleichgültig genannt werden kann, eigentlich auch mein Verdienst, wenn Sie diese Rücksicht gelten lassen wollen, recht verkleinert. Es heißt daselbst, Breuers Kranke habe in der Hypnose das Geständnis gemacht, daß sie am Krankenbett des Vaters gewisse »sentimenti illeciti« (also sexueller Natur) empfunden und unterdrückt hatte. In Wahrheit hat sie nichts Ähnliches gesagt und erkennen lassen, daß sie ihren Zustand von Aufregung, insbesondere ihre zärtliche Besorgnis vor dem Kranken verbergen wollte. Wäre es so gewesen, wie in Ihrem Text behauptet wird, so wäre auch alles anders gekommen. Ich wäre nicht durch die Entdeckung der sexuellen Ätiologie überrascht worden, Breuer hätte es schwer gehabt, ihr zu widersprechen, und ich hätte wahrscheinlich nie die Hypnose aufgegeben, mit der man so aufrichtige Bekenntnisse erreichen kann. Was bei Breuers Patientin wirklich vorfiel, war ich imstande, später lange nach unserem Bruch zu erraten, als mir plötzlich eine Mitteilung von Breuer einfiel, die er mir einmal vor der Zeit unserer gemeinsamen Arbeit in anderem Zusammenhang gemacht und nie mehr wiederholt hatte. Am Abend des Tages, nachdem alle ihre Symptome bewältigt waren, wurde er wieder zu ihr gerufen, fand sie verworren, sich in Unterleibskrämpfen windend. Auf die Frage, was mit ihr sei, gab sie zur Antwort: Jetzt kommt das Kind, das ich von Dr. B. habe. In diesem Moment hatte er den Schlüssel in der Hand, der den Weg zu den Müttern geöffnet hätte, aber er ließ ihn fallen. Er hatte bei all seinen großen Geistesgaben nichts Faustisches an sich. In konventionellem Entsetzen ergriff er die Flucht, und überließ die Kranke einem Kollegen. Sie kämpfte noch monatelang in einem Sanatorium um ihre Herstellung.

Dieser meiner Rekonstruktion fühlte ich mich so sicher, daß ich sie irgendwo veröffentlichte. Breuers jüngste Tochter (kurz nach Abschluß jener Behandlung geboren, auch das nicht ohne Belang für tiefere Zusammenhänge!) las meine Darstellung und befragte ihren Vater (es war kurz vor seinem Tod). Er bestätigte mich, und sie ließ es mich nachher wissen.

In herzlicher Ergebenheit   Ihr Freud

Diese sehr verständlichen kritischen Äußerungen haben die gute Beziehung zwischen dem Schriftsteller und dem Psychoanalytiker in keiner Weise gestört. Als es galt, dem Vorausgegangenen die letzte Ehre zu erweisen, sprach Stefan Zweig am 26. September 1939 im Krematorium von Golders Green in London an seinem Sarg Worte des Dankes: »Alles, was Sigmund Freud geschaffen und vorausgedeutet hat als Finder und Führer, wird auch in Hinkunft mit uns sein; nur eines und einer hat uns verlassen – der Mann selbst, der kostbare und unersetzliche Freund.«

                                                    Knut Beck

Die beiden Briefe Sigmund Freuds in den Nachbemerkungen des Herausgebers wurden dem Band ›Briefe 1873–1939‹, Zweite, erweiterte Auflage, ausgewählt und herausgegeben von Ernst und Lucie Freud, S. Fischer Verlag, Frankfurt am Main 1968, entnommen.

Bibliographischer Nachweis

Die Heilung durch den Geist. Mesmer · Mary Baker-Eddy · Freud
  Leipzig: Insel-Verlag 1931
Die Heilung durch den Geist. Mesmer · Mary Baker-Eddy · Freud
  Wien – Leipzig – Zürich: Reichner 1936
Die Heilung durch den Geist. Mesmer · Mary Baker-Eddy · Freud
  Frankfurt am Main: S. Fischer 1952

Stefan Zweig
Brennendes Geheimnis
Erzählung

Band 9311

Mit zwölf Jahren lebt Edgar am Rand seiner Kindheit. Er ist mit seiner Mutter auf den Semmering gefahren und glaubt dort, unverhofft in einem jungen Baron einen Freund gefunden zu haben – doch er muß sehr schnell erkennen, daß dessen Freundlichkeit der Mutter gilt.

Fischer Taschenbuch Verlag

Thomas Mann
Die vertauschten Köpfe
Eine indische Legende

Band 9305

Eine altindische Anekdote gab Thomas Mann den Impuls, diese »Geschichte der schönhüftigen Sita und ihrer beiden Gatten«, die »sehr ungleich nach ihrer Verkörperung« waren, nachzuerzählen. Er hat sich, ohne seine persönliche Sicht der Dinge zu verleugnen, mit der vorgegebenen »Hindu-Mischung«, dem Liebes- und Persönlichkeitsproblem auseinandergesetzt und so nach eigenem Bekunden »ein amüsantes Gedankenspiel getrieben«, das »einem aus der Hand schlüpft, wenn man es greifen will«.

Fischer Taschenbuch Verlag

Stefan Zweig

Der Amokläufer
Erzählungen. Band 9239

Ungeduld des Herzens
Roman. Band 1679

Die Hochzeit von Lyon
und andere Erzählungen
Band 2281

Verwirrung der Gefühle
und andere Erzählungen
Band 5790

Phantastische Nacht
und andere Erzählungen
Band 5703

Rausch der Verwandlung
Band 5874

Schachnovelle. Band 1522

Sternstunden der Menschheit
Zwölf historische Miniaturen
Band 595

Europäisches Erbe. Band 2284

Zeit und Welt. Band 2287

Menschen und Schicksale
Band 2285

Länder, Städte, Landschaften. Band 2286

Drei Meister
Balzac. Dickens. Dostojewski.
Band 2289

Der Kampf mit dem Dämon
Hölderlin. Kleist. Nietzsche.
Band 2282

Drei Dichter ihres Lebens
Casanova. Stendhal. Tolstoi.
Band 2290

Die Heilung durch den Geist
Mesmer. Mary Baker–Eddy. Freud
Band 2300

Das Geheimnis des künstlerischen Schaffens
Band 2288

Begegnungen mit Büchern
Aufsätze und Einleitungen
aus den Jahren 1902–1939
Band 2292

Briefe an Freunde
Band 5362

Stefan Zweig–Friderike Zweig. Unrast der Liebe
Band 5366

Tagebücher. Band 9238

**Magellan
Der Mann und seine Tat**
Band 5356

Triumph und Tragik des Erasmus von Rotterdam.
Band 2279

Maria Stuart. Band 1714

Marie Antoinette. Band 2220

Joseph Fouché. Band 1915

Balzac
Eine Biographie. Band 2183

Ein Gewissen gegen die Gewalt
Castellio gegen Calvin
Band 2295

Die Welt von Gestern
Erinnerungen eine Europäers
Band 1152

Ben Jonsons »Volpone«
Band 2293

Fischer Taschenbuch Verlag

Author photo by N. Collins

R.P. (Rod) MacIntyre lives with his family in Saskatoon, where he writes, acts and directs theatre when he isn't playing hockey.

Yuletide Blues is Rod's first novel. He is the author of many plays, including *Harvest Moon* and the screenplay for *Toy Boat*. His short story "The Rink" recently appeared in Thistledown's anthology for young people, *The Blue Jean Collection*.

Rod says, "I was inspired to write *Yuletide Blues* by my daughter, who is Lanny's alter ego. However, she didn't have to stay with an aging aunt while her parents went to the Dominican Republic — she stayed with her favourite cousin."